Gudrun Ziegler
Das Geheimnis der Romanows

Gudrun Ziegler

Das Geheimnis der Romanows
Geschichte und Vermächtnis der russischen Zaren

Ehrenwirth

Die Deutsche Bibliothek – CIP-Einheitsaufnahme
Ziegler, Gudrun:
Das Geheimnis der Romanows : Geschichte und Vermächtnis der russischen Zaren /
Gudrun Ziegler. – München : Ehrenwirth, 1995
ISBN 3-431-03418-7

© 1995 by Ehrenwirth Verlag GmbH, Schwanthalerstr. 91, D-80336 München
Umschlag: Atelier Kontraste, München
Abbildungen: Bibliothek für Zeitgeschichte, Stuttgart
Satz: Utesch Satztechnik GmbH, Hamburg

INHALT

Vorwort 7
Die Braut 9
Die lieben Verwandten 15
Boris Godunow 19
Der falsche Zarensohn 26
Die Zeit der Wirren 29
Noch ein falscher Dmitrij 32
Die Romanows treten aus dem Schatten 37
Der Aufbruch 39
Der erste Romanow auf dem Thron 41
Alexej Michajlowitsch, der sanfte Zar 55
Fjodor, der Schwache 67
Ein Zwischenspiel 73
Sophia, die Ehrgeizige 75
Sophia und Peter 84
Peter der Grosse 87
Eine Jugend 87
Der Adler lernt fliegen 91
Die Reise 100
Alles wird anders 107
Peters Weg zur Ostsee 109
Auf der Höhe 116
Peter privat 120
Der Vater, der Ehemann 122
Peter und Marfa Skwaronskaja 127
Das Ende 128
Katharina I. und ihr Galan 131
Peter II., ein kurzes Zwischenspiel 135
Anna Iwanowna und Biron 137
Die Braunschweiger 145
Ein dunkles Kapitel 147
Elisabeth 149

Das holsteinische Teufelchen, Peter III. 159
Die große Katharina 169
Potjomkin 175
Notizen 182
Rußland 183
Der Blick über die Grenzen 188
Der Bauernzar 191
Der Abschied 193
Der Sohn, Paul I. 195
Alexander, der Friedensengel 205
Erleuchtung 222
Familienangelegenheiten 223
Noch eine Legende 226
Der 14. Dezember 227
Nikolaus 231
Auch nach außen ein Gendarm 236
Ein Untergang 240
Der Befreier, Alexander II. 243
Das Ende der Unterdrückung 249
Der Zar privat 257
Der russische Bär zeigt Zähne 260
Das Attentat 262
Der zweite Sohn, Alexander III. 265
Ein Gigant verabschiedet sich 269
Der letzte Romanow, Nikolaus II. 271
Ein Zwischenspiel 275
Die liebe Familie 276
Das Jahr 1905 278
Rasputin 283
Der unheimliche Herrscher 284
Feiertage und Krieg 288
Das letzte Kapitel 291
Die letzten Tage der Romanows 293
Ein Nachspiel 299
Ausgewählte Literatur 301

Vorwort

Wie die Moskauer Nachrichtenagentur ITAR–TASS meldete, fanden am 17. Juli 1994 in zahlreichen russischen Städten Gedenkfeiern für die 1918 ermordete Zarenfamilie statt. Moskau, Sankt Petersburg, wie das ehemalige Leningrad nun wieder heißt, und Jekaterinburg am Ural standen im Zentrum des Erinnerns. In Moskau wurde ein Denkmal für Nikolaus II. enthüllt, und in Jekaterinburg, wo die Zarenfamilie ermordet wurde, hielt man eine nächtliche Totenwache ab. Das Ipatjew-Haus, in dem die schreckliche Tat geschah, steht nicht mehr. Es wurde Anfang der siebziger Jahre abgerissen. Doch in der Erinnerung einiger Menschen war jene Stelle im Wald festgeschrieben, an der man 1991 unter größten Sicherheitsmaßnahmen neun Skelette ausgrub. Inzwischen ist nach langen Untersuchungen bewiesen, daß es sich um die sterblichen Überreste des Zaren, der Zarin und dreier Töchter handelt. Die restlichen Knochen stammen vom Leibarzt der Zarenfamilie, Jewgeni Sergejewitsch Botkin, und von drei jungen Frauen, die nicht mit der kaiserlichen Familie verwandt waren.

Mit *perestroika* und *glasnost* und mit dem Zerfall der ehemaligen Sowjetunion ist es nach mehr als siebzig Jahren wieder möglich geworden, sich mit dem Schicksal der letzten Romanows zu beschäftigen, über sie zu reden und sogar ihrer zu gedenken. Auch wenn im heutigen Rußland wieder Anhänger der Monarchie auftreten, so werden sie mit Sicherheit nie eine politische Rolle spielen. Sie sind wie ein exotischer Farbtupfer in einer Welt, in der es zwar keinen Platz mehr für Zaren und Kaiser gibt, in der sich aber, allen Repressionen der vergangenen Jahrzehnte zum Trotz, der Blick in die eigene Vergangenheit nicht ganz verschlossen hat.

Und diese Vergangenheit wurde seit 1613 durch die Romanows geprägt. Nur wenige Jahre vor der alles umwälzenden Oktoberrevolution feierte die Dynastie ihr dreihundertjähriges Bestehen mit allem Glanz und Pomp, den das beginnende Jahrhundert noch zu bieten hatte. Das Krönungsplakat mit dem alles beherrschenden Spruch »Gott erhalte unseren Zaren« wurde 1993 zum 380jährigen Jubiläum des Hauses Romanow nachgedruckt und verbreitet. Und noch zwei Daten waren auf diesem Nachdruck vermerkt: 1993 – der 125. Geburtstag Nikolaus II.;

1993 – der 75. Jahrestag des tragischen Untergangs der Zarenfamilie. Über die letzten Tage der Romanows sind wir inzwischen sehr gut informiert, ist doch der Zugang zu bislang geschlossenen Archiven möglich und erleichtert worden. Auch über all die anderen Romanows, von Michael Fjodorowitsch bis zu Alexander III., sind wir bestens unterrichtet. Mit diesen wissenschaftlichen Untersuchungen, auf die im Literaturverzeichnis hingewiesen wird, will dieses Buch keineswegs in Konkurrenz treten. Diese Geschichte der Romanows erhebt denn auch nicht den leisesten Anspruch, Bilder zurechtzurücken, politische Entwicklungen mit allen Details zu verfolgen oder gar vollständig zu sein. Ein solches Werk wäre Tausende Seiten stark.

Es ist die Familienchronik der Romanows, in der hier geblättert werden soll. Die farbenfrohe und abwechslungsreiche Geschichte einer großen Dynastie, die ziemlich überraschend an die Macht kam und so tragisch endete. Nicht gerade zimperlich ging die Nachwelt mit dieser Familie um, und zuweilen hat es den Anschein, daß ihre Fehler größer als ihre Tugenden waren. Doch jede Zeit findet ihre eigenen Urteile. Die hier zusammengetragenen Facetten sind Erinnerungsstücke an eine Welt, die der Vergangenheit angehört, und an die Geschichte eines Landes, von dem wir immer noch zuwenig wissen. Von falschen Zaren wird die Rede sein, von intrigierenden Ehefrauen, von Palastrevolutionen und geheimnisvollen Todesursachen; aber auch von den schönen Künsten, reger Bautätigkeit und klugen politischen Entscheidungen. Nicht jeder Romanow war ein Gigant, viele waren sogar sehr schwach und glücklos. Doch auch ihnen gebührt ein angemessener Platz in der Geschichte.

Im Ipatjew-Kloster hatte man einst den jungen Michael Romanow aufgestöbert und ihn zum ersten Zaren der Dynastie bestimmt. Es war ein Ipatjew-Haus, in dem die letzten Romanows, Nikolaus II. und seine Gattin Alexandra Fjodorowna, geborene Alice von Hessen, zusammen mit ihren Kindern den Tod fanden. Ein wunderlicher Zufall in der an Wundern und Zufällen so reichen Romanow-Geschichte.

Die Braut

Moskau im Dezember 1546. Der russische Winter hatte die Stadt fest im Griff, und doch war an einen Winterschlaf nicht zu denken. Im Kreml, vor allem im Terem, den Frauen- und Kindergemächern der Burg, herrschte Aufregung. Die Mädchen und Frauen tuschelten, ab und zu ertönte ein leises Kichern, dann wieder schallendes Gelächter. Endlich, nach Jahren der Trauer und bösen Gerüchten, gab es wieder Abwechslung im täglichen Einerlei frommer Gebete und langweiliger Handarbeiten.
Neuigkeiten drangen nur schwer hinter die dicken Mauern und verschlossenen Türen des Terem; so war jede Neuigkeit, die durch eine Dienerin auch nur geheimnisvoll angedeutet wurde, eben eine Neuigkeit, und darüber konnte man sich schon einen ganzen Tag lang unterhalten.
Es hieß, im Terem würde bald eine Neue einziehen. Doch wer das auch sein mochte, zuvor mußte erst ein Schauspiel ganz besonderer Art stattfinden. Und die Vorbereitungen dazu liefen bereits hörbar auf Hochtouren. Möbel wurden gerückt, zusätzliche Betten aufgeschlagen; ältliche Damen eilten hin und her, ihr »oi, oi, oi« folgte ihnen durch die verwinkelten Gänge. Eine schwere Aufgabe stand ihnen bevor: eine Brautschau.

Endlich wieder eine Brautschau! Vor wenigen Tagen, so war es zu hören, hatte Iwan, sechzehn Jahre alt und ältester Sohn des verstorbenen Wassilij III., eine längere Unterredung mit dem Metropoliten, und dieser sei, auch das wurde erzählt, lächelnd davongegangen. Am nächsten Morgen dann seien alle Bojaren, die in der Nähe waren, vor Iwan geführt worden, und der habe mit einer Rede überrascht, die für einen noch nicht einmal Siebzehnjährigen ganz und gar ungewöhnlich klang. Nein, sie klang nicht nur so, sie war es auch.
Zunächst hatte er den anwesenden Bojaren, diesen gestandenen, sich ihrer Herkunft sehr bewußten Männern erklärt, daß er heiraten wolle. Daran war nicht Besonderes, und sein Alter stimmte auch. Daß angeblich viele der Bojaren dennoch zu Tränen gerührt gewesen sein sollen, das lag mehr am Inhalt seiner kurzen Rede.
Er habe lange überlegt, so Iwan, ob er nicht die Tochter eines ausländi-

schen Fürsten oder Königs zur Frau nehmen solle. Doch dann habe er sich an seine freudlose Jugend erinnert, an die schrecklichen, erniedrigenden Jahre, in denen er nur gedemütigt worden sei, da beide Eltern doch tot waren. Nur bei einem russischen Mädchen, so Iwan, könne er das nötige Verständnis erwarten, denn schließlich teile man die gleichen Sitten.

Diese einfache Erklärung gab den machtbewußten Männern zu den schönsten Hoffnungen Anlaß, und sicher dachte der eine oder andere Bojar an seine unverheirateten Töchter.

Doch nach dem zweiten Teil von Iwans Rede wurden die Gesichter immer finsterer, immer länger. Er habe außerdem beschlossen, so der junge Mann, sich zum Zaren krönen zu lassen und die Insignien des Großfürsten Wladimir Monomach anzunehmen. Die »Mütze des Monomach« sollte künftig zum Zeichen der Zarenwürde werden, zum Symbol für die Einheit des Reiches, als deren Bewahrer Wladimir Monomach in den Herzen der Russen seit seinem Tod weiterlebte.

Die Bojaren waren keineswegs begeistert, daß Iwan sich zum Herrscher von ganz Rußland krönen lassen wollte und nicht nur, wie es sich geziemt hätte, zum Großfürsten von Moskau. Damit wären die schönen Zeiten für die Adligen vorbei, denn bislang hatte ein Regentschaftsrat die Staatsgeschäfte geführt, und viele Mitglieder der darin vertretenen alten Familien sonnten sich im Zentrum der Macht, ja nutzten diese Stellung schamlos aus. Gerüchte über die ewigen Streitereien untereinander, ja sogar über blutige Übergriffe zwischen den höchsten Familien des Landes waren bis in die Provinz gedrungen. Die Glinskijs, aus deren Familie Iwans Mutter stammte, intrigierten gegen die Schujskis, eine sehr alte Familie, die bislang den Zarensohn und seinen Bruder äußerst kärglich und fast rechtlos aufgezogen hatten. Und noch manch anderer Familienclan war an dem heftigen Gerangel um Machtpositionen beteiligt.

Das würde nun wohl anders werden, wenn sich Iwan öffentlich zum Alleinherrscher erklärte; denn anders war dieser Wunsch nach Übernahme der Zarenwürde nicht zu erklären. Und weit wichtiger: war dem Charakter des jungen Mannes zu trauen?

Man erzählte sich von seinen grausamen Streichen und völlig überraschenden Wutausbrüchen, die schlimme Folgen für alle diejenigen hatten, die gerade in seiner Nähe waren. Als Kind habe er kleine Tiere von den Türmen des Kreml geworfen und, gerade mal dreizehn Jahre alt, habe er sogar den Befehl gegeben, Andrej Schujski, ein Mitglied des Regentschaftsrates, zu ermorden. Dies erledigten die Wärter des Hundezwingers im Kreml für ihn. Zwar sei Iwan nicht selbst auf diese Idee gekommen, doch den Einflüsterungen der anderen Bojaren habe er auch keinen Widerstand entgegengesetzt.

An dies alles aber dachten die ehrwürdigen Männer nur, als sie Iwans Ankündigung hörten, er werde die Monomachmütze tragen. Demütig fielen sie auf die Knie und heuchelten Entzücken.

Iwans feierliche Krönung fand am 16.Januar 1547 statt. Nach einem pompösen Gottesdienst in der Uspenskij-Kathedrale, von nun an die Krönungskirche der russischen Zaren, setzte ihm der ehrwürdige Metropolit Makarij, der Lehrer Iwans, die Monomachmütze auf. Aus *Iwan Wassiljewitsch* wurde *Iwan IV.*, als *Iwan der Schreckliche* sollte er in die russische Geschichte eingehen. Während der Krönungszeremonie wurde der junge Zar von seinen Bojaren dreimal mit Gold- und Silbermünzen überschüttet, ein Symbol für künftigen Ruhm und Reichtum.

Mit der Mütze des Monomach, der Zarenkrone, hatte es seine ganz besondere Bewandtnis. Sie sei ein Geschenk des byzantinischen Kaisers Konstantin IX. Monomachos an seinen Enkel, Wladimir Monomach, gewesen. Diese Legende unterstützte lange und eindrucksvoll Moskaus Anspruch, als »Drittes Rom« betrachtet zu werden (Byzanz wurde als zweites Rom bezeichnet).

In Wirklichkeit jedoch war die siebenhundert Gramm schwere Monomachmütze eine tatarische Arbeit aus dem 13./14.Jahrhundert. Feinstes Goldfiligran, Edelsteine, gehalten von einem Rand aus Zobelfell, waren die besonderen Kennzeichen. Erst Peter der Große ließ die Monomachmütze durch eine Krone ersetzen.

Rechts von der Ikonostase der Uspenskij-Kathedrale in Moskau steht noch heute der hölzerne Thron Iwans IV. In ihn wurde nach seiner Krönung zum Zaren die Geschichte der Übergabe der Monomachmütze eingeschnitzt.

Schon vor den Krönungsfeierlichkeiten waren im Land reitende Boten unterwegs, die alle vornehmen Familien aufforderten, ihre unverheirateten Töchter in den Kreml zu schicken. Bei höchster Strafe war es den Eltern untersagt, die Mädchen zu verstecken.

»Wenn diese Urkunde zu euch gelangt, so sollen diejenigen, die jungfräuliche Töchter haben, mit diesen Mädchen zur Musterung sofort in die Stadt zu unseren Statthaltern fahren. Und unter keinen Umständen dürfen solche jungfräulichen Töchter verheimlicht werden. Wer von euch aber ein Mädchen versteckt und nicht zu unseren Statthaltern bringt, hat von mir große Ungnade und schwere Strafe zu erwarten. Diese Urkunde sollt ihr einer dem anderen zusenden, ohne sich auch nur eine Stunde lang aufzuhalten.«

Aber es war russischer Winter. Von Straßenverhältnissen – gut oder schlecht – konnte keine Rede sein. Es würde Wochen dauern, um all die heiratsfähigen Mädchen nach Moskau zu bringen. Und die Hochzeit war schon für den Februar angesetzt; davor mußte aber noch die ermüdende Brautschau abgehalten werden. Man konnte sich leicht ausrechnen, daß längst nicht alle hübschen und klugen Mädchen den Kreml rechtzeitig erreichen würden. Zudem war es keineswegs so, daß sich die reichen und altehrwürdigen Landadelsfamilien in den Kreml drängten. Viele zogen ein sicheres, ruhiges Leben fernab des Machtzentrums vor und dachten voller Schauder daran, was ihren Töchtern im Kreml alles passieren könnte. Jeder hatte von den Intrigenspielen in Moskau gehört.

Nach dem Bericht des deutschen Reisenden Sigismund von Herberstein hatte sich Iwans Vater Wassilij seine Braut aus eintausendfünfhundert schönen Mädchen ausgesucht. Vielleicht traf Iwan die Wahl aus einer ähnlich üppigen Anzahl. Sicher ist jedoch, daß man im Kreml erst gar nicht auf die Mädchen aus der Provinz wartete. Die Bojaren aus Moskau und der nächsten Umgebung brachten ihre Töchter und Nichten selber in den Zarenpalast. Zwölf Jahre war das Mindestalter der Mädchen, und man kann sich vorstellen, daß nicht jede der jungen Damen voller Glückseligkeit war.

Stumm ließen sie die Prozeduren über sich ergehen, sich auszuziehen, begutachtet zu werden, sich in steife Gewänder stecken zu lassen und dann vorgeführt zu werden. Es ist nicht einmal sicher, daß Iwan bei diesem Spektakel anwesend war, meistens wurde die intime Begutachtung alten Tanten überlassen, die unablässig ihr »oi, oi, oi« seufzten; möglicherweise war auch ein Arzt anwesend. Über die Herkunft und den Ruf der jungen Damen wurden die Berater des Zaren selbstverständlich vorher unterrichtet. Das Informationssystem funktionierte schon damals recht zuverlässig.

Die historischen Quellen sind sich über den tatsächlichen Ablauf der Entscheidungsfindung nicht einig. Die einen berichten, daß der Bojarenrat – natürlich in ureigenstem Interesse – die Wahl für Iwan getroffen habe; die anderen überlieferten der Nachwelt, daß Iwan selbst entflammt sei: für Anastasija Romanowna Sacharjina-Jurjewa.

Wie wenig wissen wir doch über diese junge Frau, die einmal die Stammmutter der Romanows werden sollte. Aber so war es nun einmal den russischen Frauen aus besseren und höchsten Kreisen beschieden: sie verbrachten ihr Leben hinter den dicken Wänden der Frauengemächer. Sicher hatten sie alles zu ihrer Bequemlichkeit, doch sie starben fast vor Langeweile – oder aber an Freßsucht. Ihre Kinder wurden von Ammen und Dienerinnen aufgezogen. Die Knaben überließ man ab einem gewissen Alter mehr oder weniger talentierten Erziehern, während die Mädchen auf ihr trostloses Leben im Terem vorbereitet wurden. Sie lernten es rechtzeitig.

Ausflüge an die frische Luft erfolgten äußerst selten und hinter den verhängten Fenstern einer Kutsche. Selbst der Besuch des Gottesdienstes vollzog sich tief verschleiert; eine schreckliche Vorstellung in unserer licht- und lufthungrigen Zeit. Und doch sollte es Frauen auf dem russischen Zarenthron geben, die eine solche Erziehung bestens verkraftet haben.

Wie dem auch sei, Anastasija Romanowna war die Auserwählte. Sie stammte keineswegs aus einer der allerersten Familien des Landes, wie nicht wenige im Kreml mit Enttäuschung vermerkten – im Gegenteil. Ihre Vorfahren waren irgendwann im 14. Jahrhundert aus Preußen nach Moskowien eingewandert. Da gab es einen gewissen Andrej Iwanowitsch, er trug den Beinamen *Kobyla*, d.h. die Stute. Einer seiner Söhne, Fjodor, mit dem Beinamen *Koschka*, d.h. die Katze, soll angeblich schon unter den Bojaren zu finden gewesen sein. Doch große Reichtümer erwarb die Familie nicht. Anastasijas Vater, Roman Jurjewitsch Sacharin, war ein einfacher Mann. Ihr Onkel, Michail Jurjewitsch, stieg jedoch zum Berater Wassilijs und für kurze Zeit zum Vormund des minderjährigen Iwan auf. So weit die wenig erhellenden Auskünfte über die Familie, die einmal einer Dynastie ihren Namen geben sollte.

Anastasija war mit Sicherheit ein alles andere als häßliches russisches Mädchen. Zeitgenossen beschreiben sie als liebreizend, klug und hübsch. Aber wir wissen noch nicht einmal, wie alt sie genau war, als sie mit Iwan IV. vermählt wurde. Sie dürfte ein, zwei Jahre jünger gewesen sein; jedenfalls war ihre Herkunft so unspektakulär, daß die Verwandtschaft Iwans, die Familie Glinskij, gegen die Wahl keine großen Einwände erhob. Wer waren schon die Sacharjins-Jurjews?

Anastasija Romanowna besaß wohl alle Tugenden, die man erwarten konnte: sie war demütig, fromm, gütig und duldsam. Iwan soll sie aufrichtig geliebt und auch sie soll all seine guten Seiten zum Klingen gebracht haben. Es gibt nicht wenige Historiker, die in Anastasijas Tod, nach nur dreizehn Jahren Ehe, auch die Wende in Iwans Charakter und Auftreten sehen.

Die Hochzeit fand am 13. Februar 1547 in der Uspenskij-Kathedrale statt, mit allem Pomp des orthodoxen Ritus. Das junge Paar zeigte sich den jubelnden Moskowitern und begab sich – ganz fromm – auf eine Wallfahrt zum berühmten Troize-Kloster. Und das, obwohl allertiefster Winter herrschte. Das Volk sah ein solches Verhalten mit Wohlgefallen und feierte das Brautpaar.

Anastasija brachte sechs Kinder zur Welt; nur zwei blieben am Leben. Die beiden erstgeborenen Töchter, Anna und Maria, starben bereits nach wenigen Monaten. Das dritte Kind, das Anastasija gebar, war ein Junge, Dmitrij. Doch auch er wurde nur sechs Monate alt. Während einer Wallfahrt, die seine Eltern mit ihm ins Kyrill-Kloster unternahmen, fiel das Baby ins Wasser und ertrank. Ein zweiter Sohn, Iwan, wurde 1554 geboren; ein dritter, Fjodor, drei Jahre später. Zwischen den beiden kam noch die Tochter Jewdokija zur Welt, doch auch sie starb im Kindesalter. Zwei Söhne also überlebten, und es war klar, daß der älteste, Iwan, einmal den Thron erben sollte. Fjodor, der jüngere, war von Geburt an sehr schwach, kränklich und geistig zurückgeblieben. Doch dann kam alles ganz anders. Und mit diesem Teil der Geschichte verläßt der Name Romanow die Säle des Terem und wird zu einer Institution.

Anastasija starb recht früh, im Jahre 1560. Iwan IV. behauptete immer, sie sei vergiftet worden. Viel wahrscheinlicher ist jedoch, daß Anastasija, ohnehin durch die vielen Geburten nicht bei bester Gesundheit, sehr anfällig gegen jegliche Art von Strapazen war. Auf einer langen Pilgerreise, die wieder durch den dicksten russischen Winter führte, erkrankte die Zarin und erholte sich nicht mehr. Ihr Tod brachte Iwan fast um den Verstand; während des Begräbnisses soll er – vor Tränen blind – sich kaum auf den Beinen habe halten können. Heulend sei er durch die dunklen Gänge des Kreml geirrt und habe nach ihr gerufen. Eines steht fest: Nach dem Verlust Anastasijas, geborene Romanowna, fehlte ihm die besänftigende Hand, der ausgleichende Charakter für seine Stimmungsschwankungen. Man ist sich einig, daß mit dem Tod Anastasijas der Schreckliche in ihm erst zum Vorschein kam. Auch deshalb bewahrte das russische Volk große Verehrung für die Romanowna, während es Iwan bald verfluchte.

Die lieben Verwandten

Die Regierungszeit Iwans IV., über die wir recht gut Bescheid wissen, soll hier nur insofern interessieren, als sie irgendwelche Berührungspunkte mit den Romanows aufweist. Die Heirat Anastasijas mit Iwan IV. bedeutete für ihre Verwandten, die Sacharin-Jurjews, einen wichtigen gesellschaftlichen Aufstieg. Das zwar alte, aber doch unbedeutende Geschlecht hatte wohl immer wieder ehrgeizige Männer hervorgebracht, doch der große Durchbruch zur Macht gelang erst durch eine Frau: durch Anastasija.
Als Iwan IV. im Jahre 1553 sehr schwer, bis auf den Tod erkrankte, sahen die Sacharins oder Sachariny, wie sie genannt wurden, ihre erste große Chance, ins politische Geschehen des Landes einzugreifen. Sie schätzten ihre Chancen um so höher ein, als sie wegen ihrer unbedeutenden Herkunft kaum adlige Feinde hatten; man nahm sie einfach nicht ernst; zudem hatten Iwans engste Verwandte, die Familie Glinskij (Iwans Großmutter Anna war eine geborene Glinskaja), ihren guten Ruf verloren.
Was war geschehen? Blättern wir noch einmal zurück in der Geschichte. Im April 1547, dem Jahr der Krönung und Vermählung Iwans, war in Kitaj Gorod, einem belebten Händlerviertel Moskaus, ein größerer Brand ausgebrochen. In Moskau brannte es häufig, und niemand war eigentlich darüber sonderlich beunruhigt. Die Moskauer hatten sich an die ständigen Feuer derart gewöhnt, daß sie erfinderisch geworden waren und Häuser nach Fertigbaumanier verkauften, die man jederzeit anstelle der zerstörten alten aufstellen konnte. Auch der Brand in Kitaj Gorod schien nur einer von vielen. Das Feuer erlosch, hinterließ die übliche Zerstörung, muß aber weitergeschwelt haben, denn nur wenige Tage später brannte das Gerber- und Schmiedeviertel jenseits des Flüßchens Jausa nieder. Auch dieses Feuer erlosch nicht ganz, denn ein paar Wochen später kam es zu einer schrecklichen Feuersbrunst, vielleicht der schrecklichsten, die das alte Moskau je erlebt hat.
Es soll ein starker Wind geherrscht haben, als das Feuer im Arbat, einem Vorort westlich des Kreml, ausbrach. Da es fast nur Holzbauten gab, griff das Feuer rasend schnell um sich, und in kürzester Zeit lagen drei Viertel der Stadt und große Teile des Kremls in Schutt und Asche. Dabei wurden nicht nur Paläste und Kirchen vernichtet, auch un-

schätzbare Kunstwerke wurden ein Raub der Flammen. Iwan war ein fleißiger Sammler von Ikonen gewesen; auch sie fingen Feuer – bis auf eine seiner Lieblingsikonen, die wundertätige Ikone der Gottesmutter von Wladimir. Voller Schrecken vernahm die Bevölkerung Moskaus die Nachricht, daß die große Glocke Moskaus vom Glockenturm herabgestürzt und zerbrochen sei; wenig später explodierten die Pulvervorräte im Zeughaus – welch schreckliche Zeichen!
Tausende Menschen waren in den Flammen umgekommen, und tagelang lag beißender Rauch über dem, was einmal eine blühende Stadt gewesen war. In den Trümmern wühlten die Überlebenden nach irgendwelchen unbeschädigten Habseligkeiten. Niemand half ihnen in ihrer Not.
Erbitterung machte sich breit, Unmut, Groll. Wo war der Zar, den sie vor gar nicht langer Zeit bejubelt hatten?

Iwan IV. hatte bei Ausbruch des Feuers mit seiner Frau und etlichen Bojaren in einem Dorf bei Moskau Zuflucht gesucht. Aus sicherer Entfernung sah er die Rauchwolken über der Stadt. Wieweit ihn das Schicksal seiner Untertanen kümmerte, ist nicht bekannt. Auf jeden Fall befaßte er sich sogleich mit Plänen für den Wiederaufbau der zerstörten Kirchen und Paläste im Kreml.
Während eines Besuchs beim Metropoliten Makarij im Nowospasskij-Kloster wurden Iwan Gerüchte und Verdächtigungen zugetragen. Der Metropolit erholte sich von einer Rauchvergiftung, die er sich bei seinem lebensgefährlichen Versuch, die Kirchenschätze zu retten, zugezogen hatte. Um ihn waren verschiedene Priester und Bojaren versammelt, unter anderem auch Vertreter der Familie Schujski, die nun Iwan gegenüber behaupteten, daß der schreckliche Brand von Moskau nur Hexen- und Teufelswerk gewesen sein könne. Und sie wußten auch, aus welcher Familie diese Ungeheuer kamen. Aus Iwans eigener Familie, der Familie der Glinskijs.
Es war nicht weiter verwunderlich, daß solche Anschuldigungen in jenen Tagen auf fruchtbaren Boden fielen. Das Inferno war gerade überstanden, vielen saß noch der Schreck in den Gliedern, und verloren hatte man alles. Auch Iwan IV. war bereit, an Hexenwerk zu glauben, und ordnete erst einmal eine Untersuchung an. Diese brachte außer neuen Gerüchten nichts zutage, schürte aber den Unmut der Moskauer. Sie versammelten sich auf dem Platz vor der Uspenskij-Kathedrale und forderten lautstark die Bestrafung und Verfolgung des Glinskij-Clans. Doch dadurch erhoben sie sich gegen den Zaren selbst, der auf die persönlichen Anschuldigungen mit unglaublicher Härte reagierte. Er

ließ viele der Aufrührer ergreifen und umgehend hinrichten, mußte aber vorher noch selbst mit ansehen, daß der Pöbel Jagd auf seine Verwandten und deren Getreue machte.

Die Schujskis hatten ihr Ziel erreicht; sie hatten ihren Verwandten Andrej gerächt, den der junge Iwan als Mitglied des Regentschaftsrates hatte umbringen lassen; nun hatte man dafür gesorgt, daß sich die überlebenden Glinskijs nicht mehr mucksten. Aber die Schujskis mußten Verbündete suchen, denn Iwan IV. war nach all den Vorfällen nicht besonders erfreut, auch nur noch einen aus dieser Sippe in seiner Nähe zu haben.

Wer aber war als Verbündeter besser geeignet als die Verwandtschaft der Zarin? Da gab es den Onkel Grigorij und den unglaublich ehrgeizigen Nikita Romanowitsch Jurjew, den Bruder Anastasijas. Dieser hatte eine Fürstentocher aus Susdal geheiratet, die angeblich mit Alexander Newski und dadurch mit den Rurikiden, der ersten großen russischen Herrscherdynastie, verwandt war. Dieser Glanz, und wenn auch nur durch eine geschickte Heirat erworben, fiel in den Augen der alten adligen Familien auch auf Nikita Romanowitsch, so daß man ihm mit Achtung begegnete und ihn als Bruder der geliebten Zarin ehrte.

Möglicherweise machten sich die älteren Bojarenfamilien hinter vorgehaltener Hand über die Aufsteiger lustig, doch drang das während der Regierungszeit Iwans IV. niemals nach außen. Auch für Iwan waren die Verwandten seiner ersten Gattin kein Problem, und im Volk erzählte man sich noch immer gern, wie untröstlich der Zar beim frühen Tod Anastasijas gewesen sei, wie er schreiend und heulend durch den Kreml irrte und erst nach diesem großen Verlust anfing, der Schreckliche zu werden.

Boris Godunow

Manch eine Karriere wurde im Dunstkreis des Herrschers gestartet, doch wie erfolgreich diese dann war, kam mehr einem Glücksspiel gleich. *Eine* Karriere jedoch führte schnurgerade auf den Zarenthron, auch wenn Mord und Terror gegen Nebenbuhler dabei im Spiel waren. Die Rede ist vom unglaublichen Aufstieg des Boris Godunow, der seine Schwester Irina mit Iwans Sohn Fjodor aus der Ehe mit Anastasija Romanowna verheiratete. Er wurde nicht nur der Schwager des Zaren, sondern war – wenn auch ganz weitläufig – auch mit den Romanows verwandt.
Mit Boris Godunow beginnt die Vorgeschichte der Romanows Gestalt anzunehmen, aus überlieferten Bruchstücken formen sich menschliche Schicksale. Und wäre nicht Boris Godunow gewesen, seine Geschichte um die falschen Zarensöhne und die schreckliche Zeit der politischen Wirren, wer weiß, vielleicht hätte nie ein Romanow den Zarenthron erobert.

Doch noch einmal zurück zu Iwan IV. Aus seinen verschiedenen Ehen, die zum Teil ohne den Segen der Kirche geschlossen wurden, waren ihm drei Söhne geblieben. Iwan, Fjodor und Dmitrij. Iwan und Fjodor stammten noch aus der Ehe mit Anastasija. Dmitrijs Mutter, Maria Nagaja, wurde Iwans siebte Ehefrau. Er heiratete sie drei Jahre vor seinem Tod (1584), aber gleichzeitig wäre er bereit gewesen, diese Ehefrau gegen eine englische Prinzessin einzutauschen. Doch dieses Vorhaben klappte nicht.
Als der kleine Dmitrij, der als illegitimer Sohn übrigens nie eine offizielle Chance als Thronfolger gehabt hätte, noch nicht geboren war, beraubte sich Iwan selbst der Möglichkeit, außer dem debilen Fjodor einen regierungsfähigen Thronfolger zu hinterlassen; er erschlug seinen ältesten Sohn Iwan. Eine schreckliche Tat, für die es verschiedene Erklärungen gibt.
Die romantische Version lautet, daß Iwan seine junge, hochschwangere Frau dem Vater gegenüber in Schutz genommen habe. Iwan IV. habe die junge Frau leicht bekleidet im Terem angetroffen. Sie hatte es sich bequem gemacht, da sie vermutete, allein zu sein. Iwan sei darüber sehr erbost gewesen und habe versucht, sie zu schlagen. Der junge Ehemann

– so wird berichtet – sei dazwischengetreten und habe seine Frau gegen den Angriff des Vaters verteidigen wollen. So habe ihn der schwere Eisenstock des Vaters an der Schläfe verletzt. Anfangs sah die Verletzung nicht so schlimm aus, doch nach wenigen Tagen verstarb der Zarewitsch plötzlich.

Andere Quellen berichten, daß der Unglücksfall nicht im Terem stattgefunden habe, sondern auf einem Landgut in der Nähe von Moskau, und es habe auch einen Zeugen gegeben, Boris Godunow. Der junge Iwan soll dem alten Iwan (der war gerade knapp über fünfzig) Vorhaltungen wegen seiner Kriege im Baltikum gemacht haben, während der polnische Feind bereits im eigenen Lande stand und nichts gegen ihn unternommen wurde. Voll Wut habe Iwan IV. auf diese durchaus berechtigte Kritik reagiert und seinen Sohn geschlagen. Erschrocken über seine Tat, habe er sofort verschiedene Ärzte rufen lassen. Doch ihre Kunst versagte. Zarewitsch Iwan starb fünf Tage nach dem Streit mit seinem Vater.

Iwan, der Sohn, soll ein sehr fähiger und kluger Bursche gewesen sein. Ein durchaus würdiger Zarewitsch, der den Vater häufig begleitet hatte und von ihm geachtet wurde. Als er starb, war er siebenundzwanzig Jahre alt. Der Vater war wie von Sinnen. Drei Tage lang habe er neben dem offenen Sarg gesessen, und als dieser dann in die Zarengruft der Erzengelkathedrale hinabgesenkt wurde, habe Iwan IV. wie wild aufgeschrien. Nächtens sei er durch den Kreml gewandert und, wie damals nach dem Tod seiner geliebten Anastasija, hätten die Wände unter seinen Schreien gezittert.

Doch das Leben mußte weitergehen, und vor allem mußte die Thronfolge geregelt werden.

Häufig war es bei den russischen Herrschern so, daß die rechtzeitige Regelung der Nachfolge unterblieb oder so lange hinausgeschoben wurde, bis es zu spät war. Auch Iwan IV. dachte immer wieder daran, sein Haus zu bestellen. Doch nach dem Unglück mit dem hoffnungsvollen Iwan verdrängte er solche Gedanken. Sein Sohn Fjodor, drei Jahre jünger als der tote Iwan, würde kaum als Thronfolger in Frage kommen. Er war geistig behindert und vertrödelte seine Tage auf den Glockentürmen Moskaus. Er war ein großer Kenner und Könner des Glockenläutens – mehr aber auch nicht.

Mehrfach war Iwan IV. der baldige Tod prophezeit worden. Als er einsehen mußte, daß ihm wirklich nur noch Fjodor mit dem blöden Lächeln geblieben war, setzte er für diesen einen Regentschaftsrat ein, falls ihm, Iwan IV., etwas zustoßen sollte. Der kleine Dmitrij war damals noch nicht geboren. An der Spitze dieses Rates stand kein Geringerer als Nikita Romanowitsch Jurjew, der Bruder der seligen Anastasija und Onkel Fjodors.

Es waren glückliche Umstände gewesen, die Boris Godunow an den Hof Iwans IV. geführt hatten. Er entstammte einer jener Tatarenfamilien, die im 14. Jahrhundert in den Dienst der Moskauer Großfürsten getreten waren. Godunow hatte die Tochter Maljuta Skuratows geheiratet, des Mörders des Metropoliten Philip. Diese Tatsache war nur ein Makel, der auf der Weste des Godunow haftete. Andere kamen hinzu. Der mißtrauische Iwan IV. hatte Godunow selbst nicht in den Regentschaftsrat für seinen Sohn Fjodor berufen, obwohl er doch dessen Schwager war.

Nach dem Tod Iwans des Schrecklichen und der Inthronisation des schwachsinnigen Fjodor im Mai 1584 setzte Godunow alles daran, um auf der gesellschaftlichen Leiter höher zu steigen. Ihm kam entgegen, daß Nikita Romanowitsch Jurjew, Vorsitzender des Thronrates und Onkel Fjodors, 1585 starb. Ein Romanowitsch weniger. Dafür hatte Nikita seine fünf Söhne, die *Nikititschi*, wie sie genannt wurden, in die Obhut Godunows gegeben. Ein Vorteil für Godunow, denn diese jungen Männer waren außergewöhnlich ehrgeizig, ganz besonders aber der Älteste – Fjodor Romanow. Von ihm werden wir noch hören.

Es dauerte nicht lange, und Boris Godunow hielt die politischen Fäden allein in seiner Hand. Zwar hatte es genügend Verschwörungen gegen diesen Emporkömmling gegeben, an denen vor allem die Familie Schujski beteiligt war, doch gelang es Godunow, den ersten wichtigen Schritt zu tun und den Regentschaftsrat aufzulösen. Seit 1588 trug er offiziell den Titel eines Regenten: »Des Großen Herrschers Schwager und Regent, Diener und Stallmeister, der Bojar, Hofwojewode und Erhalter der großen Herrschaftsgebiete und der Zartümer Kasan und Astrachan.«

Bereits 1584, im Todesjahr Iwans IV. und im Jahr der Thronbesteigung Fjodors, war die Zarenwitwe, Iwans letzte Ehefrau Maria Nagaja, mit ihrem damals zweijährigen Söhnchen Dmitrij nach Uglitsch verbannt worden. Boris Godunow hatte im Namen Fjodors diese Maßnahme betrieben. Eine verwitwete Zarin im Kreml, auch wenn sie nur die siebte Ehefrau war und diese Heirat von der orthodoxen Kirche nicht anerkannt wurde, das konnte Probleme bereiten. Zudem war Maria Nagaja nicht besonders beliebt, galt als herrsch- und streitsüchtig. Irgendwann würde sie versuchen, Verbündete zu finden und ihren kleinen Sohn Dmitrij als Thronfolger zu präsentieren. Es war also besser, sie aus Moskau zu entfernen. Maria Nagaja wehrte sich nicht.

Doch der kleine Dmitrij wurde dem *tatarischen Emporkömmling* Godunow dann doch zum Verhängnis.

Im Mai 1591 erreichte den Kreml in Moskau schreckliche Kunde. In

Uglitsch hatte man den jungen Dmitrij tot in einem Meer von Blut aufgefunden. Ganz gewiß kam dieses Unglück dem Regenten sehr gelegen, doch überall im Lande wußte man, daß Godunow es war, der den kleinen Dmitrij verbannt hatte. Warum also sollte er nicht auch die Mörder gedungen haben? Es wäre eine leichte Sache gewesen, zumal die Hofhaltung in Uglitsch nur aus wenigen Personen bestand. Auch in dem kleinen Städtchen selbst glaubte man bald nach dem Ereignis an einen bestellten Mord. Es wird berichtet, daß die Bevölkerung den Mann der Kinderfrau und den Verwalter als vermeintliche Mörder umbrachte.
Bis heute ist nicht geklärt, was damals in Uglitsch wirklich geschah. Doch Boris Godunow muß geahnt haben, daß sich die Angelegenheit nicht vertuschen ließ, und schickte umgehend eine Untersuchungskommission an die Wolga. Diese Kommission wurde von Wassili Schujski geleitet, dem einzigen aus dieser Familie, der die Folgen der Verschwörungen gegen Godunow nicht zu spüren bekam. Schujski brauchte knapp einen Monat für die Untersuchung des Vorfalls. Sein Bericht an Boris Godunow lautete: Dmitrij, der an epileptischen Anfällen litt, habe sich bei einem solchen Anfall tragischerweise selbst getötet. Doch die Gerüchte wollten nicht verstummen, daß Dmitrij einer Verschwörung zum Opfer gefallen sei und daß kein anderer als Boris Godunow den Befehl gegeben habe, ihm die Kehle durchzuschneiden, nachdem offensichtlich mehrere vorausgegangene Giftanschläge fehlgeschlagen seien.
Als der Glockenläuter Fjodor nach langer Krankheit im Jahre 1598 starb, wollten viele Moskowiter auch darin ein Werk Godunows sehen. Noch ein Makel auf seiner Weste. Auch anderer Verbrechen sei er schuldig geworden. Die Phantasie der Bevölkerung gebar immer neue Untaten, und doch wurde dieser als Ungeheuer gefürchtete Mann letztendlich Zar.
Fjodor hatte keine Erben hinterlassen, auch kein Testament, das man hätte berücksichtigen können. Es gab wohl Stimmen, die Irina, Fjodors Frau und Godunows Schwester, auf dem Thron sehen wollten. Doch Frauen waren allenfalls als Regentinnen für unmündige Söhne vorgesehen. Außerdem muß Irina wenig machtbesessen gewesen sein. Sie zog sich in ein Kloster zurück, und der Weg für Boris Godunow war frei. Das Rurikidengeschlecht war mit dem Tod Fjodors erloschen.
Boris wußte sehr wohl, daß er unter den alten Bojarengeschlechtern, innerhalb des Adels überhaupt, viele Feinde hatte. Man haßte ihn nicht nur, weil er ein Emporkömmling war, sondern vor allem auch, weil er den angesehenen Familien bislang wenig Respekt gezollt hatte. Au-

ßerdem verfolgte ihn der Schatten des ermordeten Dmitrij auf Schritt und Tritt. Trotzdem war der Zarenthron in greifbare Nähe gerückt. Wer hätte auf ihm Platz nehmen sollen, wenn denn nicht Boris Godunow? Immerhin war er seit zehn Jahren offizieller Regent, hatte vieles im Umgang mit hohen Herren aus dem Ausland gelernt und wurde trotz seiner niederen Herkunft wenigstens respektiert.

Es wird berichtet, daß eine Abordnung der hohen Geistlichkeit bei der im Jungfrauenkloster lebenden Zarenwitwe Irina vorgesprochen und sie gebeten habe, ihren Bruder Boris zur Annahme der Monomachmütze zu bewegen. An der Spitze dieser Prozession stand der Patriarch Jow, ein Boris sehr ergebener Kirchenmann. Jow hatte den Zug vortrefflich organisiert, Geld und Stockschläge verteilen lassen, damit das Volk recht heftig schluchzte und inbrünstig um die Krönung des Godunow bat. Solche Schauspiele mußten mehrfach stattfinden, denn immer wieder verweigerte sich Boris Godunow und erklärte, daß er niemals an eine solch hohe Würde gedacht habe. Er sei aber bereit, für das russische Volk die allergrößten Opfer zu bringen, ja sein letztes Hemd herzugeben.

Der Patriarch wußte genau, daß dies alles eine Lüge war. Denn in geheimen Verhandlungen hatte ihn Boris Godunow bereits überzeugt, daß er sich nur von einer Reichsversammlung wählen lassen wollte. Das wäre für ihn die beste Möglichkeit, nicht als fremder Thronräuber zu gelten. Doch solch ein *Semski Sobor*, eine Versammlung aller Stände, war ein verfassungsrechtliches Novum. Dieses Gremium einzuberufen würde einige Zeit dauern. Die aber konnte bestens genutzt werden, um auf Stimmenfang zu gehen.

Im Frühjahr 1598 trat die Reichsversammlung unter Vorsitz des Patriarchen zusammen. Man zählte fast fünfhundert Mitglieder, unter ihnen Bojaren, Kleriker, Deputierte aus verschiedenen Städten, reiche Kaufleute. Ohne Gegenstimme wurde beschlossen, Boris Godunow zum Zaren auszurufen. Was nun folgte, spannte die Nerven aller Beteiligten bis zum Zerreißen und war doch nicht mehr als ein sehr unwürdiges Schauspiel.

Boris Godunow nahm nicht einfach voller Freude die Monomachmütze an, nein, er ließ sich lange, lange bitten. Immer wieder beteuerte er, daß er unwürdig sei. Wieder fand eine Bittprozession statt; das Volk fiel auf die Knie, flehte und heulte. Wieder zierte sich Boris Godunow, und nochmals. Während das Volk mit Schlägen gezwungen werden konnte, noch lauter zu bitten und zu schluchzen, machte sich unter den Bojaren heftiger Unmut breit. Es gab nicht wenige, die dieses Schauspiel verabscheuten und ernsthaft über einen anderen Kandidaten nachdachten.

Wer kam in Frage? Vielleicht Fjodor Nikititsch Romanow, der ehrgeizigste der fünf Nikititschi, Neffe der verstorbenen Zarin Anastasija? Inzwischen hatte Boris aber eingesehen, daß er drauf und dran war, alles aufs Spiel zu setzen; und seine so kluge Überlegung, ihn, den Emporkömmling aus nichtfürstlichem Hause, durch das Volk wählen zu lassen, würde bald nicht mehr von Erfolg gekrönt sein. Unter Tränen schickte sich Boris Godunow in das harte Los der Zarenwürde. Das Schauspiel hatte ein Ende. Dankgottesdienste wurden abgehalten, Festessen veranstaltet und großzügig Almosen verteilt.

Die Krönungsfeierlichkeiten fanden erst im September statt, denn wieder einmal waren die aufsässigen Tataren ins Land eingedrungen.

Als Boris Godunow endlich den Segen des Patriarchen empfing, soll er ausgerufen haben: »Gott sei mein Zeuge, daß es in meinem Land keinen armen Menschen geben wird.«

Es konnte dem neuen Zaren nicht verborgen bleiben, daß er unter den Bojaren noch immer viele Feinde hatte und daß er auf der Hut sein mußte. Er lebte in ständiger Angst, vergiftet zu werden, und beschäftigte deshalb sechs Leibärzte. Auch eine Palastrevolution war natürlich möglich. Also mußte er sich zuallererst seiner gefährlichsten Gegner entledigen. Mitglieder der einflußreichen Familie Bjelski wurden an die Wolga geschickt; die Schujskis fanden sich in entfernten Provinzen wieder. Doch am grausamsten traf es die Romanows.

Auf dem Dachboden des Hauses von Alexander Romanow hatte man größere Mengen Kräuter und Wurzeln gefunden, die im Auftrag von Boris Godunow heimlich dorthin geschafft worden waren. Anschließend beschuldigte man die Romanows, die Herstellung von Gift vorbereitet zu haben. Die Verhöre, auch der Diener und entfernten Verwandten, waren endlos, und die Verdächtigen waren schrecklichen Torturen ausgesetzt. Fünf Romanows wurden nach Sibirien verbannt. Doch für Fjodor Nikititsch Romanow, das Oberhaupt der Familie Romanow, gab es eine ganz besondere Strafe: er wurde zur Ablegung des Mönchsgelübdes gezwungen und war dadurch »herrschaftsunfähig« geworden. Er nahm den Namen Filaret an. Auch seine Frau mußte in ein Kloster eintreten; als Nonne Marfa lebte sie mit ihrem kleinen Sohn Michael in einem Kloster bei Kostroma.

Für diejenigen Romanows, die nach Sibirien deportiert wurden, hatte Godunow ganz besondere Instruktionen erlassen. Folgende Zeilen beziehen sich auf den verbannten Wassili Nikititsch Romanow:

»Während der Reise soll man Wassili sorgsam bewachen, damit er nicht entfliehe und auch sich selbst kein Leid zufüge. Man soll darauf

achten, daß unterwegs und auf den Stationen niemand in seine Nähe komme, niemand sich mit ihm unterhalte oder Briefe mit ihm austausche. Und sollte jemand zu Wassili kommen, mit ihm sprechen oder einen Brief übergeben, so muß man diesen Menschen ergreifen und nach Moskau schicken oder verhören und dem Zaren Bericht erstatten. Und sollte es sich nötig erweisen, jemanden zu foltern, so soll man es gründlich tun und eingehend befragen. Nach der Ankunft in Jarensk soll der Polizeibeamte für sich selbst und für Wassili einen Hof mieten innerhalb der Stadt, aber möglichst weit von der Kirche, von der Herberge und von den übrigen Höfen entfernt. Und wenn es keinen passenden Hof geben sollte, dann soll man ein geeignetes Grundstück wählen und einen Hof bauen, möglichst weit von den anderen Höfen entfernt, und es soll auch keine durchgehende Straße daran vorbeiführen. Auf dem Grundstück soll man ein größeres und zwei kleine Häuser errichten, dazu ein Vorhaus, eine Scheune und einen Keller. Der Hof soll mit einer Palisade umgeben sein. Und Wassili wie auch seinen Diener soll man nie aus dem Hof hinausgehen lassen, und man soll streng darüber wachen, daß auch von außen niemand in die Nähe des Wassili oder seines Dieners komme. Was die Nahrung anbelangt, so soll Wassili für sich und den Diener erhalten: ein Weißbrot und zwei schwarze Brote; an Fleischtagen je zwei Teile Rindfleisch und einen Teil Schafffleisch; an Fasttagen je zwei Fischgerichte, wie sie an Ort und Stelle jeweils erhältlich sein werden, dazu Kwas aus Gerste. Für die Ernährung sind hundert Rubel geschickt worden. Über alles, was Wassili sagen wird, soll der Polizeibeamte an den Zaren schriftlich berichten.«
Godunow hatte sich seiner schärfsten Rivalen entledigt; daß er sich damit auch seines letzten Rückhalts beraubt hatte, das mußte er wenig später bitter erfahren.
Der Prozeß gegen die Romanows und ihren Anhang hatte Ende 1600, Anfang 1601 stattgefunden. Im gleichen Jahr suchte eine schreckliche Hungersnot das Land heim; in den folgenden Jahren brachten Epidemien, Räubereien und Überschwemmungen Unglück über das Land. Erst 1604 konnte wieder eine normale Ernte eingebracht werden, doch so lange herrschten Not und Anarchie. Tausende von Menschen kamen ums Leben; Fälle von Kannibalismus waren fast an der Tagesordnung. In solchen Zeiten, in denen man sich bewußt wurde, daß Rußland groß und der Zar fern war, fanden Gerüchte in den Dörfern willige Zuhörer. Wer anders als Gott konnte dem Land solch ein Unheil auferlegt haben? War das alles nicht die Strafe dafür, daß man einen Zaren gewählt hatte, an dessen Händen Blut klebte, das Blut des unschuldigen Dmi-

trij? Und hatte er nicht die Tochter eines Mörders geheiratet? Was war an der Geschichte mit dem dänischen Thronfolger Waldemar, der die Tochter Godunows – Xenia – heiraten wollte? Ihn hatte bald nach seiner Ankunft in Moskau ein böses Fieber dahingerafft. War dies nicht ein Zeichen, daß Gott dem Zarenthron seine Gnade entzogen hatte? Alle diese Gerüchte drangen bald auch an Godunows Ohr. Der »Nachrichtendienst« funktionierte nach wie vor. Doch was war dieses Geschwätz schon gegen die Nachricht, die ihm – irgendwann im Jahre 1601 – heimlich ein Bote von der westlichen Landesgrenze überbrachte!

Der falsche Zarensohn

Die Botschaft ließ nicht nur Godunows Vergangenheit wieder lebendig werden, sondern sie ließ ihn auch Schlimmstes für die Zukunft befürchten. Sie bestätigte eigentlich nur, was man sich im Volk schon lange zuflüsterte. Dmitrij, der jüngste Sohn Iwans IV., sei damals in Uglitsch gar nicht getötet worden, sondern an seiner Stelle sei ein Popenkind gestorben. Dmitrij konnte angeblich in Sicherheit gebracht werden und lebe nun in Polen. Dort würde er sich darauf vorbereiten, den ihm zustehenden Moskauer Thron mit Waffengewalt zurückzuerobern.
In der russischen Geschichte gibt es immer wieder Geschichten von falschen oder wundersam geretteten Zarensöhnen. Sie tauchen immer dann auf, wenn das Volk das Gefühl hat, im Stich gelassen worden zu sein. Die falschen Prätendenten überbrückten auf phantastische Weise die Kluft zwischen dem fernen, entrückten Zaren und den Bedürfnissen des Volkes nach Schutz und Fürsorge.
Den ersten Gerüchten um den geretteten Dmitrij folgten bald genauere Berichte, die ihren Ursprung in Polen und Litauen hatten. In der Tat lebte im Hause des polnischen Adligen Adam Wisniowiecki ein junger Mann, der behauptete, der echte Zarensohn zu sein. Dieses Geständnis soll er, als er einmal erkrankt war, seinem Beichtvater abgelegt haben. Als Beweis habe er ein sehr kostbares, mit Edelsteinen geschmücktes Kreuz hervorgezogen, angeblich ein Geschenk seines Taufpaten; sogar einen Brief, der von seiner Errettung berichtete, habe er vorlegen können.
Im Hause Wisniowiecki war man nur zu gern bereit, diesem jungen Mann Glauben zu schenken. Und auch anderen polnischen Kreisen

kamen diese Gerüchte sehr gelegen. Schon immer war es für Moskau verlockend gewesen, den polnischen und den russischen Thron zu vereinen, und der Gedanke hatte sich in vielen Köpfen festgesetzt. Wenn sich nun aber der gerettete Dmitrij auf polnischem Boden befand, dann mußte man ihn mit allen erdenklichen Mitteln darin unterstützen, daß er gegen den Thronräuber Boris Godunow zu Felde zog. Dafür würde es hohe Belohnungen geben, Ämter und Würden.

Auch wenn bis heute noch immer nicht ganz geklärt ist, wer dieser erste falsche Dmitrij wirklich gewesen ist, so folgt man doch gern zeitgenössischen Berichten, nach denen es sich um einen entlaufenen Mönch, einen gewissen Grischa Otrepjew, Sohn eines Adligen aus Galitsch, gehandelt habe. Auch Boris Godunow war davon überzeugt, und er schickte sogar an den polnischen König Zygmunt einen Brief, in dem er die Identität des vermeintlichen Zarewitsch aufklärte. Vor allem aber betonte er, daß dieser Grischa Otrepjew ein Geschöpf der verdammten Romanows sei.

Dies war nicht ausgeschlossen und mehr als ein bloßer Verdacht. Vieles deutet darauf hin, daß der falsche Zarewitsch tatsächlich von den Romanows aufgebaut worden war, um durch seine Legitimität als geretteter Zarensohn Boris Godunow vom Thron zu stoßen.

Möglicherweise hatten auch die Schujskis ihre Hände im Spiel. Wassili Schujski hatte ja auf Geheiß Godunows den Vorfall in Uglitsch untersucht und zunächst alle Eide darauf geschworen, daß ein epileptischer Anfall zum Tod des Zarewitsch geführt habe. Dies hatte er auch mehrfach bekräftigt, doch dann widerrief er plötzlich diese Aussage und behauptete, Dmitrij sei am Leben. Aus Angst vor Godunow habe er zunächst geschwiegen.

Der falsche Dmitrij hatte inzwischen in Polen den Wojewoden von Sandomir, Jerzy Mniszech, kennengelernt, vor allem aber dessen schöne, sehr berechnende Tochter Maryna. Vater Mniszech, der total verschuldet war, versprach sich vom falschen Dmitrij sehr viel. Zunächst einmal unterstützte er die Bemühungen, eine Armee zusammenzutrommeln, mit der Dmitrij nach Moskau marschieren konnte. Ein buntgewürfelter Haufen fand sich zusammen, Polen, moskowitische Flüchtlinge und vor allem Kosaken. Der polnische König war zwar bereit, Dmitrij als den echten Zarewitsch anzuerkennen, doch von einem Feldzug gegen Moskau wollte er nichts wissen. Als dann Dmitrij mit seiner bunten Truppe tatsächlich loszog, war es fast wie ein Privatunternehmen der Familie Mniszech. Denn Maryna war Dmitrij als Frau versprochen worden, vorausgesetzt, er würde binnen eines Jahres Herrscher von Rußland werden. Im Ehevertrag ließ sich Mniszech im Gegenzug von

Dmitrij eine Million Zloty und die Fürstentümer Groß-Nowgorod und Pskow versprechen.

Im August 1604 begann Dmitrij von Lemberg aus seinen Feldzug. Es wurde zwar nicht ganz der Siegeszug, den er sich erhoffte, denn er mußte mit einigen Niederlagen fertig werden; doch auch seine Gegner verstanden es nicht, ihre Chancen zu nutzen.

Bevor es zur entscheidenden Machtprobe zwischen Boris Godunow und dem *Samoswanez*, dem *Selbsternannten*, kam, verstarb Boris Godunow ganz plötzlich. Man habe ihn vergiftet, hieß es; er habe einen Blutsturz erlitten, berichten andere Quellen. Man munkelte sogar, er habe Selbstmord begangen.

Die Zeit der Wirren

Mit dem Tod des Boris Godunow, des ersten Bürgerlichen auf dem russischen Zarenthron, im April 1605 begann eine Zeit, die als *Zeit der Wirren* oder *Smuta* in die russische Geschichte eingegangen ist.
Der Sohn Boris Godunows, Fjodor Borissowitsch, hatte gar keine Chance, sich als Nachfolger zu bewähren. Er war sechzehn Jahre alt, und seine Mutter übernahm für ihn die Regentschaft. Fjodor soll ein kluger, intelligenter junger Mann gewesen sein, mit bester Erziehung. Sein Vater hatte ihn auf die Übernahme des Throns sehr gut und rechtzeitig vorbereitet. Doch noch bevor der falsche Dmitrij in Moskau einziehen konnte, wurden Fjodor und seine Mutter Maria brutal ermordet.
Und wieder behauptete Wassili Schujski, daß er aus Angst gelogen habe, daß Dmitrij noch am Leben sei, Dmitrij, der echte Zarewitsch, der jüngste Sohn Iwans des Schrecklichen.
Jubel erfüllte am 20. Juni 1605 die Moskauer Straßen. Der totgeglaubte Zarewitsch war endlich heimgekehrt. Adel und Klerus begrüßten ihn unterwürfig, manch einer war ihm schon vor die Tore der Stadt entgegengeritten, um seine Ergebenheit zu bekunden. Zeitgenössische Quellen berichten, daß aber eigentlich alle über die wahre Herkunft dieses Dmitrij Bescheid wußten. Trotz des Jubels war dieser Empfang sehr zwiespältig, denn im großen Troß des Wiedererstandenen waren Polen, Katholiken und Lutheraner, die von den Russen noch mehr gehaßt wurden als die Heiden aus der Steppe. Und dieses »ausländische Pack« machte sich nun in Moskau breit und zog in den Kreml ein.
Und wieder machte Wassili Schujski von sich reden, diesmal, als er, vor allem unter Kaufleuten und Handwerkern, verbreiten ließ, dieser Dmitrij im Kreml sei ein Betrüger, und der echte jüngste Sohn Iwans IV. sei wirklich in Uglitsch umgekommen. Eine kaum durchschaubare Taktik, die Wassili Schujski da verfolgte, doch letztendlich sollte ihm das alles nur für kurze Zeit von Nutzen sein.
Zunächst einmal ließ ihn Dmitrij verhaften und zum Tode verurteilen. Schujski soll, auf dem Schafott stehend, beteuert haben, er sterbe für die Wahrheit und für den christlichen Glauben. Der Scharfrichter wollte gerade sein Amt ausüben, als durch einen reitenden Boten die Nachricht von Schujskis Begnadigung verkündet wurde. Das Urteil war in Verbannung umgewandelt worden. Doch noch ehe er seinen Verban-

nungsort erreicht hatte, wurde Schujski nach Moskau zurückgeholt, freigesprochen und rückte unmittelbar in die beratende Umgebung Dmitrijs auf. Mit diesem Verhalten wollte der Fremde möglicherweise ein für allemal die Zweifel an seiner Herkunft ausräumen.
Durch andere Taten versuchte er sich in der Stadt Moskau und bei der einfachen Bevölkerung beliebt zu machen. Die verbannten Familien der Nagojs – die letzte Frau Iwans IV. war eine Nagaja gewesen – und der Romanows wurden nach Moskau eingeladen und voll rehabilitiert. Fjodor Romanow, der als Mönch den Namen Filaret angenommen hatte, wurde zum Metropoliten von Rostow ernannt.
Mit Maria Nagaja hatte Dmitrij noch ein besonderes Schauspiel vor. Sie, die Mutter des echten Dmitrij, lebte als Nonne Marfa im Bjeloozero-Kloster. Auch sie wurde von dem, der sich als ihr Sohn ausgab, nach Moskau geholt. Was würde nun geschehen? Es überraschte fast niemanden, daß sie den fremden jungen Mann als ihren Sohn erkannte und sich freudig von ihm durch Moskaus Straßen zum Kreml begleiten ließ. Es ist müßig, darüber zu spekulieren, warum Maria Nagaja – oder jetzt Marfa – dieses Spiel mitspielte. Vielleicht glaubte sie wirklich, ihren Sohn vor sich zu haben, den sie vierzehn Jahre zuvor, als Kind, zum letztenmal gesehen hatte. Und ganz auszuschließen ist es auch nicht, daß der falsche Dmitrij überzeugt war, doch der echte zu sein.
Im Juli 1605 wurde der Mann, der aus der Fremde kam, zum Zaren gekrönt. Wir erinnern uns, daß er mit der Familie Mniszech einen Vertrag abgeschlossen hatte: sollte er binnen eines Jahres russischer Zar werden, würde er die schöne Maryna Mniszech zur Frau bekommen. Auch Dmitrij erinnerte sich an sein Versprechen und wollte es einlösen. Da er vor seinem Aufbruch nach Moskau auch noch versprochen hatte, sollte er erst einmal an der Macht sein, einen Anschluß der orthodoxen Kirche an die katholische voranzutreiben, erhielt er für seine Heirat mit Maryna die Zustimmung des polnischen Königs und der hohen Geistlichkeit. Daß er überhaupt um Erlaubnis nachgefragt hatte, war ein kluger Schachzug. Vielleicht konnte er die Hilfe des polnischen Königs noch einmal brauchen.
Im November 1605 fand die Trauung mit Maryna Mniszech in Krakau statt. Allerdings war der neue russische Zar nicht persönlich anwesend, sondern hatte einen Gesandten nach Krakau geschickt. Dieser soll angeblich darauf aufmerksam gemacht haben, daß Dmitrij nun den Zarentitel führe und nicht einfach nur »Großfürst« sei, wie der polnische König immer wieder behauptete.
Maryna ließ sich viel Zeit, bevor sie zu ihrem Gatten nach Moskau

aufbrach. Im russischen Winter war eine solche Reise kein Vergnügen. Und sie dauerte auch etliche Wochen. Maryna reiste mit ihrem zahlreichen Gefolge und ihrem Vater erst im März ab. Ende April erreichten sie endlich Moskau.

In einer feierlichen Zeremonie wurde Maryna als erste Frau in der russischen Geschichte gekrönt; die Hochzeitsfeierlichkeiten wurden mit großem Prunk nachgeholt. Bei der Trauung nach orthodoxem Ritus wurde aus Maryna eine Marija. Mehrere Tage dauerten die Gelage; zwei Abenteurer waren am Ziel ihrer Wünsche. Doch nicht alle jubelten ihnen zu.

Bereits mit Dmitrij waren zahlreiche Polen nach Moskau gekommen, und jetzt hatte Maryna-Marija auch noch einmal mehrere hundert mitgebracht. Sie machten sich in der Stadt und im Kreml breit und erregten überall Ärgernis. Die Polen waren noch nie die besten Freunde der Russen gewesen und galten als arrogant und anmaßend; sie mißachteten die russischen Sitten und mischten sich in alle Belange ein. Auch Dmitrij soll sehr locker mit den russischen Gepflogenheiten umgegangen sein. Er unterließ es, vor jeder Mahlzeit die Tafel mit Weihwasser besprengen zu lassen; er ging lieber nach dem Essen spazieren, als einen geheiligten Mittagsschlaf zu halten. Und daß er im Speisesaal Musiker aufmarschieren ließ, das war für russische Ohren ein Graus. Während seines langen Aufenthaltes in Polen hatte er wohl gutes Benehmen verlernt, das heißt, er hatte polnische, weniger strenge Verhaltensweisen angenommen.

In Bojarenkreisen murrte man seit längerer Zeit, weniger wegen der westlichen Sittenlosigkeit, sondern man fühlte eine andere Gefahr. Wiederum war es Wassili Schujski, der Wankelmütige, der den Stein einer Verschwörung ins Rollen brachte. Es hieß, Dmitrij würde Rußland an die Polen verkaufen und das Land obendrein noch der katholischen Kirche preisgeben. Geheime Treffen fanden im Hause Schujski statt, auch reiche Kaufleute und Militärs nahmen daran teil. Die Treffen blieben nicht verborgen. Am Spitzelwesen und Denunziantentum hatte sich seit Iwan IV. nichts geändert. Die Nachricht, daß eine Verschwörung geplant sei, erreichte auch Dmitrij. Doch der fühlte sich sicher und reagierte kaum darauf.

Erst später, nach seiner russischen Heirat mit Maryna, ließ er wenigstens die Palastwache verstärken. Aber auch dies war kein großer Schutz. Und so konnte eine aufgebrachte Menge die Wachtposten überwältigen und in die Zarengemächer vordringen. Dmitrij versuchte sich durch einen Sprung aus dem Fenster zu retten. Schwer verletzt blieb er liegen. Strelitzen, denen er in seiner Todesangst allerlei versprach, wollten ihn retten, es gelang ihnen nicht. Der wehrlose Zar wurde mißhandelt und getötet. Ein paar Tage lang wurde sein Leichnam auf dem Roten Platz zur Schau gestellt; dann verscharrte man ihn vor der Stadt. Doch als das Gerücht immer hartnäckiger wurde, der tote Dmitrij geistere nachts über die Felder, grub man ihn wieder aus. Das, was von ihm übrig war, wurde verbrannt. Angeblich wurde die Asche des hergelaufenen falschen Zaren in eine Kanone gestopft und in Richtung Polen geschossen, dorthin also, woher er gekommen war.

Maryna hatte diese blutigen Ereignisse ohne Schaden überstanden. Zunächst versteckte sie sich unter den vielen Röcken einer Kammerfrau, dann verschanzte sie sich im Hause ihres Vaters. Doch ihre Geschichte ist damit noch nicht zu Ende.

Noch ein falscher Dmitrij

Boris Godunow war tot, und auch dem falschen Dmitrij stand wenig Zeit zur Verfügung, sich im Zentrum der Macht zu sonnen. Dafür war er viel zu früh umgebracht worden. Der Drahtzieher dieses Verbrechens wurde nun selber Zar. Wassili Schujski. Er ließ sich durch eine einfache Proklamation, durch die Versammlung einer bunten, mehr als zwielichtigen Menge, die auf dem Roten Platz versammelt war, zum Zaren ausrufen. Natürlich rief die den Schujskis ergebene Clique am lautesten. Weder der Rat der Bojaren noch der Semskij Sobor – wie im Fall von Boris Godunow – wurden um ihre Zustimmung gebeten. Anfang Juni 1606 wurde Wassili Schujski zum Zaren gekrönt. Er legte einen umfangreichen Eid ab, in dem er nicht nur seine Herkunft von Alexander Newski betonte, dem siegreichen Kämpfer gegen die Ritter des Deutschen Ordens, sondern in dem er auch versprach, niemanden ohne Gerichtsverhandlung dem Tod zu überantworten.

Jeder wußte um die Meineide, die Schujski im Falle Dmitrijs, des echten und des falschen, geschworen hatte. Wer konnte ihm glauben? In Moskau fanden sich immer irgendwelche Mitläufer, die speichelleckerisch ihr Mäntelchen nach dem Wind hängten. Nur wer im Kreml saß, der hatte auch die Macht. Doch wie sah es mit der Bevölkerung auf dem Lande aus? Schujski ahnte sehr wohl, daß er auf einfachem Wege kaum das Vertrauen aller erringen würde. Und so wollte er denn seine Untertanen bei dem packen, was ihnen heilig war: bei ihrem Glauben – und bei der Hoffnung auf die Gerechtigkeit Gottes.

Es ist kaum anzunehmen, daß dieser Wassili Schujski wirklich geliebt wurde. Er war das geringere Übel in einer Zeit, in der es an Führungspersönlichkeiten mangelte und die wenigen, die es gab, verbannt worden waren, wie Fjodor Romanow, Filaret, der Metropolit von Rostow. Der Geist des in Uglitsch ermordeten oder verunglückten Dmitrij beschäftigte noch immer die einfachen Gemüter. Schujski ließ den echten Dmitrij heiligsprechen und seine Überreste nach Moskau bringen. Desgleichen verkündete er, daß Maria-Marfa, die Mutter des toten Zarewitsch, eingestanden habe, nur unter Zwang den falschen Dmitrij als ihren Sohn anerkannt zu haben.

Die russische Geschichte steuerte einem neuen, absurden Höhepunkt entgegen. Während Zar Wassili Schujski in Moskau um Anerkennung rang, trat ein neuer Dmitrij auf den Plan. Und wieder war es die Geschichte von dem wundersam erretteten Zarewitsch, an dessen Stelle ein anderer umgekommen war. Nur ersetzte hier ein falscher Zarewitsch einen anderen falschen Thronfolger. Während der erste falsche Dmitrij, der vermeintliche Grischa Otrepjew, noch mit vielen Zweifeln, mit vielen Wenn und Aber behaftet war und durchaus die Möglichkeit bestand, daß er doch der tatsächliche Zarewitsch sei, so glaubte niemand mehr an die Echtheit des neuen Dmitrij. Seine Herkunft war noch undurchsichtiger als die seines Vorgängers.

Die Geschichten um die falschen russischen Zarensöhne würden nicht weiter interessieren, wenn nicht durch den zweiten falschen Dmitrij die Romanows wieder von sich reden gemacht hätten. Dieser neue Dmitrij, der sich ebenfalls mit dem angeblich in Uglitsch ermordeten Zarewitsch identifizierte, stammte vermutlich aus Rußlands Süden und war während des ersten großen russischen Bauernaufstandes unter Iwan Bolotnikow aufgetaucht. Die unzufriedenen Bauern waren bis vor die Tore Moskaus gezogen, wurden aber von den Truppen Schujskis in Schach gehalten und schließlich verjagt. Möglicherweise kam der zweite falsche Dmitrij auch aus Polen, denn in seinem Kriegshaufen befanden sich auffallend viele Litauer und Polen. Auch waren die polnisch-russischen Beziehungen noch immer nicht in Ordnung, ja Polen, dem die Wirren im russischen Reich nicht verborgen geblieben waren, dachte neuerlich und erfreut über eine Annahme der Zarenwürde nach. Möglicherweise wurde also der zweite falsche Dmitrij vom polnischen König direkt unterstützt, als er, zehn Kilometer westlich von Moskau, in dem Dorf Tuschino seine Zelte aufschlug. Dieses winzige russische Dorf wurde zur Residenz, ja sogar zur Gegenmetropole zu Moskau. In Moskau residierte Schujski, immerhin einigermaßen standesgemäß,

denn der Kreml wies damals schon etliche Steinbauten auf, und ausländische Reisende waren immer wieder beeindruckt von der Pracht der goldenen Zwiebeltürme. Doch Tuschino? Wer kannte schon Tuschino? – Man sollte es kennenlernen. ...
Als *Gauner von Tuschino* und als *Tuschinzen* gingen der zweite falsche Dmitrij und seine Anhänger zum offenen Kampf gegen Wassili Schujski über. Der *Gauner* fand nicht nur unter der einfacheren Bevölkerung, die in ihm einen der Ihren sah, viele Anhänger. Es gab einige hochgestellte Persönlichkeiten, die zwischen Moskau und Tuschino hin und her pendelten und mal Schujski, mal dem Gauner ihre Ergebenheit versicherten. *Zugvögel* wurden sie genannt; ihre Schäfchen beizeiten ins Trockene zu bringen war ihr einziges Ziel.
Von Tuschino aus entwickelte der zweite falsche Dmitrij eine beträchtliche Aktivität. Es wäre ihm sicherlich nicht schwergefallen, mit seiner Anhängerschaft ganz Moskau von jeglicher Versorgung abzuschneiden, nur waren seine Helfershelfer leider üble Raufbolde und Diebe ohne jede Disziplin, die nahmen, was sie bekamen, ohne ihrem Anführer Gehorsam zu leisten.
In Tuschino nahm auch eine andere Geschichte ihren Fortgang. Maryna Mniszech, die Frau des ersten falschen Dmitrij, wurde, zusammen mit ihrem Vater, ins Lager des *Gauners* gebracht. Sie erkannte auch diesen Dmitrij als ihren Gemahl an, zur Sicherheit habe sie sich aber heimlich mit dem *Gauner* trauen lassen. Gewiß waren dabei nicht nur moralische Gründe ausschlaggebend; wahrscheinlicher ist, daß Vater Mniszech, finanziell wieder in größten Schwierigkeiten, einen ordentlichen Handel abgeschlossen hatte. Von dreihunderttausend Rubeln war die Rede und von einem versprochenen Fürstentum.
Doch Marynas Lage am »Hof« von Tuschino muß alles andere als rosig gewesen sein. In einem Schreiben an den polnischen König beklagte sich die Tochter des Wojwoden von Sandomir bitterlich, daß sie nicht mehr schlafen könne und ihr Leben ärger als die schlimmste Sklaverei sei:
»Gewiß, mit niemandem hat das Schicksal so gespielt wie mit mir. Aus dem Stande einer polnischen Adligen hat es mich auf den moskowitischen Thron erhoben und vom Thron in die harte Gefangenschaft hinabgestürzt. Nachher brachte es mich, als hätte es mich mit einer gewissen Freiheit verspotten wollen, in eine Lage, die weit schlimmer ist als jede Sklaverei, und jetzt befinde ich mich in einer Situation, in der ich, bei meinem Range, nicht ruhig leben kann.«
Und in einem anderen Brief heißt es:
»Ich bin gezwungen, mich zu entfernen, um die schlimmste Not und Erniedrigung zu vermeiden. Man hat weder mich noch meinen guten

Ruf noch die Würde geschont, die Gott mir gegeben hat. In Gesprächen hat man mich mit ehrlosen Weibern verglichen und über mich bei Trinkgelagen Worte des Hohnes gebraucht ... Ich bezeuge vor Gott, daß ich auf meine Rechte nie verzichten werde, einerseits um meinen Rang und meine Würde zu verteidigen, da ich ja als Zarin des Moskowitischen Reiches und als Herrscherin über seine Völker nie mehr polnische Adlige und somit bloße Untertanin werden kann, und andrerseits aus Rücksicht auf jene Ritter, welche die Tapferkeit und den Ruhm lieben und ihren Treueschwur nicht vergessen haben.«

Der *Gauner von Tuschino*, der zweite falsche Dmitrij, der mit seinen Männern vergeblich versuchte, die Stadt Moskau von ihrer Versorgung abzuschneiden, wagte sogar, das berühmte Troize-Kloster anzugreifen, eine wichtige Bastion Moskaus auf dem Weg in den russischen Norden. Das Kloster, zu dem schon der frisch vermählte Iwan IV. pilgerte, war eine große Festung, mit außergewöhnlich dicken steinernen Mauern bewehrt. Die riesigen gefüllten Vorratskeller ermöglichten den Bewohnern ein Überleben für längere Zeit. Da zur Verteidigung des Klosters nur wenige militärisch geschulte Männer zur Verfügung standen, bewaffneten sich die Mönche, Flüchtlinge und die eingeschlossenen Bauern mit allem, was sie finden konnten. Knapp sechzehn Monate hielten sie allen Belagerungen stand.

Die Verteidiger des Klosters wurden für viele national gesinnte Russen zum Vorbild für die Treue zum Vaterland und zu Wassili Schujski, der immerhin einer der Ihren war; gleichgültig, wie viele Meineide er auch geschworen haben mochte. Von den Polen, die sich im Lande wie die Herren benahmen, hatte man endgültig die Nase voll. Schujski galt bald als das kleinere Übel.

Aber Wassili Schujski hatte nicht genügend eigene Kräfte, um den *Gauner von Tuschino* und seine Anhängerschar aus dem Lande zu jagen. Deshalb nahm er ein Angebot des Schwedenkönigs an, der ihm unter der Bedingung, auf alle russischen Ansprüche in Livland zu verzichten, Soldaten zur Verfügung stellen wollte. Der begabte junge Neffe des Zaren, Michail Skopin-Schujski, verhandelte mit dem schwedischen König. Er führte auch die russischen Truppen an, die bald gemeinsam mit schwedischen Soldaten energisch gegen den *Gauner von Tuschino* vorgingen.

Es war eine Zeit der Wirren. Kaum einer wußte, wem zu trauen war; jeder verriet jeden, und zu alledem rebellierten im Süden des Landes die Kosaken. In Moskau saß ein völlig unfähiger Herrscher, dem eine panische Angst vor schwarzen Katzen nachgesagt wurde, und in Tuschino, vor den Toren Moskaus, trieb sich die Anhängerschar des zweiten falschen Dmitrij herum. Zu ihr gehörte seit einiger Zeit ein Patriarch, der niemand anderes war als der Mönch Filaret, mit bürgerlichem Namen: Fjodor Nikititsch Romanow. Der erste falsche Dmitrij hatte ihn zum Metropoliten von Rostow ernannt; aber Wassili Schujski hatte ihm nicht das Patriarchenamt übertragen, obwohl dies ursprünglich so geplant war. Dafür sorgte jetzt der Gegenzar und ernannte Filaret zum Gegenpatriarchen. Filaret behauptete später immer wieder, daß er sich zwangsweise im Lager des *Gauners* aufgehalten habe. Aber viele wußten, daß er alles tat, um gegen Schujski zu intrigieren. Unbekannt ist, wieweit er sich mit den Plänen des zweiten falschen Dmitrij identifizierte. Er hatte seine eigenen und wurde dabei von den noch übriggebliebenen Mitgliedern der Romanowsippe unterstützt.

Die Romanows treten aus dem Schatten

Noch immer herrschte Krieg in Rußland. Auf das Eingreifen der Schweden bei Tuschino hatte der polnische König Zygmunt mit einer Belagerung der Stadt Smolensk durch seine Truppen reagiert. Er hatte auch nicht vergessen, daß es schon einmal Bemühungen gab, die russische und die polnische Krone zu vereinen. Ja, man hatte sogar seinem Sohn Wladyslaw die russische Monomachmütze angeboten. Starke Unterstützung für diese Pläne fanden die Polen bei der Familie Romanow, die sogar schriftlich bestätigte, eine Kandidatur Wladyslaws voll und ganz zu unterstützen. Auch andere Bojaren waren für diese polnische Lösung. Alle wollten nur eins: gleichzeitig Schujski und den falschen Dmitrij loswerden.

Der falsche Dmitrij hatte sein Lager in Tuschino verlassen und war nach Kaluga geflüchtet. Es war nicht zu übersehen, daß all seine Pläne zu scheitern drohten, da er auch vom polnischen König keine Hilfe mehr bekam. Selbst sein treuester Freund, der Feldherr Jan Sapieha, aus einer der berühmtesten polnischen Familien, hatte ihn verlassen. Im März 1610 war die Residenz von Tuschino verwaist, sie war von den Anhängern des falschen Dmitrij geräumt worden.
Für Moskau, die russische Hauptstadt, wurde nun die Lage ernst. Von Westen marschierten die Polen auf die Stadt zu, von Süden kamen die brandschatzenden Haufen des falschen Dmitrij. Ihm war es noch einmal gelungen, Anhänger um sich zu scharen. Ein russisches Heer, unter Leitung des unfähigen Dmitrij Schujski, eines Bruders des Zaren, setzte sich gegen die Polen in Bewegung und erlitt eine empfindliche Niederlage. Die Polen marschierten weiter gegen Moskau, wo sich schon Angst und Schrecken vor den heranrückenden Katholiken breitmachten; doch die Haufen des falschen Dmitrij, die von Süden kamen, waren schneller und setzten sich in Kolomenskoje fest, das später zur Sommerresidenz der Romanowzaren werden sollte.
In Moskau selbst kam es zu Unruhen und offenem Aufstand. Wassili Schujski wurde lautstark und öffentlich zur Abdankung gezwungen. Um ihm eine spätere Rückkehr auf den Thron unmöglich zu machen, wurde er zum Mönch geschoren und mit seiner ganzen Familie ins Moskauer Tschudow-Kloster verbannt. Er starb 1612 in Warschau, wo-

hin ihn der polnische Hetman Zolkiewski quasi als persönliche Geisel mitgenommen hatte. Schujski hat russischen Boden nie wieder betreten.

Zolkiewski, einer der besten polnischen Heerführer, hatte mit dem nach Schujskis Absetzung regierenden Bojarenrat jenen Vertrag ausgehandelt, der Wladyslaw von Polen auf dem russischen Thron sehen wollte. Doch diese Verhandlung um das Abkommen fand eigentlich mit den Romanows statt, vor allem mit Filaret. Und Filaret war es auch, der mit einer Delegation nach Smolensk reiste, wo sich der polnische König Zygmunt aufhielt. Dieser dachte inzwischen nicht mehr daran, seinem Sohn den russischen Thron zu überlassen. Er wollte selbst herrschen. Die Verhandlungen um den russischen Zarenthron hatten sich festgefahren. Zygmunt war nicht bereit nachzugeben. Er ließ die Mitglieder der »Großen Delegation« verhaften. Filaret, Fjodor Nikititsch Romanow, verbrachte mehrere Jahre als Gefangener in der Marienburg. Der kluge Zolkiewski, der die Verhandlungen in Moskau geführt hatte, besaß genügend Weitblick, um sich nach Polen abzusetzen.

Es wäre überhaupt nicht verwunderlich gewesen, wenn im Jahre 1611 ganz Rußland zusammengebrochen wäre. Auch der zweite falsche Dmitrij war inzwischen tot, er war in Kaluga bei einem Streit von einem Tataren erschlagen worden, vermutlich aus ganz privaten Gründen. Seine Anhänger machten von nun an das Land unsicher. Die Polen und Schweden standen noch immer im Land. Neue falsche Thronfolger tauchten auf, und auch Maryna Mniszech, die Frau zweier falscher Dmitrijs, geriet wieder ins Rampenlicht. Sie brachte einen Knaben zur Welt, das Kind des *Gauners von Tuschino*. Auch dieser Sohn wurde als künftiger Zar angesehen, vornehmlich von den Kosaken des Atamans Zarucki, in dessen Lager Maryna Unterschlupf gefunden hatte.

Ein Kirchenführer war es schließlich, der das russische Volk aufrüttelte: Patriarch Hermogen. Schon häufiger hatte er in aufrührerischen Sendschreiben dazu aufgerufen, man möge sich sammeln und die Feinde, Polen und Schweden, ja sogar die unruhestiftenden Kosaken aus dem Land werfen. Daraufhin wurde Hermogen in den Kreml gebracht und unter allerstrengste polnische Bewachung gestellt. Trotzdem gelang es ihm, immer neue Aufrufe aus dem Kreml zu schmuggeln und zur Gründung einer Landwehr aufzufordern. Langsam erreichten seine Worte die richtigen Adressaten. Hermogen selbst aber wurde in den Kerker verbannt. Dort ließen ihn die polnischen Wächter verhungern. Er starb im Februar 1612.

Der Aufbruch

Hermogens Aufrufe waren auch bis nach Nischni Nowgorod gelangt, der nordöstlich von Moskau an der Wolga gelegenen Kaufmannsstadt. Hier hatte sich ein Zentrum des Widerstandes gegen die ausländischen Besatzungsmächte gebildet. Allerlei Sektierer versuchten das Volk zu größter Opferbereitschaft aufzurufen; sie versprachen natürlich vor allem Seelenheil, wenn alle kräftig miteinander fasteten und beteten. Viele fanden Gehör. Religiöse Ekstase hatte die Massen ergriffen, die sich noch steigerte, als der angesehene Fleischhändler Kusma Minin öffentlich von seinem Traum erzählte.
Ihm war der Heilige Sergius, der Gründer des Troize-Klosters, erschienen und hatte zu ihm gesprochen. Der Heilige habe ihn beauftragt, die »Schlafenden« zu wecken. Er habe den Vorschlag gemacht, das nötige Kapital zur Ausrüstung einer Landwehr durch Spenden aus dem Volk zu bekommen. Minin setzte den Traum in die Tat um und forderte, daß jeder ein Drittel seines Vermögens opfern sollte. Gegen Verweigerer konnte Zwang ausgeübt werden. Es gab aber nicht wenige, die erheblich mehr spendeten. Von einer reichen Frau, deren Mann gerade gestorben war, wird berichtet, daß sie fast alles hergab, was sie besaß.
Es dauerte ein knappes halbes Jahr, bis soviel Geld zusammen war, um eine Streitmacht ausrüsten zu können. Sie wurde von Dmitrij Poscharski befehligt; Kusma Minin, der Fleischhändler, sorgte weiterhin für die Finanzen und hatte die Verpflegung der Truppe übernommen. Andere Städte waren längst dem Beispiel von Nischni Nowgorod gefolgt.
Im März des Jahres 1612 setzte sich die Befreiungsarmee in Bewegung. Längere Zeit verweilte man in Jaroslawl, etwa 250 km nördlich von Moskau; andere bewaffnete Einheiten aus anderen Städten stießen dazu. Man mußte sich gegen umherziehende Kosaken wehren, während bereits polnische Verstärkung von Westen her nach Moskau marschierte. Trotzdem erreichten Poscharskis Truppen Moskau zuerst.
Dort trafen sie auf zwei andere größere Militärgruppen, die hauptsächlich aus Kosaken bestanden. So ganz war diesen wilden Reitern nie zu trauen, und Poscharski tat gut daran, sich mit einem ihrer Heerführer, Fürst Trubetzkoj, zu verbünden und sich die Zusammenarbeit schriftlich besiegeln zu lassen. Die radikalere Gruppe der Kosaken, die von dem Kosakenataman Zarucki befehligt wurde – eben jenem Zarucki, mit dem Maryna Mniszech zusammenlebte –, zog aus Moskau ab, nach Osten.
Poscharski und Trubetzkoj eroberten im Oktober 1612 Kitajgorod, die Innenstadt Moskaus. Die polnische Verteidigung hatte nichts mehr ent-

gegenzusetzen. Durch die lange Belagerung der Stadt war die Bevölkerung am Verhungern. Es war nicht schwer, nach dem Fall von Kitajgorod auch den Kreml anzugreifen. Nur wenige Tage nach dem ersten großen Sieg ergab sich auch die polnische Besatzung des Kremls. Moskau, ganz Rußland war frei. Befreit durch die Kühnheit einer Gesellschaftsschicht, von der solche Aktionen am wenigsten erwartet werden konnten, vom Bürgertum.

Im Rußland des beginnenden 17. Jahrhunderts spielte das Bürgertum so gut wie keine Rolle. Kusma Minin war Fleischhändler gewesen. Zwar gab es reiche, sehr reiche Kaufmannsfamilien wie die Stroganows, doch diese taten nicht viel, um mit ihren Landsleuten Handel zu treiben. Sie hielten sich lieber an ausländische Partner. Auch die Handwerker konnten kaum mehr als den eigenen Bedarf decken, zu sehr war das Land in Armut versunken. Die Mehrzahl der russischen Bevölkerung bestand aus völlig verarmten und unterdrückten Bauern, deren armseliges Leben eine einzige Mühsal war. Auch der größte Teil des Adels war wirtschaftlich so schlecht gestellt, daß er sich kaum von seinen Leibeigenen unterschied.

Rußland war am Ende, als Moskau endlich befreit wurde.

Minin und Poscharski wurde vor der Basiliuskathedrale auf dem Roten Platz ein Denkmal gesetzt, zweihundert Jahre später. Der Fleischhändler und der Fürst, in Bronze gegossen und aufgestellt zu einem Zeitpunkt, als Moskau ein weiteres Mal befreit werden mußte: diesmal von einem Franzosen, Napoleon.

Der erste Romanow auf dem Thron

Die Zeit der Wirren war vorüber. Doch noch immer fehlte eine Persönlichkeit, die das Land regieren konnte. Das Geschlecht der Rurikiden, zu dem sich noch Iwan IV. zählte, existierte nicht mehr. Sein Sohn Fjodor hatte keine Kinder hinterlassen. Zwar gab es die eine oder andere berühmte Familie, die sich ihrer Herkunft nach auf den sagenhaften Warägerfürsten Rurik berief, doch fanden sie wenig Unterstützung nach all den Vorkommnissen während der Herrschaft Godunows und Schujskis. Daß ein Pole den Thron besteigen könnte, war nun so gut wie ausgeschlossen. Und alle, die einmal eine Kandidatur des jungen Wladyslaw von Polen befürwortet hatten, wagten nun kaum, dessen Namen auszusprechen. Auch ein Schwede hatte ein Auge auf den russischen Zarenthron geworfen, Karl Philipp, ein Bruder Gustav Adolfs von Schweden; er hatte keine Chancen. Die Befreiung Moskaus hatte ein bisher nie gekanntes Zusammengehörigkeits- und Nationalgefühl innerhalb des Volkes wachsen lassen. Ein Ausländer mit der Mütze des Monomach? Das war inzwischen undenkbar.

Nach der Befreiung Moskaus, nach dem Sieg von Minin und Poscharski, nach dem Bündnis von Poscharski und Trubetzkoj – letztere bildeten eine Art provisorische Regierung – atmete nicht nur die Hauptstadt auf. Noch glücklicher waren diejenigen, die erfuhren, daß ein Semski Sobor, eine Volksversammlung, einberufen werden sollte, um einen neuen Zaren zu wählen.

Die Aufforderung, je zehn Vertreter nach Moskau zu senden, schickten Poscharski und Trubetzkoj an fünfzig russische Städte. Schließlich fanden sich an die siebenhundert Abgesandte in Moskau ein, die Moskauer mit eingeschlossen. Es waren Abgesandte des Klerus, des Adels, vor allem des ländlichen Dienstadels, der Kaufleute und Kosaken. Das ganze Volk sollte vertreten sein, um gemeinsam einen Zaren zu wählen. Doch gab es keine Vertreter aus dem Bauernstand, und auch die Stadtbevölkerung schien von der Versammlung ausgeschlossen.

Es ist nicht genau bekannt, wie lange die Verhandlungen dauerten. Man kann aber davon ausgehen, daß die Debatten lautstark geführt wurden und Bestechungsversuche dem einen oder anderen Kandidaten Auftrieb geben sollten. Sicher ist, daß mehrere Kandidaten vorgeschlagen wurden. Im Laufe der Verhandlungen aber rückte ein Name immer häufiger in den Vordergrund: Michael Romanow, Sohn des Metropoliten Filaret, der noch immer von den Polen gefangengehalten wurde. Angeblich hatte schon der selige Patriarch Hermogen den Namen Michaels genannt und in ihm einen würdigen Thronanwärter gesehen. Nachdem am 7. Februar 1613 beschlossen worden war, Michael Romanow als einzigen Kandidaten anzuerkennen, gönnte sich der Semski Sobor eine zweiwöchige Denkpause. Letztendlich sei es ein Kosak gewesen, der durch eine flammende Rede zu dieser endgültigen Entscheidung beigetragen habe. Am 21. Februar 1613 verkündete der Sobor, daß Michael Fjodorowitsch Romanow zum Zaren gekrönt werden sollte.

»Selbstherrscher über den Wladimirschen und Moskowitischen Staat und über alle großen rechtgläubigen russischen Staaten, Gossudar, Zar und Großfürst von ganz Rußland soll sein Michail Fjodorowitsch Romanow-Jurjew.«

Michael war damals erst knapp siebzehn Jahre alt. Er war mit Sicherheit ein Kompromißkandidat, aber durchaus einer, der, so war zu vermuten, überall im Lande anerkannt würde. Nicht wegen seiner hervorragenden Leistungen, die hatte er wahrlich noch nicht vollbracht; auch nicht wegen seiner Klugheit, von der man noch wenig wußte. Es waren gewiß vornehmlich sentimentale Gründe, die für seine Wahl sprachen, da man den Vater, Fjodor Nikititsch Romanow, den Mönch Filaret, nicht wählen konnte. Als Mönch durfte er keine weltliche Macht ausüben, und außerdem war er immer noch in polnischer Gefangenschaft. Er wäre der bessere Kandidat gewesen. Alles, was für die Wahl dieses Romanow sprach, übertrug man nun auf den Sohn.

Die Romanows gehörten dem mittleren Adel an, waren also nicht zu jener Bojarenclique zu zählen, die schon unter Iwan IV. miteinander in Streit lag; im Gegenteil, unter Boris Godunow war die Familie sogar erbittert verfolgt worden. Iwan IV. hatte seine geliebte Frau Anastasija in dieser Familie gefunden, und Fjodor Romanow, Filaret, befand sich im polnischen Kerker, was ihn fast zum Märtyrer machte. Er wiederum besaß das Vertrauen der Kosaken Trubetzkojs, mit denen er im Lager von Tuschino Umgang hatte. Über seinen Sohn Michael hatte man weder Gutes noch Schlechtes gehört, er war ein völlig unbeschriebenes Blatt und sicher noch formbar, wie die eine oder andere Gruppierung hoffen konnte.

Als die Entscheidung in Moskau fiel, wußte niemand, wo sich Michael Romanow eigentlich aufhielt. Während der polnischen Besatzungszeit lebte er mit seiner Mutter Xenia, als Nonne hieß sie Marfa, im Moskauer Kreml. Als die Truppen Poscharskis Moskau zurückeroberten, begab er sich mit seiner Mutter und etlichen Dienern in die Gegend von Kostroma, mehr als dreihundert Kilometer nördlich von Moskau. Dort, im Ipatjew-Kloster, wurde er schließlich nach etlichen Wochen aufgestöbert. Es wird berichtet, daß herumziehende Kosaken noch vor Eintreffen einer offiziellen Moskauer Abordnung erfahren hatten, wo sich Michael aufhielt. Sie wollten ihn entführen, vermutlich, um Lösegeld zu erpressen. Doch sie kamen nicht an ihr Ziel. Der Bauer Iwan Sussanin, den sie nach dem Weg fragten, führte sie absichtlich in die Irre. Er mußte dafür sterben. Der russische Komponist Michael Glinka verarbeitete diesen Stoff zur Oper »Das Leben für den Zaren«. Sie war so recht nach russischem Geschmack und wurde zur russischen Nationaloper.

Die Delegation, die bei Michael und seiner Mutter im Ipatjew-Kloster von Kostroma vorsprach, mußte sich mehrere Tage gedulden, bis sie endlich die Zustimmung Michaels erhielt. Es gab viele Gründe, das Angebot abzulehnen, und Michael wurde dabei heftigst von seiner Mutter unterstützt. Die Vergangenheit hatte gezeigt, daß der russische Thron alles andere als sicher war; außerdem war Michael noch sehr jung. Und wie konnte er ohne den Segen des Vaters, der immer noch von den Polen gefangengehalten wurde, überhaupt solch eine Würde annehmen? Dieses Problem ließ sich leicht lösen. Michaels Mutter wurde kurzerhand zur *Großen Herrscherin* erklärt und dadurch Michaels Thronfolgeanspruch und -verpflichtung per Federstrich festgelegt. Natürlich kann man heute nicht mehr beurteilen, ob wirkliche Bedenken Grund für das lange Zaudern waren oder ob hier auch Taktik eine Rolle spielte. Auch Boris Godunow hatte sich sehr lange bitten lassen, bevor er die Monomachmütze aufsetzte. Er tat es, um auch die letzten Zweifel an seiner Wahl, der Wahl eines Bürgerlichen, auszuräumen.

Die Nachricht, daß Michael Fjodorowitsch Romanow bereit sei, den Zarenthron zu besteigen, wurde in Moskau enthusiastisch gefeiert. Doch mußten die Moskauer noch etwa anderthalb Monate warten, bis sie den neuen Zaren durch die Straßen geleiten konnten.

Es gab viele Gründe für diese langsame Anreise. Die Straßen, wenn man sie als solche bezeichnen will, waren in einem schrecklichen Zustand, vor allem aber waren sie unsicher. Jeden Moment mußte man mit einem Überfall herumziehender Kosaken rechnen. Dazu kamen Heerscharen von Bittstellern, die dem jungen Thronanwärter entgegenzogen, um rechtzeitig ihre Anliegen vorbringen und um Unterstützung bitten zu können.

Schreckliches Elend herrschte nach den Jahren der Smuta im Lande, doch auch der Zar selbst war arm wie eine Kirchenmaus. Dies war ein weiterer Grund für die Reiseverzögerungen: in Moskau war man fieberhaft dabei, den fast völlig verwüsteten Kreml wieder aufzubauen.

Als Michael im Kreml einziehen wollte, besaß er – so wird berichtet – noch nicht einmal einen Stuhl. Und Geschirr, geschweige denn Verpflegung, gab es auch nicht. Ein dem Kreml benachbartes Kloster mußte aushelfen. Die Staatskasse war leer, die Kunstschätze des Kremls geplündert und abtransportiert; die Kirchen halb zerstört und die Wohngebäude in jämmerlichstem Zustand. Doch wer sollte für die Renovierung der Bauten, wer für die angemessene Versorgung des Zaren aufkommen?

Noch während der Reise nach Moskau hatte Michael erfahren, daß ihn alles andere als Luxus erwarten werde. Das gefiel ihm gar nicht. Dabei war er keineswegs verwöhnt, aber er mußte schließlich in Zukunft einen Hofstaat unterhalten und Soldaten bezahlen.

Noch von unterwegs schickte er einen Boten zur reichen Kaufmannsfamilie Stroganow, welche die Zeiten der Smuta auf ihren Gütern am Rande des Ural unbeschadet überstanden hatte. Michael bat um ein Darlehen, um ein großzügiges, wie er ausdrücklich betonte. Und er bat um Getreide, Fisch, Salz und Stoffe sowie andere Waren, die ihm helfen sollten, vor allem das Militär zufriedenzustellen:

»Was ihr auch geben werdet, unbedingt werden wir es zurückzahlen lassen, und die eifrigen Dienste, die ihr uns und dem ganzen Moskowitischen Reich erwiesen haben werdet, werden wir für ewige Zeiten denkwürdig erklären.«

Die Boten kamen zurück. Sie brachten dreitausend Rubel mit. Eine lächerliche Summe angesichts des Stroganowschen Reichtums, der vor allem aus sibirischen Salz- und Zobelfellquellen floß. Lächerlich angesichts der Spende von zehntausend Rubeln, die einst eine Witwe dem Fleischhändler Kusma Minin für seine zu gründende Landwehr geschenkt hatte. All die zusammengebettelten Rubel, auch Ausländer wurden um Spenden und Darlehen angegangen, waren wie ein Tropfen auf dem heißen Stein. Auch wenn Michael noch keine Ahnung vom späteren Reichtum und Luxus russischer Zaren hatte, es schmerzte ihn doch sehr, daß er, der Herrscher über alle Russen, am Hungertuch nagen mußte. Aus Empörung über den Geiz der Stroganows wurden die freiwilligen Spenden bald als Sondersteuer deklariert. Siebenmal wurden sie bis 1618 erhoben, mit dem Ergebnis, daß etwas über dreihunderttausend Rubel in die Staatskasse einflossen. Im Gegenzug erhielten die Stroganows ein begehrtes Privileg: Nicht nur die Familie mit Kindern und Kindeskindern und allen Verwandten wurde direkt der kaiserlichen Gerichtsbarkeit unterstellt, sondern auch ihre Bauern und Arbeitskräfte. Ein Vorrecht, das die Stroganows auch in späteren Zeiten zu wichtigen Verhandlungspartnern der russischen Zaren machte.

Der Kreml war eine Baustelle. Notdürftig wurde hier und dort wieder aufgebaut, um die gröbsten Verwüstungen, die durch Belagerung und Plünderung entstanden waren, zu beseitigen. Auch die Krönungskirche der russischen Zaren, die Uspenskij-Kathedrale mit dem Thron Iwans des Schrecklichen, war all ihres Glanzes beraubt. Die wertvollsten Ikonen waren aus der Ikonostase herausgebrochen, die prächtigen Wandmalereien verschmiert. Doch nur wenig konnte man in der kurzen Zeit tun, um den feierlichen Rahmen für Michaels Krönung herzustellen.
Am 11. Juli 1613 läuteten in Moskau die Glocken. Michael soll von den äußeren Zeichen seiner Macht fast erdrückt worden sein, von der goldenen Robe, von der Monomachmütze und dem schweren Kragen, der ebenso zum Krönungsornat russischer Zaren gehörte. Er selbst sollte bald einen Auftrag an deutsche Handwerker geben, einen Reichsapfel und ein Zepter herzustellen. In anderthalb Jahren entstand eine wunderbare Arbeit, die noch heute in der Rüstkammer zu besichtigen ist. Als Michael über den Roten Platz schritt, sei ein Schwarm Tauben über ihn hinweggeflogen. Ein gutes Omen, wie man meinte. Der Heilige Geist selbst, so die abergläubischen Moskauer, habe sein Einverständnis für die Wahl gegeben.
Und doch gab es einen Zwischenfall, der von den anwesenden Bojaren weniger freundlich kommentiert wurde. Die Mutter des neuen Zaren, die Nonne Marfa, wollte ihren Sohn segnen und kniete vor ihm nieder. Michael, der sein ganzes junges Leben nur mit seiner Mutter zusammengewesen war, wollte ihr aufhelfen. Die schwere Kleidung drückte jedoch auch ihn zu Boden. Die Monomachmütze rollte ihm vom Kopf. Ein ganz und gar unwürdiges Bild für einen russischen Zaren, wie die Umstehenden meinten. Spätere Historiker sahen in diesem Ereignis eine Bestätigung dafür, daß Michael keine Herrschernatur, daß er schwach und beeinflußbar war. Er gehorchte den Einflüsterungen seiner Mutter ebenso wie den Einflüsterungen seiner adligen Umgebung. Michael galt als verträumt, friedfertig und fromm und war so biegsam, wie es sich die Bojaren gewünscht hatten. Er versuchte alles, um Dissonanzen zu vermeiden, und trat dabei immer mehr in den Hintergrund. Man war mit ihm zufrieden, denn er überließ es dem Bojarenrat und dem noch immer tagenden Sobor, die wichtigsten Entscheidungen zu treffen.
Michael hatte verfügt, daß sich der Sobor vor allem mit dem Auffüllen des Staatssäckels befassen sollte, und das war eine langwierige Angelegenheit. Alle Steuern, die nun erhoben wurden und die russische Bevölkerung sehr hart trafen, wurden um so nachdrücklicher eingetrieben, da sie durch eine Art Nationalversammlung (Sobor) abgesegnet

waren. Auch ausländische Besucher wurden von diversen Abgaben nicht verschont; es traf meistens Kaufleute, die vermehrt Ein- und Ausfuhrzölle entrichten mußten. Nur den englischen Kaufleuten, die seit Iwan IV. mit Rußland intensiven Handel trieben, wurden besondere Privilegien eingeräumt. Sie berichteten dann in ihrer Heimat, daß der russische Zar wohlwollend und durchaus gnädig sei.
Es ist nicht weiter verwunderlich, daß, während sich das Staatssäckel langsam füllte, viele Bojaren und Steuereintreiber auch in die eigene Tasche wirtschafteten. Zudem wurde ein Großteil der Abgaben in Naturalien entrichtet, und so stapelten sich in großen Magazinen jede Menge Graupen, Mehl, Salz, aber auch Butter und Schinken. Zwar bemühten sich die Aufseher, genaue Listen anzulegen, doch was waren schon Listen gegen die Spitzfindigkeit russischer Diebe. Trotzdem ging es wirtschaftlich langsam bergauf.
Ein weitaus größeres Problem hatte Michael Romanow mit den Kosaken des Landes. Dieses Problem sollte ihn noch Jahre in Atem halten, und auch sämtliche Zaren nach ihm. Zu Michaels Zeiten tat sich Iwan Zarucki ganz besonders hervor und brachte zunehmend Unruhe über das Gebiet an der unteren Wolga; er war bei der Befreiung Moskaus (1612) den Truppen Poscharskis ausgewichen und versuchte nun, sein eigenes Süppchen zu kochen. Er hatte Maryna Mniszech geheiratet, jene schöne Polin, die bereits mit den beiden falschen Dmitrijs die Ehe eingegangen war. Vom zweiten Dmitrij, dem Gauner von Tuschino, hatte Maryna einen Sohn, der in den Kosakenkreisen um Zarucki als rechtmäßiger Anwärter auf den Zarenthron angesehen wurde. Michaels Truppen gelang es nach aufreibenden Auseinandersetzungen, Zarucki zu überlisten. Er wurde hingerichtet. Maryna wurde in ein Gefängnis in Kaluga gesteckt, in dem sie ganz plötzlich verstarb. Die Todesursache wurde nie geklärt, doch die Gerüchte blühten. Der kleine Sohn des *Gauners von Tuschino*, gerade vier Jahre alt, wurde aufgehängt. Michael hatte es abgelehnt, der Hinrichtung Zaruckis beizuwohnen. Dafür nahm die Moskauer Bevölkerung um so zahlreicher an dem Schauspiel teil. Öffentliche Hinrichtungen gerieten auch in Rußland immer zum Volksfest.
Es wäre ein großer Irrtum anzunehmen, daß Zygmunt, der polnische König, die Thronbesteigung Michaels so einfach hingenommen hätte. Natürlich war er wütend, daß man ihm selbst die Zarenkrone nicht antragen wollte; noch wütender aber war er, daß das Versprechen, das ihm einige russische Bojaren für eine Beförderung seines Sohnes Wladyslaw auf den russischen Thron gegeben hatten, Null und nichtig sein sollte. Nachdem er Moskau aufgeben mußte, hielt er wenigstens noch

Smolensk in der Hand. Und damit ein teures Pfand in seiner Nähe, eine Geisel, deren Wert von Tag zu Tag stieg: Filaret, Vater des jungen Zaren Michael.

Es waren von russischer Seite mehrere Anläufe unternommen worden, Filaret mit anderen Gefangenen freizukaufen oder gegen polnische Häftlinge auszutauschen. Doch Zygmunt wußte natürlich ganz genau, wen er da in seiner Obhut hatte; eine Belagerung der Stadt Smolensk brachte für die russischen Truppen nur eine bittere Niederlage. Auch Friedensverhandlungen scheiterten immer wieder; die polnischen Truppen wagten es sogar wieder, nach Moskau zu ziehen, allerdings ohne Erfolg.

Schließlich kam es Anfang Dezember 1618 zu neuen Verhandlungen und zu einem Friedensvertrag zwischen Polen und Russen, der allerdings auf vierzehn Jahre und sechs Monate begrenzt war. Die Polen erkannten Michael zwar als Herrscher an, aber nicht als Zaren. Smolensk blieb fest in polnischer Hand, und die Polen verzichteten auch keineswegs auf den Thronanspruch ihres Wladyslaw. Auch mit den Schweden wurde verhandelt und eine Einigung erzielt, allerdings mit der Folge, daß die Schweden weiterhin den Zugang zur Ostsee kontrollierten. Dafür aber erkannten sie wenigstens Michael als Zaren an.

Bei den Verhandlungen mit den Polen stand stets die Frage des Gefangenenaustauschs im Mittelpunkt. Daß der Vater des Zaren in feindlichen Händen war, dieser Gedanke war für jeden Russen unerträglich. Als Filaret im Juni 1619 nach Rußland heimkehrte, zog Michael ihm bis vor die Tore Moskaus mit großem Hofstaat entgegen. Er beugte vor seinem Vater die Knie, und auch dieser sank vor seinem Sohn, dem Zaren, in den Staub. Ein erschütterndes Bild, das die Menge so schnell nicht vergessen würde. Gemeinsam zog man zum Kreml, und kurze Zeit später hatte Rußland auch wieder ein geistliches Oberhaupt, einen Patriarchen, Filaret.

Seit dem Tod Hermogens (1612), der mit seinen Schriften zum Kampf gegen die polnischen Eindringlinge aufgerufen hatte und den die Polen im Kreml verhungern ließen, war der Patriarchenstuhl nicht mehr besetzt. Michael hatte alles getan, um das höchste Kirchenamt für seinen Vater freizuhalten, und so kamen Vater und Sohn in den Besitz der höchsten Reichswürden.

Doch stand der Sohn verfassungsrechtlich nicht über dem Vater? In einem so patriarchalisch denkenden Land wie Rußland war dies unmöglich. Aber es wurde ein kluger Ausweg gefunden, um die Gemüter zu beruhigen. Schon 1613, bei der Wahl Michaels, hatte man durch einen Trick die Lage entspannt. Damals war Michaels Mutter Marfa zur »Großen Herrscherin« erhoben worden, um – in Abwesenheit des Vaters – den Sohn standesgemäß segnen zu können. Jetzt erkannte man Filaret, wie seinem Sohn, dem Zaren, den Titel »Großer Herrscher« zu. Damit waren die Romanows endgültig etabliert, und Filaret leitete als *spiritus rector* bis zu seinem Tod 1633 den Moskowitischen Staat und die Politik.

Solange der Vater lebte, konnte sich Michael nicht von der Autorität des Vaters lösen, und Filaret entfaltete seine staatsmännischen Fähigkeiten nach allen Regeln der Kunst. Er war durch und durch konservativ. Selbst sein ständiger Umgang mit den Polen hatte ihn nicht zur Annahme westlicher Lebensformen verführt. Im Gegenteil. Er versuchte sogar, einen Krieg mit den Polen anzuzetteln, um endlich für klare Verhältnisse zu sorgen. Doch das Unternehmen scheiterte an der Armut Rußlands.

In den ersten Regierungsjahren des jungen Michael hatten sich Korruption und Steuerhinterziehung im Lande wieder breitgemacht, jeder suchte nach einem Ausweg, um den harten Steuern zu entgehen.
Es war Filaret, der nun mit eisernem Besen kehrte. Sämtlicher Grundbesitz in Rußland wurde neu registriert und auf seine steuerliche Belastbarkeit hin überprüft. Ein gigantisches Unternehmen. Doch was wurde erreicht? Nichts anderes, als daß der steuerliche Druck auf die mittleren und kleineren Grundbesitzer immer stärker wurde. Denn bei diesem Versuch, dem russischen Staat finanziell wieder auf die Beine zu helfen, gab es Ungerechtigkeiten, deren Auswirkungen noch in weiter Zukunft eine Rolle spielen sollten, da sowohl die Kirche, der größte Grundeigentümer des Landes, als auch die Bojarenschaft von den neuen Besteuerungen verschont blieben. Der Grundstein für zunehmende Unzufriedenheit war damit gelegt.
Während Michael, biegsam wie eine russische Weide, dem Vater in allem zustimmte und ihn politisch zunehmend allein entscheiden ließ, entwickelte er eine wahre Leidenschaft für Uhren und mechanische Konstruktionen aller Art. Noch bevor der Vater heimgekehrt war, hatte Michael die Grundlage für eine prachtvolle Uhrensammlung gelegt. Er ließ die Kremltürme mit riesigen Chronometern versehen, von denen einige sogar geistliche Lieder spielten. Er selbst trug bei offiziellen Empfängen bis zu drei Uhren bei sich, und viele Bojaren taten es ihm gleich. Als Filaret in die Staatsgeschäfte eingriff, zog sich Michael immer mehr zurück.
Wie abhängig Michael vom Willen der Eltern war, zeigt die Geschichte seiner ersten Verlobung. Als er zwanzig Jahre alt war, hielten es seine

Mutter und auch die Bojaren für an der Zeit, daß er heiratete. Eine Brautschau wurde einberufen. Im Terem herrschten wieder einmal Aufregung und gespannte Neugier. Welches Mädchen von Adel würde sich Michael aussuchen? Obwohl schon eine Vorauswahl getroffen worden war, hoffte jede Familie, deren Tochter bei der Brautschau vertreten war, daß sie durch eine Heirat an Ansehen gewinnen würde. Michaels Wahl fiel auf Marja Chlopowa, Tochter eines unbedeutenden Adligen. Wie es Sitte war, übersiedelte sie noch vor der offiziellen Verlobung in die Frauengemächer des Kreml und wurde dort mit allen Ehren einer künftigen Zarin überschüttet. Doch es sollte zu keiner Hochzeit kommen; Intriganten waren am Werk.

Auch die Bojarenfamilie Saltykow hatte wichtige Posten am Zarenhof inne und war mütterlicherseits mit dem Zaren verwandt. Als nun Michael die hübsche, aber wenig privilegierte Marja Chlopowa zur Frau erwählte, sahen die Saltykows ihren Einfluß bei Hofe schwinden. Einen Aufstieg der Familie Chlopow durfte es einfach nicht geben. Daß die Chlopows sehr redliche Menschen waren, störte die Saltykows nicht. Sie versuchten mit allen Mitteln, die arme Marja bei der Zarenmutter anzuschwärzen, da sie um den mütterlichen Einfluß auf Michael wußten. Zuerst versuchten sie es mit spitzen Bemerkungen und abfälligen Äußerungen, die auch Michael zu Ohren kamen. Doch der ließ sich ausnahmsweise nicht beirren, denn er war in seine Auserwählte vernarrt. Dann kam den Saltykows eine heimliche Leidenschaft der Zarenbraut zugute. Sie liebte Zucker- und Naschwerk über alles. Und die Bewohnerinnen des Terems, die in ihr schon die künftige Herrscherin sahen, versorgten sie überreichlich mit diesen Genüssen. Wer weiß, wozu diese kleinen Liebesdienste gut waren? Marja hingegen bekam nichts anderes als heftige Bauchschmerzen. Sie waren gänzlich ungefährlich, doch die Saltykows hinterbrachten der Zarenmutter, daß die künftige Schwiegertochter an einer unheilbaren Krankheit leide. Bestochene Ärzte bestätigten dies. Die Zarenmutter beschloß, daß Marja, obwohl längst wieder genesen, unverzüglich den Terem zu verlassen habe.

Um dies vor dem Volk und vor den bereits in Hochzeitsstimmung befindlichen Moskauern zu rechtfertigen, stellte ein Bojarenrat fest: Marja Chlopowa sei nicht imstande, dem Zaren Freude zu schenken, und müsse den Kreml verlassen. Zu allem Unglück wurde auch noch die ganze Chlopow-Familie nach Sibirien verbannt. Später wurde ihr Los etwas gemildert, und Marja lebte – völlig gesund – mit ihrer Familie in Nischni Nowgorod. Michael, so wird berichtet, habe sehr unter dem Schicksal seiner Braut gelitten, doch er habe es nicht gewagt, gegen seine Mutter zu opponieren. Michael konnte immerhin eine Untersuchung des Falles der unglücklichen Marja Chlopowa durchsetzen. Die Ärzte, die falsches Zeugnis gegeben hatten, konnten sich nicht mehr erinnern, was sie einst ausgesagt hatten. Auf die Familie Saltykow fiel jedoch ein drohender Schatten. Nach tagelangen Verhören, bei denen die Saltykows immer wieder ihre Unschuld beteuerten, wurden sie der Verleumdung überführt. Die Strafe? Die meisten der Saltykows gingen in die Verbannung, ihre recht umfangreichen Güter wurden konfisziert. Trotz allem: Michaels Mutter wollte den Namen Marja Chlopowa nie wieder hören. Und schließlich gab auch der Zar alle seine Versuche auf, doch noch die Braut seiner Träume zu gewinnen.

Doch Filaret, der bereits die Staatsgeschäfte übernommen hatte, fand es höchste Zeit, daß Michael heiratete. Eifrig suchte der Hof nun nach einer ausländischen Braut, in Dänemark und auch in Schweden. Doch diese Pläne scheiterten. Der Zar erhielt nur Absagen. Während Filaret durch eine solche Heirat den russischen Zarenthron aufwerten wollte, hielten die ausländischen Königshäuser diesen Thron vermutlich für wenig stabil. Außerdem hätten die in Frage kommenden Bräute zum orthodoxen Glauben übertreten müssen. Dies bereitete im 17. Jahrhundert noch große Probleme. Spätere Zarenbräute hatten damit keine Schwierigkeiten.

So heiratete Michael 1624 Marija Dolgorukaja, die nach weniger als einem Jahr bei einer Fehlgeburt starb. Sie sei verzaubert worden, sagten die Abergläubischen; Gott habe den Zaren für sein Unrecht an Marja Chlopowa strafen wollen, sagten die Frommen. Und noch einmal ließ sich Michael zu einer Heirat überreden. Die Auserwählte, Jewdokija Streschnewa, Tochter eines wenig begüterten Adligen, übersiedelte erst wenige Tage vor der Hochzeit 1626 in den Terem. Die Angst vor Intrigen, wie sie gegen Marja Chlopowa gesponnen worden waren, saß zu tief. Jewdokija gebar zehn Kinder. Sechs starben noch im frühen Kindesalter. Doch mit dem 1629 geborenen Alexej war die Thronfolge der Romanows endlich gesichert.

Auch nach dem Tod seines Vaters entwickelte Michael wenig eigene Initiative bei den Staatsgeschäften. Daß wir von seiner Regierungszeit doch noch ein einigermaßen günstiges Bild überliefert bekommen haben, ist nicht den politischen Ereignissen zuzuschreiben.

Die Beschreibungen von Adam Olearius, der im Auftrag des Herzogs von Holstein-Gottorp 1634, 1636 und 1643 nach Rußland reiste, sind wichtige Quellen für unser Verständnis der Zeit unter dem ersten Zaren. So beschreibt Olearius seine Erinnerungen an eine Audienz beim Monarchen:

»Die Audienzstube war ein viereckiges steinernes Gewölbe, unten und auf den Seiten mit schönen Tapeten belegt, oben mit Gold und allerhand biblischen Historien verziert. Des Großfürsten Stuhl war hinten an der Wand mit drei Stufen von der Erde erhaben und wurde mit allen Unkosten auf 25000 Taler geschätzt; es war drei Jahre von Deutschen und Russen, deren vornehmster Meister, Jesajas Zinckgräff, ein Nürnberger war, daran gearbeitet worden. Bei der Gesandten-Audienz saß auf vorgedachtem Stuhle die Majestät in einem mit allerhand Edelsteinen besetzten und großen Perlen bestickten Rock: die Krone, so er über einer schwarzen Zobelmütze auf hatte, war mit großen Diamanten versetzt und auch der goldene Zepter, welchen er, weil er schwer sein mochte, bisweilen von einer Hand in die andere tat. Auf jeder Seite standen zwei junge, starke Knesen (Knjas = Fürst) mit weißen Damast-Röcken, hatten von Luchsfell gemachte Mützen und weiße Stiefel, über der Brust mit goldenen Ketten kreuzweise behängt: Jeder hielt ein silbernes Beil als wie zum Hieb auf der Schulter. An den Wänden herum zur Linken und gegen den Zar saßen die vornehmsten Bojaren, Knesen und Reichsräte über 50 Personen, alle in sehr köstlichen Kleidern und hohen schwarzen Fuchsmützen, welche sie nach ihrer Manier stets auf den Köpfen behielten. Bei fünf Schritt vom Stuhl zur Rechten stand der Reichskanzler. Neben des Großfürsten Stuhl zur Rechten stand der Reichsapfel in der Größe einer Paßkugel von Gold auf einer silbernen durchbrochenen Pyramide, so zwei Ellen hoch; bei demselben ein goldenes Handbecken und Gießkanne mit einem Handtuche, damit Ihre Zarische Majestät, wenn die Gesandten an der Hand gewesen, sich wieder wäscht.«
Während sich in Moskau, wie die Beschreibung des Olearius zeigt, ein gewisser Prunk entfaltete, ging im Osten die Eroberung der Weiten Sibiriens weiter. Dies bedeutete für das Land die Erschließung von unermeßlichen Reichtümern, auch wenn diese zunächst nur einer Familie zugute kamen, den Stroganows. Sie waren es gewesen, die schon in den siebziger Jahren des 16. Jahrhunderts ihre Hand nach Sibirien ausgestreckt und abenteuerlustigen Kosaken zu einer Expedition verholfen hatten. Die Eroberung Sibiriens ging in den folgenden Jahrzehnten Stück für Stück weiter; noch während der Regierungszeit Michaels wurde der Grundstein für die Stadt Jakutsk gelegt. Von hier aus starteten Expeditionen in den Osten. Unvorstellbar ist der Wagemut der Männer, die sich durch Schnee und Eis, durch riesige Wälder und absolut menschenleere Gegenden kämpften, bis Iwan Moskwitin im Jahre 1639 das Ochotskische Meer erreichte.
Ob Michael noch davon erfahren hat, ist unbekannt. Er war schon lange krank, halbseitig gelähmt und mußte überallhin getragen werden.

Doch schmiedete er noch immer große Pläne. Für seine älteste Tochter Irina, die sehr schön und anmutig gewesen sein soll, wünschte er nichts so sehr wie einen ausländischen Prinzen zum Gemahl. Die Wahl fiel auf den dänischen Prinzen Waldemar, aus der nicht standesgemäßen Ehe Christians IV. mit der Gräfin Munck. Waldemar kam an der Spitze einer Handelsdelegation nach Moskau, und Irina soll ihm große Sympathie entgegengebracht haben. Doch wie so oft in der russischen Geschichte stand auch hier der unterschiedliche Glaube einer endgültigen Verbindung im Wege. Michael verlangte von Waldemar, daß dieser zum orthodoxen Glauben übertrete; der Prinz weigerte sich trotz der großartigen Mitgift Irinas. Die Verhandlungen zogen sich in die Länge; Waldemar blieb hart. Schließlich wurde nicht mehr über die Glaubensfrage gesprochen, und der Prinz kehrte in seine Heimat zurück. Er selbst hatte seine Braut nicht zu Gesicht bekommen, so war es üblich. Sie aber hatte heimlich ein Auge auf ihn werfen können.

Noch einmal kehrte Waldemar nach Moskau zurück, doch sicher mit sehr gemischten Gefühlen. Er wurde mit großem Pomp empfangen, und alles deutete darauf hin, daß mit der Heirat alles zum besten stehe, da der Zarenhof die Religionsfrage nicht mehr für so wichtig hielt. Das böse Erwachen kam jedoch bald. Wieder wurde er von seiten des Zaren, von der Geistlichkeit und von den Bojaren, unter Druck gesetzt, seinem Glauben abzuschwören. Waldemar blieb standhaft, allen Schmeicheleien und Drohungen zum Trotz.

Schließlich unternahm er den verzweifelten Versuch, aus Moskau zu fliehen. Aber er kam nur bis zu einem der Stadttore. Strelitzen brachten Waldemar in den Kreml zurück. Zwar wurde er gut behandelt, doch er stand unter Hausarrest. Weder Michael noch Waldemar gaben nach. Erst Alexej Michajlowitsch, Michaels Erbe, hatte Erbarmen mit dem Beinahe-Schwager und schickte ihn nach Hause. Irina blieb unverheiratet.

Ein Jahr vor seinem Tod, 1645, hatte Michael seinen Sohn Alexej öffentlich den Moskowitern als Thronfolger vorgestellt. Die Zeremonie fand auf dem Roten Platz statt, wo er, auf einem hohen Podium stehend, zum Nachfolger seines Vaters proklamiert wurde. Bis zu diesem Zeitpunkt hatte die Öffentlichkeit kaum von Alexejs Existenz Notiz genommen, noch hatte das Volk ihn vorher gesehen.

Michael Fjodorowitsch, der erste Romanow auf dem Zarenthron, starb am 13. Juni 1645 nach langer, schwerer Krankheit. Als er sein Ende herannahen spürte, segnete er in Anwesenheit des Patriarchen seinen sechzehnjährigen Sohn Alexej, seinen Nachfolger. Den Bojaren Boris Iwanowitsch Morosow, einen engen Vertrauten und Erzieher Alexejs, bat er, dem Sohn stets treu zur Seite zu stehen. Die Zarenwitwe überlebte ihren Gatten nur um zwei Monate und wenige Tage. Der neue Zar hieß Alexej Michajlowitsch.

ALEXEJ MICHAJLOWITSCH, DER SANFTE ZAR

Die Nachwelt staunt, wie ähnlich sich doch Vater und Sohn, Michael Fjodorowitsch und Alexej Michajlowitsch, waren. Diese Ähnlichkeit bezieht sich nicht nur auf Aussehen und Charakter, sondern auch auf gewisse Lebensumstände.
Alexej war 1629 als dritter Sohn geboren worden. Seine beiden älteren Brüder starben früh. Um ihren Tod gab es sofort geheimnisvolle Spekulationen, aber die waren bei Todesfällen in Zarenkreisen inzwischen an der Tagesordnung.
Das Leben in Moskau verlief zur Zeit der Geburt Alexejs schon fast wieder in einem normalen Rhythmus. Mit Fleiß und dank findiger Steuereintreiber hatte der erste Romanow die äußerlichen Schäden der Smuta weitgehend beseitigen lassen. Die Gebäude des Kremls erstrahlten in altem und neuem Glanz. Jeder russische Zar sollte von nun an auf seine Weise versuchen, den Kreml zu verschönern oder durch neue Paläste und andere Bauwerke zu erweitern. Der Handel war in Schwung gekommen, und in den Vorratskammern stapelten sich wieder Waren. Michael hatte sein Leben lang nicht vergessen, daß sein Einzug in Moskau so dürftig und für einen russischen Zaren unwürdig war.
Die ersten fünf Jahre seines Lebens wuchs Alexej in der Abgeschiedenheit des Terems auf, umgeben von seiner Mutter Jewdokija und einigen weiblichen Verwandten. Auch Dienerinnen und heilkundige Frauen gehörten zu diesem kleinen Hofstaat. In genau geregelten Zeitabständen besuchte der Vater seine Familie, während die Bewohner des Terems niemals die Gemächer des Zaren betreten durften. Die Frauen waren eingeschlossen in Räumlichkeiten, die zwar kostbar und bequem ausgestattet waren, in denen aber auch stets der schwere Duft des Weihrauchs hing und ihnen die Blicke der Heiligen in den Ikonen auf Schritt und Tritt folgten. Frische Luft gab es lediglich auf der Terrasse, hoch oben auf dem Dach des Terem. Selten genug kam es vor, daß Frauen und Kinder den Terem verlassen konnten. Aber auch dann, wenn sie eine der großen Kirchen im Kremlbereich besuchten, wurden sie abgeschirmt; kein böser Blick sollte sie treffen. Und unternahm die Zarenfamilie eine Wallfahrt, dann reiste man in verhängten Kutschen und Schlitten.
In dieser abgeschlossenen Welt, die auch wirtschaftlich völlig autark war, wuchs also Alexej auf. Bis zum fünften Lebensjahr war er nur von

Frauen umgeben. Dann übersiedelte er in einen eigenen Palast, den Michael für seinen Sohn hatte bauen lassen. Endlich bekam der Zarewitsch auch gleichaltrige Spielkameraden und einen männlichen Erzieher, Boris Iwanowitsch Morosow. Als Alexej zehn Jahre alt war, hatte seine Ausbildung bereits ihren Abschluß gefunden. Er hatte lesen und schreiben gelernt, kannte sich ein wenig in der Apostelgeschichte aus und war bewandert im Kirchengesang und in der Liturgie. Damit hätte es auch sein Bewenden gehabt, wäre nicht Boris Iwanowitsch Morosow ein heimlicher Bewunderer der westeuropäischen Kultur gewesen. Und so kam Alexej in den Besitz einer kleinen Bibliothek. Dreizehn Bände sollen es gewesen sein, darunter eine Grammatik, in Litauen gedruckt, eine Weltbeschreibung und ein kleines Lexikon. Sein Spielzeug kam vornehmlich aus Deutschland, wie bunte Bilderbogen und ein kunstvoll gefertigtes Schaukelpferd mit echtem Haar.

So wuchs Alexej ohne Not und ohne Anfeindungen heran. Er soll schon als Kind sehr sanftmütig und feinfühlig gewesen sein. Trotzdem wurde er kein Duckmäuser, sondern besaß das nötige Temperament, auch seine Gefühle zu zeigen.

Als Alexej den Thron bestieg, war er knapp sechzehn Jahre alt. Binnen kurzer Zeit hatte er Vater und Mutter verloren. Eine Wunde, die nur langsam verheilte. Ein Grund, warum man ihn in den ersten Jahren seiner Regierung viel häufiger in Ismajlowo, in freier Natur, sah als im Kreml. Dort erledigte inzwischen Boris Iwanowitsch Morosow die Staatsgeschäfte. Es ist zu verstehen, daß dies von den meisten Bojaren mit Argwohn betrachtet wurde. Man konnte vermuten, daß Morosow selbst eine Art Mitregentschaft anstrebte, so, wie einst Filaret und Michael gemeinsam regierten.

Als Alexej neunzehn Jahre alt war, legte man ihm nahe, sich zu verheiraten. Wieder wurde zu einer Brautschau in den Kreml geladen. Wieder begann das große Rätselraten. Etwa zweihundert hübsche heiratsfähige Mädchen sind ausgesucht worden, von denen wiederum sechs in die engere Wahl kamen. Alexejs Blick fiel auf Eufemija Wsewoloschskaja, und er war entzückt. Dienerinnen brachten die Auserwählte in den Terem und kleideten sie in festliche Gewänder. Strahlend trat sie vor Alexej und fiel sofort in Ohnmacht. Entweder hatten die Kammerfrauen ihre Zöpfe zu straff geflochten, oder sie hatte ihr großes Glück nicht fassen können.

Doch für die Anwesenden bestand kein Zweifel: Eufemija litt an Fallsucht. Unmöglich konnte der junge Zar ein krankes Mädchen zur Frau nehmen. So dachte jedenfalls die engste Umgebung Alexejs. Und wie sich die Bilder glichen: bereits Alexejs Vater Michael bekam nicht die

Frau, die er für sich auserwählt hatte, sie wurde samt ihrer Familie verbannt. Auch Alexejs Auserwählte wurde mit ihrem unglücklichen Vater nach Sibirien geschickt.

Diese Ereignisse hatten Alexej schrecklich zugesetzt. Er verweigerte das Essen und verbrachte seine Tage in Trübsinn. Morosow versuchte mit allen Mitteln, ihn aufzuheitern. In Hofkreisen, denen Morosows Stellung ein Dorn im Auge war, munkelte man, Morosow habe die Ohnmacht der unglücklichen Eufemija mit Absicht herbeigeführt, weil er eigene Pläne mit dem Zaren verwirklichen wollte. Und in der Tat: Die Aufmerksamkeit des Zaren galt bald zwei Schwestern, Töchter des Emporkömmlings Ilja Miloslawskij. Morosow hatte es so eingerichtet, daß Alexej beide jungen Damen während eines Gottesdienstes im sanften Kerzenlicht bewundern konnte. Anfangs wußte der junge Zar nicht, für welche der beiden Schwestern er sich entscheiden sollte. Doch dann wählte er Marja Miloslawskaja, die ältere, zur Braut.

Die Hochzeit fand am 16. Januar 1648 statt, es wurde ein großes Fest für Stadt und Land. Zehn Tage später nahm Boris Morosow die jüngere Miloslawskijtochter, Anna, zur Frau. Er war nun mit dem Zaren verschwägert. Doch damit nahm auch eine unglückliche Entwicklung ihren Lauf.

Schwiegervater Miloslawskij konnte von der Ehre und dem Ruhm, mit den beiden wichtigsten Männern im Moskauer Staat verwandt zu sein, nicht genug bekommen. Hemmungslos nutzte er den sozialen Aufstieg für sich und seine Familie aus. Auch entfernte Verwandte der Miloslawskijs gaben sich nicht mit Brosamen zufrieden und wurden mit einem ordentlichen Stück vom Zarenkuchen bedacht.

Korruption und Bestechung breiteten sich wieder in Windeseile aus, und eine neue, durch Morosow eingeleitete Steuerreform bevorteilte die ohnehin Reichen und ließ die Ärmeren nur noch tiefer sinken. Um nach außen den Anschein seriöser Überlegungen zu wahren und um dem aufkommenden Unmut der Bevölkerung zu begegnen, kürzte Morosow die Ausgaben der Hofhaltung durch Entlassung eines Teils der Dienerschaft und verminderte das Salär für diejenigen, die bleiben durften. Doch niemand in der Bevölkerung ließ sich durch solche Winkelzüge täuschen.

Im Mai 1648 kam es in Moskau zu ersten Unruhen. Eine wütende Menge hielt den Zaren auf, als er durch Moskau ritt, und verlangte die Entlassung und Bestrafung eines korrupten Richters. Alexej Michajlowitsch sagte dies zu, doch neue Unruhe ergriff die Menge, als Freunde des Richters auftauchten und mit Peitschen um sich schlugen. Sie konnten die aufgebrachten Moskauer nicht beruhigen. Erst das erneute Versprechen, jenen Richter sofort zu bestrafen, stoppte für kurze Zeit den Volkszorn. Als der Richter vorgeführt wurde, entriß ihn das Volk seinen Henkern und tötete ihn.

Nun richtete sich der Zorn der Moskauer gegen Boris Iwanowitsch Morosow. Nur mit Mühe konnte sich Morosow in den Kreml retten, während die Wütenden sein Haus zerstörten und seiner Frau Anna den Schmuck vom Halse rissen. Die Menge drang bis in den Kreml vor, und es wurden Stimmen gegen die Zarin laut, die man der Hexerei verdächtigte. Die Untertanen hatten nicht vergessen, daß Alexej den alten Brauch der Brautschau mißachtet hatte und sich seine Frau durch Morosow zuführen ließ. Gerüchte, man habe die Zarin Marja auf einem Besen reiten sehen, hatten schnell die Runde gemacht, und die Schwatzsucht ihrer Dienerinnen erfand bald alle möglichen körperlichen Attribute, die einer Hexe gut anstanden.

Während die Menge über die Kremlplätze tobte, rief Alexej seine Wachen zusammen. Sie weigerten sich jedoch, auf ihre Landsleute zu schießen. Inzwischen waren Morosow und auch die Zarin durch einen geheimen unterirdischen Gang entflohen und versteckten sich außerhalb der Stadt. Dieser Gang, der unter dem Tajnitzki-Tor hindurchführte, war schon vom ersten falschen Dmitrij benutzt worden. (Im Jahre 1812 verließen Napoleon und seine Marschälle auf ebendiesem Weg den Kreml, um der Feuersbrunst zu entgehen.)

Alexej, der die wütende Menge im Kreml sah und auch die Untätigkeit seiner Schützen, faßte allen Mut zusammen und trat unbewaffnet vor die versammelten Menschen. Hatten sie noch kurz zuvor lautstark Morosows Auslieferung und Tod gefordert, so verstummten sie nun, als Alexej mit Tränen in den Augen zu ihnen sprach. Er entschuldigte keineswegs die Verfehlungen Morosows, eine Verurteilung lehnte er jedoch ab. Schließlich handele es sich um den kaiserlichen Schwager. Aber er versprach, bessere, tüchtigere Männer um sich zu scharen und die Steuern zu mindern. Das Volk sah die Tränen und war mit seinem Zar zufrieden. Die Menge zerstreute sich, der Aufstand war vorüber.

Es hatte etliche Tote gegeben, und einige Paläste reicher Bojaren und Kaufleute waren geplündert worden, ein Feuer hatte mehrere Straßenzüge vernichtet.

Boris Iwanowitsch Morosow konnte sein Versteck verlassen und nach Moskau zurückkehren. Doch er hatte seine Position verspielt. Von nun an wirkte er bescheiden im Hintergrund. Alexej Michajlowitsch suchte sich einen neuen engen Vertrauten, den Fürsten Nikita Iwanowitsch Odojewski.

Es gab bei Hofe genügend kluge Männer, die einsahen, daß mit einer Bestrafung korrupter Zeitgenossen und aufrührerischer Untertanen die Probleme des Landes nicht gelöst waren und daß mehr im argen lag als die Besetzung mancher Ämter mit den falschen Leuten. Es gab im damaligen Rußland keine einheitliche Rechtsordnung, und ohne sie war es ungeheuer schwer, Verurteilungen vorzunehmen. Fürst Odojewski wurde beauftragt, mit zuverlässigen Helfern alle alten Gesetze und Verordnungen zu sammeln und zu ordnen. Das war eine Lebensaufgabe, wenn man sie sorgfältig ausführen wollte.

Das erste *Sudebnik* (Gesetzbuch) hatte Iwan III. 1479 zusammenstellen lassen. Iwan der Schreckliche hatte siebzig Jahre später einen neuen Kodex in Auftrag gegeben. Um beide Gesetzessammlungen rankte sich im Laufe der Jahrzehnte ein dichtes Gestrüpp von Ergänzungen, Präzedenzfällen und sonstigen Verordnungen. Auch die orthodoxe Kirche hatte ihre eigenen Rechtsvorschriften. All dies zusammenzutragen und nach mehr als einhundert Jahren richtig zu interpretieren war fast ein Ding der Unmöglichkeit. Dadurch war es viele Jahre lang üblich gewesen, daß Richter und Beamte ihre eigenen Auslegungen fanden.

Fürst Odojewski machte sich an die Arbeit und legte binnen eines halben Jahres ein neues Gesetzbuch vor. Es ist kaum anzunehmen, daß er dabei sehr sorgfältig vorgegangen ist. Dies war zeitlich nicht möglich. Das neue Gesetzbuch aber bestand aus 25 Kapiteln mit insgesamt 967 Paragraphen. Unter dem Vorsitz des Zaren stimmte eine Bojarenversammlung über jeden einzelnen Paragraphen ab. Und Anfang September 1648 wurde wieder eine Volksversammlung einberufen, die das Gesetzeswerk absegnete. Mehr als zweitausend Exemplare wurden gedruckt und im ganzen Moskowitischen Reich verteilt.

Ein großer Schritt war getan, und Alexej Michajlowitsch war überzeugt, daß aufgrund dieser gesetzlichen Vorgabe bald Ruhe im Lande einkehren werde. Doch die Unruhen hielten an. Es kam zu Rebellionen in einigen russischen Städten.

Doch weitaus gefährlicher und auch für Moskau bedrohlich waren die Entwicklungen im Süden des Landes, in der – damals polnischen – Ukraine und später an der Wolga.

Wieder einmal waren es die freiheitliebenden und abenteuerlustigen Kosaken, die einen wahren Flächenbrand entfachten. Die Kosaken, die unter ihrem Anführer Bogdan Chmelnitzki den Aufstand gegen die Polen am Dnjepr erprobten, suchten Unterstützung in Moskau. Alexej hatte für die Polen nichts übrig, aber den Kosaken brachte er auch kein Vertrauen entgegen. Er verhielt sich daher abwartend und ließ schließlich durch eine Volksversammlung entscheiden, daß man den Kosaken als orthodoxen Glaubensbrüdern zu Hilfe eilen solle. Daraus entwickelte sich ein kompliziertes Hin und Her zwischen Kosaken, Polen und Russen, in das auch noch die Schweden eingriffen. Dreizehn Jahre dauerte der Kampf um die Ukraine. Er endete 1667 mit dem Frieden von Andrussowo, der einen Teil Kleinrußlands (das heißt der Ukraine) zum Zarenreich brachte.

Als Moskau den Kosaken Unterstützung gegen die Polen versprach, ritt Alexej noch selbst ins Feld. Er hatte sich dem Rat des Patriarchen Nikon gebeugt, in einer Art Kreuzzug die orthodoxen Brüder in der polnischen Ukraine zu befreien. Nikon war ein äußerst willensstarker Mann. 1652 hatte ihn Alexej zum Patriarchen ernannt. Kein Amtsvorgänger hatte so sehr die absolute Entscheidungsgewalt in kirchlichen Dingen angestrebt, wie Nikon es tat. Dadurch aber führte er die russische Kirche auf einen Weg, an dessen Ende die Kirchenspaltung (raskol) stand.

Alexej Michajlowitsch, der sich gern auf tatkräftige Männer stützte, war anfangs von Nikon sehr beeindruckt gewesen. Doch dann bestürmte Nikon ihn mit Veränderungsvorschlägen, die Alexej nur in Verwirrung stürzten. Der Zar, der selbst gern und lange in seiner Hauskapelle betete, mußte plötzlich von Nikon erfahren, daß all die liturgischen Bücher – nach denen auch Hochzeiten und Kindstaufen durchgeführt wurden – nicht mehr stimmten.

Vor Einführung der Druckkunst in Rußland hatten Mönche die heiligen Schriften abgeschrieben und verbreitet. Dabei seien ihnen Fehler unterlaufen, die nun unbedingt revidiert werden müßten. So dürfe das Kreuzzeichen nur mit drei Fingern gemacht werden und nicht mit zwei, wie es lange üblich war. An bestimmten Stellen der Liturgie sei ein zweifaches, an anderen ein dreifaches Halleluja zu singen. Auch die Himmelsrichtungen, in denen die Prozessionen zu laufen hätten, müßten neu bestimmt werden. Nikon verlangte von Alexej unverzüglich die Einberufung einer Synode, die über eine Revidierung der liturgischen Bücher bestimmen sollte. Doch Alexej zögerte.

Wie für die meisten gläubigen Russen waren solche organisatorischen Dinge auch für den Zaren nebensächlich. Davon hing der wahre Glaube nicht ab. Und solange das Dogma nicht berührt wurde, solange es nur um historische Echtheit ging, konnte man den Auseinandersetzungen ruhig zusehen. Aber bald nahmen diese innerhalb der Geistlichkeit und zwischen Staat und Kirche bedrohliche Formen an.

Ging es nicht letztendlich dabei auch um Moskau als Drittes Rom, um seine Vormachtstellung, die durch die Rückführung der Liturgie auf die byzantinischen Originale in Frage gestellt schien? Ein heftiger

Kampf zwischen Altgläubigen und Reformern entbrannte. Zum stärksten Gegner Nikons wurde der Mönch Awwakum; wie Nikon stammte er aus der bäuerlichen Umgebung Nischni Nowgorods. Für Awwakum und zahlreiche seiner Anhänger war es wichtiger, den Glauben zu verinnerlichen, und nicht, wie Nikon es wollte, Äußerlichkeiten für maßgeblich zu halten. Beide Männer waren tief religiöse Menschen, aber nicht bereit, sich auf Kompromisse einzulassen. Ihre Auseinandersetzung, die auch eine Auseinandersetzung um die absolute Vormachtstellung des Patriarchen war, berührte das tief gläubige russische Volk sehr; vor allem die Tatsache, daß Nikon alle Ikonen, die nicht seiner Vorstellung von künstlerischer und religiöser Reinheit entsprachen, aus den Kirchen entfernen ließ.

Alexej Michajlowitsch, der zögerte, Nikon recht zu geben, stand mehr unter dessen Einfluß, als er wahrhaben wollte. Er verhinderte nicht, daß in den Jahren 1653, 1654 und 1656 Synoden abgehalten wurden, die nicht nur Nikons Vorschläge akzeptierten, sondern auch sämtliche Gegner aburteilten.

Awwakum, der sich nicht beugen wollte, stand ein besonders hartes Schicksal bevor. Zunächst wurde er mit seiner ganzen Familie nach Sibirien verbannt, später, weil er mit seinen Polemiken gegen Nikon nicht aufhörte, noch tiefer nach Sibirien, nach Jennisejsk. Dort mußte er sich der Kosakenexpedition des Afanasij Paschkow anschließen, die ihn bis an den Amur führte. Paschkow kühlte bei jeder Gelegenheit sein Mütchen an Awwakum, doch der ertrug alle schrecklichen Behandlungen dank seines unerschütterlichen Glaubens.

Awwakum schrieb später in seiner berühmt gewordenen Autobiographie: »Christus, der Herr, hat mich getragen, und die Allerreinste Gottesmutter hat mich geführt. Ich fürchte niemand, nur Christum fürchte ich.« Zu den Torturen, die ihm der Kosak Paschkow bereitete: »Er hat mich jahrelang gepeinigt – oder ich ihn, das weiß ich nicht.«

Doch Nikons Stern begann langsam zu sinken. Er überspannte den Bogen, den ihm Zar Alexej lange geduldig gehalten hatte.

So verdammte Nikon das Gesetzeswerk, auf das Alexej sehr stolz war, als *fluchwürdiges Machwerk;* er versagte dem Zaren das Recht, bei der Bischofssynode den Ehrenvorsitz zu führen, und verlangte vom Zaren, daß er gegen seine immer zahlreicher werdenden Feinde vorgehen solle. Diese und andere Vorkommnisse verärgerten den sonst friedfertigen Zaren so sehr, daß er den Gottesdiensten des Patriarchen fernblieb, woraufhin Nikon sich schmollend in das von ihm begründete Auferstehungskloster zurückzog. Doch seine Rechnung, daß man ihn reumütig und um Verzeihung bittend zurückholen würde, ging nicht auf. Alexej lenkte nicht ein. Er war kein Iwan IV., der bedenkenlos Metropoliten und Patriarchen ernannte und wieder absetzte. Alexej konnte sich nicht entscheiden, was er gegen Nikon unternehmen solle. Doch dieser lieferte ihm schließlich selbst einen Anlaß. Nikon hatte sich aus seinem Kloster mit der Forderung gemeldet, daß die geistliche über die weltliche Macht zu stellen sei. Das bedeutete nichts anderes, als daß die Kirche das Recht habe, in weltliche und politische Belange einzugreifen. Damit würde dem Zaren jedes Recht abgesprochen, bei kirchlichen Angelegenheiten mitzubestimmen.

Im Jahre 1660 rief Alexej Michajlowitsch eine Bischofssynode zusammen, die auf seinen Wunsch den Patriarchen absetzte. Mehrere Gruppierungen äußerten jedoch Zweifel an der Rechtmäßigkeit dieses Vorganges, und so zog sich der »Fall Nikon« noch längere Zeit hin. Schließlich, im Dezember 1666, wurde das Absetzungsurteil durch ein Konzil, an dem auch zwei orientalische Patriarchen teilnahmen, bestätigt. Zar Alexej Michajlowitsch war als Ankläger aufgetreten. Nikon wurde in den hohen Norden des Landes verbannt. Dort lebte er vereinsamt in einem Kloster. Erst Alexejs Nachfolger Fjodor gestattete ihm 1681 die Rückkehr nach Moskau. Doch Nikon erreichte die Hauptstadt nicht mehr. Er starb während der langen, beschwerlichen Rückreise.
Zwar hatte die weltliche über die kirchliche Macht gesiegt, doch in der Reformfrage blieb Nikon letztendlich siegreich. Das Konzil verdammte die alten Riten, und die Kirchenspaltung war nicht mehr aufzuhalten. Awwakum, der inzwischen aus der Verbannung zurückkehren konnte, ließ nicht von den alten Riten ab und brach auch ständig das ihm auferlegte Schweigegebot. Er wurde erneut verurteilt und zurück in den eisigen Norden Rußlands verbannt. Drei seiner treuesten Anhänger mußten ihn begleiten, nachdem man sie grausam verstümmelt hatte. Zweien war die Zunge herausgeschnitten worden, dem dritten hackte man die Finger der rechten Hand ab. Und so entstanden Legenden. Awwakum schrieb, daß die Zungen nachgewachsen seien und auch die verstümmelte Hand habe noch zwei Finger zum Bekreuzigen ausgebildet.
Die Anhänger des alten Ritus konnten sich über mangelnden Zulauf nicht beklagen. Der alte Glaube wurzelte tief in den frommen russischen Seelen. Versuche, die Zentren der Abtrünnigen anzugreifen und auszurotten, schlugen fehl. Neun Jahre lang verteidigte sich zum Beispiel das Solowetzki-Kloster gegen die Belagerungstruppen des Zaren. Es fiel durch simplen Verrat.
Die Verfolgung der Altgläubigen wurde im ganzen Land fortgesetzt.

Viele starben in den Folterkammern, und nicht wenige entzogen sich der Verfolgung durch Selbstverbrennung. Doch Awwakum und seine auf wundersame Weise wiederhergestellten Gefährten ließen sich nicht einschüchtern. Von ihrem Kloster aus verbreiteten sie aufrührerische Schriften, die schließlich von Zar und Kirche für so gefährlich eingeschätzt wurden, daß man sich zum Äußersten entschloß. Awwakum und seine Getreuen wurden im April 1682 an ihrem Verbannungsort auf dem Scheiterhaufen verbrannt.

Damals war Zar Alexej Michajlowitsch bereits gestorben, und sein Sohn Fjodor hatte die Nachfolge angetreten. Die Kirchenspaltung jedoch sollte auch ihn überdauern.

Blättern wir noch einmal zurück. Nicht nur der andauernde Religionskrieg beutelte das Land. Alexej Michajlowitsch hatte auch noch gegen ganz andere Mißstände anzukämpfen. Noch immer herrschten Korruption und Bestechung, und durch die Einführung von Kupfermünzen, neben den bislang üblichen Silbermünzen, kam es zu hemmungslosen Geldfälschereien. Bald wußte niemand mehr, wie das echte Geld auszusehen hatte. Alexejs Schwiegervater Miloslawski war einer der Drahtzieher im Geldgeschäft. Er bekam nur eine Rüge des Zaren, während andere Existenzen ruiniert waren.

In diesen Zeiten, in den sechziger Jahren des 17. Jahrhunderts, begann man immer häufiger von einem Mann zu sprechen, den die Russen noch heute in Sagen und Liedern verehren: Stenka Rasin, dem Kosaken.

Seine Geschichte begann 1667, als er etwa achthundert Männer am mittleren Don um sich scharte und mit ihnen an die Wolga zog. Er hatte großen Zulauf, viele Unzufriedene schlossen sich ihm an, Bauern, entflohene Leibeigene, aber auch Gauner. Lauthals verkündete er, den Kampf gegen Bojaren, Wojwoden, Offiziere und andere Mächtige aufnehmen zu wollen, alle Untaten an den Erniedrigten zu rächen und die Bauern zu befreien. Nach zahlreichen Expeditionen durch das Kaspische Meer, wobei er sich unter anderem mit dem Schah von Persien anlegte, setzte sich Rasin mit seinen Leuten zunächst in Astrachan fest. Dann zog er wieder zum Don. Abgesandte des Zaren, die im südlichen Rußland nach dem Rechten sehen sollten, ließ er kurzerhand ermorden. Sein nächstes Ziel war die an der Wolga gelegene Stadt Zarizyn, das spätere Wolgograd und Stalingrad. Truppen, die der Zar dorthin gesandt hatte, blieben erfolglos, denn Rasin verstand es, die Soldaten gegen ihre Vorgesetzten aufzuhetzen. Wieder wandte sich der Rebell gegen Astrachan, nahm die Stadt ein und verbrannte im Hafen das damals erste große russische Schiff, die *Orjol* (Adler). Das Schiff war von Holländern gebaut worden.

Und hier in Astrachan entstand auch wieder eine Legende von einem wundersam geretteten Zarensohn. Der älteste Sohn des Zaren Alexej, der den gleichen Namen wie sein Vater trug, war im Januar 1670 im Alter von nur sechzehn Jahren plötzlich gestorben. Rasin verbreitete nun die Geschichte, daß sich der Thronfolger bei ihm befinde. Er habe einen Mordanschlag überlebt, der von seinem eigenen Vater angezettelt worden sei. Auch der Patriarch Nikon – der damals schon längst entmachtet war – halte sich in der Nähe auf. Patriarch und Thronfolger, so Rasin, unterstützten ihn tatkräftig bei seinem Vorhaben, Rußland zu befreien. Es floß noch viel Blut, bis Stenka Rasin schließlich, durch Verrat seines eigenen Paten, russischen Truppen in die Hände fiel.
Rasins Hinrichtung auf dem Moskauer Roten Platz im Juni 1671 wurde zu einem großen Spektakel. Noch lange Zeit danach erzählte man sich, daß der schwer gefolterte Rebell wie ein Held alles über sich ergehen ließ. Und während die Torturen in aller Öffentlichkeit vollzogen wurden, ertönte in der Menge zum erstenmal das noch heute berühmte Wolgalied, das die Heldentaten Rasins besingt.
Vor der Hinrichtung hatte Zar Alexej Michajlowitsch dem Verurteilten ausrichten lassen, daß er ihm seine Sünden und Mordtaten vergebe. Und Rasin habe geantwortet: »Sagt dem Zaren, daß ich ihm die Räubereien seiner Wojwoden und das Unglück der russischen Bauern vergebe.«

Nach diesen aufregenden Jahren kehrte im Lande langsam Ruhe ein. Knapp fünf Jahre Regierungszeit verblieben Alexej noch, in denen er sein Haus bestellen und einen Nachfolger bestimmen konnte. Seine Frau Marja, geborene Miloslawskaja, war im März 1669 gestorben. Sie hatte vielen Kindern das Leben geschenkt, nur einige überlebten: zwei Söhne, Fjodor und Iwan, beide nicht bei bester Gesundheit, der jüngere, Iwan, sogar ein wenig schwachsinnig, und die Tochter Sophia, ein kräftiges Mädchen, das noch von sich reden machen sollte. Als Marja starb, war Zar Alexej gerade vierzig Jahre alt, jung genug, noch einmal zu heiraten. Seine Wahl fiel auf die Tochter des Wojwoden von Smolensk, Natalja Naryschkina, ein hübsches, fröhliches siebzehnjähriges Mädchen.
Natalja war im Hause des Bojaren Artamon Matwejew, eines Verwandten, erzogen worden. Dieser war mit einer Schottin verheiratet und allen westlichen Neuerungen sehr zugetan. Sein großes Haus war Treffpunkt für alle, die gern musizierten, Theater spielten und sich amüsieren wollten. Die Frauen des Hauses blieben hier nicht, wie man es von russischen Frauen sonst verlangte, im Hintergrund, sondern sie

nahmen lebhaft Anteil an allem, was vor sich ging. Zar Alexej Michajlowitsch unterhielt sich gern mit Matwejew und besuchte ihn sogar zu Hause. Bei einer dieser Gelegenheiten lernte er auch Natalja kennen. Die Heirat fand im Januar 1671 statt. Nicht alle freuten sich darüber. Am wenigsten diejenigen, die mit Alexejs erster Frau verwandt waren und nun ihren Einfluß am Zarenhof schwinden sahen. Kein Zweifel, Matwejew und die Naryschkins würden in Zukunft ihre eigenen Plätze bei Hofe einnehmen.

Doch vorerst brachte Natalja frischen Wind hinter die Kremlmauern. Viel häufiger, als man es bislang gewohnt war, hielt sich das Paar außerhalb von Moskau auf, in Ismajlowo, wo der Zar kunstvolle Gärten anlegen ließ; oder in Preobraschenskoje, einem Kleinod russischer Baukunst, wo sogar Theaterstücke aufgeführt wurden. Auch im Kreml wurde ein Theater gebaut, und der deutsche Pastor Grigori erhielt den Auftrag, Theaterstücke zu schreiben und russische Schauspieler auszubilden. Das Glück des schon kränklichen Zaren war vollkommen, als ihm Natalja am 30. Mai 1672 einen Sohn gebar. Er erhielt den Namen Peter. Als Peter der Große sollte er in die Geschichte eingehen und Rußland neue Wege weisen. Er war ein ungewöhnlich kräftiges Kind, und angesichts des kränklichen Zaren ging bald das Gerücht um, auf keinen Fall könne Alexej der Vater sein.

In den letzten Jahren ließ sich Alexej, der zweite Romanow-Zar, nur noch selten in der Öffentlichkeit blicken. Als er am 29. Januar 1676 starb, wurde über die Todesursache nichts bekannt, nur, daß er friedlich entschlafen sei.

Fjodor, der Schwache

Nach dem Tod des Zaren Alexej Michajlowitsch (1676) – er hatte noch die Thronfolge für seinen Sohn Fjodor zwei Jahre zuvor gesichert – war bald von dem frischen Wind, den Natalja in den Kreml gebracht hatte, nichts mehr zu merken. Und Fjodor, erst vierzehn Jahre alt, war zu jung und zu schwach, um sich gegen die wieder erstarkenden alten konservativen Kräfte durchzusetzen.
Dem so hoffnungsvoll begonnenen Theaterleben wurde ein jähes Ende bereitet, als man den deutschen Pastor Gregori aus Rußland auswies. Artamon Matwejew, der Ziehvater der Zarenwitwe Natalja, wurde verbannt.
Nur im geheimen, in den Häusern einiger Aristokraten, blühte das schwache Pflänzchen westlicher Kultur weiter, von russischen Emigranten oder westlichen Reisenden überliefert, die ein eindrucksvolles Bild aus dem Rußland des 17.Jahrhunderts vermitteln.
Rußland und Europa, diese Kombination war nach wie vor eine einseitige Angelegenheit. Während bereits seit Iwan dem Schrecklichen immer wieder Ausländer nach Rußland einreisten und auch dort ansässig wurden – um 1670 sollen etwa achtzehntausend Westeuropäer in Rußland gewohnt haben – war den Russen der Weg nach Westen nahezu versperrt. Ein westlicher Reisender schrieb damals:
»Die Zaren haben den Grundsatz, ihre Untertanen in Unwissenheit zu halten: sonst würden sie nicht Sklaven bleiben wollen ... Es ist den Russen verboten, außer Landes zu gehen, weil sie sonst die Sitten und Anschauungen anderer Völker kennenlernen und sodann darauf bedacht sein könnten, die Ketten ihrer Knechtschaft zu sprengen ...«
Der Sekretär und Schreiber Grigorij Kotoschichin (auch Koschichin) hatte mehrfach Gelegenheit, als russischer Kurier im Ausland zu weilen. Er sammelte genügend Eindrücke, um Vergleiche mit seiner Heimat anstellen zu können. Als Kotoschichin wegen eines Zwischenfalls mit einem russischen Offizier nach Schweden flüchten mußte, verfaßte er dort ein Buch »Über Rußland und die Herrschaft Alexej Michajlowitschs«, das eines der wichtigsten kulturhistorischen Dokumente jener Zeit ist.
»Mit starr aufgerichteten Bärten sitzen die Bojaren da und wissen dem Zaren auf seine Fragen nichts zu antworten, auch keinen guten Rat zu

erteilen, weil viele von ihnen nicht einmal lesen können und nichts gelernt haben und weil sie nicht ihres Verstandes, sondern ihrer hohen Abstammung wegen zu Mitgliedern des Rates ernannt werden. ...
Die Menschen im russischen Staat sind hochfahrend und dabei zu nichts zu gebrauchen, weil sie in ihrem Lande gar keinen Unterricht genießen, außer im Hochmut, in der Schamlosigkeit, im Neid und in der Lüge. Wundere dich nicht, verständiger Leser, all dies ist wahr. Sie schicken ihre Kinder niemals ins Ausland zur Aneignung der Wissenschaft und der besseren Sitten, weil sie befürchten, daß die Kinder, sobald sie den Glauben und die Bräuche anderer Völker und den Segen der Freiheit kennenlernen, ihren Glauben aufgeben, einen fremden annehmen und an die Heimkehr zu ihren Verwandten gar nicht mehr denken würden. ...
Die Schwestern und Töchter des Zaren, welche in besonderen Gemächern wie Einsiedlerinnen wohnen, sehen nur sehr wenige Menschen und werden nur von sehr wenigen gesehen; sie verbringen ihr Leben mit Gebet und Fasten und in Tränen gebadet; das Glück der Ehe ist ihnen versagt. Selbst die Vornehmsten im Reiche sind als Sklaven des Zaren unwürdig der Eheschließung mit einer Zarewna; diese aber an ausländische Prinzen zu verheiraten ist nicht Sitte wegen der Verschiedenheit des Glaubens und auch deswegen, weil die Zarewnen mit Sprache und Sitten anderer Staaten nicht bekannt sind und dieses ihnen zur Schande gereichen würde.«
Dies sind nur Momentaufnahmen aus einem Land, das unermeßlich groß war und doch so träge abgeschottet vor sich hin lebte, daß der heranwachsende Peter es mit seiner Energie bald aus den Angeln heben konnte.

Fjodor war von Geburt an schwächlich und krank. Wegen eines Beinleidens konnte er sich kaum auf den Füßen halten. Auch zu seiner Krönung, 1676, mußte er getragen werden. Doch er hatte, wie auch seine Schwester Sophia, von der noch die Rede sein wird, eine ausgezeichnete Erziehung erhalten. Sein Lehrer war der Hofprediger Simeon von Polozk, der beste Mann, den Zar Alexej Michajlowitsch für seine Kinder hatte finden können.
Simeon begann seine Laufbahn mit dem Studium an der nach jesuitischem Muster gegründeten orthodoxen Akademie in Kiew (damals noch unter polnischer Herrschaft). Diese Lehranstalt war die beste ihrer Zeit. Seit 1664 Lateinlehrer im Kreml, erhielt er drei Jahre später den Auftrag, die Zarenkinder, vor allem Fjodor und Sophia, zu unterrichten. Obwohl ein streng orthodoxer Gläubiger, war Simeon offen

genug, über die russischen Grenzen hinauszublicken. Sein Wissen war immens, und vor allem war er bereit, all seine Kenntnisse an die Zarenkinder weiterzugeben. Besonders Sophia wurde zu einer erstklassigen Zuhörerin und Schülerin. Ihr Geist war hellwach, während ihr vier Jahre jüngerer Bruder Fjodor sich redlich Mühe geben mußte, den Worten Simeons zu folgen. Aber er war willig und gutmütig.
Und Simeon war ein begnadeter Lehrer, der selbst Gedichte und Theaterstücke schrieb. Sein größter Traum, in Moskau eine Akademie nach Kiewer Vorbild zu gründen, wurde später von Zar Fjodor unterstützt. Doch zunächst öffnete der Erzieher den Zarenkindern eine Welt, die angesichts russischer Abgeschiedenheit unendlich reich und modern anmuten mußte. Er lehrte sie nicht nur Latein, Polnisch und Französisch, sondern vor allem auch Geschichte und Philosophie.
Als Fjodor den Thron Rußlands übernahm und jeder Mann sehen konnte, in welch schwacher körperlicher Verfassung der große Herrscher war, da konnte er sich anfangs – wenn auch nur für kurze Zeit – auf den Rat und die starken Schultern seines väterlichen Freundes Artamon Matwejew stützen. Doch es dauerte nicht lange, und dieser kleine, nicht belastbare Zar wurde in heftige Familienfehden verwickelt.
Noch zu Alexej Michajlowitschs Lebzeiten hatten sich die Familien seiner beiden Ehefrauen hinter den Kulissen angefeindet und allerlei Ränke gegeneinander geschmiedet. Jetzt, in der Regierungszeit Fjodors, traten die Streitereien zwischen den Miloslawskijs und Naryschkins offen zutage. Fjodor versuchte zu vermitteln und hörte dabei mit Sicherheit auch auf den Rat Sophias. Beide Geschwister verstanden sich gut.
Die Miloslawskijs, die Verwandten von Fjodors und Sophias Mutter, hatten zunächst ihre Position behauptet. Der gute Artamon Matwejew, der zur Anhängerschaft der Naryschkins gehörte, mußte den Kreml verlassen. Seine Güter wurden konfisziert, die Bojarenwürde wurde ihm genommen. Nur Sibirien blieb ihm erspart. Dagegen konnte Fjodor absolut nichts tun. Es ihm als Charakterschwäche auszulegen wäre nicht richtig. Matwejew besaß nicht nur unter der Familie Miloslawskij Feinde, sondern vielen Moskauern schien seine westliche Orientierung verdächtig. Da er gern mit Chemikalien experimentierte und ein eigenes kleines Labor besaß, haftete ihm der Ruf eines Giftmischers an. Gerüchte, er wolle den Zaren durch Gift aus dem Weg schaffen, waren schnell verbreitet.
Seiner jungen Stiefmutter Natalja Naryschkina gegenüber verhielt sich Fjodor zuvorkommend, während sich Sophia und Natalja spinnefeind

waren. Nach der Geburt des kleinen Peter konnte Natalja zunächst im Kreml wohnen bleiben, übersiedelte dann aber in das idyllische Preobraschenskoje bei Moskau. Dort wuchs der Junge in einer ungebundenen, freien Atmosphäre auf. Doch seine Mutter, die Zarenwitwe Natalja, lebte in ständiger Angst, daß ihr und ihrem Sohn etwas zustoßen könnte. Dies um so mehr, als einige ihrer Verwandten von einem Gericht, das der Familie Miloslawskij hörig war, unter fadenscheinigen Vorwänden zu Haftstrafen verurteilt worden waren.

Die Miloslawskijs, vor allem der ehrgeizige Iwan Miloslawskij, spielten sich immer mehr zu Beratern des dauernd kränkelnden Fjodor auf. Doch der Zar bevorzugte – wenigstens eine Zeitlang – die Gesellschaft des jungen Iwan Jasykow und des etwa gleichaltrigen Alexej Lichatschow. Beide stammten aus angesehenen Familien und eroberten sich eine Art Günstlingsstellung bei Hofe, allerdings – so wird behauptet – zogen sie keinerlei persönlichen Nutzen daraus.

Auch Sophia schätzte die Nähe dieser intelligenten Burschen und freute sich, daß ihr Bruder fröhlich war. Unter ihrem Einfluß entwickelte Fjodor sogar zusehends Eigeninitiative. Er setzte sich gegen die Ränke der Miloslawskijs durch und heiratete Agafja Gruschewskaja, die Tochter eines polnischen Edelmannes. Sie war nach langer Zeit wieder eine »ausländische Zarin«. Agafja starb jedoch ein Jahr nach der Hochzeit an Kindbettfieber. Der Knabe, den sie zur Welt gebracht hatte, überlebte sie nur wenige Tage.

Bereits schwer krank, vermählte sich der Zar noch einmal. Die Ehe mit Marfa Apraxina dauerte nur ein halbes Jahr. Fjodor starb am 27. April 1682 im Alter von knapp einundzwanzig Jahren. Und wieder gab es Gerüchte, daß der Zar nicht eines natürlichen Todes gestorben sei. Von einer vergifteten Brombeertorte war die Rede, und niemand anderer als die Naryschkins sollten sie zubereitet haben.

Nur sechs Jahre regierte der dritte Zar aus dem Geschlecht der Romanows, Fjodor Alexejewitsch. Er hinterließ keine Nachkommen und war zu kurz an der Macht gewesen, um die russische Geschichte nachhaltig beeinflussen zu können. Zwar kam es während seiner Regierungszeit zum ersten Krieg des russischen Reiches mit den Türken, doch die Kontrahenten einigten sich bald auf einen zwanzigjährigen Waffenstillstand, da die Osmanen nicht an Rußland, sondern an Wien interessiert waren.

Bereits todkrank, erlebte Fjodor noch eine innenpolitische Veränderung von großer Tragweite. Die sogenannte *Mjestnitschestwo* wurde abgeschafft. Bislang war es in Rußland üblich, Ämter und Pöstchen nach dem genealogischen Rang der Familien zu verteilen, gleichgültig, ob die Kandidaten qualifiziert waren oder nicht. Das sollte sich ändern. Die Reform war von Fürst Wassili Golizyn vorbereitet worden, der ein enger persönlicher Vertrauter Sophias war. Alle alten Protokolle, aus denen man auch nur im entferntesten einen Anspruch auf irgendwelche »Würden« hätte ableiten können, wurden feierlich verbrannt.

Ein Zwischenspiel

Wir schreiben noch immer das Jahr 1682. Kaum war der unglückliche Zar Fjodor Alexejewitsch verschieden, da versammelten sich die Bojaren, um einen Nachfolger zu bestimmen. Von Rechts wegen hätte Fjodors Bruder Iwan, der damals fünfzehn Jahre alt war, den Thron besteigen müssen. Doch jedermann wußte, daß er schwachsinnig war. Scheu und mit einem irren Lächeln im Gesicht, durchwanderte Iwan die Gänge des Kremls. Ihn konnte man auf keinen Fall auf den Thron setzen. Nur Peter, inzwischen zehn Jahre alt, lebhaft und kräftig, zu allerlei Streichen aufgelegt, schien vielversprechend zu sein. Angeblich soll Patriarch Joachim den sterbenden Fjodor noch auf dem Totenbett gebeten haben, sein Votum für Peter abzugeben. Doch Fjodor habe geschwiegen. Auch wird berichtet, daß Sophia, damals fünfundzwanzig Jahre alt, dies mit angehört habe. Aber auch sie habe geschwiegen. Das ist auch nicht weiter verwunderlich, denn längst schon hatte sie eigene Pläne.

Man hatte es in Moskau eilig, über die Nachfolge des verstorbenen Zaren zu bestimmen. Eigentlich hätte der Sobor, die Landesversammlung, zusammentreten müssen, doch seine Einberufung war so schnell nicht zu bewerkstelligen. Also trommelten der Patriarch und die anläßlich des Begräbnisses in Moskau versammelten Bojaren alle Standespersonen von Bedeutung auf dem Roten Platz zusammen. Auf die Frage des Patriarchen: »Wen wollt ihr zum Zaren haben? Iwan oder Peter?« fielen nur wenige Stimmen auf Iwan, dessen Zurückgebliebenheit offenkundig war. Peter wurde zum neuen Zaren ausgerufen. Alle Probleme schienen gelöst, auch wenn nun Peters Mutter Natalja mit Hilfe etlicher Berater für den minderjährigen Zaren eine Regentschaft hätte übernehmen müssen. Doch niemand hatte mit Sophia gerechnet.

Während die Familie Naryschkin über Peters Zarenwürde jubelte und endlich daran gehen konnte, die verhaßten Miloslawskijs aus ihren Ämtern zu stoßen, dachte die Familie der ersten Frau des seligen Alexej Michajlowitsch nicht daran, ihren Platz sang- und klanglos zu räumen; auch wenn sie wußten, daß Iwan keineswegs ein Traumkandidat war: sie setzten auf die Zeit.

Sophia, die Ehrgeizige

Niemandem, nicht einmal der eigenen Familie, war bewußt, daß im Kreml, hinter den dicken Mauern des Terem, ein Mädchen zur jungen Frau herangewachsen war, das einmal eine wichtige Rolle in der Politik spielen sollte. Um das Außergewöhnliche, diese »Revolution« zu begreifen, muß man sich das Leben der weiblichen Mitglieder des Zarenhauses vergegenwärtigen.

Waren schon die bürgerlichen Mädchen völlig in ihr häusliches Dasein eingebunden und hatten nur selten die Möglichkeit, öffentlich aufzutreten, galten für die Zarentöchter und sonstigen weiblichen Mitglieder des Zarenhauses noch wesentlich strengere Maßstäbe. Sie verbrachten ihre Tage bei Gebet und Handarbeiten, bei harmlosen Belustigungen, eingeschlossen von den dicken Mauern des Terem. Alle lästigen Arbeiten wurden ihnen abgenommen, und so langweilten sie sich zu Tode, stopften sich mit Süßigkeiten voll oder nahmen den Schleier, um wenigstens als Nonne eine Aufgabe zu finden. Ein »Hausgesetz« der Romanows verbot es den Töchtern außerdem, unter ihrem Stand zu heiraten. Während die männlichen Nachkommen häufig ein Mädchen aus niederem Adel zur Frau nahmen, blieb es den weiblichen Mitgliedern der Zarenfamilie verwehrt, in den Adel einzuheiraten. Sie konnten nur unter den ausländischen Prinzen wählen. Bemühungen um solche Heiraten gab es genügend, doch scheiterten solche Verbindungen spätestens an der Glaubensfrage. So blieben alle Romanow-Prinzessinnen des siebzehnten Jahrhunderts unverheiratet. Sie hatten sich damit abzufinden.

Nach Fjodors Tod wimmelte es im Terem geradezu von ledigen Damen. Alle Altersstufen waren vertreten, und alle waren miteinander verwandt. Alexej Michajlowitsch, der zweite Romanow-Zar, war Vater besonders vieler Töchter gewesen. Sechs von ihnen, im Alter zwischen 19 und 32 Jahren, wohnten im Terem, unter ihnen die fünfundzwanzigjährige Sophia. Es heißt, sie sei nicht besonders anziehend gewesen, doch sie war klug und außergewöhnlich ehrgeizig. Als Fjodor noch lebte, hatte er mehr als einmal seine Schwester Sophia um Beistand gebeten. Sophia war häufig bei staatspolitischen Gesprächen ihres Bruders mit Beratern anwesend, eine Ungeheuerlichkeit in der damaligen Zeit. Es wird sogar berichtet, daß Sophia darauf bestanden habe, ein eigenes

Gemach zu bewohnen, in das keine der anderen Terem-Damen Zutritt hatte. Dort empfing sie sogar männliche Besucher, um mit ihnen zu diskutieren und sich mit ihnen zu beraten. Auch als die Bojaren, nach Fjodors Tod, den minderjährigen Peter zum Zaren ausriefen und damit seine Mutter Natalja Naryschkina zur Regentin bestimmten, hielt sich Sophia noch immer im Hintergrund. Sie spürte instinktiv, daß die Zeit für eine Palastrevolution noch nicht gekommen war, denn auf wen konnte sie schon bauen? Obwohl ihre Verwandten, die Miloslawskijs, alles daransetzten, endlich die Naryschkins ausstechen zu können, war eine Frau an der Spitze des Staates für sie unvorstellbar. Die Berater und Freunde ihres verstorbenen Bruders Fjodor, Jasykow und Lichatschow, waren ihr treu ergeben, doch war deren Stellung bei Hofe nicht so einflußreich, als daß sie Sophia entscheidend unterstützen konnten. Auch Fürst Wassili Golizyn, Favorit Sophias und ein aufgeklärter Staatsmann, hielt sich noch im Hintergrund.

Beim Begräbnis des Zaren sorgte Sophia für einen Eklat. Es war Brauch, daß der Thronfolger und die Zarenwitwe hinter dem Sarg schritten. Sophia setzte sich über diese Regelung hinweg und folgte zusammen mit dem erwählten Peter dem Sarg des verstorbenen Fjodor. Heulend und wehklagend zeigte sie sich der Öffentlichkeit und demonstrierte auf diese Weise, daß sie keinesfalls gewillt sei, in den Hintergrund zu treten. Es kam zu einem peinlichen Auftritt zwischen Natalja Naryschkina, der Mutter des Thronfolgers Peter, und Sophia. Wütend verließ Natalja den Roten Platz, während Sophia an der Seite des kleinen Peter dem Trauergottesdienst bis zum Schluß beiwohnte.

Bevor sie wieder hinter den Mauern des Terem verschwand, soll sie sich erstmals an das versammelte Volk gewandt haben:

»Hier sind wir nun, ganz verlassen, und niemand beschützt uns ... Die Rechte meines Bruders Iwan sind höchst ungerecht übergangen worden. Wenn ihm oder mir etwas Unrechtes nachgesagt werden sollte, so wäre es das beste für uns, die Heimat zu verlassen und im Ausland unter wahren Christen zu leben, die uns nicht hassen. Und alle in Moskau sollten wissen, daß es böse Menschen mit dem Tod meines armen Bruders Fjodor sehr eilig hatten.«

Die Menge hörte Sophia schweigend zu, und nicht wenige erinnerten sich an die Gerüchte um die geheimen Experimente des Artamon Matwejew, des Ziehvaters Natalja Naryschkinas. Matwejew war verbannt worden, doch angeblich befand er sich auf dem Weg nach Moskau. War Fjodor, der trotz seiner kurzen Regierungszeit beim Volk wohlgelitten war, vielleicht doch eines unnatürlichen Todes gestorben?

Sophias Ziele waren – nicht nur für eine Frau – wagemutig. Kein Zweifel, sie selbst wollte die Macht. Klug, wie sie war, wußte sie auch, daß es ein schwerer Weg würde, der sie aus dem Terem herausführen sollte. Doch glückliche Umstände kamen ihr zu Hilfe.

Seit langem war unter den Strelitzen, der ehemaligen Kerntruppe Iwans des Schrecklichen, Unzufriedenheit zu spüren. Die zwanzig Regimenter fristeten in Moskau ein kümmerliches Dasein. Michael und Alexej Romanow hatten bei einer Reorganisation des Militärs die Strelitzen – eine Art Prätorianer-Garde – übergangen. So vegetierten diese, schlecht und unregelmäßig besoldet, in eigenen Stadtvierteln südlich der Moskwa dahin und verlegten sich im Laufe der Zeit immer mehr auf Handel und Handwerk. Überdies hatten sie unter der Willkür ihrer Vorgesetzten zu leiden, die nicht nur ihre Beschwerden völlig ignorierten, sondern sie zusätzlich unentgeltlich für sich arbeiten ließen.

Wer plötzlich die Erlaubnis gegeben hatte, die Strelitzen könnten sich ihren ausstehenden Sold bei den säumigen Vorgesetzten abholen, ist nicht bekannt. Aber aufgrund solcher Parolen gab es erste Übergriffe innerhalb der Regimenter. Man kann leicht nachvollziehen, daß die miserablen Zustände den Weg für allerlei Einflüsterungen ebneten. Es bedurfte keiner großen Mühe, um den Strelitzen klarzumachen, daß die Schuldigen an ihrer Misere im Kreml saßen.

Als die Familie der Miloslawskijs dann das Gerücht ausstreuen ließ, daß Iwan, Sophias leiblicher Bruder, nicht nur bei der Thronfolge übergangen worden sei, sondern daß ihm die Naryschkins nach dem Leben trachteten, ja, daß sie ihn sogar schon umgebracht hätten, schlugen die Strelitzen Alarm. Man hatte ihnen überdies eine Liste überreicht, auf der die Namen von sechzehn angeblichen Verrätern verzeichnet waren, die sofort zu bestrafen seien.

Die Strelitzen zogen bewaffnet zum Kreml und drangen in den Zarenbereich ein. Natalja, die Witwe Michael Alexejewitschs, Stiefmutter des verstorbenen Fjodor und der eigenwilligen Sophia, Mutter des jungen Peter, trat ihnen auf der Freitreppe des Zarenpalastes entgegen. An ihrer Seite Zar Peter, der bereits totgeglaubte Iwan sowie der Patriarch und eine Reihe hochgestellter Bojaren. In einfachen, aber wohlgesetzten Worten, mutiger, als man es ihm je zugetraut hätte, erklärte Iwan, daß es ihm gutgehe und er auch sonst keinen Grund zur Klage habe. Niemand trachte ihm nach dem Leben.

Vielleicht wäre der Aufmarsch ohne Blutvergießen zu beenden gewesen, hätten nicht böse Zungen verlauten lassen, daß man eigentlich gekommen sei, um die Verräter zu bestrafen. Unruhe entstand, die sich zu einem unkontrollierbaren Aufruhr ausweitete. Artamon Matwejew, der an der Spitze der Verräterliste genannt wurde, schritt mutig die große Freitreppe hinunter und versuchte die aufgebrachten, aber unschlüssigen Strelitzen zu besänftigen. Nur für ein paar Minuten konnte er die Menge beruhigen. Fürst Michael Dolgorukij, der Oberbefehlshaber aller Strelitzen, wollte Matwejews Worte unterstreichen, doch er vergriff sich im Ton, drohte und schimpfte, was die Strelitzen, gerade eben zur Ruhe gekommen, aufs neue über alle Maßen reizte. Die ersten erstürmten die Treppe; andere folgten ihnen. Dolgorukij wurde gepackt und über die Balustrade in die aufgerichteten Lanzen geworfen. Er wurde regelrecht zerstückelt. Iwan und Peter klammerten sich voller Angst an Natalja, während diese vergeblich versuchte, ihren Ziehvater Matwejew zu schützen. Auch er wurde ermordet.

Natalja floh mit den beiden Kindern in den Zarenpalast. Doch das Lärmen der wütenden Menge, die nun bis in die Zarengemächer vorgedrungen war, ließ sich nicht aussperren. Sie suchten nach Opfern, gleichgültig, welcher Familienzugehörigkeit sie waren. Unschuldige ließen ihr Leben. Iwan Naryschkin, der Lieblingsbruder Nataljas, hatte sich in einer der Kremlkirchen verstecken können. Die Strelitzen forderten hartnäckig seine Auslieferung. Sophia überredete ihre Stiefmutter, den Bruder zu opfern, damit endlich mit dem Morden ein Ende sei. Iwan starb nach grausamsten Folterungen auf dem Roten Platz. Gleichzeitig mit ihm richteten die Strelitzen zwei ausländische Ärzte hin, die angeblich den Tod Fjodor Alexejewitschs herbeigeführt haben sollten. Man hatte Zauberbücher bei ihnen gefunden.

Allmählich legte sich der Sturm. Natalja hatte alles wie in Trance über sich ergehen lassen. Iwan hatte sich in einen Winkel verkrochen, lachte und weinte gleichzeitig. Peter lauschte, starr vor Entsetzen, den unheimlichen Geräuschen. Er würde diese Ereignisse sein Leben lang nicht vergessen. Tief prägten sie sich ein. Sophia, die diesen Sturm zwar nicht direkt entfesselt hatte, der er jedoch sehr gelegen kam, verbarg sich während des Aufruhrs im Terem und hatte nur eine Vorstellung: Iwan und Peter würden beide den Thron besteigen, und sie würde Regentin sein.

Das Blutvergießen war vorüber, doch die Rache an den Naryschkins noch nicht. Natalja wurde von einer Abordnung der Strelitzen gezwungen, ihren Vater Kyrill in ein Kloster zu verbannen. Sie leistete keinen Widerstand. Zwei Tage später wurden weitere Bedingungen gestellt. Je zehn Rubel wurden für jeden Strelitzen verlangt, dazu 240 000 Rubel als einmalige Beschwichtigungssumme. Auch diese wurde bezahlt. Schließlich wurde die Verbannung aller noch lebenden Naryschkins gefordert.

Neuer Kommandant der Strelitzen wurde Fürst Iwan Andrejewitsch Chowanskij, ein Sophia zunächst treu ergebener, aber auch ungemein ehrgeiziger Mann. Mit seiner Hilfe lancierte Sophia unter den Strelitzen, die sich als gefährliche Macht im Staat zu erkennen gegeben hatten, die Losung, daß neben dem gewählten Peter auch ihr leiblicher Bruder, der schwachsinnige Iwan, auf den russischen Thron gehöre. Am 26. Mai 1682 wurde Iwan als »erster« Zar, Peter als »zweiter« Zar ausgerufen. Und drei Tage später forderten die Strelitzen nach einem ausgedehnten Eß- und Trinkgelage, zu dem Sophia in den Kreml eingeladen hatte, daß Sophia die Regentschaft für Iwan und Peter übernehmen solle.

So ganz uneigennützig hatten sich die Strelitzen jedoch nicht auf dieses Unternehmen eingelassen. Chowanskij forderte im Gegenzug von der neuen Regentin die Bestätigung, daß die Strelitzen keinen Aufstand unternommen, sondern daß sie nur »Verräter« bestraft hätten. Und für diese Tat müsse auf dem Roten Platz ein Denkmal errichtet werden. Sophia fügte sich. Doch Chowanskij wurde ihr unheimlich; und sie hatte allen Grund, ihm zu mißtrauen.

Die Strelitzen gaben keine Ruhe. In ihren Reihen fanden plötzlich Schriften der »Altgläubigen« Zuspruch, in denen die Abschaffung der Nikonschen Reformen gefordert wurden. Petitionen für die Rückkehr zu den alten Büchern tauchten auf und wurden von vielen Strelitzen unterschrieben. Chowanskij erwirkte daraufhin bei Sophia, daß eine öffentliche Disputation zwischen den Altgläubigen und dem Patriarchen Joakim stattfand. Ursprünglich sollte diese Auseinandersetzung, bei der die Altgläubigen den Patriarchen von ihren Richtlinien zu überzeugen hofften, im Freien unter Anteilnahme der Moskauer Bevölkerung abgehalten werden. Doch Sophia fürchtete Ausschreitungen und lud in den Empfangssaal des Kreml ein.

Zunächst wurde eine Petition der *raskolniki* vorgelesen, die Sophia nicht so einfach hinnehmen konnte. Es ging um das Andenken und die Ehre ihres Vaters Alexej, von dem die Altgläubigen behaupteten, daß er sich von Nikon habe benutzen lassen. Sophia widersprach heftigst und verteidigte den Ruf ihres Vaters. Sie drohte sogar mit ihrer Abdankung und rührte damit viele der Anwesenden. Der Disput endete ohne Ergebnis. Jede der Gruppierungen behauptete, der anderen überlegen zu sein. Nur das versammelte Volk wurde noch mehr verwirrt, als es ohnehin schon war. Den Strelitzen aber konnte Sophia das Versprechen abnehmen, sich nicht mehr mit theologischen Spitzfindigkeiten zu befassen. Obwohl sie noch vor kurzer Zeit die Altgläubigen unterstützt hatten, fielen die Strelitzen nun über deren Anführer her und nahmen sie fest.

Nach diesen Vorfällen sah Sophia endgültig ihren Verdacht bestätigt, daß sie sich auf ihre Truppe nicht verlassen konnte, am allerwenigsten auf Chowanskij, den Anführer. Er soll über die Maßen eitel gewesen sein, von angenehmem Äußeren, aber gefährlich wie eine Schlange. Mehr als einmal habe er versucht, Sophia zu umgarnen, jedoch ohne Erfolg. Als sich hartnäckig das Gerücht hielt, er wolle die beiden Zaren und Sophia ermorden, um mit Hilfe der Strelitzen den Thron zu erobern, da wußte die Regentin, daß sie unverzüglich handeln mußte.

Sophias Plan schien phantastisch, aber er hatte Erfolg. Im August 1682 rief sie ihre Brüder, die übrige Verwandtschaft und einen Teil der Dienerschaft zusammen und verkündete, daß der Kreml nicht mehr sicher genug sei. Alles Notwendige wurde vorbereitet, und der ganze Hofstaat verließ den Kreml. Man reiste von Landsitz zu Landsitz, von Kloster zu Kloster; überall erzählte man, wie unsicher es in Moskau sei und daß eine Verschwörung bevorstehe. Als die Reisenden ein umfangreicher Bericht in Ismajlowo erreichte, daß Chowanskij seine rurikidische Abstammung ins Feld führe, um Sophia den Thron streitig zu machen, da rief sie ihre engsten Vertrauten zusammen. Hinter verschlossenen Türen wurde Chowanskij verschiedener Vergehen angeklagt und in Abwesenheit zum Tode verurteilt. Alle Anwesenden mußten schwören, Stillschweigen zu bewahren.

An Chowanskij selbst erging eine unverfängliche Einladung nach Ismajlowo. Es war der 17. September, Sophias Namenstag. Chowanskij tappte ahnungslos in die Falle. Noch vor den Toren Ismajlowos wurde er vom Pferd gezwungen und enthauptet. Auch sein Sohn Andrej kam auf diese Weise ums Leben.

Mit Empörung nahmen die Strelitzen den Tod ihres Anführers zur Kenntnis, ein neuerlicher Aufruhr drohte. Doch Sophia hatte klugerweise vorgesorgt. Ihre eigene Diensttruppe war bereit, mit Waffengewalt gegen die Strelitzen vorzugehen. Gleichzeitig wurden den Aufständischen Straffreiheit und Vergebung ihrer »Sünden« zugesichert. Am 8. Oktober 1682 leisteten die Strelitzenregimenter der Regentin Sophia neuerlich den Treueid.

Anfang November dieses so ereignisreichen Jahres wurde das Strelitzendenkmal wieder vom Roten Platz entfernt, wenige Tage später kehrte Sophia mit der Zarenfamilie in den Kreml zurück.

Nur Natalja blieb mit dem kleinen Peter lieber dem Kreml fern. Die Residenzen Preobraschenskoje und Kolomenskoje boten für Natalja und Peter zwar einige Annehmlichkeiten, vor allem für den sehr lebhaften Knaben, doch Nataljas Haushalt blieb bescheiden. Sophia ließ ihrer Stiefmutter eine Pension anweisen, doch diese war so knapp bemessen, daß Natalja insgeheim gern die finanzielle Unterstützung des Patriarchen in Anspruch nahm. Für Peter bedeutete der Aufenthalt in ländlicher Umgebung ein großes Maß an Freiheit, das er im Moskauer Kreml nie gehabt hätte. Er wuchs frei von jeglicher Hofetikette auf, genoß eine sehr lockere Erziehung und erprobte schon früh seine handwerklichen und militärischen Fähigkeiten.

Während Peter die nächsten Jahre von allen Staatsgeschäften, denen er auch wenig Interesse entgegenbrachte, ausgeschlossen blieb, versuchte Sophia geschickt, ihre Macht zu festigen. Sie hatte die hervorragende Gabe, Politik und Privatleben deutlich voneinander trennen zu können. Man berichtete, daß sie oft bis in die frühen Morgenstunden arbeitete, Akten einsah und Dokumente entwarf. Die vielfältige Ausbildung durch Simeon von Polozk trug nun ihre Früchte. Sophia galt als ungeheuer kluge Gesprächspartnerin, die nicht intuitiv urteilte, sondern den Dingen systematisch auf den Grund ging.

Viele Zeitgenossen bezeichneten sie als häßlich, andere wiederum betonten ihren eigenartigen Reiz. Sie hatte Charme und Würde, war niemals betrunken und niemals grob gegen Untertanen. Sie wußte, was sie ihrem Stand schuldig war, und obwohl nur Regentin, beeindruckte sie ausländische Gesandte durch ihre königliche Haltung.

Sophias engster Vertrauter war Wassilij Wassiljewitsch Golizyn. Mit ihr zusammen übte er die Macht im Staate aus. Dieser gewandte und überaus gebildete Adlige hatte sich während der Strelitzenunruhen bedächtig im Hintergrund gehalten. Er sah seine Zeit noch nicht gekommen und erörterte seine Pläne vorerst noch mit Sophia im geheimen. Golizyn hoffte, die sozialen Verhältnisse in Rußland allmählich umgestalten zu können. Des weiteren plante er eine umfassende Reform des Militärs, ihm schwebte eine moderne Armee nach westlichem Vorbild vor. Außerdem wollte er eine große Zahl junger Russen in den Westen schicken, damit sie ihre Kenntnisse vertieften und mit ihrem neu erworbenen Wissen wieder nach Rußland zurückkehrten. Bereits Iwan der Schreckliche hatte solch einen Versuch unternommen. Er war allerdings bitter enttäuscht worden. Von den etwa sechzehn jungen Adligen, die er in den Westen entsandte, kehrte nur ein einziger nach Rußland zurück – und dies auch nur für kurze Zeit. Er war Dolmetscher des Schwedenkönigs geworden.

Des weiteren dachte Golizyn daran, unbewohnte Gebiete des Moskowitischen Reiches besiedeln zu lassen und Handel und Handwerk zu beleben. Seine Pläne waren sehr fortschrittlich, doch er wußte genau, daß sie in einem Land wie Rußland nur vorsichtig und in kleinen

Schritten zu verwirklichen waren. Sophia unterstützte diese Pläne, wo sie nur konnte; doch letztendlich wurde keiner verwirklicht.

Golizyn selbst besaß genügend eigenes Vermögen, um auf großem Fuß leben zu können. Sein Moskauer Palast gehörte zu den schönsten der Hauptstadt. Seine Bibliothek und seine Gemäldesammlung waren auch im Ausland berühmt, denn der gastfreundliche Golizyn empfing oft ausländische Botschafter und andere Reisende von Rang. Er war glücklich verheiratet und hatte mehrere Kinder.

Sophia liebte Golizyn; gern hätte sie ihn zum Ehemann gehabt. Schwärmerische Briefe Sophias an ihn sind erhalten, doch Golizyn liebte seine Frau aufrichtig und dachte nicht daran, sich scheiden zu lassen und sie zu verstoßen. Mit »kaltem Herzen«, so wird berichtet, erwiderte er Sophias Zuneigung. Eine Heirat kam für ihn nicht in Frage, sosehr ihn Sophia auch ihre Zuneigung spüren ließ. Da er sehr weitblickend war, dachte er mit Sicherheit auch daran, daß Sophias Stern einmal sinken müsse, frühestens dann, wenn Peter sechzehn Jahre alt war.

Golizyn war von Sophia zum Leiter des Außenamtes bestimmt worden, eine Stellung, die der eines Kanzlers gleichkam. In dieser Eigenschaft nahm er Verhandlungen mit den Polen um die Rückgabe der Stadt Kiew auf. Die Hauptstadt des ersten Staatsgebildes auf russischem Boden war noch immer in Feindeshand. Es wäre für Sophia und Golizyn ein großer Prestigegewinn gewesen, hätten sie Kiew wieder ins Zarenreich eingliedern können. Im Gegenzug versprach Golizyn den Polen, sie im Kampf gegen die Türken zu unterstützen und einen Feldzug gegen die Türken auf der Halbinsel Krim anzuführen.

Kiew konnte zurückgeholt werden, doch die beiden gegen die Türken geführten Feldzüge wurden ein Fiasko. Golizyn brach dadurch nicht nur den Vertrag über einen zwanzigjährigen Waffenstillstand, den Rußland 1681 mit den Türken geschlossen hatte, sondern die beiden Expeditionen waren auch derart schlecht vorbereitet, daß sie in einem Desaster enden mußten. In den weiten südrussischen Steppen litten die Truppen unter Wasser- und Nahrungsmangel. Unbarmherzig brannte die Sonne auf die Soldaten nieder. Epidemien brachen aus, die Disziplin ließ zu wünschen übrig. Golizyn mochte große Qualitäten haben, aber zum Feldherrn war er nicht geboren. Kurz vor Erreichen der Krim kehrte er mit seinen Soldaten um; den Feind hatte man nicht einmal zu Gesicht bekommen.

Doch in Moskau wurde Golizyn wie ein Held empfangen. Die Regentin zeichnete ihn und seine Offiziere durch kostbare Geschenke aus. Im In- und Ausland wurde verbreitet, daß die mit den Türken verbündeten Krimtataren vor den Streitkräften gezittert hätten.

Doch im Ausland wußte man es besser. Die Moskauer aber feierten den vermeintlichen Sieg überschwenglich.
Indem Sophia Golizyn den Feldzug anführen ließ, den geborenen Diplomaten zum Militärführer machte, tat sie sich in ihrer Position keinen Gefallen. Die Krimtataren, ermutigt durch das Scheitern Golizyns, wurden dreister denn je. Ihre Überfälle auf russische Grenzsiedlungen nahmen vor allem im Jahre 1688 zu, und sie verschleppten die Bevölkerung in die Sklaverei. Diese Vorkommnisse blieben auch in Moskau nicht verborgen, und gegen Golizyn bildete sich eine Verschwörung. Ihm wurde unmißverständlich klargemacht, was man mit ihm machen werde, sollte der nächste Feldzug gegen die Krim wieder erfolglos verlaufen.
Dieser Feldzug begann im Februar 1689. Dadurch, daß man im tiefsten russischen Winter aufbrach, hoffte man, die Gluthitze der Steppe zu umgehen. Trotz großer Nachschubschwierigkeiten erreichte man die Landenge von Perekop. Von dort aus wäre die Krim gut zu kontrollieren gewesen, doch es blieb bei der Belagerung. Der Krimchan bat um Verhandlungen, Golizyn ließ sich darauf ein, erreichte aber gar nichts. Der Abbruch dieses Feldzuges kam unverhofft. Außer unzähligen toten und gefangenen russischen Soldaten hatte er nichts eingebracht.
Sophia verschloß auch vor diesem mißglückten Unternehmen die Augen und schickte ihrem Favoriten glühende Briefe.
»Sobald Gott mir gewährt, dich wiederzusehen, werde ich Dir alles sagen, o Du meine Welt! Wie ich gelebt und was ich getan, sollst Du wissen. Aber zögere nicht länger, komm! Eile jedoch nicht zu sehr; denn Du mußt müde sein! Was kann ich tun, dich vor allen zu belohnen und für alles? Keiner hätte das vollbracht, was Du getan, und Du hast es nur vermocht durch vieles Mühen!«
Wieder versuchte man im Kreml, die Niederlage in einen Sieg zu verwandeln. Dies wollte jedoch nicht mehr so leicht gelingen. Ausländische Diplomaten berichteten zu Hause, daß der Sturz Sophias und Golizyns unmittelbar bevorstehe. Der Thron wackelte bedenklich.
Hier muß ein Ereignis erwähnt werden, das im Kreml wahrscheinlich so gut wie gar nicht zur Kenntnis genommen wurde, dessen Auswirkungen aber bis heute bemerkbar sind. Die Eroberung Sibiriens war in den letzten Jahren weiter vorangetrieben worden. Entlang des Amur gründete man mehrere Siedlungen. Sie waren Ausgangspunkt für den sehr einträglichen Pelzhandel mit China. Auf das Amurgebiet hatte die chinesische Mandschu-Dynastie schon längst ein begehrliches Auge geworfen. Es kam zu häufigen Grenzzwischenfällen, die den russischen Pelzexport in Gefahr brachten. Im August 1689 gelang es jedoch, mit

den Chinesen einen Vertrag auszuhandeln, der das Gebiet nördlich des Amur Rußland zusprach, den Amur selbst aber China. Der Pelzhandel war gerettet.

In Moskau jedoch spitzte sich die Lage zu. Sophia suchte diesmal Hilfe bei den Strelitzen, an deren Spitze nun Fjodor Schaklowityj stand. Er war nicht nur der Regentin treu ergeben, sondern auch ihr Liebhaber. Gemeinsam mit ihm soll zunächst ein neuer Strelitzenaufstand geplant worden sein, später dann eine Verschwörung gegen Peter.

Sophia und Peter

Peter, der nach wie vor mit seiner Mutter außerhalb von Moskau lebte, weilte nur selten im Kreml. Nur an den wichtigsten Ereignissen nahm er teil und saß dann neben seinem schwachsinnigen Bruder auf dem Thron. Iwan pflegte bei derartigen Anlässen meist zu schlafen oder blöd vor sich hin zu lächeln, berichteten ausländische Besucher. Er kümmerte sich überhaupt nicht um irgendwelche Staatsangelegenheiten, verbrachte seine Tage mit Fasten und Beten.

Peter, im Jahre 1689 siebzehn Jahre alt und volljährig, war auf seine Stiefschwester Sophia nicht gut zu sprechen. Ständig lebte er in der Angst, daß sie ihm nach dem Leben trachtete. Vorsicht war geboten.

Zu einer ersten öffentlichen Konfrontation zwischen Sophia und Peter kam es im Juli 1689. Während einer Prozession anläßlich des Festes der Gottesmutter von Rjasan, an der Sophia wie in jedem Jahr mit den Damen des Terem teilnahm, herrschte Peter sie an, sie möge sofort in den Palast zurückkehren, denn sie habe an seiner Seite nichts zu suchen. Sophia dachte jedoch nicht daran, klein beizugeben. Daraufhin verlangte Peter sein Pferd und ritt wutentbrannt nach Kolomenskoje zurück. Die Prozession ging ohne ihn weiter.

Sophia war längst klar, daß die Tage ihrer Macht gezählt waren. Peter war volljährig und hätte von Rechts wegen bereits regieren müssen. Daß er dazu keine Neigung hatte, bedeutete keine Lösung für die Zukunft. Auch Sophia lebte in der Angst, daß man ihr nach dem Leben trachtete. Sie ließ die Wachen im Kreml verstärken. Eine äußerst gespannte Atmosphäre lag über der Zarenresidenz, vor allem nach dem Zwischenfall bei der Prozession.

In dieser Situation, in der Gerüchte entstanden und sich mit Windeseile verbreiteten, hieß es, die Strelitzen planten einen Überfall auf Preobraschenskoje, Peters Residenz vor den Toren Moskaus. In der Nacht vom

7. auf den 8. August 1689 wurde Peter von zwei Boten aus Moskau geweckt, die ihm mitteilten, daß die Strelitzen nach Preobraschenskoje unterwegs seien, um ihn und seine Mutter zu ermorden. Wieder hatte Peter jene schrecklichen Bilder des Jahres 1682 vor Augen, als er die fürchterliche Wut der Strelitzen mit ansehen mußte. Voller Panik sprang er aus dem Bett; im Nachtgewand und ohne Schuhe nahm er sein Pferd und floh in einen nahen Wald. Irgendwann fanden ihn dort Diener und brachten die fehlenden Kleidungsstücke. Er ritt weiter und erreichte am frühen Morgen das Troize-Kloster.

Während er sich Hals über Kopf in Sicherheit brachte, dachte er nicht an seine in Preobraschenskoje lebenden Verwandten, die ja ebenfalls gefährdet waren. Obwohl sich der Bericht der Boten als Falschmeldung herausstellte – Sophia hatte lediglich erneut die Truppen im Kreml verstärken lassen –, blieb Peter hinter den dicken Mauern des Klosters. Er ließ seine Frau nachkommen und seine Mutter, auch einige Freunde trafen im Kloster ein. Aus Moskau kamen zahlreiche Bojaren, um ihm ihre Ergebenheit zu bekunden. Selbst Strelitzen baten um ein Gespräch. Peter ließ alle wissen, man müsse schon zu ihm ins Kloster kommen, um zu beweisen, daß man sich von der Regentin in Moskau distanziere. Und sie kamen alle, auch Patriarch Joakim.

Ende August beschloß Sophia, selbst mit ihrem Stiefbruder zu verhandeln. Zusammen mit Wassilij Golizyn und anderen Begleitern brach sie zum Troize-Kloster auf. Doch Peter wollte keine Verhandlungen. Er schickte der kleinen Prozession ein paar Reiter entgegen, die sie zur Umkehr zwangen.

Nun überstürzten sich die Ereignisse. Die Strelitzen verließen das sinkende Schiff, liefen in das Lager Peters über und lieferten ihm Sophias Geliebten Schaklowity aus. Obwohl gegen ihn nichts vorlag, wurde ihm unter Folter das Geständnis abgepreßt, er habe Peter ermorden wollen. Schaklowity wurde enthauptet. Wassilij Golizyn, der andere Favorit, stellte sich freiwillig, er fühlte sich frei von jeder Schuld. Vielleicht hoffte er auf eine milde Behandlung, doch das Urteil war hart. Er wurde seiner Ämter enthoben, verlor sein großes Vermögen und wurde nach Sibirien in Verbannung geschickt.

Und Sophia? Sie wurde aufgefordert, sich ins Neujungfrauen-Kloster bei Moskau zurückzuziehen. Allerdings ersparte Peter ihr es, Nonne zu werden; eine Milde seinerseits, die er später sehr bereute.

An seinen Halbbruder Iwan schickte Peter die Aufforderung, die Funktionen des Staatsoberhauptes fortan zu zweit – »ohne die schandbare Drittperson, unsere Schwester« – auszuüben. Jeder wußte, daß dies nur eine Formsache war. Iwan hatte nie auch nur die geringste Rolle im politischen Leben gespielt. Er war eine traurige Puppe, die sich stets dann auf den Thron setzen ließ, wenn es das Zeremoniell erforderte. Als er 1696 starb, trauerte niemand.

Sophias Regentschaft war beendet, doch ihre Geschichte noch nicht. Die späteren Historiker sind mit Sophia nicht besonders gnädig umgegangen. Für viele war sie eine Abenteurerin, die nur ihren eigenen Ehrgeiz befriedigte. Sie übersahen dabei den Aufschwung, den das zerrüttete Land in den sieben Jahren genommen hatte, in denen Sophia Regentin war.

Einzig Katharina die Große erkannte später die Fähigkeiten Sophias, doch blieb sie mit ihrem positiven Urteil allein.

Natürlich trat die Regentin Sophia hinter der Gestalt ihres Halbbruders Peter, den schon seine Zeitgenossen zu einer wahren Lichtgestalt stilisierten, zurück. Seine durch Legenden ins schier Unermeßliche gewachsene Größe erdrückte Sophias Leistungen und ließ nur noch ihre großen Niederlagen (Kriege gegen die Türken) zutage treten. Natürlich sollte auch eine andere Frau auf dem Zarenthron, nämlich Katharina die Große, sie übertreffen, doch steht außer Zweifel, daß Sophia Alexejewna eine für ihre Zeit ungewöhnliche Frau gewesen ist.

Peter der Grosse

Eine Jugend

Auf den vorhergegangenen Seiten mußte bereits das eine oder andere aus dem Leben Peters vorweggenommen werden. Wenn hier dennoch manche Ereignisse noch einmal zur Sprache kommen, dann deshalb, um ein geschlossenes Lebensbild Peters des Großen zu vermitteln und möglichst viele Facetten seiner Person aufzudecken.
Anfechtbar, aber auch bewundernswert, wurde die Person Peter schon zu Lebzeiten ins Gigantische stilisiert.
Peter wurde am 30. Mai 1672 als Sohn des Zaren Alexej Michajlowitsch, des zweiten Romanowzaren, und seiner zweiten Frau, Natalja Naryschkina, geboren. Aus der ersten Ehe seines Vaters mit Marja Miloslawskaja lebten noch die beiden Söhne Fjodor und Iwan sowie verschiedene Töchter, von denen Sophia die älteste war. Zwischen beiden Familien entbrannte bald ein erbitterter Kampf um die Macht. Als Fjodor Alexejewitsch im Alter von vierzehn Jahren zum Zaren gekrönt wurde, sahen sich die Miloslawskijs am Ziel ihrer Wünsche. Einer ihrer ersten Schritte war es, Natalja, die Zarenwitwe, und den damals vierjährigen Peter aus dem Kreml entfernen zu lassen.
Möglicherweise aber hatte Natalja selbst kein großes Interesse daran, ihre Tage im Terem zu fristen. Sie willigte ein, Moskau zu verlassen. Mit Sicherheit wäre ihr dort Peter weggenommen und einem Erzieher unterstellt worden, wie es entsprechend dem Brauch mit den männlichen Nachkommen der Zaren geschah. Vielleicht wollte Natalja auch nur allen Gerüchten entgehen, die sich um die Vaterschaft ihres Sohnes Peter rankten.
Peter war von Geburt an ein ungewöhnlich kräftiges Kind, was ihn von den übrigen Romanowkindern deutlich unterschied. Diese waren entweder schon im Babyalter verstorben, oder sie waren zumindest kränklich. Schon Sophia war mit ihrer guten Kondition ein wenig aus der Art geschlagen.
Als Zar Alexej Michajlowitsch die mehr als zwanzig Jahre jüngere Natalja Naryschkina heiratete, war er bereits seit langer Zeit krank. Jeder wunderte sich sehr über die Geburt dieses kräftigen Sohnes. Natalja hatte mehrere Liebhaber, das war kein Geheimnis. Sie war jung und hübsch, ihr Mann krank und hinfällig. Einer der Liebhaber soll der Patriarch Nikon gewesen sein, denn Natalja schien eine Zeitlang unge-

wöhnlich fromm. Sie verbrachte die Tage mit Gebeten und Belehrungen durch den Patriarchen, was nicht zu ihrer üblichen Flatterhaftigkeit paßte. Als Peter geboren wurde, schien diese fromme Phase Nataljas eine pikante Note zu bekommen. Nikon sei der Vater, hieß es, auch gab es eine gewisse Ähnlichkeit zwischen Patriarch und Zarewitsch. Beweisen ließ sich freilich nichts.
Natalja übersiedelte also mit ihrem Sohn nach Preobraschenskoje, etwa eine Wegstunde von Moskau entfernt. Zar Alexej hatte sich hier ein kleines Juwel erbaut, ein Lustschloß in anmutiger Landschaft, mit eigenem kleinem Theater. Hier hatte Peter vor allem eines, was ihm der Kreml mit seiner strengen Etikette niemals bieten konnte: absolute Freiheit. Auch mit seiner Erziehung wurde sehr freizügig umgegangen, und das ist um so erstaunlicher, als seine Mutter Natalja in einem sehr gebildeten Haus aufgewachsen war. Sie selbst entwickelte in dieser reizvoll höfischen Umgebung eine merkwürdige Vorliebe für Schauspieler, Zwerge und Hofnarren. Ihre Narrenspiele und Possen beeindruckten den heranwachsenden Peter sehr.
Peters erster Lehrer war ein gewisser Nikita Sotow, dann wurde ihm Afanasij Nestorow zur Seite gestellt. Beide hatten keineswegs die Qualitäten, die Simeon von Polozk, der Lehrer der anderen Zarenkinder, besaß. Mehr schlecht als recht lernte Peter lesen und schreiben, vielleicht auch noch die Evangelien und den Psalter. Erst im Alter von sechzehn Jahren brachte ihm der Holländer Franz Timmermann rechnen und einige Grundbegriffe der Geometrie bei. Mit der Rechtschreibung focht er zeit seines Lebens einen aussichtslosen Kampf aus.
Nach den schrecklichen Ereignissen des Strelitzenaufstandes von 1682 zog es Natalja vor, ihren Sohn nach Möglichkeit ständig von Moskau fernzuhalten. Sicher entsprach sie damit einem Herzenswunsch der neuen Regentin Sophia, die nicht zusehen wollte, wie dieser kräftige Bursche heranwuchs und sie jeden Tag an das Ende ihrer Regentschaft erinnerte.
In Preobraschenskoje bekam Peters Ausbildung den letzten Schliff. Doch was für eine Ausbildung? Sie war keinesfalls einem künftigen Zaren angemessen. Dafür tummelte er sich mit den Bauernsöhnen der benachbarten Dörfer und entwickelte beachtliche handwerkliche Fertigkeiten, ohne daß sie eigens gefördert worden wären. Er beherrschte nicht weniger als vierzehn verschiedene Handwerke, und als er zwölf Jahre alt war, erhielt er eine Hobel- und eine Drehbank. Auch verschiedene Werkzeuge für Steinmetz-, Buchbinder- und Malerarbeiten gehörten ihm.

Schon als kleiner Junge zeigte Peter eine große Vorliebe für alles Militärische. Sein Spielzeug bestand hauptsächlich aus Pfeil und Bogen, Trommeln und Fahnen. Später kamen dann richtige Säbel und Gewehre hinzu, die er sich aus der Moskauer Waffenkammer beschaffte. Es sind kleine Briefe erhalten, in denen er die Verwaltung des Arsenals bat, seine Sammlung zu vervollständigen. Stallknechte und Söhne niedriger Hofangestellter sowie Altersgenossen aus bäuerlichen Familien nahm er in seine Dienste und ließ sie exerzieren. Er stellte zwei Spielbataillone mit insgesamt sechshundert Mann zusammen. Sie wurden in grüne Uniformen gesteckt und jeden Tag strengem militärischem Drill unterworfen. Bald wurde aus dem Spiel Ernst.

Richtige Manöver wurden abgehalten und zu Übungszwecken am Flüßchen Jausa eine kleine Festung erbaut, die mit Mörsern beschossen wurde. Beide Bataillone erweiterte er später zu Regimentern, die nach einiger Zeit einen Teil der kaiserlichen Garde stellten. Dieses Regiment von Preobraschenskoje wurde Peters Lieblingstruppe.

Als Peter sechzehn Jahre alt war, schenkte ihm Fürst Jakow Dolgoruki ein Astrolabium, das er aus Paris mitgebracht hatte. Der Holländer Franz Timmermann kannte sich mit diesem Gerät aus und fand in Peter einen sehr gelehrigen Schüler, der sich nun spielend die Kenntnisse der Astronomie aneignete.

In den Gebäuden seines Großonkels Nikita Romanow hatte Peter ein altes englisches Boot aufgestöbert. Gemeinsam mit Franz Timmermann und dem Schiffsbaumeister Karsten Brant setzte er es instand. Als Anschauungsmaterial dienten einige Schiffsmodelle, die im Zusammenhang mit dem Bau der »Orjol« entstanden waren, des ersten großen Schiffs, das Rußland besaß und das von dem Rebellen Stenka Rasin niedergebrannt worden war. Peters Vater, Zar Alexej Michajlowitsch, hatte es erbauen lassen. Immer mehr Boote wurden zusammengetragen, und bald schwamm auf einem See nördlich von Moskau Peters erste Flotte.

Ein Brief Peters an seine Mutter zeigt, mit welcher Begeisterung der damals Siebzehnjährige sich mit den Schiffen beschäftigte.

»An meine allerliebste Mutter, die mir teurer als das Leben ist, an die Gossudarin, Zarin und Großfürstin Natalja Kirilowna. Dein geringer Sohn Petruschka, bei der Arbeit verweilend, bitte ich um Deinen Segen und wünsche über Deine Gesundheit zu hören; und bei uns sind, dank Deinen Gebeten, alle gesund. Und der See ist am 20. dieses Monats [April 1689] aufgetaut, und alle Schiffe, mit Ausnahme des großen, gehen der Vollendung entgegen; nur an Tauen fehlt es; und ich bitte, gnädig zu verfügen, daß man diese Taue, je 700 Saschen lang, aus dem

Artillerie-Amt unverzüglich senden lasse; und wenn diese Taue nicht ankommen, so wird sich auch unser hiesiger Aufenthalt verlängern. Und nun bitte ich um den Segen.«

Diese anfänglichen Spielereien, die jedoch immer mehr ihren spielerischen Charakter verloren, wurden von Peters Mutter Natalja mit äußerster Mißbilligung betrachtet. Doch sie konnte ihren Sohn nicht zügeln.

In Hofkreisen tat man Peters Beschäftigungen als unnützen Zeitvertreib ab, der noch dazu eines Herrschers gänzlich unwürdig war. Peter haßte die Tage, an denen man ihn in den Kreml holte, ihn in schwere, reich bestickte Gewänder steckte und neben seinem Bruder auf dem Thron plazierte, um ausländische Gesandte oder andere Abordnungen zu empfangen. Vor allem im Ausland berichtete man von einem kräftigen, gescheiten Jüngling mit blitzenden Augen, der ständig unruhig auf seinem Thron herumrutschte. Den Gesandtschaften gefiel dieser junge Mann sehr, dessen Tatendrang nicht zu übersehen war.

Auch Sophia konnte nicht umhin zu sehen, welchen Eindruck Peter auf seine Umgebung machte, daß man bei Hofe begann, sich für ihn zu interessieren. Sie tat alles, um ihre Stellung als Regentin zu festigen, und ging sogar so weit, sich als Herrscherin mit Krone und Szepter abbilden zu lassen. Peter verzieh ihr diese Anmaßung nie. Der Tag, an dem Sophia die Regentschaft verlieren würde, hing wie ein drohender Schatten über dem Kreml.

Peter war gerade fünfzehn Jahre alt, als dem Volk klar wurde, daß der junge Zar noch ganz andere Leidenschaften hatte als militärische Spiele, Vorlieben, die eines gesalbten Zaren ganz und gar unwürdig waren und ihm unverzüglich die Strafe Gottes einbringen mußten. Es wurde bekannt, der Fünfzehnjährige treibe sich herum; nicht etwa mit gleichaltrigen Landsleuten, was man ob seines jugendlichen Alters noch verziehen hätte, nein, mit den geächteten Ausländern und vor allem mit »lutherischen Weibern«. Er habe an Trinkorgien teilgenommen, und die »lutherischen Weiber« seien keine Damen, sondern Huren. Die Moskauer tuschelten, und die Kirche fand starke Worte, aber nicht Peter gegenüber; der Adel übte Stillschweigen, und Sophia hoffte insgeheim, daß Peter bei seinen Ausschweifungen wenigstens seine Gesundheit ruinieren würde.

Seine Vergnügungen fand Peter in der Deutschen Vorstadt von Moskau, einem Ausländerviertel, in dem überwiegend deutsche Bürger und Handwerker wohnten. Iwan der Schreckliche hatte dieses Viertel für alle Andersgläubigen, die ins Land gekomen waren, vor den Toren der Stadt begründet; für jene »Heiden«, die nach den strengen Grundsätzen der gläubigen Russen unmöglich Haus an Haus mit ihnen wohnen durften. In dieser Enklave hatte sich in den letzten Jahrzehnten ein buntgemischtes Völkchen aus Abenteurern, Spitzbuben und geheimnisvollen Existenzen niedergelassen. Mit ihnen pflegte Peter Umgang, gewöhnte sich ihre derben Manieren und ihre pöbelhafte Sprache an. Natalja, bezüglich ihres Lebenswandels zwar selbst keine Heilige, betete und weinte, machte ihm Vorwürfe, doch Peter beugte sich nicht. Es sei alles nicht der Rede wert, auch nicht seine Abenteuer in den Bordellen. Natalja konnte ihren Sohn nicht bremsen. So griff sie zum letzten Mittel, das ihr zur Verfügung stand: sie suchte eine Braut für ihn aus. Vorbei waren aber die Zeiten der aufregenden, prunkvollen Brautschauen im Kreml. Vorbei die anmutige Parade der schönsten adligen Mädchen. Vorbei auch alle Aufregungen der Terem-Damen, die solchen Ereignissen entgegengefiebert hatten. Natalja suchte ihrem Sohn die Braut selbst aus, und Peter, der sich sonst über alles hinwegsetzte, ließ sich mit einem Mädchen verloben, das er nicht einmal gesehen hatte.

Die Heirat fand im Januar 1689 statt. Es ist klar, daß Natalja bezweckte, ihn an Heim und Herd zu binden, damit sein Leben in geregelten Bahnen verlaufe. Ihr Plan ging nicht auf.

Eudoxia Lopuchina, auf die Nataljas Wahl gefallen war, hatte kein Wörtchen mitzureden, als sie dem künftigen Zaren versprochen wurde. Natalja und der Vater der Braut, ein Hofbeamter, hatten sich geeinigt. Die Lopuchins gehörten zu den frömmsten und konservativsten Familien Moskaus. Das war Eudoxias größter Nachteil. Sie konnte Peter nicht beeinflussen, doch sie gebar ihm im Februar 1690 einen Sohn, Alexej. Ein zweiter Sohn, Alexander, kam im Oktober 1891 zur Welt, starb jedoch nach einem halben Jahr.

Peter blieb inzwischen wochen- und monatelang dem häuslichen Herd fern; er nahm seinen alten Lebensstil wieder auf; seine Frau interessierte ihn nicht mehr.

Der Adler lernt fliegen

Das Jahr 1689 sah die erste – und nie bewiesene – Verschwörung gegen Peter. Auch wenn er überhaupt kein Interesse an den Staatsgeschäften hatte, so war die Zeit gekommen, die *schandbare Drittperson, unsere Schwester* auszuschalten, wie er seinem schwachsinnigen Bruder Iwan schrieb. Iwan war mit allem einverstanden, was sein Halbbruder tat, so, wie er mit allem einverstanden gewesen ist, was seine Schwester Sophia veranlaßte.

Sophia verschwand im Neujungfrauen-Kloster. Auch die ihr tief ergebenen Getreuen wurden abgelöst. Wassilij Golizyn, der Geliebte und Leiter des Außenamtes, wurde ersetzt durch einen wenig begabten Onkel des neuen Zaren, Lew Naryschkin. Er und Peters Mutter Natalja standen jetzt faktisch an der Spitze des russischen Staates, denn Peter entzog sich noch immer allen Staats- und Repräsentationspflichten. Er führte nach wie vor ein von allen Reglements befreites, unabhängiges Leben und tat, was ihm gefiel. Und alles, was er tat, hatte den Anstrich des Maßlosen. Jede Liebhaberei des jungen Zaren wurde bis zur Neige ausgekostet. Zeitgenossen berichteten von wüsten Zechgelagen, die oft tagelang währten, bis die Zecher einer Ohnmacht nahe unter den Tischen lagen. Von Peter aber hieß es, er sei nach solchen Exzessen, bei denen er mehr als tüchtig mithielt, so frisch gewesen, als habe er etliche Stunden geschlafen. Seine Liebschaften waren damals fast nicht zu zählen, doch die Hofkreise verziehen ihm alles, erst recht die Alkoholexzesse, denn auch Wassilij Golizyn, der Getreue Sophias, war stets betrunken gewesen.

Was die Stimmung letztendlich doch gegen Peter aufbrachte, war sein respektloser Umgang mit den althergebrachten russischen Traditionen. Er stieß den russischen Adel ständig vor den Kopf, indem er sich Rat und Unterstützung bei Ausländern holte und mit ihnen vertrauter war als mit den Mitgliedern altehrwürdiger Moskauer Familien. Peters Mutter, die nun im Kreml residierte, hatte sich den konservativen Bojaren angeschlossen und ließ keine Gelegenheit ungenutzt, ihrerseits gegen Peters Freunde zu opponieren. Den »Deutschen«, so ihr Gedanke, mußte einfach deutlich gemacht werden, daß sie im Lande nur geduldet waren und gegenüber den Russen eine völlig untergeordnete Rolle spielten. Natalja wurde von ihrer vernachlässigten Schwiegertochter, vor allem aber von deren zahlreicher Verwandtschaft kräftig unterstützt. Eine mächtige Clique bezog Stellung gegen Peter, doch er ging unbeirrt seinen Weg. Niemand konnte ihn davon abbringen.

Zwei Männer standen ihm während dieser Zeit treu zur Seite: der Schotte Patrick Gordon und der Schweizer François Lefort. Beide waren Abenteurer und Glücksritter, die es nach Rußland verschlagen hatte, doch für Peter wurden sie zu Freunden und unentbehrlichen Beratern.

Gordon, 1635 geboren, war nach einer abenteuerlichen Söldnerlaufbahn um 1660 in russische Dienste getreten. Damals herrschte noch Peters Vater, Alexej Michajlowitsch Romanow. Gordon gehörte zu den Instrukteuren der russischen Armee und diente sich bis zum General hinauf. Er gewann Peters Vertrauen dadurch, daß er sich als einer der ersten ausländischen Offiziere von Sophia lossagte und Peter unterstützte. Gordon führte in der Deutschen Vorstadt ein gastfreundliches, offenes Haus und war überhaupt ein brillanter Gesellschafter. Er war siebenunddreißig Jahre älter als Peter, was ihn nicht daran hinderte, bei den verrücktesten Belustigungen mit dem jungen Zaren Schritt zu halten, selbst auf Kosten seiner Gesundheit. Bei seinem Tod, 1699, hinterließ Gordon ein fast lückenloses Tagebuch über die Jahre seines Aufenthalts in Rußland.

Von ganz anderem Kaliber war der Schweizer François Lefort. 1656 als Sohn eines angesehenen Genfer Kaufmanns geboren, zeigte er wenig Neigung, in die Fußstapfen seines Vaters zu treten. Er ließ sich als junger Offizier für die französische Armee anwerben, ging aber bereits 1675 nach Rußland. Über Archangelsk erreichte er Moskau und ließ sich in der Deutschen Vorstadt nieder. Anfangs ging es ihm recht schlecht, doch er war geistreich und von einer gewissen Eleganz. Beide Eigenschaften halfen ihm, nicht nur die Gunst Wassilij Golizyns zu erringen, der ihn zum Obersten beförderte, obwohl er militärisch völlig ungeeignet war, sondern er eroberte auch das Herz einer sehr reichen Witwe. Peter ließ für Lefort einen prunkvollen Palast bauen, um sich dort mehrmals in der Woche selbst zu vergnügen. Lefort wurde Peters Lehrmeister der Sinnenlust. Und der Zar ernannte ihn dafür zum Admiral der russischen Flotte, die gerade erst gebaut wurde.

Am 25. Januar 1694 starb Peters Mutter Natalja. Sie war erst zweiundvierzig Jahre alt. Für Peter war dies ein schwerer Verlust, hatte sie ihm doch in den letzten Jahren – trotz persönlicher Zwistigkeiten – die Regierungsgeschäfte abgenommen. Doch er trauerte nicht, wie es einem braven russischen Sohn angestanden hätte. Nur wenige Tage nach ihrem Tod nahm er im Hause Leforts an einem rauschenden Fest teil und betrank sich maßlos.

Endlich gab es niemanden mehr, der ihm in seine Angelegenheiten hineinredete, und Peter konnte sich nach Herzenslust seinen seemännischen Vergnügen zuwenden. Bald genügte ihm der See von Perejaslaw nicht mehr. Es zog ihn an das richtige Meer.

Rußlands einzige Küste lag damals im Norden. Und so begab sich Peter mit einem Gefolge von vierhundert Mann nach Archangelsk, das 1584, im Todesjahr Iwans des Schrecklichen, gegründet worden war.

Aus Amsterdam sollte die erste für Rußland gebaute Fregatte eintreffen, ein Ereignis, das Peter voller Ungeduld erwartete. Mehr als einmal fuhr er aufs Meer hinaus, um als erster auf dem neuen Schiff zu sein.

Doch das ließ lange auf sich warten. Bei einer dieser Exkursionen geriet Peter in einen schweren Sturm und konnte nur mit knapper Not sein Leben retten. Aus Dankbarkeit errichtete er am Strand ein selbstgezimmertes Kreuz, das er nicht mit einer russischen, sondern mit einer holländischen Inschrift versah.
Mit der holländischen Fregatte, die endlich in Archangelsk eintraf, besaß Peter nun insgesamt drei seetüchtige Schiffe: die Fregatte, seine Jacht *Sankt Peter* und das Schiff *Sankt Paul.* Doch damit nicht genug: der Zar träumte von einer großen Kriegsflotte.
Und bald wurde aus den kindlichen Kriegsspielen Ernst. Von Patrick Gordon beraten und unterstützt, bereitete Peter Ende 1694 seinen ersten Krieg vor, als Polenkönig Jan Sobieski und auch Kaiser Leopold I. Rußland in einen neuen Feldzug gegen die Türken drängten. Sophia und Golizyn waren bei einem derartigen Vorhaben gescheitert, sie hatten sich unüberlegt auf die Sache eingelassen und ihre Soldaten schlechtest vorbereitet durch die südrussischen Steppen geschickt. Peter hatte aus diesen schwerwiegenden Fehlern gelernt. In wochenlangen Manövern ließ er seine Truppen den Einsatz proben; auch überlegte er, daß es sinnvoll sei, nicht die Krim anzugreifen, sondern statt dessen seine Truppen gegen die von den Türken erbaute Festung Asow marschieren zu lassen. Asow galt als uneinnehmbar und war, an der Mündung des Don gelegen, von strategisch größter Bedeutung.
Im Frühjahr 1695 entsandte Peter größere Streitkräfte in den Süden Rußlands und täuschte einen Feldzug gegen die Türken auf der Krim vor. Währenddessen zog er selbst mit kleineren, modern ausgerüsteten Elitetruppen nach Asow. Das Kommando über die Armee führten Artamon Golowin sowie Peters Vertraute Lefort und Gordon. Doch all ihre Beschlüsse mußten vom *Bombardier Pjotr Alexejew* genehmigt werden. Unter diesem Decknamen befehligte Peter seine Truppen.
In seinem Tagebuch beklagte sich Gordon bitter, daß der Zar mehr den Ratschlägen des absolut kriegsuntauglichen Lefort lauschte, als seine maßgebliche Meinung zu hören. Schon unterwegs machten sich die Mängel innerhalb der Organisation bemerkbar, und als man schließlich Asow erreicht hatte, kam es zu ernsthaften Meinungsverschiedenheiten unter Peters Generälen. Jeder der beiden hielt eine andere Belagerungsmethode der Festung für erfolgversprechend. Diese Streitigkeiten blieben natürlich den Soldaten nicht verborgen. Nur widerwillig gehorchten sie den ausgegebenen Befehlen. Bei den Versuchen, Teile der Festungsmauern zu sprengen, gingen sie so dilettantisch vor, daß sie Gefahr liefen, den eigenen Leuten mehr zu schaden als dem Feind.

Die Belagerung Asows entwickelte sich zum Fehlschlag. Ende September 1695 trat *Bombardier Pjotr* mit seiner Armee den Rückmarsch an. Peter war deprimiert, doch keineswegs mutlos. Während des Rückzugs schienen ihm neue Kräfte zu wachsen. Feierlich zog er in Moskau ein, so als ob er einen kleinen Sieg errungen hätte. Natürlich wußte man um den Fehlschlag, und manch einer erinnerte sich, daß Patriarch Joakim einmal geweissagt hatte, Rußland werde solange keinen Sieg erringen, solange an den Kriegszügen »ausländische Ketzer« teilnähmen. Peter lernte sehr viel aus diesem Mißerfolg. Er beschloß, einen zweiten Kriegszug zu unternehmen, und erbat sich vom österreichischen Kaiser erfahrene Mineure und Sprengmeister. Auch hatte er erkannt, daß es erfolgversprechender wäre, Asow von der Seeseite aus anzugreifen. Mit Feuereifer betrieb er den Bau einer Flotte. Sie mußte in kürzester Zeit, bis zum Frühjahr 1696, fertig sein. Trotz vieler Hindernisse gelang das schier Unmögliche. Anfang April 1696 lief auf der Werft in Woronesch die erste Galeere vom Stapel. Peter übernahm selbst die Funktion des Kapitäns auf der *Principium*. Ende Mai bestand die Flotte aus 29 Galeeren und an die tausend Transportkähnen. Peters Wille und sein Ehrgeiz hatten gesiegt.

Am 29. Januar 1696 war Peters Halbbruder Iwan gestorben. Sein Tod bedrückte niemanden. Auch Peter, der ihn immer zuvorkommend, ja fast zärtlich behandelt hatte, ließ sich durch Iwans Tod in seinen Vorbereitungen für das neue militärische Unternehmen nicht stören.

Die neue Flotte war in aller Eile zusammengezimmert worden, und fast sah es so aus, als habe Peter in diese Schiffe und deren Besatzung wenig Vertrauen gesetzt. Er selbst hatte im Schiffsbau bereits beträchtliche Kenntnisse gesammelt und sah wohl, daß die Boote, aus frischem, noch arbeitendem Holz gebaut, nicht genügend seetüchtig waren. Auch die Besatzungen erwiesen sich als unzuverlässig, unwillig und außergewöhnlich schlecht ausgebildet. So verzichtete Peter auf einen Angriff Asows durch seine Flotte und benutzte die Boote lediglich zur Blockade. Dabei wurde er von kosakischen Piraten unterstützt, die in wesentlich wendigeren Schiffchen die türkischen Reihen zur See einfach durchbrachen, die Schiffe zum Teil zerstörten und den Rest erfolgreich in die Flucht trieben. Schon der legendäre Stenka Raṣin war bei seinen Überfällen zur See außerordentlich erfolgreich gewesen, seine Nachkommen hatten dies nicht verlernt.

Alle wußten, daß die Festung Asow als uneinnehmbar galt. Schon beim ersten Feldzug hatte das russische Heer gegen die starken Mauern der Stadt nichts ausrichten können. Doch damals waren die Angreifer schlecht ausgebildet gewesen. Aber auch jetzt gelang es nicht, größere

Breschen in die Mauern zu schießen, obwohl *Bombardier Pjotr* in vorderster Linie kämpfte und mehr als einmal sein Leben aufs Spiel setzte. Die Zerstörungen blieben unerheblich.
Fieberhaft sann man nach einem Ausweg, um die Stadt doch noch einnehmen zu können. Tausende von Männern arbeiteten Tag und Nacht an der Aufschüttung eines riesigen Erdwalls, parallel zu den Mauern Asows. Eine höhere Angriffsposition sollte größeren Erfolg bringen. Der Wall war noch nicht fertiggestellt, als endlich jene ausländischen Mineure eintrafen, die Peter – ein Jahr zuvor – in Österreich angefordert hatte. Ihnen gelang es endlich, größere Breschen in die Mauern zu schlagen. Nach einem Sturmangriff, den die Kosaken auf eigene Faust unternommen hatten, kapitulierte die Stadt am 18. Juli.
Es brauchte fast zwei Wochen, bis die Nachricht von der Kapitulation Asows in Moskau eintraf. Es war ein weiter Weg von den Ufern des Schwarzen Meeres bis in die russische Hauptstadt. Und für die Überbringer der guten Nachricht mit Sicherheit kein ungefährlicher Ritt. Am 31. Juli läutete in Moskau die Große Glocke des Kreml, die Moskauer strömten zusammen, und der Patriarch hielt voller Freude über den Sieg einen Dankgottesdienst ab. Alles, wogegen die Bojaren noch vor kurzem gewettert hatten – den Bau der kostspieligen Flotte, die Beschäftigung ausländischer Berater und Handwerker –, schien der Vergangenheit anzugehören. Peters Spielereien waren offensichtlich doch zu etwas nutze.
Auch im Ausland wurde dieser Sieg mit Verwunderung zur Kenntnis genommen, doch nicht immer wohlwollend kommentiert. Der russische Gesandte in Polen berichtete, daß man am polnischen Hof große Sorgen hege und ein Bündnis der Russen mit den Krimtataren befürchte, das wiederum für Polens ukrainische Besitzungen gefährlich werden könnte. In einer Depesche schrieb er: »Wären die Russen doch lieber zu Hause geblieben, das hätte uns keinen Schaden gebracht; nun aber, da sie Schliff erworben und Blut gerochen haben – Gott behüte, was daraus noch werden mag!«

Bevor Peter die Stadt Asow verließ, ordnete er den Wiederaufbau der zerstörten Mauern an und befahl, die Besatzung der Stadt zu verstärken. Westlich von Asow, auf einem Gelände, das Peter selbst ausgesucht hatte, entstand in den nächsten Jahren der Hafen Taganrog. Für künftige Unternehmungen konnte dadurch eine günstige Ausgangsbasis geschaffen werden.
Auf dem Heimweg nach Moskau machte der Zar mit seinen Truppen in Tula Station. Die dort befindlichen Hüttenwerke hatte er schon frü-

her mehrfach inspiziert und selbst beim Schmieden von Schwertern Hand angelegt. Er kehrte immer gern hierher zurück.
Am 30. September 1696 war es soweit: die Sieger zogen in Moskau ein. Ein gigantischer Triumphbogen war errichtet worden, dessen Spitze ein dreifach gekrönter Doppeladler zierte. Verschiedene Szenen aus der Antike waren auf großen Leinwänden dargestellt, ein wahrhaft barockes Spektakel. Allerdings ist nicht bekannt, was die Moskauer davon hielten. Verwundert waren sie mit Sicherheit, und das um so mehr, als Zar Peter in einer einfachen Kapitänsuniform hinter dem prunkvoll geschmückten Wagen Admiral Leforts schritt.
Nur drei Wochen später versammelten sich in Preobraschenskoje alle wichtigen Bojaren um Zar Peter und beschlossen, das Glück der Stunde zu nutzen und die Flotte zu erweitern. Des weiteren sollten dreitausend russische Familien in Asow angesiedelt werden, um den russischen Sieg zu festigen. Der Bau von vierzig neuen Galeeren wurde genehmigt und die Bevölkerung steuermäßig kräftig zur Ader gelassen. Für jedes Schiff wurde eine *Kumpanstwo*, eine Genossenschaft, gegründet, die genügend Geld aufbringen und die benötigten Arbeitskräfte anwerben mußte.

Der ständige Umgang mit seinen Freunden aus der Deutschen Vorstadt, die Nähe seiner Vertrauten Gordon und Lefort, der eigene neugierige wache Verstand hatten Peter schon längst überzeugt, daß Rußland aus eigener Kraft nie auf die Beine kommen und für ewige Zeiten ein rückschrittliches Land bleiben würde. Ob Zuckerbrot oder Peitsche, die Mentalität der Russen, die festgefügten Traditionen in allen Bereichen würden es nicht zulassen, daß sich bald etwas ändern könnte.
Ein neuer Plan reifte und nahm Gestalt an. Die Allgemeinbildung ließ selbst in Adelskreisen sehr zu wünschen übrig, und unter den Landsleuten gab es kaum qualifizierte Fachmänner, die etwa den Schiffsbau beherrschten. Auf ausländische Berater, die nach Rußland kamen, sollte man zwar auch in Zukunft hören, doch besser wäre es, sich nicht allein auf sie zu verlassen. Deshalb sollten junge Russen zu Studienzwecken nach Westeuropa geschickt werden.
Bereits Iwan der Große hatte diesen Versuch gewagt, er war aber kläglich gescheitert. Keiner der von ihm ausgewählten jungen Leute war auf Dauer in die Heimat zurückgekehrt. Peter packte die ganze Sache anders an. Er erließ genaue Instruktionen, was die Studenten zu erlernen hatten. Wurden diese nicht befolgt, drohte eine kräftige Strafe. Die Kosten für den Auslandsaufenthalt mußten die Kandidaten selbst übernehmen.

Es war keineswegs so, daß sich die jungen Leute darauf freuten, sich frischen westlichen Wind um die Nase wehen zu lassen. Auslandsreisen waren bei den Moskauern verpönt, und wer sich dennoch nach Westen begab, der galt als Abtrünniger und Verräter am eigenen Land, war gar mit dem Teufel im Bunde und fuhr zu den Heiden. Niemand hätte, wäre er gescheitert, einen solchen Menschen bedauert, hatte er sich doch selbst dem Beelzebub ausgeliefert. Und nun forderte der Zar selbst solch verwerfliches Tun und brach wieder einmal mit den geheiligten Traditionen. Doch Volk und Adel fügten sich. Peters Instruktionen an die jungen Männer – es waren über fünfzig, die Anfang 1697 aufbrachen – lauteten wie folgt:

»1. Zeichnungen und Karten, Kompasse und sonstige Geräte der Schiffahrt kennenlernen.

2. Ein Schiff zu beherrschen, sowohl in der Schlacht als auch bei gewöhnlichem Gang. Das Takelwerk und die zugehörigen Instrumente kennenlernen: Segel, Taue, auf Galeeren und andern Fahrzeugen auch die Ruder usw.

3. Nach Möglichkeit Gelegenheit suchen, an einer Seeschlacht teilzunehmen; wer nicht dazu kommt, soll sich mit Fleiß darüber belehren lassen, wie man sich während einer Seeschlacht zu verhalten hat; alle aber, ob sie eine Seeschlacht gesehen haben oder nicht, sollen sich von den Vorgesetzten der Flotte mit Unterschrift und Siegel versehene Diplome geben lassen, dahingehend, daß sie des Seedienstes fähig seien.

4. Wer nach seiner Rückkehr eine noch größere Gnade erhalten will, soll, außer den oben genannten Befehlen, auch zu erlernen trachten, wie man jene Schiffe baut, auf denen sie ihre Ausbildung erhalten haben werden.«

Für Wehleidigkeit hatte Peter absolut nichts übrig, da er den jungen Leuten nur das zumutete, was er mit sechzehn oder siebzehn selbst geleistet hatte. Dabei übersah er völlig, daß er mit einer Arbeitswut gesegnet war, die man bei seinen Landsleuten vergeblich suchte. Und so kamen denn aus Italien, aus England und aus Holland jammervolle Briefe, in denen sich die Studenten beklagten, den Strapazen nicht gewachsen zu sein, die neuen Wissenschaften einfach nicht zu verstehen oder ständig in der Furcht leben zu müssen, mit den Heiden in Berührung zu kommen.

Nicht wenige aber bemühten sich ernsthaft und sahen wohl, welche Chancen sie nach ihrer Rückkehr erwarteten. Im Laufe des Jahres 1697 wuchs die Zahl der unfreiwillig freiwillig Reisenden auf etwa einhundert an. Es ist klar, daß die Zurückkehrenden nicht nur handwerkliche

Fähigkeiten mit nach Rußland brachten, sondern daß sie auch neues Gedankengut kennengelernt und andere Lebensweisen angenommen hatten. Auch ihre kulturellen Bedürfnisse veränderten sich.
Seit langem hegte Peter insgeheim die Absicht, selbst eine größere Auslandsreise zu unternehmen. Nur wenige wußten von seinem Plan, der für einen Zaren schon ungeheuerlich genug war. Kein Herrscher vor ihm hatte derartiges auch nur je in Erwägung gezogen. Nur Iwan der Schreckliche hatte, am Ende seines Lebens, mit dem Gedanken gespielt, eine Engländerin zu heiraten und notfalls in England Asyl zu suchen. Auch für Peter war es keine Kleinigkeit, die Bojaren für seine Wünsche einzunehmen. Wie konnte er das Land, in dem keineswegs Ruhe herrschte, im Stich lassen?
Am 6. Dezember 1696 gab das Außenamt bekannt, daß eine Gesandtschaft nach Deutschland, Holland, England und Venedig reisen werde, um dort Angelegenheiten zu regeln, die »der ganzen Christenheit gemeinsam sind, die Schwächung der Feinde des Kreuzes, nämlich des türkischen Sultans, des Krimkhans und aller muselmanischen Horden«. Mit der Leitung dieser Großen Ambassade wurde Lefort betraut. Als weitere Gesandte fungierten Fjodor Golowin und Prokofij Wosnizyn. Mehr als zweihundert Personen sollten der Gesellschaft angehören, unter ihnen Ärzte, Priester, Dolmetscher, Schreiber, Leibgardisten, natürlich Diener und sogar vier Zwerge. Peter selbst wollte unerkannt reisen und ließ sich unter dem Namen Pjotr Michajlow einschreiben.
Peter spielte ein gefährliches Spiel. Nicht auszudenken, was passiert wäre, hätten die Russen erfahren, daß der Zar für längere Zeit ihr Land verlassen wollte. Sophia saß immer noch hinter Klostermauern und hegte Rachegefühle; und es gab nicht wenige hochgestellte Persönlichkeiten, bei denen Peters Verhalten außerordentliches Mißfallen erregte. Er setzte sich nicht nur immer wieder über die russischen Traditionen hinweg und pflegte vorwiegend Umgang mit Ausländern; es war auch bekanntgeworden, daß er in Preobraschenskoje eine sündhafte Bruderschaft ins Leben gerufen hatte, die »Allnärrische Synode«. Das war nichts anderes als ein immer wiederkehrendes ausschweifendes Zechgelage, bei dem ein *Fürst Papst* oder ein *Allerlärmendster Patriarch* den Vorsitz führte. Dieses Amt übernahm niemals Peter selbst; er wollte immer nur Prodiakon sein. Doch der ketzerische Umgang mit kirchlichen Würden kam in den Augen vieler Russen einer Sünde gleich.
Noch kurz bevor die Große Gesandtschaft aus Moskau abreiste, war eine Verschwörung gegen den Zaren aufgedeckt worden. Peter mußte die Beteiligten zur Rechenschaft ziehen, bevor er aufbrechen konnte.
Als erster wurde ein Mönch namens Awraamij verhört, der es gewagt

hatte, Peter wegen seines Lebenswandels zu rügen und ihn an seine Pflichten als russischer Zar zu erinnern. Awraamij wurde gefoltert und dann in ein Kloster gesperrt. Schwere Vorwürfe wurden auch gegen einige Bojaren erhoben, die – durch und durch konservativ gesinnt – sämtliche Neuerungen Peters ablehnten und tatsächlich an einen Sturz des Zaren dachten. Die Abtrünnigen konnten aufgespürt werden; sie legten unter Folterungen Geständnisse ab und wurden hingerichtet. In diesem Zusammenhang verlegte Peter auch die in Moskau stationierten Strelitzenregimenter an die russischen Grenzen. Eine kluge Vorsichtsmaßnahme, wie sich später herausstellen sollte.

Es ist nicht bekannt, daß Peter vor seiner Auslandsreise noch einmal seine Frau besucht habe. Eudoxia, die von Peter so schmählich verlassene, lebte auf einem Landsitz in der Nähe von Moskau. Der gemeinsame Sohn Alexej war inzwischen sechs Jahre alt. Noch wuchs er unter der Obhut der Mutter auf, in einer Umgebung aus tiefster Frömmigkeit und patriarchalischer Lebensführung. Er erfuhr in seinen jungen Jahren so gut wie gar nichts von den fortschrittlichen Neuerungen, die sein Vater vorantrieb und überall einführte. Alexej würde einmal Peters Nachfolger werden, und trotz der Vernachlässigung durch den Vater erzog Eudoxia den Zarewitsch im nötigen Respekt vor dem Zaren und seinem Amt. Er soll ein scheuer, aber äußerst liebenswürdiger und intelligenter Knabe gewesen sein, der durch seinen Charme alle für sich einnahm. Ihm sollte ein schweres Schicksal zuteil werden.

Die Reise

Endlich, am 9. März 1697, trat Peter oder Pjotr Michajlow, wie er sich nannte, seine Reise nach Westen an. Nachdem bereits ein paar Wochen früher ein Teil der Gesandtschaft in Richtung Livland aufgebrochen war, folgte nun Peter mit seiner Begleitung. Es muß vorweg gesagt werden, daß sein Inkognito natürlich sehr schnell gelüftet wurde. Außerhalb Rußlands war bereits bekanntgeworden, daß der Zar selbst an der Gesandtschaft teilnehmen würde. Zudem hätte dieser über zwei Meter große Mann jedem auffallen müssen, da seine körperliche Größe und Stärke, die er gern immer wieder unter Beweis stellte, im Ausland bekannt waren. Auch daß ihn ein nervöses Gesichtszucken überfiel, wenn er sich aufregte, hatte sich herumgesprochen; so sah man seinem Besuch im Ausland mit Spannung entgegen, doch nicht überall wurde er freundlich empfangen.

In Riga, das seit 1629 in schwedischem Besitz war, bereitete der Gouverneur der Stadt der Gesandtschaft einen höflichen Empfang, doch nahm er Rücksicht auf Peters Inkognito und unterließ jegliches höfische Zeremoniell. Man behandelte die Russen wie Durchreisende, und als solche mußten sie selbst für Unterkunft und Verpflegung sorgen. Da es vor kurzem eine Hungersnot gegeben hatte, mußte Lefort für die Beschaffung von Lebensmitteln und Pferdefutter tief in die Reiseschatulle greifen. Peter selbst zeigte großes Interesse an den schwedischen Befestigungsanlagen, in deren Nähe er sich beständig aufhielt. Als er aber begann, dort Messungen vorzunehmen und Skizzen anzufertigen, schritten die schwedischen Wachen ein. Lefort und der Gouverneur hatten Mühe, den erbosten Zaren zu beruhigen. Dieser Reiseauftakt war ganz und gar nicht nach Peters Geschmack.

Im kurländischen Mitau, der nächsten Station, wartete ein herzlicherer Empfang auf die Reisenden. Herzog Friedrich Kasimir war zwar polnischer Lehensmann, doch er konnte frei über seine Finanzen verfügen. Er veranstaltete für seine Gäste mehrere Feste, und Peter erwies sich als geistreicher, kluger Gesellschafter. Voll Erstaunen vernahmen die versammelten Gäste, welch große Pläne Peter für sein Land hatte.

Mit nur wenigen Begleitern fuhr Peter nach Libau an der Ostseeküste und von dort mit einem Schiff nach Pillau. Es folgte Königsberg, wohin Lefort und seine Begleitung auf dem Landweg über Memel ebenfalls aufgebrochen waren.

In Königsberg erwartete Kurfürst Friedrich III. von Brandenburg die Gesandtschaft. Er veranstaltete für seine Gäste glänzende Empfänge und zeigte sich genauso großzügig wie sein kurländischer Vetter. Später behauptete er etwas grimmig, der Spaß mit den Russen habe ihn 150000 Taler gekostet. Natürlich handelte auch Kurfürst Friedrich III. nicht ganz uneigennützig. Er hätte die Russen gern als Verbündete gesehen, sollte er – was jederzeit möglich war – in einen Konflikt mit Polen oder Schweden verwickelt werden. Aber weder Lefort noch Peter waren für bindende Zusagen aufgeschlossen. So kamen lediglich kleinere Verträge über Handelsbeziehungen, freie Durchreise für Russen und die Auslieferung von Verbrechern zustande.

Den Aufenthalt in Königsberg benutzte Peter dazu, um sich bei dem Festungsbauingenieur Steitner von Sternfeld in das Artilleriewesen einweisen zu lassen. Er erhielt ein Abschlußzeugnis, in dem vermerkt war, daß Pjotr Michajlow sorgfältige Arbeit geleistet und sich gründliche Kenntnisse in Pulvermischungen und ballistischen Berechnungen angeeignet habe.

Der Troß schiffte sich auf der Ostsee weiter nach Kolberg ein, dann

erreichten die Reisewagen Berlin, wo sich Peter jedoch nur wenige Stunden aufhielt. Widerstrebend nahm er eine Einladung der Kurfürstin Sophie Charlotte an, sie und ihre Mutter, Sophie von Hannover, in Coppenbrügge zu besuchen. Er hatte zuweilen wegen seiner ungeschliffenen Manieren einige Hemmungen, vor allem wenn er Damen von Welt gegenübertreten sollte. Mit den Mädchen aus der Deutschen Vorstadt war das eine andere Sache. Doch die kurfürstlichen Damen waren liebreizend und sprühten vor Charme. Sie halfen ihm ohne Probleme über seine Hemmungen hinweg, plauderten mit ihm und gaben ihm schließlich sogar das Gefühl, ein begnadeter Tänzer zu sein. Die Damen waren begeistert. Sophie von Hannover notierte in ihr Tagebuch:
»Der Zar ist sehr groß; sein Gesicht ist sehr schön, und er ist sehr edel gebaut. Er hatte eine große Lebhaftigkeit des Geistes, seine Antworten sind schlagfertig und treffend. Aber bei all seinen Vorzügen, mit denen die Natur ihn beschenkt hat, wären ihm doch weniger bäurische Manieren zu wünschen ... Dieser Fürst ist einerseits sehr gütig und andrerseits sehr boshaft. Er hat ganz den Charakter seines Volkes. Wenn er eine bessere Erziehung genossen hätte, wäre er ein vollendeter Mann.«
Inzwischen hatte Peter es sehr eilig, nach Holland zu kommen. Viel zuviel Zeit war mit unnützem Geplänkel verlorengegangen. Mit nur wenigen Begleitern erreichte er per Schiff auf dem Rhein am 7. August Amsterdam, um sofort weiter nach Zaandam zu reisen, von dessen Schiffswerften er schon gehört hatte. Da Lefort und seine Begleitung noch auf sich warten ließen, quartierte sich Peter bei einem Schmied ein, den er aus der Deutschen Vorstadt in Moskau kannte. Er selbst verdingte sich als Schiffszimmermann bei der Firma Rogge. In jeder freien Minute sah er sich gründlich auf den Werften um und besuchte die Familien jener holländischen Handwerker, die sich nach Rußland hatten anwerben lassen. Er besichtigte verschiedene Fabriken, unter anderem auch eine Papiermühle, wo er eigenhändig einen Büttenbogen geschöpft haben soll.
In Zaandam wußte inzwischen jeder, wer dieser Pjotr Michajlow war. Die Zudringlichkeit der Leute verärgerte ihn dermaßen, daß er sogar Ohrfeigen austeilte. Nach einer Woche jedoch gab er den Kampf auf und übersiedelte nach Amsterdam, wo er bis Anfang Januar 1698 blieb.
In Amsterdam war inzwischen auch die Gesandtschaft Leforts eingetroffen, doch Peter ging seiner eigenen Wege, fernab höfischer Zeremonien. Der Bürgermeister von Amsterdam, Nikolaas Witsen, der selbst schon einmal in Rußland gewesen war und auch der moskowitischen

Regierung schon manchen wertvollen Dienst erwiesen hatte, verschaffte Peter Arbeit auf einer Werft der Ostindischen Kompanie. Hier konnte er am Bau einer gerade auf Kiel gelegten Fregatte mitwirken. Vom Hollandaufenthalt des Zaren sind Studienhefte und Zeugnisse erhalten. Sie belegen, daß er eifrig bemüht war, nicht nur die praktische Seite des Schiffsbaus zu erlernen, sondern daß ihm außerordentlich viel daran lag, auch die Theorie der Schiffskonstruktion zu begreifen. Aus einem der Papiere geht hervor, daß Pjotr Michajlow während vier Monaten und fünf Tagen unter Aufsicht des Meisters Pool als Schiffszimmermann tätig gewesen sei, alle Zweige des Handwerks gewissenhaft erlernt und sich auch anständig verhalten habe. Der Zar, ein Musterschüler!

Während seines viereinhalb Monate dauernden Aufenthalts in Amsterdam verließ Peter jedoch immer öfter die Stadt, um andere Orte zu besuchen. Utrecht, Haag, Delft beehrte er mit seinem Besuch, wohnte Flottenmanövern bei und ließ sich von Witsen durch Handwerksbetriebe und wissenschaftliche Institute führen. Bei einem Kupferstecher erlernte er die elementarsten Handgriffe der Kupferstecherkunst und bei einem Mechaniker den Umgang mit Feuerspritzen. In Texel begutachtete er Spezialschiffe für den Walfang, und auf der Fahrt nach Leyden begleitete ihn sogar der Erfinder des Mikroskops, der Naturforscher Leeuwenhoek. In Leyden selbst mußte er unbedingt den Seziersaal des Anatomen Boerhave besuchen. Dort soll es zu einem Zwischenfall gekommen sein, an den sich die Beteiligten nur noch mit Schaudern erinnerten. Als Peter, der eigenhändig an den Leichen herumschnippelte, merkte, daß seinen russischen Begleitern schlecht wurde, befahl er ihnen, mit ihren eigenen Zähnen die Muskeln der Toten vom Skelett zu lösen.

An den kulturellen Errungenschaften seines Gastlandes zeigte Peter keinerlei Interesse; ihm waren Musik, Malerei und Literatur herzlich gleichgültig. Technik und Naturwissenschaften, vor allem aber die Seefahrt, das war es, was ihn fesselte. Und doch hat ihn das meiste, was er in Holland erfuhr, nicht befriedigt. Er war der festen Überzeugung, daß die Holländer vor allem beim Schiffsbau mehr oder weniger nach Gutdünken arbeiteten. Verärgert über oft mangelhafte Ergebnisse, bezeichnete Peter die Holländer als Dummköpfe und verließ das Land. Er ließ Lefort in Holland zurück, der noch einige diplomatische Missionen zu erledigen hatte, und schiffte sich nach England ein. Um den 10. Januar 1698 erreichte er mit kleinem Gefolge London. König Wilhelm von Oranien hatte ihm eine Jacht und eine Eskorte von mehreren Kriegsschiffen zur Verfügung gestellt.

Fast dreieinhalb Monate dauerte Peters Aufenthalt in England, in der klassischen Seefahrernation. Hier lernte er alles, was er in Holland vermißt hatte. Als Begleiter und Sachverständiger war ihm Vizeadmiral Mitchel zur Seite gestellt worden, der alle Fragen mit nie ermüdender Geduld beantwortete. Auf der königlichen Werft in Deptford konnte Peter wieder selbst Hand anlegen, und in Portsmouth hatte er Gelegenheit, Manövern beizuwohnen und die englischen Kriegsschiffe in Aktion zu sehen.
Peter ließ sich kreuz und quer durch England führen. Er besichtigte Eisenwerke, Brücken, Docks, doch auch einige Schlösser, den Tower. Er nahm an Gottesdiensten teil, besuchte Theatervorstellungen und einen Maskenball und fiel überall als Kunstbanause auf.

Die Einrichtung des englischen Parlaments machte auf ihn überhaupt keinen Eindruck, und sein Vorurteil, ein Parlament passe nicht zur Monarchie, wurde nur noch verstärkt, nachdem er einmal, hinter einem Vorhang versteckt, einer Debatte der Abgeordneten zuhören konnte.
Doch die Große Ambassade war nicht nur unternommen worden, um Peters schier unerschöpflichen Wissensdurst zu stillen. Offiziell bemühte man sich auch um Bündnisse gegen die Türken. Während Peter in England weilte, häufig in Seemannskneipen wacker zechte und stritt, verhandelte Lefort in den Niederlanden auf höchster Ebene – ergebnislos. Die Holländer weigerten sich, den Zaren bei seinem Kampf gegen die Türken durch die Lieferung von Kriegsmaterial zu unterstützen. Die Türken interessierten sie überhaupt nicht. Spanien und Frankreich, diese Länder waren es, vor denen sie sich in acht zu nehmen hatten. Außerdem vertraten Holland und England einen gemeinsamen Standpunkt: sie setzten alles daran, um zwischen dem österreichischen Kaiser und den Türken einen Separatfrieden zu vermitteln. Diese Abmachung hätte wiederum Rußland in die Isolation getrieben. Peter war über das Scheitern der Verhandlungen recht verstimmt und beschloß, sich möglichst bald nach Wien zu begeben, um den österreichischen Separatfrieden zu verhindern. Das Haus, das er mit seiner Gefolgschaft in Deptford bewohnt hatte, soll in einem äußerst desolaten Zustand zurückgeblieben sein. Der Hauswirt präsentierte eine saftige Rechnung, die aber ohne Murren bezahlt wurde.
Über Holland, wo die Gesandtschaft auf ihn wartete, ging es unverzüglich Richtung Wien weiter. Am 1. Juli erreichte man Dresden. Kurfürst August weilte nicht in der Stadt, und Fürst von Fürstenberg, der sich der Gäste angenommen hatte, war froh, als sie nach zwei Tagen wieder abreisten.

Prag interessierte Peter überhaupt nicht. In einer einfachen Postkutsche erreichte er schließlich Stockerau bei Wien, wo er wieder einmal auf Lefort und dessen Gefolge warten mußte. In Wien bereitete man den Russen einen kühlen Empfang. Lange verhandelte man vor allem über das einzuhaltende Protokoll, und auch Leforts Ankunft verzögerte sich wider Erwarten.

Erst am 26. Juni betrat die Große Ambassade die österreichische Hauptstadt. Peter behielt sein Inkognito bei und erschien bei Empfängen und Hofbällen als Pjotr Michajlow. Der Hof war natürlich eingeweiht, und so lernte Peter nicht nur Leopold I. kennen, sondern auch dessen Familie. Er war entzückt.

An den Verhandlungen über die türkische Frage mit Kaiser Leopold und dem Kanzler Graf Kinsky nahm Peter selbst teil. Es waren langwierige und für die Russen sehr unbefriedigende Verhandlungen. Peter wollte wenigstens die Festung Kertsch am Asowschen Meer, am liebsten aber auch noch die ganze Krim gewinnen und brauchte dazu unbedingt Österreichs Unterstützung. Doch die Österreicher hielten sich bedeckt und antworteten höchst ausweichend, daß sie eine Abtretung von Kertsch durch die Türken befürworten würden, wenn Rußland eine Eroberung der Festung gelänge.

Österreichs Zurückhaltung scheint verständlich, hatte man doch wichtigere Pläne als die Eroberung uninteressanter türkischer Provinzen. In Spanien drohte das Haus Habsburg auszusterben, da der schwer erkrankte König Karl II. kinderlos war. Leopold I. wollte seinen Sohn Karl auf den spanischen Thron bringen, doch Ludwig XIV. von Frankreich verfolgte eigene Pläne. Sobald der spanische Thron verwaist war, mußte es zu einem Krieg kommen. Leopold war also mehr an einem Frieden mit Frankreich im Westen interessiert als an den Eroberungen Peters. Und der mußte einsehen, daß er von Österreichs Seite nichts erwarten konnte.

Die diplomatischen Verhandlungen wechselten mit Amüsements und Festlichkeiten ab. Peter trieb als Pjotr Michajlow wieder sein Versteckspiel. Bei einem Kostümball trat er als friesischer Bauer auf; bei verschiedenen Galadiners stand der Untergebene Pjotr Michajlow hinter dem Stuhl Leforts, während dieser nach Herzenslust tafelte. Und Lefort soll auf die Frage Leopolds, wie es dem Zaren gehe, geantwortet haben: »Wir haben Seine Majestät bei unserer Abreise in bestem Wohlsein verlassen.«

Vom Aufenthalt der Großen Ambassade in Wien ist bekannt, daß sich Peter bei verschiedenen glanzvollen Einladungen mit Feuerwerken revanchierte. Auch ließ er noch einmal besondere Geschenke für seine

Gastgeber aus Moskau kommen. Obwohl man außer den herzlichen Friedenswünschen Leopolds nichts mit nach Hause nehmen konnte, wurde die Abreise aus Wien mit Bedacht und ohne Groll vorbereitet. Als letztes Reiseziel hatte man Venedig vorgesehen. Auch hier wollte Peter Werften besuchen und vor allem dem berühmten Marinearsenal einen Besuch abstatten; außerdem hoffte man eine Allianz mit Venedig eingehen zu können, da die Stadt schon seit Jahrzehnten eine antitürkische Politik betrieb. Doch kurz bevor Peter nach Italien aufbrechen konnte, erhielt er die Nachricht eines neuerlichen Strelitzenaufstands aus Rußland, die ihn unverzüglich zur Aufgabe aller weiteren Reisepläne zwang.

Die Strelitzenregimenter, die der Zar vor seiner Auslandsreise wohlweislich an die polnische Grenze beordert hatte, marschierten auf Moskau zu. Gerüchte, die behaupteten, Zar Peter sei nicht mehr am Leben, wurden von der Nachricht unterstützt, ein falscher Zar werde in Moskau einziehen. Doch die Strelitzen hatten nur eins im Sinn: sie wollten ihre alte Vormachtstellung vor den anderen Truppen zurückgewinnen und möglichst die alten Zeiten wiederaufleben lassen. Peters Vorliebe für alles Fremde war ihnen suspekt und eine Sache des Teufels.

In Moskau befehligte damals General Gordon, von dem noch die Rede sein wird, etwa viertausend Leibgardisten. Die anderen Truppen befanden sich in verschiedenen Landesteilen. Gordon zog den Strelitzen entgegen und versuchte sie zunächst in langen Verhandlungen zur Umkehr zu bewegen. Er hatte keinen Erfolg. Seine Männer eröffneten das Feuer. Es gab Hunderte von Toten sowie einige tausend Gefangene. Manchen aufständischen Strelitzen knüpfte man gleich an Ort und Stelle auf.

Peter wußte nur zu gut, was das bedeutete, und verwünschte seine Schwester Sophia, die er wieder einmal hinter der ganzen Aktion vermutete. Unverzüglich verließ er, von Lefort begleitet, Wien. Über Brünn und Olmütz – man reiste ohne Unterbrechung Tag und Nacht – erreichten sie schließlich polnisches Gebiet. In Krakau war für den Zaren ein Empfang vorbereitet worden, doch er nahm sich dafür keine Zeit und eilte Moskau entgegen.

Kurz darauf erreichte die Reisenden jedoch die Nachricht, daß der Aufstand niedergeschlagen sei. Die Fahrt wurde verlangsamt, Peter beruhigte sich zusehends und nahm glücklich die Gelegenheit wahr, nordwestlich von Lemberg mit August dem Starken, König von Polen, zusammenzutreffen. Zwei große Männer lernten sich endlich kennen und fanden Gefallen aneinander. Möglicherweise verständigten sie sich schon damals über einen Krieg gegen die Schweden, ein Vertrag wurde jedoch nicht geschlossen. Drei Tage des Beisammenseins waren ausgefüllt mit geheimen Besprechungen, umrahmt von ausufernden Trinkgelagen und einer großen Truppenparade. Zum Abschied schenkte Peter seinem neuen Freund einen wertvollen Saphir, und dieser revanchierte sich mit einem Gehstock, der über und über mit Diamanten besetzt war. Voller Zufriedenheit reiste Peter in seine Heimat weiter. Der Weg führte über Brest-Litowsk nach Moskau. Seine Rolle als Pjotr Michajlow spielte er verbissen bis zum Ende. Zuerst begleitete er die Gesandten der Großen Ambassade auf ihre Güter. Dann fuhr er nach Preobraschenskoje weiter, ohne einen Fuß in den Kreml gesetzt zu haben. Er begrüßte weder seine Frau Eudoxia noch seinen Sohn Alexej, der damals acht Jahre alt war. Noch im gleichen Jahr wurde Eudoxia in ein Kloster geschickt, und Alexejs Erziehung übernahmen zwei Lehrer.

Alles wird anders

Peter kam nach Rußland zurück, als ihn eigentlich niemand erwartete. Er kam zurück, voller Eindrücke, die er noch lange nicht verarbeitet hatte, und wurde zornig über das, was er in Rußland sah. Er zweifelte an der Ausführbarkeit seiner Pläne, war deprimiert und derart gereizt, daß ihm sogar seine Vertrauten aus dem Wege gingen.
Einen Tag nach seiner Ankunft in Preobraschenskoje empfing Peter zahlreiche hochgestellte Würdenträger, die ihm zur glücklichen Heimkehr gratulieren wollten. Doch als Überraschung empfing Zar Peter sie mit einer Schere in der Hand und schnitt allen Anwesenden eigenhändig die Bärte ab. Nur der Patriarch und zwei in Würden ergraute Bojaren blieben verschont. Die Modernisierung Rußlands hatte begonnen. Die Methoden waren jedoch mehr als altväterlich.
Während eines Festes zum russischen Neujahrstag setzte Peter die Bartaktion fort. Dieses Mal griff er jedoch nicht selbst zu Schere, sondern hatte einen Hofnarren zum obersten Bartscherer ernannt. Offiziere, Beamte, Höflinge, Einwohner der Städte – sie alle mußten ihre Bärte lassen. Nur Geistliche und Bauern durften ihren Schmuck behalten. Bald wurde eine spezielle Bartsteuer eingeführt, durch deren Zahlung man sich vom Rasieren befreien konnte. Es wurden besondere »Bartquittungsmünzen« geprägt, für die ganz erhebliche Summen verlangt wurden. Reiche Kaufleute zahlten einhundert Rubel; Hofleute, Beamte und ärmere Kaufleute zahlten sechzig Rubel; Stadtbewohner nur dreißig.

Auch der moskowitischen Kleidung wurde vom Zaren persönlich der Kampf angesagt. Wie schon bei den Bärten galt auch hier die Devise: »Ich werde die Tradition rücksichtslos bekämpfen.« Peter selbst hatte schon lange vor seiner Europareise deutsche oder französische Kleidung bevorzugt. Nun erließ er zu Beginn des Jahres 1700 einen Ukas, daß alle Personen bei Hofe und alle Beamten europäische Kleider zu tragen hätten. Mancher traditionsbewußte Bojar mußte voll Bitterkeit erdulden, daß ihm die Ärmel und der Saum seiner langen Gewänder abgeschnitten wurden. Auch hier griff Peter ab und zu gern selbst zur Schere. Er betonte immer wieder, daß die unförmigen russischen Kaftane nur hinderlich bei der Arbeit seien.

Die Kleiderreform ließ sich jedoch nur in den höheren Gesellschaftsschichten durchsetzen, und da die Bauern auch vom Bartscheren befreit waren, änderte sich rein äußerlich bei der Landbevölkerung gar nichts. Sie hielt nach wie vor an ihrem Glauben fest, daß durch das Bartscheren das Antlitz entstellt würde und man somit eine große Sünde begehe.

Wütend ging Peter gegen die russischen Bärte vor, doch geradezu unmenschlich verhielt er sich im Falle der Strelitzen, von deren Aufstand er in Wien erfahren hatte. Er setzte einen Vergeltungszug gegen die Strelitzen in Gang, der zu einem der blutigsten Strafgerichte der russischen Geschichte wurde. Sein ganzer Haß gegen diese Truppe entlud sich in schrecklichsten Foltern und Martern. Angeblich war Peter bei diesen Torturen fast immer anwesend, denn er wollte mit eigenen Ohren hören, daß an dem Aufruhr niemand anderer als seine Halbschwester Sophia schuld sei. Doch dafür fanden sich absolut keine Beweise. Selbst Sophias Dienerschaft, meistens Frauen, wurde verprügelt und verhört. Auch sie gaben nicht die gewünschte Auskunft. Schließlich nahm Peter Sophia selbst ins Gebet, ohne sie allerdings der Folter auszusetzen. Doch was sollte sie sagen? Alle Verdächtigungen entbehrten jeder Grundlage.

Nach den Folterungen begannen die Hinrichtungen. Die Henker konnten die Arbeit nicht allein bewältigen, und so zwang Peter auch einige Bojaren, das Henkerbeil zu schwingen. Er selbst soll auch Hand angelegt haben. Hunderte Menschen wurden hingerichtet, starben durch das Beil oder wurden aufgehängt. Einige besonders verstümmelte Leichen ließ Peter vor das Fenster Sophias im *Neujungfrauen-Kloster* hängen. Sie blieben noch dort, als die Vögel sie bereits bis aufs Skelett abgenagt hatten.

Sophia selbst blieb am Leben. Doch Peter zwang sie, den Schleier zu nehmen, also Nonne zu werden. Sie beendete ihr Leben hinter Kloster-

mauern eingesperrt; niemand hat sie je wieder gesehen. Als Schwester Susanne starb sie im Jahre 1704.
Eine Erklärung für Peters Wüten zu finden ist im nachhinein schwierig. In den europäischen Ländern, in denen man den russischen Zaren während seiner Reise zum Teil belächelt, zum Teil aber bewundert hatte, war man entsetzt über die Nachrichten vom Massaker in Moskau. In Rußland selbst hatten die täglichen Hinrichtungen und öffentlichen Foltern, zu denen die Moskauer zum Teil als Zuschauer gezwungen wurden, das Verhalten der Menschen gravierend verändert. Raub und Mord griffen um sich, es gab keine Grenzen des Bösen mehr. Der Zar wurde öffentlich beschimpft und von vielen sogar verdächtigt, er sei gar nicht Peter, sondern irgendein Wechselbalg, gar der Beelzebub. Verschiedene Sektenführer verkündeten das Ende der Welt, denn in der Gestalt Peters sei der Antichrist nach Moskau gekommen. Viele Moskauer aus den ärmeren Bevölkerungsschichten flohen in die Wälder, um den immer wieder neu auferlegten Steuern zu entgehen; zu ihnen gesellten sich zahlreiche unzufriedene Bauern und entlaufene Leibeigene. Vom sozialen Frieden war Rußland weiter entfernt als zu Beginn von Peters Regierung. Und schon munkelte man, daß Peters Sohn Alexej mit dem, was der Vater tat, nicht einverstanden sei. Dabei war er noch nicht einmal den Kinderschuhen entwachsen. Doch er versprach Hoffnung.
Wie diese aussehen sollte, wußte man nicht, wünschte aber wohl insgeheim und inständig, von Peters Neuerungen in Zukunft verschont zu bleiben.

Peters Weg zur Ostsee

Als wolle der Zar endgültig mit der alten Zeit abrechnen, führte Peter im Dezember 1699 in Rußland einen neuen Kalender ein. Bis dahin hatte man die Jahre noch immer seit »Erschaffung der Welt« gezählt. Als Anfangsdatum galt das Jahr 5508 v. Chr. Der Jahreswechsel war am 1. September. Durch die Kalenderreform verschob sich der Neujahrstag auf den 1. Januar. Zur Anpassung an den Gregorianischen Kalender konnte Peter sich nicht entschließen. Die Differenz, die im 18. Jahrhundert elf Tage ausmachte und sich alle hundert Jahre um einen Tag vergrößerte, blieb bestehen. Auch diese Neuerung nahmen die Untertanen ohne Murren hin. Doch Peter brauchte zu Beginn des neuen Jahrhunderts mehr Getreue als je zuvor. Deren Häuflein aber war verschwindend klein. Lefort und Gordon, letzterer seit einer Weile in Ungnade gefallen, waren beide gestorben. Sie waren Peters Lehrmeister und enge Vertraute gewesen in einer schweren Zeit. Wer würde ihre Stelle einnehmen?

Seit langem befand sich Alexander Danilowitsch Menschikow in Peters nächster Umgebung, ein Pastetenverkäufer aus der Deutschen Vorstadt; ein gewitzter Bursche, schlagfertig und schlau. Der Sohn eines Stallknechts verstand es sehr gut, sich bei Peter beliebt zu machen, seine Launen zu ertragen; er selbst paßte sich an wie ein Chamäleon und war über die Maßen habgierig.

Alexander Menschikow hatte Peter bereits auf seiner Auslandsreise begleitet, hatte ebenso wie sein ehemaliger Kumpan aus Preobraschenskoje tüchtig auf den Werften gearbeitet, doch sein späterer gesellschaftlicher Aufstieg in schwindelerregende Höhe vollzog sich erst nach dem Tode Leforts. Er sollte Gouverneur der bald eroberten schwedischen Provinzen und Konteradmiral werden, Generalfeldmarschall, Fürst von Ingermanland und »Ritter des Schwarzen Adlerordens«. All dies gelang ihm innerhalb von nur zehn Jahren. Wir werden noch von Menschikow hören.

Unbändiger Tatendrang, das war ein hervorstechender Wesenszug in Peters Charakter: Tatendrang, der der Umgestaltung Rußlands gewidmet war und sich nun auch nach außen richtete, mit der Folge, daß Rußland in Westeuropa immer ernster genommen werden mußte.

Während seiner langen Auslandsreise versuchte Peter Verbündete gegen die Türken zu gewinnen, die den Süden Rußlands immer öfter attackierten. Wie wir wissen, stieß er dabei auf wenig Entgegenkommen und erhielt allenfalls vage Versprechungen. Immer häufiger dachte er während dieser Verhandlungen daran, auf den Zugang zum Schwarzen Meer zu verzichten und sich einen anderen Meereszugang, den zur Ostsee, zu verschaffen. Unterstützt wurde dieser Plan durch die Tatsache, daß Peter über die wenig vornehme Behandlung durch die schwedische Besatzung in Riga so erbost war, daß er nach Rache sann. Doch dies allein war sicher nicht der Grund für seine Ostseepolitik.

Ausschlaggebend war, daß Peter, wollte er Rußland aus seiner jahrhundertelangen Isolation reißen, unbedingt den Zugang zur See brauchte. Dabei erwies sich das Schwarze Meer als gänzlich uninteressant. Der Weg nach Westen führte allein über die Ostsee und wurde durch die Schweden kontrolliert.

Der Auseinandersetzung mit den Schweden ging ein langes diplomatisches Geplänkel vorweg, das sämtliche vermeintlichen Bundesgenossen einbezog, die Peter während seiner Europareise aufgesucht hatte.

Um die Schweden abzulenken, veranstaltete der russische Zar einige Verhandlungsmanöver mit den Türken und schloß schließlich einen Frieden für dreißig Jahre. Nun hatte der Zar freie Hand, sich dem Norden zuzuwenden. Durch überschwengliche Freundschaftsbeteuerungen versuchte Peter den Schwedenkönig zunächst in Sicherheit zu wiegen. Aber inzwischen hatte sein Freund August der Starke ein Bündnis mit den Dänen geschlossen und drängte Peter förmlich zum Kriegsbeginn. Der ließ sich jedoch Zeit; vielleicht sah er ein, daß er eigentlich keinen rechten Grund hatte, den Schweden den Krieg zu erklären. Während Sachsen und Dänemark sich wegen der Rückgewinnung des Herzogtums Holstein-Gottorp bereits mit den Schweden im Krieg befanden und die Sachsen bei Riga eine ernstliche Schlappe erlitten hatten, zauderte Peter immer noch.

Auch im Sommer 1770 spielte er gegenüber seinen potentiellen Gegnern die Rolle des friedfertigen Nachbarn. Er erklärte sich sogar bereit, Riga aus den Händen der sächsisch-polnischen Truppen zu befreien. Es war ein gefährliches Spiel, das er trieb; den Schweden war längst klar, welche Absichten der russische Zar letztendlich verfolgte.

Das war auch in anderen europäischen Ländern bekannt, denn die in Moskau weilenden europäischen Gesandten hatten in ihre Heimat berichtet, daß die russische Außenpolitik nun neuen Zielen zustrebe.

Im August 1700 schrieb der sächsische Generalmajor von Langen seinem König:

»Es war am vorigen Dienstag, am 6.August alten Stils gegen drei Uhr nachmittags, daß der Zar, begleitet von seinen Günstlingen, mich in meiner Wohnung besuchte und, mich in eine Ecke des Zimmers ziehend, voller Freude, in seinem korrumpierten Holländischen folgendermaßen anredete: ›Ungeduldiger Teufel, der du bist, ist es nun nicht besser, daß wir eine Zeitlang gewartet haben auf den Frieden mit dem Türken, und daß wir nun freie Hände haben, mit aller Macht loszubrechen. Nun schreib an deinen König, daß ich 30 Jahre Frieden mit dem Türken habe, und daß ich den 20. an diesem Monat August, welcher zu einer guten Vorbedeutung den Namen von deinem König trägt, all öffentlich mit unserem Feinde werde gebrochen haben, und nun soll mein liebster Bruder [König August von Polen] sehen, daß ich ein Mann von Wort bin, und wir werden mit Gott noch alles tun, wozu wir uns verbunden haben.‹ Nachdem er auf diese Weise haranguiert hatte, ließ er sich ein großes Glas Wein geben, das er auf die Gesundheit seines herzlich geliebten Bruders austrank, den er niemals verlassen wolle und dessen Vorteil immer mit dem seinigen untrennbar solle vereinigt sein.«

Die russischen Truppen marschierten bereits in Richtung der schwedischen Grenze, noch bevor Peter den russischen Gesandten in Stockholm aufforderte, in seinem Auftrag den Krieg zu erklären. In Polen und Sachsen freute man sich, daß Rußland endlich sein Versprechen einlöste und gegen die Schweden vorging. Diese Freude war jedoch nicht von langer Dauer, denn bald wurde bekannt, welche Finesse Peter in sein Vorhaben eingebaut hatte. Er bewegte sich nämlich in Richtung Narwa, in Richtung Estland und Livland, in jene Gebiete, die August der Starke gern selbst eingenommen hätte.

Dreißigtausend russische Soldaten nahmen die Belagerung der Festung Narwa auf, die lediglich von zweitausend Mann der schwedischen Besatzung verteidigt wurde. Doch war mit der Landung weiterer schwedischer Truppen täglich zu rechnen. Peters Vertrauen in seine zahlreichen ausländischen Offiziere war groß, und von dem sächsischen General Hallart, der die Belagerung leitete, erwartete er wahre Wunderdinge. Der Zar selbst befand sich als *Pjotr Michajlow, Kapitän einer Bombardier-Kompanie* bei seinem geliebten Preobraschensker Regiment. Mochten die Schweden doch kommen.

Karl XII., launischer, temperamentvoller und starrköpfiger Gegenspieler Peters, der im Alter von nur fünfzehn Jahren den schwedischen Thron bestiegen hatte, landete mit achttausend Mann in Pernau. Er hatte inzwischen mit Dänemark Frieden geschlossen, auf dessen Hilfe Peter nun nicht mehr bauen konnte. Obwohl man mit einer solchen Aktion gerechnet hatte, rief die Landung der Schweden im russischen Lager große Verwirrung hervor. Noch während der Belagerung Narwas hatte sich bereits gezeigt, daß die Heeresverwaltung für die russischen Truppen schlecht vorgesorgt hatte. In der Nähe des Kriegsschauplatzes waren keine Versorgungsdepots angelegt worden, und aufgrund der schlechten Witterung, die alle Wege in Sümpfe verwandelt hatte, brach auch der Nachschub zusammen.

Eines Abends, die Schweden waren schon fast in der Nähe der Festung, rief Peter den Franzosen Eugène de Croy, ehemals kaiserlicher Feldmarschall, zu sich und übertrug ihm den Oberbefehl über die russische Belagerungsarmee. Er übergab ihm diverse schriftliche Instruktionen, die er aber zu datieren und zu siegeln vergaß. Und der Zar verließ sein Heer. Er soll die Nerven verloren haben, berichtete man aus seiner nächsten Umgebung; ihn hatte jeder Glaube verlassen, jemals das Heer Karls XII. besiegen zu können. Die Schweden sprachen von einer feigen Flucht. Peter selbst rechtfertigte seine Abreise damit, und viele Russen wollten das gerne glauben, daß er Nachschub holen und sich mit dem

polnischen König beraten wollte. Doch allzu wahrscheinlich war, daß Peters Nerven tatsächlich versagten und er sich persönlich der nahenden Katastrophe entziehen wollte.
Welch eine Blamage für den russischen Zaren, der noch vor kurzem als Held von Asow gefeiert wurde!
Vor allem im Ausland lachte man über ihn. Medaillen mit hämischen Inschriften kamen in Umlauf, auf denen der davonlaufende Zar zu erkennen war.
Doch auch Karl XII., den man überall als kühnen Draufgänger feierte, beging bei Narwa einen unverzeihlichen strategischen Fehler. Zwar konnte er die russischen Belagerer überrumpeln, ein plötzlich einsetzender Schneesturm half ihm dabei, doch unterließ er es, den geschlagenen Feind zu verfolgen. Die russischen Generäle hatten sich den Schweden ergeben, die entwaffneten Soldaten aber, sofern sie noch nicht geflohen waren, ließ er nach Nowgorod abziehen. Dort aber wartete Peter auf sie, und da er fürchtete, daß Karl XII. weiter nach Rußland vordringen würde, ließ er Nowgorod umgehend befestigen und sein geschlagenes Heer wieder aufrüsten. Bereits jetzt war die Niederlage, die persönliche Blamage, vergessen.
Doch der Schwedenkönig entschied sich anders; vielleicht fürchtete er den russischen Winter, der ihn vor große Versorgungsprobleme gestellt hätte, vielleicht dachte er auch daran, daß ihm die Polen in den Rücken fallen könnten. Das schwedische Heer marschierte nach Litauen weiter und fiel in Polen ein.
Peters Antwort ließ nicht lange auf sich warten.
Bei Narwa waren fast alle russischen Geschütze in die Hände der Schweden gefallen. Mit Feuereifer ging der Zar daran, diese Lücke zu füllen. In den Kirchen des Landes ließ er einen Teil der Glocken beschlagnahmen, um aus ihnen Kanonen gießen zu lassen. In Sibirien wurden unter härtesten Bedingungen neue Eisenerzlager erschlossen. Unermüdlich spornte er seine Leute an, tätig zu sein, sich gegen den Feind zu rüsten. Nachlässigkeiten wurden mit harten Strafen belegt. Peter selbst gönnte sich keine Ruhe. Rastlos war er unterwegs, um zu organisieren und zu überwachen. Er besuchte regelmäßig seine Truppen und leitete höchstpersönlich den Transport zweier Schiffe von Archangelsk zum Ladogasee. Ein außergewöhnlich aufwendiges Unternehmen, denn die Schiffe mußten durch die Wälder und Sümpfe geschleppt werden. In größter Eile waren neue Lehranstalten aus dem Boden gestampft worden, in denen vor allem Ingenieure und Bombardiere ausgebildet wurden. Auch sie erhielten regelmäßigen Besuch vom Zaren.

Dieses Mal rüstete sich Peter gründlich. Bevor er gegen die Schweden vorging, überredete er König August, ihm den Vormarsch in Estland und Livland zu gestatten. Beide Länder wollte er nach einem Sieg den Polen überlassen. Ein Versprechen, durch das sich Peter die Unterstützung Augusts sichern wollte.

Im Dezember 1701 und im Juli 1702 erkämpften die russischen Truppen ihre ersten Siege. Estland und Livland wurden erobert. Städte und Dörfer wurden vollkommen zerstört, um die beiden Länder als Operationsbasis für die Schweden unbrauchbar zu machen. Damals geriet auch eine junge Frau in Gefangenschaft, die später unter dem Namen Katharina Peters Frau und nach seinem Tod russische Kaiserin werden sollte.

Endlich fiel die schwedische Festung Nöteburg an der Newa in russische Hände. Sie erhielt nun den Namen Schlüsselburg – der Schlüssel zur Ostsee. Zum Gouverneur wurde Alexander Menschikow ernannt, Peters Freund aus alten Tagen. Sie eroberten Nyenschanz an der Newamündung, und in einem Handstreich kaperten Peter und Menschikow eigenhändig zwei schwedische Fregatten. Seit diesem Husarenstück trugen beide den Andreasorden, der im Jahre 1699 in Erinnerung an den legendären ersten christlichen Apostel als höchste russische Auszeichnung von Peter selbst gestiftet worden war.

Die Ostsee war erreicht. Doch Peter hatte noch viele überschüssige Kräfte.

Nur dieser russische Zar konnte die Entscheidung treffen, an der Newamündung eine Stadt zu bauen. Obwohl hier schon der alte Handelsweg »von den Warägern zu den Griechen« entlangführte, war es in all den Jahrhunderten keinem Herrscher eingefallen, an dieser Stelle eine größere Siedlung zu errichten. Das Gelände war sumpfig, zahlreiche Inselchen und Wasserläufe bildeten ein Delta, das oft von Überschwemmungen heimgesucht wurde. Da und dort versuchten wenige Menschen in kleinen Fischerdörfern zu überleben.

Doch für Peter war dieses Stück Wasserland geradezu ideal. Ein Hafen sollte entstehen, eine beeindruckende Stadt sich anschließen. Der schlechte Untergrund forderte Peters Tatendrang nur noch mehr heraus. Auch Amsterdam war auf Pfählen errichtet worden; und war es nicht durch seine vielen Kanäle ganz besonders reizvoll? Der 16. Mai 1703 wurde zum Gründungstag von Petersburg oder Piterburch, wie Peter die künftige Stadt nannte. Um den Platz zu sichern, wurde als erstes auf einer Insel die Peter-Pauls-Festung errichtet, zunächst aus Holz, doch schon bald aus Stein. Fast gleichzeitig entstand die erste Werft.

Heerscharen von Arbeitern waren damit beschäftigt, die Sümpfe zu entwässern, Holzfundamente zu legen, Baumstämme in den Boden zu rammen und Häuser zu konstruieren. Eine Verordnung aus jenen Jahren besagte, daß im ganzen übrigen Rußland nur mehr Holzhäuser gebaut werden durften. Damit wollte Peter erreichen, daß sämtliche Maurer und Steinmetzen des Landes nach Petersburg abgezogen werden konnten.
Viele beschönigende Geschichten entstanden um den Bau dieser neuen Hauptstadt. Tatsache ist, daß dabei Tausende und Abertausende ums Leben kamen, daß Hochwasser das eben Errichtete wieder zerstörte und daß Unsummen in diesen Kampf gegen die Natur gesteckt wurden. Doch bereits im November 1703 erreichte das erste Schiff aus Holland den Hafen. Der Kapitän und die Matrosen dieses Schiffs wurden von Menschikow, dem Gouverneur der neuen Hafenstadt, aufs üppigste bewirtet.
Aus der Nähe betrachtet, ging es mit dem Bau der neuen Hauptstadt jedoch nicht so schnell voran, wie es sich Peter vorgestellt hatte. Sieben Jahre nach ihrer Gründung lebten in Petersburg erst knapp achttausend Einwohner. Das lag zum einen daran, daß die Pläne ständig umgeändert und neu ausgearbeitet werden mußten; zum anderen zog es die Bojaren, trotz ständigen Drucks aus dem Kreml, nur sehr zögerlich nach Petersburg. Keiner wollte sein *Mütterchen Moskau* verlassen.
Es war nicht nur die ungünstige Lage in den Sümpfen, die die Russen davon abhielt, die Stadt zu beleben. Die ins Landesinnere führenden Straßen waren so schlecht, daß man für lange Zeit mehrere Wochen brauchte, um die Strecke von Moskau nach Petersburg zu bewältigen. Die Versorgung war ungenügend, und die Waren mußten teuer bezahlt werden, da die Transportwege sehr umständlich waren. Ein sichtbarer Aufschwung trat erst ein, als Handwerker in großer Zahl in Petersburg zwangsangesiedelt wurden. Für Peter aber war und blieb die Stadt zeit seines Lebens ein verhätscheltes Lieblingskind. Er selbst wohnte in einem kleinen Häuschen im holländischen Stil, während ringsherum die Verwaltungsgebäude und Paläste der Würdenträger sich ausbreiteten.
Die Schweden aber waren noch immer nicht geschlagen. Mehrfach hatten sie versucht, die in Bau befindliche Stadt zu zerstören. Doch immer wieder wurden sie zurückgedrängt, ja, Rußland konnte seinen Besitz durch die Eroberung verschiedener schwedischer Festungen sogar erweitern.

Auf der Höhe

Die große Abrechnung mit Karl XII. stand noch aus. Dieser Tag kam, nachdem August der Starke von den Schweden bezwungen worden war; es kam der 27. Juni 1709, die Schlacht von Poltawa, in der Peters Stern ganz besonders hell strahlte und er viele seiner Fehler und Mißgriffe der Vergangenheit ungeschehen machen konnte.

Dieses Mal stand das Glück auf Peters Seite. Es näherte sich zunächst in Form eines Kosakenaufstandes.

Die ersten Romanowzaren hatten es immer wieder mit diesen aufrührerischen *Adlern der Steppe* zu tun. Die Kosaken ließen sich in kein Verwaltungssystem zwängen, dienten zwar »Gott und Vaterland« und zuweilen auch dem Zaren, doch sie waren unberechenbar und als Verbündete schlecht geeignet. Vor allem in den südlichen Steppengebieten trieben sie ihr Unwesen; mal waren es die Kosaken vom Don, mal die von der Wolga, die Aufstände anzettelten und dadurch mehr als einmal das immer noch labile Staatsgefüge ins Wanken brachten. Erst Katharina der Großen sollte es gelingen, diese ständigen Unruhestifter zu bändigen.

Während Zar Peter im Norden seines Landes Festung um Festung eroberte, aber dennoch Kurland nicht halten konnte und einige eroberte Stellungen wieder aufgeben mußte, brachen im Süden des Landes Unruhen aus.

Zunächst revoltierte die Bevölkerung von Astrachan, die überhaupt kein Verständnis dafür hatte, daß sie hohe Steuern für einen Krieg entrichten mußte, der Hunderte von Kilometern von ihrer Stadt entfernt geführt wurde. Die Steuern wurden häufig mit Brachialgewalt von den bereits verarmten Untertanen eingetrieben. Ein Aufbegehren erschien unabwendbar. Alles andere konnte Peter bei seinen Aktionen gegen die Schweden gebrauchen, nur keine Unruhen im eigenen Land. Er schickte Truppen in den Süden, um die Aufrührer zur Räson zu bringen. Der Aufstand wurde blutig niedergeschlagen.

Erstaunlicherweise hatten die Kosaken, die am unteren Don siedelten, Ruhe bewahrt und nicht mit den Leuten von Astrachan gemeinsame Sache gemacht.

Dafür kam es im Sommer 1707 zu einem Kosakenaufstand am oberen Don. Das Land stöhnte unter der Steuerlast, die durch Peters militärische Unternehmungen immer drückender wurde. Die ständigen Rekrutierungen für die Armee und zum Aufbau der Flotte hatten eine Bauernflucht ausgelöst; in Scharen streiften sie durch das Land und fanden Schutz bei den Kosaken. Russische Truppen wurden ausgeschickt, um die Flüchtlinge zusammenzutreiben. Dabei kam es zu heftigen Kämpfen zwischen aufrührerischen Donkosaken, die von Kondratij Bulawin angeführt wurden, und den zarentreuen Kosaken, die im russischen Heer dienten. Bulawin mußte fliehen. Er fand Zuflucht bei den Saporoger Kosaken in der Ukraine. Diese galten als besonders aufrührerisch. Sie lebten auf einer Insel im Dnjepr, hatten ihre eigene »Kosakenrepublik«, die *Saporoger Setsch*, gegründet und unternahmen von dort ständig Streifzüge in die polnischen und türkischen Grenzgebiete. Bulawin übernahm die Führerrolle und rief zu einer Revolte gegen Fürsten, Bojaren, Unterdrücker und Ausländer auf. Ihm schlossen sich dreitausend Saporoger Kosaken und sechstausend Kosaken vom oberen Don an, die ein Band der Verwüstung durch den Süden Rußlands zogen.

In Tscherkask, dem heutigen Starotscherkask, setzte man sich fest und unternahm von dort aus Versuche, an der Wolga und in Asow Fuß zu fassen. Beides mißlang, dafür näherten sich die russischen Truppen unaufhaltsam dem »Kosakennest«. Die Lage der Aufständischen war aussichtslos; um einer Bestrafung zu entgehen, erhoben sie sich gegen ihren Anführer Bulawin, der keinen anderen Ausweg sah, als sich umzubringen. Noch lange dauerten die Kämpfe gegen die Kosaken am Don, bis endlich der Aufstand niedergerungen war. Viele Kosaken konnten jedoch fliehen. Sie ließen sich am Dnjepr, andere am Kuban nieder.

Parallel dazu führte Peter immer noch Krieg gegen die Schweden. Doch zunehmend mußte er seine Truppen dezimieren, aufsplittern, um an anderen Schauplätzen im Lande einzugreifen und Ruhe zu schaffen. In Polen hatte sich inzwischen die Lage sehr verändert. August der Starke war im September 1706 gezwungen worden, mit den Schweden Frieden zu schließen. Wenig später legte er die polnische Krone nieder. Die Schweden waren in Sachsen einmarschiert. Absichtlich ließ August den russischen Zaren im unklaren darüber, daß es einen Friedensschluß gegeben hatte. Er hoffte immer noch, daß es zu einer Entscheidung zwischen Russen und Schweden in Polen kommen könnte. Trotz des Friedensvertrages nahmen sächsische und polnische Truppen an der Seite der Russen an der Schlacht bei Kalisch teil. Es war die größte militärische Herausforderung des bisherigen Krieges. Und es war der erste bedeutende russische Sieg. Alexander Menschikow, *Generalgouverneur von Ingermanland, Fürst des Römischen Reiches* und *Feldmarschall*, gelang dieses Kunststück. Peter feierte diesen Triumph seines Günstlings mit einem dreitägigen Festgelage.

Doch eine Wende im Krieg mit den Schweden brachte dieser Sieg nicht. Schweden hatte Sachsen fest in der Hand. Und obwohl Peter bereit war, Frieden zu schließen, und Verbündete in Österreich, England und Frankreich suchte, wollte Karl XII. von einem Frieden nichts wissen; es sei denn, der Zar würde die ganze Ostseeküste räumen. Welch ein Ansinnen! Nie und nimmer konnte Peter einwilligen, seine Stadt Petersburg aufzugeben. Der Krieg mußte weitergehen, und Rußland hatte sich auf eine schwedische Invasion vorzubereiten.

Befestigungsanlagen wurden gebaut und vorhandene verstärkt, selbst um Moskau herum entstanden neue Bollwerke. Die Bevölkerung an der westlichen Grenze wurde davon unterrichtet, daß sie notfalls evakuiert werden würde. Ende Januar 1708 standen die Schweden bereits vor Minsk, wo sie wegen der schlechten Witterungs- und Wegeverhältnisse ein Winterlager bezogen.

Währenddessen entschieden sich Peter und seine Berater, die russischen Truppen auf einem verhältnismäßig breiten Raum zu verteilen; eine Entscheidung, die den Schweden ermöglichte, im Juli bis an den Dnjepr vorzudringen. Smolensk war bedroht. Um eine Eroberung dieser Stadt zu verhindern, griff Peter zum bewährten Mittel der »verbrannten Erde«. Er räumte einen großen Gebietsstreifen, ließ Häuser und Höfe zerstören und alle Lebensmittel- und Futtervorräte abtransportieren. Die Russen wußten um die Kriegsführung der Schweden, die sich den Nachschub immer aus dem besetzten Land holten. Es blieb Karl XII. nichts anderes übrig, als möglichst schnell in die Ukraine auszuweichen, wo er die nötige Versorgung zu finden hoffte. Außerdem baute er auf die Unterstützung des Kosakenführers Iwan Maseppa, der – einst ein treuer Anhänger des Zaren – heimlich Verbindung mit den Schweden aufgenommen hatte. Er hoffte mit schwedischer Hilfe seinen Traum zu verwirklichen, die Schaffung einer freien Ukraine.

Als Karl XII. in der Ukraine ankam, mußte er voller Schrecken feststellen, daß Maseppa nur über eine verschwindend kleine Anhängerschaft verfügte, daß seine Verhandlungen mit den Schweden ein Alleingang waren; die Mehrzahl der Kosaken unterstützte den Zaren. Als zudem ein großer Versorgungstroß den Russen in die Hände fiel, begann sich die Katastrophe für die Schweden deutlich abzuzeichnen.

Karl XII. geriet immer weiter in die Zwickmühle. Auch der türkische Sultan verweigerte seine Unterstützung; es wird berichtet, daß der russische Gesandte in der Türkei, Pjotr Tolstoj, reichlich Bestechungsgelder verteilt hatte.

Der Winter 1708/09 war außergewöhnlich streng, vielleicht der härteste des ganzen Jahrhunderts. Das plötzlich einsetzende Tauwetter im Februar 1709 verwandelte Straßen und Wege in unpassierbare

Schlammwüsten. Der schwedische Plan, nach Moskau zu marschieren, zerschlug sich. In der Ukraine konnten die Truppen nicht bleiben, denn hier hatte gegen sie schon längst ein Partisanenkrieg der Bevölkerung begonnen. Beide Seiten, Schweden und Russen, wußten, daß die Entscheidung bevorstand, sobald das Wetter sich bessern würde. Bis dahin versuchten die Schweden, ihre Versorgung zu regeln, was die Russen beständig zu verhindern suchten.

Die Situation der Schweden verschlechterte sich von Woche zu Woche. Im Frühjahr begann Karl XII. das Städtchen Poltawa zu belagern. Vergebens machten ihn seine Offiziere darauf aufmerksam, daß die Pulvervorräte zur Neige gingen, doch insgeheim hoffte der König, daß die Türken doch noch in den Krieg eingriffen. Die Belagerung Poltawas zog sich in die Länge, während Peter in aller Ruhe seine militärischen Kräfte sammeln konnte.

Der 27. Juni 1709 brachte die entscheidende Schlacht; nach wenigen Stunden stand der russische Sieg fest. Peter ließ auf dem Schlachtfeld einen Dankgottesdienst abhalten, und seine besten Offiziere wurden mit Geschenken und Auszeichnungen überhäuft. Der Zar selbst beantragte für sich die Ernennung zum Generalleutnant.

Abends fand ein großes Festbankett statt. Zu Ehren der gefangenen schwedischen Generäle, die überraschenderweise gut behandelt wurden, erhob Peter seinen Pokal und dankte ihnen als seinen Lehrmeistern. Doch der schwedische König und auch Masseppa befanden sich nicht unter den Gefangenen. Karl XII. hatte wenige Tage vor der Entscheidung eine Fußverwundung erlitten, die Schlacht selbst beobachtete er von einer Bahre aus und war – von Masseppa und einigen Soldaten begleitet – auf türkisches Gebiet entkommen.

Am 21. Dezember 1709 ritten Peter und Menschikow im Triumphzug in Moskau ein. Die schwedischen Offiziere mußten zu Fuß voranmarschieren. Tagelang dauerten die Festlichkeiten und Empfänge, Feuerwerke erhellten die Stadt. Die Schweden waren besiegt, der Weg zur Ostsee war für Rußland frei.

Doch der Krieg war damit noch nicht zu Ende. Erst Ende August 1721 wurde in Nystadt ein Friedensvertrag geschlossen. Schweden verlor sämtliche Ostseeprovinzen, und Rußland trat endgültig in die Reihe der europäischen Großmächte ein. An einen in Paris weilenden russischen Fürsten schrieb Peter voller Glück: »Alle Schüler beendigen ihre Studien in der Regel in sieben Jahren. Unsere Schule aber ist dreimal so lang gewesen, hat indessen, Gott sei Dank, ein so gutes Ende genommen, daß es nicht besser hätte sein können.«

Als Siegesfeier fand eine mehrtägige öffentliche Maskerade statt, zu der ganz Petersburg eingeladen war. Peter war ausgelassen wie schon lange nicht mehr. Er mischte sich unter das Volk, tanzte auf den Tischen und sang.

Am 20. Oktober 1721 wurde er vom Senat ersucht, die Titel eines *Vaters des Vaterlandes*, eines Imperators sowie den Beinamen der Große anzunehmen. In einer Rede an den neuen Imperator hieß es, daß Peter das russische Volk *aus dem Nichtsein zum Sieg* erhoben habe.

Preußen und die Niederlande erkannten Peters Titel als Imperator sofort an. Schweden ließ sich damit zwei Jahre Zeit. Österreich, England, Frankreich und Spanien warteten mit der Anerkennung bis einige Jahre nach Peters Tod.

Die militärischen Unternehmungen, zu denen auch Auseinandersetzungen mit der Türkei und Persien gehörten, scheinen Peters sonstiges Leben, seine Person in den Hintergrund gedrängt zu haben. Vor allem der Feldzug gegen die Schweden zeigt, mit welcher Energie und mit welchen fast übermenschlichen Kräften er den Zugang zur Ostsee erzwingen wollte. Der Zugang zum Schwarzen Meer blieb ihm zeit seines Lebens verwehrt. Längst wissen wir, daß sich dieser Romanow nicht mit herkömmlichen Maßstäben messen läßt. Alles, was er tat, geschah im Bewußtsein, Herrscher eines Landes zu sein, dessen Volk er nach Belieben biegen konnte. Er wurde geliebt und gehaßt.

Peter privat

Peter trug den Beinamen *der Große*, doch er hätte genausogut *der Starke* heißen können. Er konnte silberne Teller zusammenrollen und Hufeisen verbiegen. Seine Größe, über zwei Meter, beeindruckte. Als er noch jung war, etwa während seiner Reise durch Europa, bemerkten viele Damen der Gesellschaft, daß er recht angenehme und wohlgestaltete Gesichtszüge hatte. Wären doch nur seine Manieren besser gewesen!

Etwa zwanzig Jahre später hatte in seinem Gesicht etwas Rohes, Furchteinflößendes die Oberhand gewonnen. Wild und grausam erschien er besonders dann, wenn er seine nervösen Gesichtszuckungen nicht beherrschen konnte. Das Leben hatte ihn, den Giganten, gezeichnet. Er konnte jähzornig, im nächsten Moment ausgleichend, fast milde sein. Aber eigentlich wußte man nie, wie man sich ihm gegenüber verhalten sollte.

In einem Zeitalter, in dem überall in Europa großer Wert auf Pracht und Prunk gelegt wurde, muteten Peters Einfachheit und Schlichtheit sehr merkwürdig an. Er legte keinen Wert darauf, durch großartigen höfischen Prunk auf seine Stellung aufmerksam zu machen. Jedes Hofzeremoniell war ihm zuwider. Baute er seinen Günstlingen Paläste und überschüttete sie mit Ehrenzeichen, so wohnte er selbst am liebsten in einem einfachen Holzhaus. Vielleicht kokettierte er mit dieser Bescheidenheit, doch das wäre dem Volk gegenüber der falsche Weg gewesen. Er war der Zar, und für das russische Volk bedeutete dies vor allem äußerlichen Glanz, je mehr, desto besser. Und je glanzvoller die Umgebung des Zaren, desto glanzvoller er selbst, um so tiefer verneigte man sich vor seiner Unnahbarkeit.

Doch die Ausschweifungen des Zaren enttäuschten die Erwartungen des Volkes. Peter trank unmäßig. Das war für einen Russen eigentlich nichts Ungewöhnliches, doch er übertrieb. Schließlich war er der Zar, ein Gesalbter, und kein russischer Bauer.

Auch seine Frauengeschichten erregten Anstoß, holte er sich seine Freuden doch bei den ausländischen Teufelinnen. Peter war mit seinen Gespielinnen nicht sehr wählerisch, und mit Romantik hatten seine Liebschaften nichts zu tun. Sein Leibarzt behauptete, er habe »eine Legion von Teufeln der Wollust« im Leibe. Er muß auch zahlreiche Nachkommen gehabt haben, wie Markgräfin Wilhelmine, die Peter und seine zweite Gemahlin in Berlin getroffen hatte, berichtete: »Die meisten Frauen waren deutsche Mägde und taten Hofdamen-, Kammerfrauen-, Köchinnen- und Wäscherinnendienste. Beinahe alle diese Kreaturen hatten reichgekleidete Kinder auf den Armen, und wenn man sie fragte, ob sie ihnen gehörten, antworteten sie mit einem russischen Kratzfuß: Ich habe dieses Kind durch die Gnade des Zaren bekommen.« An die vierhundert Frauenzimmer sollen den Zaren und seine Gattin begleitet haben.

Peter *besaß* viele Frauen. Doch keiner – mit Ausnahme seiner geliebten Katinka – baute er irgendwelche Lustschlösser oder überhäufte sie mit kostbaren Geschenken. Als Liebhaber war er geradezu krankhaft geizig. Eine Schauspielerin, die ihm den Aufenthalt in London versüßt hatte, beschwerte sich bitterlich über seine Knickerigkeit. Peters Jugendliebe aus der Deutschen Vorstadt, die hübsche Anna Mons, mußte ihm alle Geschenke zurückgeben, als sie den preußischen Gesandten Graf Keyserlinck heiratete. Peter grollte ihr deswegen, doch nicht allzu lange.

Obwohl Zar Peter nicht gerade ein Kavalier war, der die Frauen zuvorkommend und zärtlich behandelte, und er sich die Frauen nahm, wie es ihm paßte, hat er doch eins bedacht: sein umfassendes Reformwerk kam auch den Frauen zugute. Er lockerte alle Zwänge, die den russischen Frauen seit Jahrhunderten orientalische Zurückgezogenheit auferlegt hatten; der Terem, das Frauengemach, verlor seinen Schrecken. Die Türen öffneten sich. Nicht nur Licht und Luft drangen in die dunklen Gemächer ein, sondern auch eine freiere, vergnügliche Lebensart.

Der Vater, der Ehemann

Peters Ehe mit Eudoxia Lopuchina war nicht von Dauer. Es war keine Liebesheirat gewesen, obwohl die junge Frau alles getan hatte, um Peter zu gefallen. Sie stammte aus einer alten, ehrwürdigen Moskauer Familie, aus jenen muffigen Kreisen, die Peter mit aller Macht zu ändern versuchte. Eudoxias Umgebung war ganz vom Terem geprägt, war eingeschränkt, abergläubisch, fromm, der Tradition zutiefst ergeben. Schon während seiner ersten Auslandsreise versuchte Peter, seine Gattin, die er immer wieder betrogen hatte, zum freiwilligen Eintritt in ein Kloster zu bewegen. Er erteilte dazu zwei Vertrauten, die in Moskau geblieben waren, entsprechende Weisung, auf Eudoxia einzuwirken. Sie lehnte strikt ab.

Nach seiner Rückkehr aus Europa versuchte Peter selbst, in einem persönlichen Gespräch Eudoxia zu überzeugen, daß sie in einem Kloster doch am besten aufgehoben sei. Nun mußte sie wohl oder übel nachgeben. Ihre Reise in ein Kloster der Stadt Susdal, nordöstlich von Moskau, kam einer Verbannung gleich. Die Gattin des Zaren und Mutter des Thronfolgers Alexej saß in einem einfachen Bauernwägelchen. Auch das Leben, das sie nun hinter Klostermauern führen mußte, war weit von dem entfernt, was andere weibliche Verwandte des Zaren in verschiedenen Klöstern führten. Eudoxia lebte ausschließlich von den Zuwendungen ihrer eigenen Familie. Der Zar lehnte es ab, für sie zu sorgen. Fast zwanzig Jahre lang lebte sie so zurückgezogen, doch ihr Name blieb im Volk lebendig. Als sie wieder an die Öffentlichkeit trat, spielte sich eine neue Tragödie ab, in deren Mittelpunkt ihr Sohn Alexej stand. Alexej war am 18. Februar 1690 geboren worden. Er hatte noch einen jüngeren Bruder, der jedoch bald starb. Die ersten Jahre verbrachte Alexej ganz in der Obhut seiner frommen Mutter. Nachdem sie verstoßen worden war, gab Peter seinen Sohn zunächst unter den Schutz seiner Schwester Natalja. Er war achteinhalb Jahre alt und ein scheues, mißtrauisches Kind, ganz anders als sein Vater. Den ersten Unterricht erhielt Alexej bei einem russischen, dann bei einem deutschen Lehrer.

Er wurde in seinen ersten »Lehrjahren« ständig zwischen der alten moskowitischen Welt, die auch seine Mutter verkörpert hatte, und der neuen, der ausländischen, die seinen Vater faszinierte, hin- und hergerissen. Hatte der russische Lehrer ihm etwas beigebracht, so entlarvte sein deutscher Lehrer dies umgehend als falsch. Auch blieb ihm keineswegs verborgen, daß seine Mutter in Ungnade gefallen war, daß an dieser Entzweiung der Vater die Hauptschuld trug. Doch Peter kümmerte sich nicht persönlich um den Knaben, er ließ sich über seine Entwicklung nur berichten. Was er hörte, gefiel ihm gar nicht. Mit Vorliebe las der Sohn religiöse und sonstige erbauliche Schriften. Mit dem Fasten hielt er es so genau, daß Peter ihn ermahnen ließ, es nicht so ernst zu nehmen, denn strenges Fasten würde Gesundheit und Kraft kosten. Alexej ließ sich nicht beirren. Statt an militärischen Übungen Spaß zu finden oder sich überhaupt körperlich zu betätigen, lernte er lieber die deutsche und französische Sprache. Doch nur für kurze Zeit genoß er einen systematischen Unterricht.

Mit Mißfallen sah Peter einen, wie er meinte, verweichlichten Sohn heranwachsen. Um ihn abzuhärten, beorderte er ihn als gemeinen Soldaten in den Nordischen Krieg und übergab ihn seinem Busenfreund Menschikow. Der nahm Peters Absicht, aus Alexej einen Mann zu machen, sehr wörtlich und schikanierte und verprügelte ihn bei jeder nur passenden Gelegenheit. Immer wieder ließ Peter Alexej wissen, daß er in seine Fußstapfen treten müsse und es daher notwendig sei, die militärische und politische Staatsführung von der Pike auf zu lernen. Ab und zu bemühte sich Alexej, seinem Vater zu gefallen, doch im Grunde seines Herzens haßte er ihn. Er flüchtete sich in eine eigene Welt und sah sich selbst als Opfer des übermächtigen Vaters.

Zeitweise versuchte er einen Ausweg zu finden und scharte einige Berater um sich. Es waren engstirnige, verbohrte Leute, meist aus alten Bojarengeschlechtern, die ordentlich Stimmung gegen Peters Neuerungen machten. Mehr als einmal beklagte sich Alexej weinerlich bei seinen Freunden, daß sein Vater sich nicht um ihn kümmere und daß man ihn habe absichtlich verkommen lassen. Nein, ein Dummkopf sei er keineswegs, doch er habe einfach keine Kraft, etwas zu tun. Ihm fehlte jede eigene Initiative. Doch einmal verletzte er sich absichtlich an der Hand, um einem Examen im Zeichnen, das sein Vater angeordnet hatte, zu entgehen.

Des öfteren wurde Alexej ins Ausland geschickt, nach Dresden und auch nach Mecklenburg. Großen Eindruck machte das nicht auf ihn. Auf Betreiben seines Vaters heiratete er 1711 Prinzessin Charlotte von Wolfenbüttel. Endlich war es einem Romanow gelungen, auslän-

dische Heiratspläne zu verwirklichen. Fast gleichzeitig mit der Heirat Alexejs konnte Peter auch seine Nichten Katharina und Anna, die Töchter des schwachsinnigen Iwan, nach Mecklenburg und Kurland verheiraten.
Alexejs Hochzeit mit Charlotte fand in Torgau statt. Ausgerichtet wurde sie von August dem Starken, da Charlotte von der Kurfürstin von Sachsen erzogen worden war. Es gab lange Verhandlungen über die Höhe der Mitgift und der Apanage. Bei der Hochzeit scheint diese Angelegenheit noch längst nicht geklärt gewesen zu sein, denn in Moskau litt Charlotte unter chronischem Geldmangel. Alexej scheint anfangs sogar ein bißchen vernarrt in seine Frau gewesen zu sein, und auch Peter soll seinen Sohn nicht mehr so schroff behandelt haben. Er zeigte seiner Schwiegertochter gegenüber geradezu Wohlwollen.
Doch Alexej verlor bald das Interesse an seiner Frau. Er stand ihr nicht bei, als sie sich in Moskau von lauter Mißgunst umgeben sah. Er half ihr nicht, als sie sich beklagte, nicht standesgemäß behandelt zu werden. Alexej entfloh den häuslichen Streitereien und gesellte sich wieder zu seinen ältlichen Bojarenfreunden.
Als Charlotte bereits hochschwanger war, verließ Alexej sie ohne Abschied und reiste nach Karlsbad zur Kur. Er war ein halbes Jahr fort und schrieb kein einziges Mal an seine Frau, die inzwischen eine Tochter geboren hatte. Wieder zurückgekehrt, begann er ein Verhältnis mit der leibeigenen Finnin Afrosinja. Höchstens einmal in der Woche besuchte er seine Frau. Sie gebar ihm am 12. Oktober 1715 einen Sohn, der den Namen Peter erhielt. Charlotte starb bei seiner Geburt.
An dem Tag, an dem Charlotte zu Grabe getragen wurde, stellte Peter seinen Sohn vor die Alternative, sich entweder ernsthaft den Staatsgeschäften zuzuwenden oder auf die Thronfolge zu verzichten. Peter machte das schriftlich, nicht ohne vorab eine Liste sämtlicher Fehler Alexejs aufgestellt zu haben. Alexej antwortete umgehend. Er erklärte, daß ein »so verfaulter Mensch« wie er unmöglich die Thronfolge antreten könne und er somit auf seine Rechte verzichte.
Peter ließ mit einer Antwort auf sich warten, da er selbst erkrankt war. In seiner Depesche vom Januar 1716 aber hieß es:
»Du hassest, was ich auf Gefahr meiner Gesundheit für meine Untertanen tue, und du würdest nach meinem Ableben alles wieder vernichten, und darfst also nicht bleiben, was du wünschest: weder Fisch noch Fleisch. Nun denn, ändere dich und sei ein würdiger Nachfolger, oder geh ins Kloster, weil sonst mein Herz nicht ruhig sein kann, besonders jetzt, da ich so wenig gesunde Tage habe.«
Alexej antwortete, daß er Mönch werden wolle und dazu um Peters

Einwilligung bitte. Freunde hatten Alexej allerdings geraten, einem Geistlichen anzuvertrauen, daß er unter Zwang ins Kloster gehe. Er hielt sich also einen Ausweg offen.

Im Jahre 1716 reiste Peter nach Holland und nach Paris. Von Kopenhagen aus forderte er seinen Sohn auf, entweder sofort Mönch zu werden oder umgehend zu ihm zu kommen. Alexej ließ durch Menschikow erwidern, daß er unverzüglich zum Vater reisen werde. Er lieh sich von Peters Günstling eine beträchtliche Summe Geld und machte sich in Richtung Kopenhagen auf den Weg. In seiner Begleitung war Afrosinja, als Page verkleidet. Doch unterwegs änderte Alexej seine Reiseroute und fuhr nach Wien. Er nutzte die Gelegenheit zur Flucht, an die er schon häufiger gedacht hatte. Man gewährte ihm Asyl. Alexej lebte zunächst in der Nähe von Wien, dann auf Schloß Ehrenberg in Tirol. Doch Peters Spione waren ihm auf den Fersen. Alexej reiste nach St. Elmo bei Neapel weiter. Dort wurde er von Pjotr Tolstoj aufgespürt, der ihn listenreich überredete, nach Rußland heimzukehren. Nichts anderes als väterliche Gnade würde ihn dort erwarten.

Alexej reiste zurück nach Moskau. Er war verwundert, daß sich unterwegs so viele Menschen vor ihm zu Boden warfen und Gottes Segen erbaten, sobald sie ihn erkannten. Auch seine Freunde wunderten sich sehr, daß er dem Drängen seines Vaters so schnell nachgegeben hatte, und vor allem, daß er so naiv war, Peters Versprechungen zu glauben. Alexej glaubte wirklich daran. Er kehrte heim, wollte Afrosinja heiraten und irgendwo, fernab von Petersburg, als bescheidener Gutsbesitzer leben.

Am 31. Januar 1718 traf Alexej in Moskau ein. Einige Tage später mußte er vor dem Zaren erscheinen, der Fürsten, Bojaren und Geistliche um sich geschart hatte. Alexej fiel vor seinem Vater auf die Knie und bat inständig um Verzeihung. Diese sollte ihm aber nur gewährt werden, wenn er auf den Thron verzichtete, Peters inzwischen dreijährigen Sohn Peter als Thronfolger anerkannte und genau Auskunft gab, wer von all den Fluchtplänen gewußt hat.

Alexej tat, was man von ihm verlangte. Er gab alle Namen aus seiner nächsten Umgebung preis. Die Männer wurden sofort der Folter unterworfen. Immer neue Namen wurden genannt, auch die sehr hoch gestellter Persönlichkeiten bei Hofe. Und in Peter keimte der Verdacht, daß auch seine erste Frau Eudoxia und deren einstiger Geliebter in eine gegen ihn gerichtete Verschwörung verwickelt waren. Der Geliebte wurde hingerichtet, obwohl er überhaupt keinen Kontakt mehr zu Eudoxia hatte. Die Liebesgeschichte lag zehn Jahre zurück. Eudoxia wurde verprügelt und dann in ein abgelegenes Kloster am Ladogasee gebracht. Doch damit war ihr Schicksal immer noch nicht besiegelt. Nach dem Tod Peters des Großen kam sie in die Festung Schlüsselburg, wo sie zwei schreckliche Jahre verbrachte. Das war die Rache Katharinas, der zweiten Frau Peters des Großen. Doch noch einmal sah Eudoxia den Glanz des Hofes, öffneten sich die Kerkertüren.

Als ihr Enkel Peter den Thron bestieg, durfte sie in die Welt zurückkehren und noch einmal alle Ehren empfangen, die ihr zustanden. Doch sie konnte mit dieser Welt nichts mehr anfangen und kehrte ins Kloster zurück. Es war das Kloster, in dem Peters Halbschwester Sophia ihre letzten Tage verbracht hatte. Hier starb sie bald nach ihrer Rückkehr.

Doch was geschah mit Alexej?

Auch noch so gründliche Nachforschungen ergaben keinen Hinweis, daß Alexej den Tod seines Vaters geplant hatte. Doch dann belasteten ihn die Aussagen seiner Geliebten Afrosinja schwer. Sie berichtete, daß Alexej nach dem Thron gestrebt habe, daß er jede Aktion, die gegen Peter gerichtet war, freudig begrüßt und sich sogar mit dem österreichischen Kaiser verbündet habe. Zumindest dies war eine reine Lüge. Daß Alexej die Flotte abschaffen und das Heer verkleinern wollte, war schon eher glaubhaft.

Peter hatte Alexej nach Petersburg bringen lassen. In der Peter-und-Pauls-Festung eingekerkert, gab er schließlich nach grausamer Folterung alles zu, was sein Vater zu hören wünschte. Der Zar forderte die geistlichen und weltlichen Würdenträger, die den Gerichtshof bildeten, auf, über Alexej das Urteil zu sprechen. Die Geistlichkeit weigerte sich und appellierte an den Vater, an seine Milde und Nachsicht für den Sohn. Das weltliche Gericht sprach am 24. Juni 1718 das Todesurteil aus. Alexej wurde noch einmal gefoltert. Doch das Todesurteil konnte nicht mehr vollstreckt werden. Alexej starb am 26. Juni, vermutlich an den Folgen der Tortur.

Ein englischer Gesandter berichtete später in seinen Memoiren: »Der Zar gab den Befehl, den Körper des Prinzen einbalsamieren zu lassen. Der Leichnam wurde in einen Sarg gelegt, den man mit schwarzem Samt bedeckte. Darüber breitete man ein reich mit Gold durchwirktes Tuch. Man transportierte ihn aus dem Schloß in die Kirche der Heiligen Trinität, wo man ihn bis elf Uhr abends beließ. Darauf trug man ihn ins Schloß zurück und setzte ihn im fürstlichen Grabgewölbe, neben dem Sarkophag der Prinzessin, seiner Gattin, bei. Der Zar, die Zarin und die Spitzen des Adels nahmen feierlich an dieser Zeremonie teil. Über den Tod des Zarewitsch wurden verschiedene Berichte in Umlauf gesetzt. Man verbreitete im Publikum die Version, daß der Prinz beim Verlesen des Todesurteils vor Schrecken einen Schlaganfall erlitten habe und daran gestorben sei. Nur sehr wenige Personen glaubten an einen natürlichen Tod, doch es war gefährlich, zu sagen, was man dachte.«

Peter und Marfa Skwaronskaja

Mehrfach wurde schon erwähnt, daß Peter ein zweites Mal geheiratet hatte. Wer war diese zweite Ehefrau, der er angeblich sehr zugetan war? Abenteuerliche Geschichten ranken sich um Katharina, die eigentlich Marfa Skwaronskaja hieß und 1684 geboren wurde. Ihre Eltern waren litauische Bauern, die ihre Tochter, ein hübsches, dralles Mädchen, dem Marienburger Probst Glück als Magd anvertraut hatten. Sie wurde mit einem schwedischen Dragoner verheiratet, doch als Marienburg von dem russischen General Scheremetjew belagert wurde, wehrte sie sich nicht dagegen, dessen Geliebte zu werden.

Marfa, oder Martha, genoß das Leben an der Seite des Generals; sie war eine Frohnatur, kannte die Launen der Männer zur Genüge und fand immer ein Gegenmittel. In diesen harten Kriegszeiten, der Nordische Krieg war in vollem Gange, war es besser, an sich zu denken. Marfa war fleißig; bei Pastor Glück war sie durch eine strenge Schule gegangen – sie putzte, wusch und kochte mit Leidenschaft.

Zunächst entdeckte Scheremetjew ihre Vorzüge, doch dann wurde Peters Liebling und Herzensbruder Alexander Menschikow auf sie aufmerksam. Er entführte Marfa kurzerhand, und nun hielt sie ihm die Stuben sauber und erfreute ihren neuen Herrn durch ihre Gegenwart. Menschikow, sonst ein Aufschneider und Haudegen, hielt Marfa fast eifersüchtig verborgen. Doch Gerüchte machten die Runde, unter anderem, daß es plötzlich bei Menschikow zu Hause auffallend reinlich sei. Peter, der allem Gerede immer selbst auf den Grund gehen wollte, machte einen Überraschungsbesuch bei Menschikow. Man trank etliche Flaschen Wein, und Menschikow wurde allmählich betrunken. Peter begann mit seinem Verhör und ärgerte Menschikow wegen der plötzlichen Akkuratesse seines Haushaltes so sehr, bis dieser endlich zugab, wer dafür verantwortlich war. Es nutzte nichts, daß er Martha als Bauerndirne hinstellte, als eine Leibeigene. Peter wollte sie sehen, und sie gefiel ihm auf Anhieb. Menschikow ahnte das Unheil und fing mit Peter einen Streit an. Er wollte Martha nicht hergeben. Sie schwieg dazu, ließ alles auf sich zukommen. Sie war es gewohnt, die Dinge mit sich geschehen zu lassen und niemanden zu verärgern.

Vielleicht hatte sie auch instinktiv gespürt, daß sich hier zwei Männer mehr als freundschaftlich zugetan waren. Von einem homoerotischen Verhältnis zwischen Menschikow und Peter wird immer wieder berichtet.

Martha aber, die nach ihrem Übertritt zum orthodoxen Glauben nun Katharina Alexejewna hieß, verteilte zunächst ihre Gunst auf Menschikow und Peter. 1706 gelang es Peter, Katharina endgültig für sich zu gewinnen. Voller Bewunderung beobachtete seine nächste Umgebung, welch positiven Einfluß sie auf die Launen des Zaren hatte. In ihrer Gegenwart wurde er fromm wie ein Lamm, auch wenn er Minuten zuvor noch Gift und Galle gespuckt hatte.

Katharina begleitete Peter auf seinen Reisen, sooft sie nur konnte. Sie galt zwar als Peters *Maitresse en titre,* doch erwies man ihr überall, auch im Ausland, die Ehren, die einer Ehefrau des Zaren zugestanden hätten. Am 19. Februar 1712 fand die Hochzeit statt, die Peter schon längere Zeit geplant hatte. Zwölf Jahre später wurde Katharina feierlich im Kreml zur Zarin gekrönt. Peter selbst legte ihr Reichsapfel und Zepter in die Hände, die Hände, die einmal Pastor Glücks und Menschikows Wäsche gewaschen hatten.

Beinahe wäre sie gleich wieder verbannt worden, denn Peter erfuhr, daß seine »Katinka« ein Verhältnis mit William Mons, dem Bruder der Anna Mons, Peters einstiger Geliebten, gehabt hatte. Das Gerücht war schon länger im Umlauf, doch Peter war schwerhörig, wenn es um solche Anschuldigungen ging. Er wurde erst hellhörig, als behauptet wurde, eine Verschwörung gegen ihn sei im Gange gewesen. William Mons wurde verhaftet, peinlichen Verhören unterzogen und schließlich hingerichtet. Katharina ließ Peter tagelang wüten und die Möbel zertrümmern, dann wurde er wieder sanfter. Doch bei einer Spazierfahrt lenkte er den Schlitten so eng am Schafott, an dem Mons hing, vorbei, daß ihr Kleid sich fast am Schafott verfangen hätte. Er beobachtete jede ihrer Regungen genau, doch sie verzog keine Miene.

Peter grollte ihr noch immer. Sie bat um Verzeihung, aber er dachte sich immer neue Rachepläne aus.

Das Ende

1722 hatte Peter einen Erlaß herausgegeben, in dem das Staatsoberhaupt ermächtigt wurde, über seine Nachfolge nach Gutdünken zu verfügen. Siebzig Jahre später wurde dieses Thronfolgegesetz durch Paul I.

wieder abgeschafft. Peter war ein Monarch ohne direkte Erben. Nach der Ermordung Alexejs und dem frühen Tod der drei Söhne, die ihm Katharina geschenkt hatte, blieb nur noch der damals zehnjährige Enkel Peter Alexejewitsch, Sohn Alexejs und Charlottes von Wolfenbüttel, um Peters Erbe anzutreten. Immer noch waren weibliche Angehörige der regierenden Dynastie von der Thronfolge ausgeschlossen, wie Katharina, Peters zweite Gemahlin, oder die beiden Töchter Anna und Elisabeth. Anna wurde mit Herzog Karl Friedrich von Holstein-Gottorp verheiratet.

Es wird vermutet, daß Peter das Thronfolgegesetz erlassen hatte, um seinen Enkel von der Thronfolge auszuschließen. Doch er selbst kam nicht mehr dazu, sein Testament zu machen und einen Nachfolger zu bestimmen. In den letzten Jahren war Peter sichtlich gealtert, seine Kräfte schwanden zusehends, und er, der einst solch ein Hüne gewesen war, kränkelte ständig. Sein Gang wurde schleppend, Anfälle von Trübsinn und Melancholie wechselten sich ab mit hektischer Arbeitswut. Aber er konnte sich nicht entscheiden, sein Erbe zu regeln.

Ausschweifungen, Überanstrengungen und angeborene körperliche Schwächen forderten jetzt ihren Tribut. Doch Peter hörte nicht auf die Ärzte, die ihn zur Vorsicht mahnten und dafür höchstens aus seiner Nähe verbannt wurden. Er ließ sich nicht gängeln.

Seit langem quälte ihn ein Blasenleiden, das immer schmerzhafter wurde. Und dennoch hielt er sich nicht zurück, als er im Oktober 1724 in der Nähe von Petersburg ein gestrandetes Boot mit Soldaten erblickte. Er watete ins kalte Wasser, das ihm bis zum Gürtel reichte, um das Schiff wieder flottzumachen. Das gelang ihm, doch sein Leiden verschlimmerte sich seitdem zusehends. Ein schmerzhafter Eingriff brachte keine Besserung. Krämpfe und Lähmungserscheinungen suchten ihn heim, sein Bewußtsein schwand. Am 28. Januar 1725 um fünf Uhr früh verschied Peter der Große in seinem 53. Lebensjahr.

Kurz vor seinem Ende soll er noch einmal bei Bewußtsein gewesen sein und einen Zettel verlangt haben. Er kritzelte ein paar Worte, von denen zu entziffern war: »Übergebt alles ...« Welchen Namen er einsetzen wollte, erfuhr man nicht mehr. Der Gigant auf Rußlands Thron war gestorben.

Katharina I. und ihr Galan

Als Peter der Große in der Nacht vom 27. auf den 28. Januar 1725 schon fast nicht mehr unter den Lebenden weilte und die Ärzte alle Hoffnung aufgegeben hatten, versammelten sich hochgestellte Würdenträger, um zu beraten, wer dem Monarchen auf dem Thron nachfolgen sollte. Vertreten waren die Berater des Zaren, die der alten Aristokratie angehörten, die Fürsten Golizyn, Dolgorukij, Rjepnin und andere. Ihre Wahl fiel auf den zehnjährigen Pjotr Alexejewitsch, den Sohn des ermordeten Alexej. Auf diese Entscheidung hatten auch jene konservativen Kreise des Landes gehofft, die von Peters »Europäisierung« genug hatten und sich ganz einfach nach Ruhe sehnten. Auch vom Volk dürfte ein derartiger Beschluß herbeigewünscht worden sein, denn in den Regierungsjahren Peters war die Leistungsfähigkeit der Bevölkerung auf das äußerste strapaziert worden.

Doch da war noch eine andere Gruppe, die Gruppe der Emporkömmlinge von Peters Gnaden, die große Schar jener, die praktisch aus dem Nichts zu Ämtern, Würden und Reichtum gekommen waren. An ihrer Spitze stand Alexander Danilowitsch Menschikow, und dieser wollte unbedingt Katharina, seine ehemalige Geliebte, auf dem Thron sehen. Für Katharina stimmten aber auch noch andere Adlige, vor allem diejenigen, die an der Verurteilung und Hinrichtung Alexejs beteiligt gewesen waren. Sie fürchteten die Rache des Sohnes, falls Pjotr an die Macht kommen sollte. Dann streute der durchtriebene Menschikow auch noch das Gerücht aus, daß Peter auf dem Sterbebett den Namen Katharinas als Nachfolgerin gehaucht habe. Er, Menschikow, habe das gerade noch verstehen können. Um alle Zweifel zu zerstreuen marschierte auf seinen Befehl die kaiserliche Garde unter Trommelwirbeln vor dem Zarenpalast auf, die Offiziere drangen bis zu dem Raum vor, in dem die geheime Beratung stattfand, während draußen die Gardisten »Es lebe die Kaiserin Katharina Alexejewna« riefen; sie riefen es laut, denn Menschikow hatte sie gut bezahlt. Drinnen gaben angesichts der bewaffneten Offiziere die Gegner Katharinas ihren Widerstand auf. Noch bevor Peter seinen letzten Atemzug getan hatte, stand Katharina als seine Nachfolgerin fest.

Bei der Vereidigung ihrer Untertanen erhob sich keine nennenswerte Opposition, auch wenn es genügend Stimmen gab, die eine Verletzung des Erbrechts sahen. Andere weigerten sich, eine Frau auf dem Thron zu akzeptieren, und wieder andere bezweifelten, daß die zwischen Peter und Katharina geschlossene Ehe überhaupt legitim war.

Ein weiteres Kapitel dieses Aschenputtelmärchens begann. Die ehemalige Magd Martha Skwaronskaja saß auf dem Zarenthron; doch bald stellte sich heraus, daß sie allein kaum regieren konnte. Sie war Peter zwar eine fröhliche, langmütige Lebensgefährtin gewesen, die auch in schwierigen Situationen Mut zeigte, aber von den Regierungsgeschäften verstand sie nichts.

Menschikow hatte dies wohlweislich einkalkuliert, als er vehement für Katharinas Wahl eingetreten war. Innerhalb kürzester Zeit gelang es ihm, zum engsten Vertrauten der Zarin zu werden, und er nutzte seine hohe Stellung noch dreister aus, als er es zu Lebzeiten Peters getan hatte. Nach außen gab er sich als Testamentsvollstrecker Peters, doch wirtschaftete er hemmungslos in die eigene Tasche. Sein ganzes Streben war auf die Vergrößerung seines Besitzes gerichtet; eine verantwortungsvolle Staatsführung ließ er nicht im mindesten erkennen.

Die Staatsmaschinerie stand still, wie der sächsische Gesandtschaftssekretär im August 1726 berichtete:

»Bei dem Petersburger Hofe sieht es wunderlich aus. Die Zarin legt die Hände in den Schoß und darf nichts sagen; Menschikow ist Alles in Allem und tut, was er will, ohne daß die Zarin nur mucksen darf. Die Russen sind wie aufs Maul geschlagen und haben mehr Furcht vor Menschikow, als sie vor dem Zaren gehabt; aber der Haß gegen ihn, zumal der alten Geschlechter, ist nicht geringer als die Furcht. Er hat so viele Feinde als Haare auf dem Kopf, und wenn der Zar noch lebte, säße er sicher schon im Reich der Toten. Aber die zu große familiäre Freundschaft und Gunst der Zarin schützt ihn, wenngleich dieses Verhältnis ein so schandbares ist, daß die Russen sich schämen, davon zu sprechen. Sie glauben, daß dieselbe [Katharina], wenn es nur irgend möglich, ihn wohl gar noch heiraten und zum Zaren machen werde. Unter der größten Verschwiegenheit wurde mir anvertraut, daß die Zarin bei dem sehr genauen Umgang mit dem Fürsten Menschikow sich stark auf den Trunk legen solle. Wenn der Fürst des Morgens sie besucht und vor ihr Bett kommt, fragt er: Was wollen wir trinken? Beliebt Eurer Kaiserlichen Majestät eine Schale Branntwein? Hat man nun davon eine starke Portion eingenommen, so wird dann den Tag über bis in die späte Nacht mit allerhand Wein und prostoi [d. h. mit gemeinem Branntwein] die Fortsetzung gemacht, solchergestalt, daß man wenig nüchtern, sondern alle Zeit schwindlig und dösig ist. Inzwi-

schen läßt der Fürst viele Befehle ausfertigen, unter dem Namen der Zarin und ohne ihr Wissen.«
Menschikows Verhalten, vor allem seine politischen Alleingänge, erregte heftiges Ärgernis. Insgeheim wurden Pläne erörtert, wie man Menschikow zu Fall bringen könne. Ein Staatsstreich war ausgeschlossen, also suchte man Verhandlungen. Vor allem die konservativen Kräfte nötigten Menschikow zu einem Kompromiß.
Im Februar 1726 wurde eine neue Behörde geschaffen, der *Oberste Geheime Rat,* der von nun an die Staatsgeschäfte führen sollte. Menschikow gehörte zwar auch dazu, doch versuchten die anderen Mitglieder seiner Willkür einen Riegel vorzuschieben. Dem Obersten Geheimen Rat mußten in Zukunft alle wichtigen Verordnungen zur Begutachtung vorgelegt werden, bevor sie an die Zarin zur Entscheidung weitergeleitet wurden. Aber Katharina stand noch immer stark unter Menschikows Einfluß; auch wurden Stimmen laut, die endlich Peters Enkel, Pjotr Alexejewitsch, als designierten Thronfolger vorgestellt sehen wollten. Menschikow war schlau genug, auf diese Forderung einzugehen, doch gleichzeitig zwang er den Zarewitsch, sich mit seiner Tochter Maria zu verloben. Zu einer Heirat sollte es jedoch nicht kommen.
Katharina selbst sehnte für Rußland nichts so sehr herbei wie Ruhe nach all den Kriegen. Sie, die ihre ganze Jugend in Armut verbringen mußte, kostete alle Möglichkeiten aus, die sich jetzt auch finanziell eröffneten. Sie umgab sich nach außen mit immensem Luxus, während sie für sich persönlich nicht viel beansprucht haben soll. Bei tagelangen Trinkgelagen mit intimen Freunden stand sie keinem Mann nach, ja sie soll über die Maßen getrunken haben. Obwohl sie sicher von robuster Natur war, zerstörten ihre Exzesse ihre Gesundheit.
Katharina starb am 6. Mai 1727. Ob es die Folgen ihrer Trinkerei oder die Auswirkungen einer rabiaten Hungerkur waren, die sie einem jungen Favoriten zuliebe gemacht haben soll, weiß man nicht. Sicher ist, daß sie im Volk nicht unbeliebt war, kam sie doch aus seinen eigenen Reihen.
Doch ihre Regierungszeit war zu kurz, um mehr als die Eröffnung der von Peter geplanten Akademie in Petersburg und einige Steuererleichterungen durchsetzen zu können.

Peter II., ein kurzes Zwischenspiel

Einen Tag nach Katharinas Tod wurde der noch nicht zwölfjährige Pjotr Alexejewitsch zum Zaren ausgerufen. Er mußte einen Eid ablegen, daß er niemanden verfolgen wolle, der an der Ermordung seines Vaters Alexej beteiligt war. Da er noch minderjährig war, mußte jemand für ihn bis zur Volljährigkeit die Regentschaft übernehmen. Und wieder war Alexander Menschikow zur Stelle. Er nahm Pjotr mit in seinen Palast, übernahm seine Erziehung und suchte ihn in seinem Sinne zu formen. Er tat dies mit recht brutalen Mitteln. Pjotr vergaß ihm das nie.
Als allmächtiger Regent ging Menschikow umgehend daran, seine persönlichen Feinde auszuschalten. Er schickte sie entweder in Verbannung oder kommandierte sie, unter undurchsichtigen administrativen Vorwänden, in die entlegensten russischen Winkel ab. Die beiden ehrwürdigen Familien der Dolgorukijs und Golizyns hoffte er durch die Verleihung hoher Ämter gefügig zu machen.
Doch die Dolgorukijs dankten es ihm schlecht. Mit ihrer Hilfe gelang es Peter II., aus seinem Gefängnis, dem Palast Menschikows, zu entkommen. Nur wenig später brach das Schicksal über Menschikow herein. Er verlor sämtliche Ämter, Titel und Auszeichnungen. Menschikows Frau, im Gegensatz zu seiner zweifelhaften Herkunft eine vornehme Dame aus angesehener Familie, versuchte bei Pjotr Alexejewitsch um Gnade zu bitten, doch er lehnte ab; auch Pjotrs Schwester Natalja, die er sehr liebe, zeigte nur die kalte Schulter. Die Familie Menschikow mußte nach Sibirien in die Verbannung. Der Auszug aus Moskau erfolgte glanzvoll, in mehreren Prunkkarossen. Doch unterwegs holten kaiserliche Soldaten die Reisenden ein und verlangten die Herausgabe aller geretteten Besitztümer, inklusive der Karossen. Menschikow starb 1729 in großer Armut in Sibirien.
Menschikow war aus dem Weg. Nun waren es die Dolgorukijs, die den jungen Zaren umschwärmten. Sie ließen Peter an allen möglichen Vergnügungen teilhaben, nahmen ihn mit auf die Jagd, die er sehr liebte und schleppten ihn von einem Empfang zum anderen. Und er wurde mit Katharina Dolgorukaja verlobt.
Am 25. Februar 1728 war Pjotr als Peter II. im Kreml gekrönt worden. Für kurze Zeit wurde Moskau wieder zur Hauptstadt des Landes. Man-

che Adligen sahen darin ein Symbol für die Rückkehr in die alte, glorreiche Zeit. Einzig Andreas Ostermann, der dem Obersten Geheimen Rat angehört hatte, sah eine Zerstörung des Lebenswerks Peters des Großen voraus. Er riet dem jungen Zaren, wieder nach Petersburg zurückzukehren. Doch die Moskauer Dolgorukijs hatten Peter bereits fest in ihren Fängen. Entgegen den familiären Plänen aber war seine Braut Katharina in einen ganz anderen verliebt, in einen jungen Grafen. Durch eine Ungeschicklichkeit ihrerseits erfuhr Peter II. davon und war danach weitaus weniger freundlich zu ihr. Die Dolgorukijs bemerkten diese Abkühlung und betrieben mit Feuereifer die Hochzeitsvorbereitungen. Möglicherweise dachten sie daran, wie es der armen Maria Menschikowa ergangen war, die mit Pjotr zwar verlobt, aber statt an seiner Seite in Sibirien gelandet war. Ganz sicher aber dachten sie daran, daß ihr Stern sinken könnte. Wie bald, das konnten sie nicht ahnen.

Die Hochzeit war für den 19. Januar 1730 angesetzt. Doch bereits zu Anfang des Monats erkrankte der Zar. Zuerst war es eine starke Erkältung, die er sich beim Fest der Wasserweihe geholt hatte. Dann kamen Pocken hinzu. Am Morgen des Tages, der sein Hochzeitstag werden sollte, starb Zar Peter II.

Ein Testament tauchte auf, in dem Peter angeblich seine unglückliche Braut Katharina Dolgorukaja zur Thronerbin eingesetzt hatte. Eine plumpe Fälschung der Familie, die sich für kurze Zeit im Glanz des Zarenhofes sonnen konnte.

Peter II. war knapp fünfzehn Jahre alt, als er starb. Er war der sechste und letzte Monarch aus der rechtmäßigen männlichen Romanowlinie. Wer würde ihm nachfolgen?

Anna Iwanowna und Biron

Die Beratungen über die Nachfolge Peters II. verliefen wenig dramatisch. Man hatte auch keine große Wahl. Eudoxia, die Witwe Alexejs, lebte zwar noch, doch sie war hochbetagt und aufgrund ihres erbärmlichen Lebens in der Verbannung kränklich und schwach. Zwei Töchter des verstorbenen Iwan V., des Halbbruders Peters des Großen, waren noch am Leben. Peter selbst hatte diese seine Nichten ins Ausland verheiratet, Katharina mit dem Herzog von Mecklenburg und Anna mit dem Herzog von Kurland. Anna war siebenunddreißig Jahre alt.
Als sie siebzehn war, hatte Peter sie verheiratet, doch bereits nach zehn Wochen Ehe wurde sie Witwe. Seitdem lebte sie allein und kinderlos in Mitau. Es ist verwunderlich, daß damals niemand an Elisabeth, die jüngere Tochter Peters des Großen, dachte, die damals schon knapp über zwanzig war.
Als über Peters Nachfolge beraten wurde und man sich für Anna Iwanowna entschied, spielte sicher auch der Gedanke eine Rolle, daß sie jung genug war, um noch einmal zu heiraten und einen rechtmäßigen Thronfolger zur Welt zu bringen.
Für Anna als Nachfolgerin machte sich vor allem Fürst Dmitrij Golizyn stark. Er schilderte die Vorzüge der Kandidatin in glühenden Farben, lobte ihre Güte und ihren hervorragenden Charakter. Er scheint sie nicht gut gekannt zu haben, oder war es eine Finte? Jedenfalls sorgte jener Golizyn dafür, daß man Anna die Krone nur unter gewissen Bedingungen antrug, um – wie er sagte – in Zukunft jegliche Günstlingswirtschaft auszuschalten. Die Konditionen, die ausgearbeitet wurden, besagten, daß Anna – würde sie die Wahl annehmen – unverheiratet bleiben sollte und ihren Nachfolger nicht selbst bestimmen durfte. Alle Entscheidungen mußten vom Obersten Geheimen Rat genehmigt werden. Der Rat sollte ebenso den Oberbefehl über die Armee übernehmen. Falls Anna die Konditionen brechen würde, wäre sie auch der Krone verlustig. Es waren neun Punkte, die Anna akzeptieren mußte. Es war offensichtlich, daß es mit ihrer Autokratie nicht weit her sein würde. Doch sie unterschrieb und ließ sich auf alles ein.
Anna hatte einige Gründe, auf die vorgelegten Konditionen einzugehen. Das schläfrige Mitau hatte ihr keinerlei Annehmlichkeiten zu bieten gehabt. Außerdem hoffte sie – wäre sie erst mal in Moskau – genü-

gend Anhänger zu finden, die ihr helfen würden, die lästigen Fesseln abzustreifen.

Als die Boten aus dem Kreml eintrafen, um ihr die Wahl zur Zarin anzutragen, war Anna keineswegs überrascht. Sie hatte bereits auf anderem Wege davon erfahren und auch von den Bedingungen. Sie machte sich umgehend auf nach Moskau, wohin Peter II. den Hof wieder verlegt hatte.

»Sie ist eine ausgesprochene Giftnatter und obendrein noch vulgär. Man hört, sie soll die Äpfel an den Bäumen zählen aus Angst, die Gärtner könnten sie betrügen. Ich wünsche diesem barbarischen Rußland viel Vergnügen mit ihr.« Dies schrieb ein junger baltischer Baron an einen Freund in Schweden. Doch Moskau erwartete die Tochter Iwans V.; nur das zählte vorerst.

Anna hatte in Mitau in äußerst bescheidenen Verhältnissen gelebt. Sie mußte sich erst neu einkleiden, bevor sie nach Moskau reiste; das Geld wurde ihr vorgestreckt. Leichten Herzens verließ sie die Provinz, schweren Herzens ihren Geliebten Buehren (auch: Biron) und ihre zahlreichen Pekinesenhunde. Am 10. Februar 1730 hielt sie in Moskau Einzug. Ihr wurde ein stürmischer Empfang bereitet. Doch hinter den Kulissen brodelte es.

Die verschiedenen Punkte der »Konditionen«, vom Obersten Geheimen Rat verfaßt und von Anna unterschrieben, waren an die Öffentlichkeit gedrungen. Der mittlere und der niedere Adel befand sich in hellem Aufruhr, da man einer solchen Machterweiterung des Obersten Geheimen Rates nicht zustimmen wollte. Man diskutierte und machte neue Vorschläge. Eine Gruppierung sprach sich für eine Erweiterung der Konditionen aus, in die dann der mittlere und niedere Adel einbezogen werden sollte. Andere vertraten offen die Meinung, lieber einem einzigen Tyrannen als vielen Herren dienen zu wollen. Für diese Gruppe war vor allem Heinrich Ostermann tätig, der Pastorensohn aus Bochum, der bereits unter Peter dem Großen viele Erfahrungen mit der Autokratie gesammelt hatte. Jetzt betätigte er sich als graue Eminenz und streute gezielt Gerüchte aus, daß Anna gewillt sei, dem gesamten Adel und auch der Garde großzügige Vergünstigungen zu gewähren, würde man sie schalten und walten lassen, wie sie wollte.

Am 25. Februar 1730 versammelte sich eine Abordnung des Adels und des Militärs im Kreml, um Anna zu überreden, die von ihr unterzeichneten Konditionen noch einmal zu überdenken. Anna heuchelte Verwunderung und fragte: »Wie, sind denn jene Bedingungen nicht auf allgemeines Verlangen aufgesetzt worden?« Die versammelte Menge verneinte heftig. »So habt ihr mich also betrogen«, wandte sie sich an den Fürsten Dolgorukij. Sie ließ sich besagtes Schriftstück geben und zerriß es – mit einem dramatischen Ausdruck im Gesicht – vor den Augen der Menge.

Fürst Golizyn, der die Wahl Annas so heftig betrieben und für die Fixierung der Konditionen gesorgt hatte, sagte zu seinen engsten Freunden: »Das Gastmahl war bereitet, aber die Geladenen waren seiner nicht wert. Ich weiß, daß ich als Opfer dieses mißlungenen Unternehmens fallen werde; so mag es denn sein, ich will für das Vaterland leiden, zumal ich ohnehin nicht mehr lange zu leben hätte. Jene aber, um derentwillen ich jetzt weinen muß, werden später länger weinen als ich.« Und während er die prächtigen Illuminationen Moskaus betrachtete an diesem denkwürdigen Tag, an dem die Autokratie siegte, vergaß Golizyn zu erwähnen, daß seine Vorstellungen nur ganz wenigen genutzt hätten.

Am 28. April 1730 wurde Anna Iwanowna feierlich in der Uspenskij-Kathedrale, der Krönungskirche der Zaren, zur Kaiserin gekrönt. Sogar die greise Eudoxia war anwesend. Nur eine wichtige Person fehlte bei den Feierlichkeiten: Elisabeth, die jüngste Tochter Peters des Großen. Sie hatte sich wegen Unpäßlichkeit entschuldigen lassen. Doch viele wußten, daß dies eine Ausrede war.

Noch vor ihrer Krönung hatte Anna den Obersten Geheimen Rat unverzüglich aufgelöst und einen *Senat* zusammengerufen. Und wie noch bei jedem Regierungswechsel in Rußland wechselten nun auch die Günstlinge und einflußreichen Familien. Bisherige Favoriten erhielten den Laufpaß, noch schlimmer, sie wurden verbannt. Unter ihnen die Dolgorukijs, die während der kurzen Amtszeit Peters II. so mächtig geworden waren. Die einflußreichsten Köpfe dieser großen Familie wurden nach Sibirien geschickt. Andere kamen vorerst ein wenig glimpflicher davon, bis auch sie die Rache Birons, Annas Favoriten, ereilte. Er konnte nicht vergessen, daß es die Dolgorukijs waren, die ihn in Moskau nicht sehen wollten.

Inzwischen war er an Annas Seite und genoß seine Macht.

Es wurde der Zarin Anna Iwanowna immer wieder vorgeworfen, daß sie das Land durch Deutsche regieren lasse. Richtiger ist, daß ihre Favoriten, die meisten aus den baltischen Ländern, wichtige Positionen einnahmen und damit natürlich auch Einfluß errangen.

Vor allem Heinrich Ostermann. Anna hatte ihn mit dem Grafentitel belohnt. Er führte die laufenden Staatsgeschäfte als eine Art Premierminister. Es waren nicht nur außenpolitische Fragen, die er bearbeitete, sondern er kümmerte sich auch um die Hoflieferanten und um die Garderobe der Zarin. Das Kabinett, das er leitete, war einer Privatkanzlei der Herrscherin ähnlicher als einer Vertretung für russische Belange. Ostermann soll ein hervorragender Diplomat gewesen sein, der niemals zeigte, was er eigentlich beabsichtigte. War er mit seinem Wissen am Ende, so entschuldigte er sich wegen Krankheit und war für niemanden zu sprechen.

Burkhard Christoph Münnich, der an die Spitze des Kriegskollegiums berufen wurde, ein ehemals hessischer Offizier, war bereits unter Peter dem Großen nach Rußland gekommen. Von ihm war er mit dem Bau des Ladogakanals betraut worden, den er 1731 beendete. Anna ernannte ihn zum Generalfeldmarschall. Bei den russischen Offizieren war er anfangs sehr beliebt, da er sie in ihrer Besoldung den ausländischen, bislang bevorzugten Offizieren gleichstellte. Als er jedoch das Heer nach preußischem Muster umorganisierte und vor allem preußischen Drill einführte, war es mit der Ergebenheit aus. Sein Ehrgeiz war grenzenlos; er war sogar bereit, seine Gönner Ostermann und Biron aus Habgier zu hintergehen.

Weitere »Fremde« ergatterten einträgliche Posten. Auch die Brüder Reinhold und Karl Löwenwolde, aus Livland stammend, machten an Annas Hof Karriere. Reinhold wurde Oberhofmarschall, und Karl erhielt das Kommando über das neu gegründete Ismailowsche Garderegiment. Baron Nikolaus Korf begann seinen Aufstieg als Kammerjunker der Kaiserin, wurde dann Präsident der Akademie der Wissenschaften und zuletzt Diplomat, der mit wichtigen ausländischen Missionen betraut wurde.

Die bedeutendste Rolle bei Hofe und in den Privatgemächern der Zarin aber spielte Ernst Johann Bühren, der sich Biron nannte, um die Zugehörigkeit zu einer vornehmen französischen Familie vorzutäuschen. Biron stammte aus einer westfälischen Familie und wurde 1690 in Kurland geboren. Er war der Sohn eines Stallknechts, doch sein Aufstieg war fast so steil wie der Menschikows, des Lieblings Peters des Großen. In Mitau fungierte Biron als Sekretär Annas und wurde ihr Liebhaber. In Moskau und später in Petersburg, wohin der Hof 1732 wieder übersiedelt war, amtierte er als Oberkammerherr und wirkte meist im Hintergrund, doch hielt er alle Fäden in der Hand. Alle Akten, Gesuche, Eingaben, Verordnungen bekam er zu Gesicht. Keine Anordnung verließ das Kabinett, die nicht zuvor von Biron abgesegnet worden war. Seine Privatgemächer schlossen unmittelbar an die Annas an, doch ließ die Zarin ihm zusätzlich auf einer der Newa-Inseln ein prächtiges Palais bauen.

Voll Eifersucht wachte Biron darüber, daß niemand seine Macht schmälerte. Sobald er einen Verdacht hegte, griff er ein. Verbannungen

waren an der Tagesordnung. In gleichem Zuge entwickelte sich ein Denunziantentum größten Ausmaßes. Selbst bei privaten Festlichkeiten konnte man nicht mehr sicher sein, ob nicht irgendein Spitzel unbedachte Äußerungen weitermelden würde. Bald wußte es jeder: Biron kannte kein Erbarmen.
Man haßte den Oberkammerherrn der Zarin. Man haßte ihn wegen seiner Habgier und wegen seiner Brutalität. Doch noch mehr haßte man ihn für seine Verachtung, die er der russischen Kultur entgegenbrachte. Die Russen waren für ihn minderwertige Eingeborene eines exotischen Landes, die man nach Herzenslust ausbeuten konnte.
Es blieb Anna Iwanowna und ihrem Günstling nicht verborgen, daß sich die Stimmung der Untertanen verschlechterte und gegen sie wandte. Eilig verabschiedete Gesetze sollten wenigstens einen Teil der Bevölkerung ruhigstellen. Die Zarin bedachte vor allem den Landadel, die große Schicht der adligen Gutsbesitzer. Ihnen wurde die bis dato lebenslange Dienstpflicht in Armee und Verwaltung nun auf fünfundzwanzig Jahre verkürzt; und gab es mehrere Söhne in einer Familie, so wurde einem von ihnen die Dienstpflicht sogar ganz erlassen. Für den mittleren und niederen Adel bedeutete dies eine große Entlastung, konnte man sich doch besser um die Bewirtschaftung der eigenen Güter kümmern. Gleichzeitig aber wurde den Bauern untersagt, Grundbesitz zu erwerben. Somit hatten sie keine Chance, ihren Stand zu verlassen, und blieben der Willkür ihrer Herren ausgeliefert. Für adlige Söhne eröffnete Anna in Petersburg eine Kadettenschule, deren Absolventen sofort in den Offiziersrang aufstiegen, ohne vorher als Rekruten gedient zu haben.
Mit diesen Maßnahmen versuchte man nicht nur den Adel zu gewinnen, sondern den Mantel der Versöhnung über eine Herrschaft zu legen, die als *Bironowtschina* (Bironwirtschaft) in die Geschichte eingegangen ist. Es war eine schlimme Zeit. Anna setzte dem schrecklichen Treiben Birons, das Aberhunderte Menschen nach Sibirien brachte, keinen Widerstand entgegen. Man hielt sie selbst für außerordentlich grausam. Ihre größte Belustigung soll sie in der Erniedrigung wehrloser Menschen gefunden haben. Sie liebte das Absonderliche und umgab sich mit Zwergen und Hofnarren. An ihrem Hof wimmelte es von Krüppeln und kleinwüchsigen Menschen, die ständig bemüht waren, die Zarin zu unterhalten. Sie selbst dachte sich immer neue grausame Spiele aus. So verheiratete sie beispielsweise einen verwitweten Aristokraten mit ihrer Kalmückin, einer Zwergin. An der Newa war für die Hochzeit ein Eispalast gebaut worden, in den das Brautpaar nach der Trauung geführt wurde. Alles, auch das Bett war aus Eis. Wachen ver-

sperrten den Ausgang, damit das Paar nicht entwischen konnte. Von dieser Hochzeit sprach ganz Europa, allerdings war man sich über den Ausgang der Geschichte nicht ganz einig. Die einen behaupteten, daß die Neuvermählten zwar tüchtig froren, doch überlebten, die anderen erzählten, daß beide zu Tode kamen.

In Mitau hatte Anna die Äpfel im Garten gezählt, sicher auch die Vorräte in der Speisekammer. Jetzt, in Petersburg, entfaltete sie einen Luxus, dessen Prunk seinesgleichen suchte. Ausländische Besucher staunten über die Verschwendungssucht, doch nicht wenige beklagten sich, daß sie dadurch selbst zu unnötigem Aufwand gezwungen wurden. Die Moden wechselten fast von Tag zu Tag; eine Garderobe mehrmals zu tragen war verpönt. Es kam zu den absonderlichsten Kreationen. Modeschöpfer und Galanteriewarenhändler, die sich in Petersburg niederließen, wurden im Handumdrehen reich. Der Adel stürzte sich in Schulden, um alle Narreteien der Zarin mitzumachen. Währenddessen wurde die Staatskasse immer leerer. Gigantische Feste, Maskeraden und Bälle, Feuerwerke, Jagden und neue Palastbauten mußten bezahlt werden. Die Steuern wurden permanent erhöht, doch der größte Teil davon ging ins Ausland, von wo aus die gewünschten Luxusgüter geliefert wurden.

Zudem verschlang der Militäretat Unsummen. Zwei Kriege, gegen Polen und gegen das Osmanische Reich, fielen in Annas Regierungszeit. Generalfeldmarschall Münnich gelang es zwar, die Krim einzunehmen und zu verwüsten, doch im Frieden von Belgrad (1739) mußten diese Eroberungen wieder abgetreten werden.

Anna Iwanowna regelte rechtzeitig ihre Nachfolge. Sie hatte ihre Nichte Anna von Mecklenburg, Tochter ihrer Schwester Katharina Iwanowna aus der Ehe mit dem Herzog von Mecklenburg, immer im Auge behalten. Nach dem Tod ihrer Mutter, die sich von ihrem tyrannischen Gatten getrennt hatte, kam die junge Anna (als Kind hieß sie Elisabeth) in die Obhut ihrer Tante, der Zarin. Und diese suchte ihr auch einen Ehegatten aus: Prinz Anton Ulrich aus dem Hause Braunschweig-Bevern. Beide jungen Leute sollen nicht sonderlich viel Gefallen aneinander gefunden haben. Um Annas Gunst bemühte sich auch ein Sohn Birons, doch war diese Werbung nicht von Erfolg gekrönt. Schließlich gab die junge Anna der älteren Anna nach. Im Juli 1739 fand die Hochzeit Annas mit Prinz Ulrich statt. Die Zarin setzte alles daran, um ihrer Nichte ein unvergeßliches Fest zu gestalten. Und tatsächlich sprach man in Petersburg noch lange davon.

Im darauffolgenden Jahr kam der erwünschte Thronfolger zur Welt: Iwan Antonowitsch. Als Iwan VI. sollte er einmal, so wollte es die Zarin, Kaiser von Rußland werden.

Seit langem plagte Anna Iwanowna ein Nierenleiden, das sich im Laufe des Sommers 1740 verschlimmerte. Am 17.Oktober starb die Zarin. Der wenige Wochen alte Säugling Iwan war zum Thronfolger bestimmt worden und Biron zum Regenten.

Michael Fjodorowitsch Romanow (*1596 – †1645)

Peter der Große (*1672 – †1725)

Katharina die Große (*1729 – †1796)

Nikolaus I. (*1796 – †1855)

Moskau, Blick auf den Kreml (frühes 19. Jahrhundert)

Die Braunschweiger

Doch Anna Leopoldowna, die Nichte der verstorbenen Zarin, wollte selbst die Regentschaft für ihren unmündigen Sohn übernehmen. Sie verständigte sich mit Feldmarschall Münnich, der endlich die Gelegenheit gekommen sah, den Rivalen Biron von seinem selbstgezimmerten Thron zu stürzen. Am 9. November wurde Biron verhaftet. Zwei Tage später wurde Anna Leopoldowna zur Regentin ausgerufen, ihr Mann Anton Ulrich von Braunschweig-Bevern wurde zum Generalissimus ernannt. Biron wurde wegen *fortgesetzter Majestätsbeleidigung* zum Tode verurteilt, doch Anna Leopoldowna begnadigte ihn und schickte ihn mit seiner Familie in die Verbannung nach Sibirien. Erst nach mehr als zwanzig Jahren konnte er zurückkehren.
Graf Münnich wurde *Erster Minister*. Aber auch er war kein Russe. Und immer weniger wollte sich vor allem die Garde mit dieser Lösung abfinden. Man hatte diese Ausländer bei Hofe endgültig satt, diese Münnichs und Ostermanns, doch wenigstens gab es keinen Biron mehr. Leider verhielt sich auch Anna Leopoldowna sehr undiplomatisch. Sie kehrte ihr Deutschtum hervor, statt daß sie sich als Enkelin Iwans V. zu erkennen gegeben hätte.
Es gab keinen Zweifel – die Garde bereitete eine Palastrevolution vor. Sogar das Ausland, vor allem die Schweden, hatte dabei seine Hände im Spiel. Anna Leopoldowna blieb dies nicht verborgen, und sie wußte auch, wem die Zuneigung der Verschwörer galt: Elisabeth, der Tochter Peters des Großen.
Anna suchte eine Aussprache mit Elisabeth, um ihr mitzuteilen, sie habe die Absicht, die murrenden Gardesoldaten aus Petersburg zu entfernen und nach Finnland zu schicken, wo sie die Schweden aufhalten sollten. Elisabeth wußte nun, daß es höchste Zeit war, eine Änderung herbeizuführen.
In der Nacht vom 24. auf den 25. November 1741 beorderte sie die Grenadiere des berühmten Preobraschensker Regiments, des Lieblingsregiments ihres Vaters, zu sich. Sie wollten treu und einmütig zu Elisabeth stehen. Und Elisabeth gelobte vor der Ikone des Erlösers, daß sie, sollte sie Zarin werden, nie ein Todesurteil verhängen und vollziehen lassen wolle. Daran hat sie sich auch später gehalten und 1744 sogar die Todesstrafe offiziell abgeschafft.

Am frühen Morgen des 25. November begab sie sich an der Spitze eines Regiments ins Winterpalais. Die Wachen leisteten keinen Widerstand. Kurz entschlossen drang Elisabeth ins Schlafzimmer Anna Leopoldownas vor und forderte sie auf aufzustehen. Im Nebenzimmer wurde der kleine Iwan VI. aus dem Kinderbett gehoben, in Decken verpackt und aus dem Zimmer getragen.

Ursprünglich hatte Elisabeth die Absicht, ihre deutsche Verwandtschaft nach Deutschland abzuschieben. Man brachte die Gefangenen zuerst nach Riga und hielt sie dort in der Festung Dünamünde fest. Als jedoch bekannt wurde, daß Anna und Anton Ulrich alles versuchten, dem Zarewitsch zu seinem Recht zu verhelfen, wurden sie nach Cholmogory, einem Städtchen am Weißen Meer, verbannt.

Die Familie fand Unterkunft im Hause des Bischofs von Cholmogory. Niemand durfte mit ihr Kontakt aufnehmen. Anna Leopoldowna gebar noch eine Tochter und zwei Söhne und starb 1746 am Kindbettfieber. Anton Ulrich überlebte sie um dreißig Jahre. Erst nach seinem Tode konnten die inzwischen erwachsenen Kinder das schreckliche Eisland verlassen und sich in Jütland ansiedeln.

Auch Münnich und Ostermann sowie andere einflußreiche Hofbeamte, waren in jener Nacht im November verhaftet worden. Münnich und Ostermann wurden nach Sibirien verbannt. Während Ostermann 1747 in seinem Verbannungsort starb, erlebte Münnich 1762 seine Freilassung und wurde – unter Katharina II. – zum Generaldirektor der baltischen Häfen berufen.

Ein dunkles Kapitel

Iwan VI., der als Säugling zum Kaiser Rußlands bestimmt worden war, traf das härteste Schicksal. Die ersten Jahre der Verbannung verbrachte er noch mit seiner Familie in Riga, dann in Dünaburg, schließlich in Cholmogory. Doch bereits in Cholmogory lebte er von seinen Geschwistern getrennt und streng bewacht, denn Elisabeth fürchtete noch immer eine Thronerhebung des Ex-Zaren, der inzwischen herangewachsen war. Als Iwan sechzehn Jahre alt war, 1756, zu Beginn des Siebenjährigen Krieges, wurde er in die Festung Schlüsselburg gebracht. Man vermutete eine preußische Verschwörung zu seinen Gunsten.
In der Festung Schlüsselburg hauste er – als eine geheimnisvolle Persönlichkeit – unter dem Namen Grigorij in der Kasematte Nr. 1. Niemand kannte seine wahre Herkunft. Wenn man ihn fragte, wer er sei, dann soll er geantwortet haben: »Ich bin ein großer Mann – ein Kaiser!« Niemand glaubte ihm, denn er galt als geistig verwirrt.
Schrecklich waren die Lebensbedingungen, unter denen Iwan dahindämmerte. Elisabeth erinnerte sich wohl ab und zu an ihn, doch sie bemühte sich nicht, seine Haft zu erleichtern. Als später Peter III. auf den Thron kam, konnte Iwan ein wenig Hoffnung schöpfen, doch Peters Sturz und Ermordung machten alles nur noch schlimmer. Katharina II. erließ eine Instruktion für den Fall, daß jemand Iwan VI. befreien wolle:
»Falls wider Erwarten jemand den Versuch macht, den Gefangenen zu befreien, so soll man sich mit allen Mitteln widersetzen und den bewußten Grigorij nicht lebend aus den Händen geben.«
Offensichtlich gab es in Rußland tatsächlich noch Menschen, die nicht vergessen hatten, daß ein Ex-Kaiser in irgendeinem Verlies schmachtete. Zu solchen Getreuen gehörte der Offizier Wassili Mirowitsch, der in der Garnison Schlüsselburg Dienst tat. Er wagte mit ein paar Gefolgsleuten einen Befreiungsversuch. Doch eine der Wachen, aufgeschreckt durch den Waffenlärm, hatte bereits Katharinas Instruktion ausgeführt. Iwan Antonowitsch wurde erstochen aufgefunden.
Mirowitsch erwartete die Todesstrafe. Seine Verbündeten wurden ins Gefängnis gesteckt oder nach Sibirien verbannt.
Wie so häufig in der russischen Geschichte ließ auch dieser geheimnisvolle Todesfall Geschichten und Legenden blühen. War der Gefangene

Grigorij wirklich Iwan Antonowitsch gewesen? Es gab Vermutungen, daß der zweijährige Iwan von einem braunschweigischen Leutnant aus Dünamünde entführt und durch das Kind eines schwedischen Gefangenen ersetzt worden sei. Der Entführer habe sein Geheimnis mit ins Grab genommen, erzählte man. Was aus Iwan VI. geworden sei, das berichteten die Legenden allerdings nicht.

ELISABETH

Welch eine Frau! Sie war 1709 als jüngste Tochter Peters des Großen geboren worden. In den Augen ihrer Gegner galt sie als uneheliches Kind, da die Hochzeit Peters mit Martha (Katharina I.) erst 1712 stattfand. Elisabeth wuchs in Kolomenskoje auf, dort, wo sich einst die Sommerresidenz Iwans des Schrecklichen befunden hatte. Eine Ansammlung ungleicher Gebäude, die prunkvoll ausgestattet waren. Zweihundertsiebzig Räume und tausend Fenster soll es in Kolomenskoje gegeben haben.

Zusammen mit ihrer um ein Jahr älteren Schwester Anna wurde Elisabeth zunächst von zwei Ammen, einer Russin und einer Finnin, betreut. Später übernahmen eine französische Gouvernante und ein französischer Erzieher die Aufsicht. Peter, zwar in seine beiden kleinen Töchter vernarrt, kümmerte sich kaum um deren Erziehung. Und auch Katharina sorgte sich vor allem darum, daß die beiden Töchter ordentlich tanzen konnten und Fremdsprachen erlernten. Katharina weilte darüber hinaus selten in Kolomenskoje; sehr häufig begleitete sie Peter den Großen auf seinen Reisen oder hielt sich in Katharinenhof, am Finnischen Meerbusen, auf.

Die Kinder sahen ihre Eltern also nur selten. Eines Tages übersiedelten beide Mädchen nach Ismajlowo zu ihrer Tante Praskowja, der sehr frommen und sittenstrengen Witwe des schwachsinnigen Iwan V. Elisabeth gefiel es im Hause von Ismajlowo, das ihr Vater *ein Hospital für Narren, Frömmler und Heuchler* nannte. Von hier stammte ihre Vorliebe für Wallfahrten, aber auch ihr anfallartig auftretender Glaubenseifer; beides konnte sie später geschickt mit ihren weltlichen Vergnügungen kombinieren.

Elisabeth war eine Schönheit. Schon als junges Mädchen liebte sie Glanz und Luxus über alles, und mehr als einmal soll Peter der Große zu seiner Tochter gesagt haben, daß es schwer sein werde, einen ihr ebenbürtigen Gatten zu finden. Eine von Peter geplante Verheiratung nach Frankreich kam nicht zustande; die Franzosen schreckten vor dem Gedanken zurück, die Tochter einer Marketenderin in ihre Reihen aufzunehmen. Ein anderer Heiratskandidat, Karl von Holstein, starb wenige Tage vor der geplanten Hochzeit. Elisabeth trug Schwarz, das, wie sie wußte, ihr sehr gut zu Gesicht stand.

Als Anna Leopoldowna an der Macht war, in den Zeiten eines Biron, lebte Elisabeth isoliert vom Zarenhof ein ungebundenes Leben. Trotzdem wurde sie überwacht und jeder ihrer Fehltritte sofort gemeldet. Und Anna schien es ganz recht zu sein, wenn sich Elisabeth ruinierte und für den russischen Thron unwürdig wurde. Doch der »Nordstern« wurde nicht vergessen. Als Peter II. gestorben war, hatte niemand ernsthaft Elisabeths Thronkandidatur erwogen. Sie lag gerade im Wochenbett, nachdem sie ein illegitimes Kind zur Welt gebracht hatte.

Damals, 1730, war Alexej Schubin, Sergeant in einem Garderegiment, ihr Geliebter. Als er wegen unvorsichtiger politischer Äußerungen verhaftet und nach Sibirien geschickt wurde, löste ihn Alexej Rasumowskij, ein ukrainischer Bauernsohn und Musikant, ab. 1735 war er Elisabeth zum erstenmal aufgefallen, als Sänger im Chor der kaiserlichen Kapelle. Elisabeth, die inzwischen wieder in die Nähe des Zarenhofes geholt worden war, damit man sie besser überwachen konnte, tat alles Erdenkliche, damit Alexej ihrem Hofstaat zugeteilt wurde. Anna Iwanowna tat ihr schließlich den Gefallen; ein solches Entgegenkommen war billig.

Elisabeth, so wird berichtet, trug ihre Verliebtheit offen zur Schau. Vor ihrem kleinen Hofstaat hatte sie keine Geheimnisse. Und nicht wenige liebten sie dafür, daß sie sich so frei und ungeniert verhielt. Mit Rasumowskij hat sie sich im Herbst 1742 angeblich heimlich trauen lassen; öffentlich wurde dies nicht bekanntgegeben. Ihre Heirat hinderte sie aber nicht daran, ein Leben lang ihre Liebhaber wie die Handschuhe zu wechseln.

Elisabeth war ein geselliger Mensch, der gerne plauderte und sich keine großen Gedanken um Politik machte. Ihre Bildung war mehr als mäßig, und schadenfroh erzählte man sich, daß sie Zeit ihres Lebens daran glaubte, man könne mit der Kutsche von Petersburg direkt nach England reisen. Sie begriff nie, daß England eine Insel war. Dafür tanzte sie wie eine Göttin, und ihre Grazie, ihr Charme, ihre Eleganz waren über die Grenzen Rußlands hinaus berühmt. Daß man ihr ihre Laster verzieh, verdankte sie viel ihrer naiven, fast bäuerlichen Frömmigkeit, die sie in den Augen mancher Russen vom übrigen Hofklüngel abhob. Aber Elisabeth war keineswegs nur charmant und reizvoll. Sie war ein Biest, und sie war grausam. Auch wenn sie geschworen hatte, kein Todesurteil zu vollstrecken, so geschah dies vermutlich aus reinem Aberglauben. Und wenn sie begnadigte, dann kam es zu makabren Szenen. Wir erinnern uns an das Schicksal des unglücklichen Iwan VI., der in der Festung Schlüsselburg dahinvegetierte. Auch an die zum Tode verurteilten Münnich und Ostermann, die von Elisabeth begnadigt wur-

den. Doch wie sah diese Begnadigung aus? Ostermann mußte das Schafott besteigen. Henkersknechte entblößten seinen Hals, legten ihn auf den Richtbock und hielten den Kopf an den Haaren fest. Der Henker schwang bereits das Beil ... erst dann gab man dem Verurteilten bekannt, daß man ihn nach Sibirien deportieren werde.
Auch eine andere Geschichte erregte großes Aufsehen und zeigte Elisabeths humane Gesinnung in einem eigentümlichen Licht. Es war die Affäre Lopuchin, die 1743 ihren Höhepunkt erreichte. Die bildschöne Fürstin Natalja Lopuchina hatte Elisabeths Zorn erregt, als sie auf einem Hofball eine Rose im Haar trug, obwohl Elisabeth den gleichen Einfall hatte. Die Zarin unterbrach ihren Tanz, befahl die kecke Nebenbuhlerin zu sich, hieß sie niederknien und ließ sich eine Schere geben. Eigenhändig schnitt sie der Lopuchina die Locke samt Rose ab, gab ihr zwei schallende Ohrfeigen und tanzte weiter. Doch damit war die Geschichte noch nicht zu Ende.
Es wurde der Zarin zugetragen, daß im Hause der Lopuchins respektlose Reden über sie, Elisabeth, geführt wurden und daß man eine Verschwörung zugunsten Iwans VI. vorbereitete. General Lopuchin wurde gefoltert. Die schöne Natalja Lopuchina aber wurde öffentlich bis aufs Blut ausgepeitscht, dann schnitt ihr der Folterknecht die Zunge ab. In diesem Zustand wurde die Unglückliche nach Sibirien verbannt.
Es wurde häufig die Meinung vertreten, während der Regierungszeit Elisabeths sei der *russische Kurs* wieder in den Vordergrund getreten. Das stimmt aber nicht ganz. Zwar wurden viele ausländische Würdenträger ihrer Ämter enthoben und durch Russen ersetzt, doch mehr denn je mischten sich fremde Diplomaten in Rußlands Belange ein. Und wenn man die russische Aristokratie um die Mitte des 18. Jahrhunderts betrachtet, dann sieht man eine typische Rokokogesellschaft.
Elisabeths Garderobe – sie hinterließ 15 000 Kleider, einige tausend Paar Schuhe, zwei Truhen mit seidenen Strümpfen – war den Kostümen nachgearbeitet, die man in Versailles trug. Von russischem Einfluß keine Spur. Auch die zahlreichen Paläste, die sie erbauen ließ, besaßen keine russischen Elemente. Bartolomeo Rastrelli, ihr Bauherr, hatte seinen eigenen italienisch-deutsch-französischen Stil.
Als Elisabeth mit Hilfe des Preobraschensker Regiments an die Macht gekommen war, hatte sie sich für kurze Zeit vielleicht wirklich als würdige Nachfolgerin ihres Vaters gefühlt. Möglicherweise sah sie sich als Verwalterin seiner Reformen und unvollendeten Pläne. Sie mochte tatsächlich daran geglaubt haben. Doch die Zukunft sollte zeigen, daß sie in vielen Dingen den Vorstellungen ihres Vaters entgegengesetzt handelte.

Peter der Große hatte allen seinen Untertanen, auch dem Adel, schwere Dienstverpflichtungen auferlegt. Unter Biron war dies nur minimal gelockert worden. Elisabeth aber förderte die Privilegien des Adels, wo sie nur konnte. Sie gestattete es den adligen Familien, ihre Söhne schon kurz nach der Geburt in die Verzeichnisse irgendwelcher Regimenter eintragen zu lassen. Es entstand so die Fiktion eines höheren Dienstalters. Knaben konnten bereits im Alter von zwölf Jahren Offizier werden, ohne je eine Übung mitgemacht zu haben.

Unter Peter dem Großen war es den leibeigenen Bauern gestattet, sich zum Militärdienst zu melden und dadurch der Leibeigenschaft zu entrinnen. Peter II. hatte diese Möglichkeit wieder rückgängig gemacht. Als nun Elisabeth ernsthaft verkündete, sie werde die Traditionen ihres Vaters erneuern, glaubten viele Bauern daran, sie könnten ihr Los durch den Militärdienst verbessern. Wie bitter wurden sie enttäuscht, als Elisabeth sie hart bestrafen und in die Sklaverei zurückschicken ließ. Ihren Gutsherren waren sie ausgelieferter als je zuvor.

Es ist nicht weiter verwunderlich, daß die Unzufriedenheit der einfacheren Bevölkerung von Tag zu Tag wuchs, während der Adel aufgrund seiner Privilegien immer übermütiger wurde. Hier und dort kam es zu Unruhen, die blutig unterdrückt wurden. Sogar Truppen mußten eingreifen. Es waren die Vorboten des Pugatschow-Aufstandes, mit dem Katharina II. konfrontiert wurde.

Elisabeth kümmerte sich so gut wie nie um die Staatsgeschäfte. Ihr Leben war ausgefüllt mit Maskeraden, Theateraufführungen, mit Festbanketten und unzähligen Liebesabenteuern. Ein preußischer Diplomat schrieb:

»Die Wollust macht ihre vorherrschende Leidenschaft aus; sie gibt sich ihr mit Ungestüm und ohne Zurückhaltung hin, und man kann in Wahrheit sagen, daß ihre Tugenden wie ihre Mängel von der Vergnügungssucht abhängig sind; auch die Trägheit, die gewöhnliche Begleiterin der Wollust, ist ein Charakterzug dieser Fürstin.«

Elisabeth war träge. Ihre Minister gerieten häufig in Verzweiflung, weil sie nie die Gelegenheit bekamen, dann eine Unterschrift einzuholen, wenn diese benötigt wurde. Monatelang verzögerten sich manche Angelegenheiten, denn die Zarin reiste zudem außergewöhnlich viel oder unternahm Wallfahrten. Sie war zufrieden, wenn man sie in Ruhe ließ, von ihr keine Entscheidungen verlangte und sie statt dessen abwechslungsreich unterhielt.

Wer aber waren jene Männer, die versuchten, das russische Schiff zu steuern?

Es war eine Clique von Günstlingen, die Elisabeth mit hohen Ämtern ausgezeichnet hatte. Alexej Rasumowskij, mit dem sie heimlich verheiratet war, trug den Rang eines Feldmarschalls. Er griff öffentlich wenig in die Staatsgeschäfte ein, sondern bevorzugte es, seine Gunst hinter den Kulissen an den einen oder anderen Bittsteller zu verteilen. Sein Bruder, Kyrill Rasumowskij, wurde im Alter von sechzehn Jahren in den Grafenstand erhoben, mit zweiundzwanzig Jahren ernannte man ihn zum Präsidenten der Akademie der Wissenschaften. Peter Schuwalow bekleidete eine Vielzahl angesehener Posten, er war Senator, Finanzminister und Chef der Artillerie in einem. Darüber hinaus war er ein äußerst geschäftstüchtiger Kaufmann, der zum reichsten Finanzmagnaten Rußlands wurde. Er schuf die Binnenzölle ab und belegte die Exportwaren mit Ausfuhrzöllen, die von den westeuropäischen Käufern aufgebracht werden mußten. Iwan Schuwalow, ein ehemaliger Page, gebildet und kultiviert, ein Neffe des Kaufmanns, setzte 1755 die Gründung der Universität Moskau durch. Die Initiative dazu war von dem berühmten russischen Universalgelehrten Michail Lomonossow ausgegangen. Alexander Schuwalow leitete die Geheimkanzlei. Er übte ein Schreckensregiment aus und ließ Tausende unbequemer Zeitgenossen nach Sibirien deportieren. Sein Spitzelwesen war aufs vorzüglichste organisiert.

»Die Auflösung, Unordnung und Willkür in Rußland ist furchtbar. Die Kaiserin hört und sieht niemand als die Schuwalows, sie unterrichtet sich über nichts, fährt fort in ihrer alten Lebensweise und hat buchstäblich das Reich der Plünderung eines jeden preisgegeben. Niemals war Rußland in einem verwirrteren, gefährlicheren, bejammernswerteren Zustand. Es ist nicht der geringste Schatten mehr übrig von Treue, Ehre, Vertrauen, Scham und Billigkeit: man sieht nichts als unbeschreibliche Eitelkeit und Verschwendung, welche zum Untergange führen. Die alten Familien und das gemeine Volk sind auf das grausamste unterdrückt durch alle diese aus dem Nichts emporgehobenen Leute.«

So schrieb ein holländischer Geschäftsführer im Jahre 1757. Zweifelsohne hatten die Schuwalows viele Fäden in den Händen. Doch da war auch noch Alexej Bestuschew-Rjumin, der von 1742 bis 1757 die Außenpolitik des Reiches leitete.

Bereits Peter der Große hatte seine diplomatischen Fähigkeiten erkannt und ihn häufig mit verschiedenen Missionen in England, Holland und Dänemark betraut. Bestuschew-Rjumin war ein Schüler Ostermanns, und als Elisabeth Ostermann nach Sibirien schickte, war es auch um Bestuschew-Rjumin geschehen. Doch kaum war er in Sibirien angelangt, wurde er schon wieder nach Petersburg zurückbeordert.

»Ich hasse diesen Mann, aber ich kann ohne sein Genie einfach nicht auskommen. Es gibt so vieles, was er für mich in Ordnung bringen muß«, soll Elisabeth sich verteidigt haben. Bestuschews Berufung zum Vizekanzler hatte überall großes Erstaunen hervorgerufen. Er war ein unangenehmer Zeitgenosse, hatte Feinde ohne Zahl, und sein Benehmen ließ mehr als zu wünschen übrig. Er verstand sich meisterhaft aufs Intrigieren und begleitete jede seiner Entscheidungen, die er in der Regel völlig allein traf, mit den Worten: »Sie ist im Sinne des großen Peter.« Worte, die Elisabeth gern hörte, auch wenn sie dem mißtraute, der sie aussprach. Sie konnten sich gegenseitig nicht leiden, doch sie verstanden einander gut. Und schließlich war es Bestuschew-Rjumin, dem es gelang, Rußlands Stellung innerhalb der europäischen Mächte zu festigen.

Es war eine spannungsreiche Zeit, die vom preußisch–österreichischen Konflikt um Schlesien (nach 1740) geprägt war, von einer zeitweiligen Feindschaft zwischen Rußland und Preußen, die zum Siebenjährigen Krieg führte und die Loslösung vom französischen Einfluß mit sich brachte. Bestuschew-Rjumin setzte sich für eine freundschaftliche Beziehung Rußlands zu Österreich ein und versuchte den französischen Druck auf die russische Politik zu lockern, unter dem Elisabeth in den ersten Jahren ihrer Regierung stand. Zwei Franzosen hatten bei ihrer Machtergreifung eine wichtige Rolle gespielt, ihr französischer Leibarzt L'Estocq und der französische Gesandte La Chetardie. La Chetardie nutzte seine Stellung schamlos aus; er berichtete nach Hause, die Kaiserin habe von politischen Dingen keine Ahnung und es sei für ihn ein leichtes, Elisabeth zu überreden, mit den Schweden freundschaftlicher umzugehen. Dabei setzte er auf seinen persönlichen Charme, dem die Zarin augenscheinlich nicht widerstehen konnte. Tatsächlich liebte sie die Gesellschaft dieses Franzosen, der in seinen kühnsten Träumen sogar daran dachte, die russische Zarin zu heiraten. Doch als er ihr ein Bündnis mit den Schweden vorschlug, da antwortete ihm die Kaiserin und nicht die Frau.

»Was würde mein Volk von mir denken, wenn ich das Andenken an meinen Vater zu beschmutzen wagte, indem ich dasselbe Land an Schweden abtreten würde, das er unter so hohen Verlusten erobert hat?« La Chetardie reiste nach Frankreich ab, der Krieg mit Schweden, der noch vor Elisabeths Machtübernahme begonnen hatte, ging weiter. Er endete mit dem Frieden von Abo, 1743, der Rußland noch ein Stück des südöstlichen Finnland einbrachte.

Es ist nicht leicht, die Außenpolitik Rußlands zur Zeit Elisabeths nachzuzeichnen. Einerseits hatte das Zarenreich eine wichtige Stellung gegenüber den europäischen Staaten erobert; andererseits versuchten die verschiedenen westeuropäischen Mächte, Rußland für ihre Pläne zu gewinnen. Englische, französische, österreichische und preußische Diplomaten tummelten sich in Petersburg, ein wahrer Wettstreit um die Gunst einflußreicher Würdenträger fand statt, vor allem um die Bestuschew-Rjumins. Subventionen flossen reichlich, ebenso Bestechungsgelder. Abmachungen wurden getroffen, Geheimverhandlungen geführt, Intrigen gesponnen. Jeder versuchte sein Schäfchen ins trockene zu bringen.

Bestuschew-Rjumin selbst war unermüdlich tätig. Schon seit geraumer Zeit warnte er Elisabeth vor Preußen, das sich fast ganz Schlesien angeeignet hatte und in bedrohlicher Nähe Rußlands operierte. Um Rußland abzusichern, schloß man sich 1755 zu einer russisch-englischen Allianz zusammen. Doch England fürchtete damals keinen Gegner so sehr wie Frankreich, und so kam es schon ein Jahr später zu einem preußisch-englischen Bündnis, das gegen Frankreich gerichtet war. Auch Österreich sollte dafür gewonnen werden, was daran scheiterte, daß Österreich den Konflikt um Schlesien den Preußen nicht vergessen konnte. Österreich unterstützte Frankreich. Und die Russen? Sie betrachteten Englands Zusammenschluß mit Preußen als Verrat, und Elisabeth verbündete sich mit Maria Theresia gegen Preußen. Für Friedrich den Großen war dies mehr als überraschend. Er fürchtete die russischen »undisziplinierten, barbarischen Horden«. Und jetzt standen sie auch noch auf der Seite Österreichs und Frankreichs.

Preußen begann den Krieg im August 1756 mit dem Einmarsch seiner Truppen in Sachsen. Sieben Jahre sollten die Auseinandersetzungen dauern. Die Preußen rückten vor bis Prag. Bei Kollin wurden sie von den Österreichern geschlagen und mußten Böhmen wieder aufgeben. Seit Kriegsbeginn war fast ein Jahr vergangen. Erst dann griffen russische Truppen in das Geschehen ein.

Während der Regierungszeit Elisabeths war die Moral in der russischen Armee ständig gesunken. Auch die Ausbildung der Soldaten wurde mehr als nachlässig gehandhabt. Es waren ja Friedenszeiten. Die Offiziere führten in ihren Quartieren ein bequemes Leben, und für die Instandhaltung militärischen Geräts, vor allem der Kriegsschiffe, war kein Geld vorhanden, denn der Militäretat war auf ein Minimum zusammengeschrumpft. Der Petersburger Hof mit seinen zunehmenden Forderungen nach Luxus verschlang Unsummen. Es war für die russischen Generäle verteufelt schwer, ohne finanzielle Mittel die Kampfbereitschaft und die Moral der Truppen wiederherzustellen. Trotz aller Hindernisse marschierte Feldmarschall Apraxin im Sommer 1757 mit 83000 Mann in Richtung Ostpreußen, wo ihm am 30. August bei Groß-Jägersdorf ein Sieg über die Preußen gelang. Doch zu aller Verwunderung nutzte er diesen Sieg nicht aus, sondern zog sich in östlicher Richtung über dem Njemen zurück. Er gab Versorgungsschwierigkeiten als Grund an. Ein Gerücht wollte jedoch wissen, daß ihn Bestuschew-Rjumin über eine gefährliche Erkrankung der Kaiserin Elisabeth unterrichtet habe, ja, daß mit ihrem baldigen Tod zu rechnen sei. Apraxin habe mit seinem Rückzug der preußischen Gesinnung des künftigen russischen Thronfolgers Rechnung tragen wollen. Apraxin wurde von Elisabeth zur Verantwortung gezogen, seines Postens enthoben und angeklagt. Er starb, ohne abgeurteilt worden zu sein, im August 1758. Aber auch über den mächtigen Bestuschew-Rjumin hatten sich Gewitterwolken zusammengezogen. Die Zarin kränkelte in letzter Zeit häufiger, und so hatte Bestuschew für den Fall ihres plötzlichen Ablebens einen eigenen Thronfolgeplan ausgeklügelt. Es ist dabei nicht ausgeschlossen, daß Bestuschew selbst seinen Freund Apraxin zum Rückzug angestiftet hat. Bestuschew ahnte, daß man auch ihn zur Rechenschaft ziehen würde, und verbrannte alle ihn möglicherweise belastenden Dokumente. Obwohl man ihm eine Verschwörung nicht nachweisen konnte, wurde er zum Tode verurteilt. Trotz dieses Urteils ging Elisabeth sehr milde mit diesem »Hochverräter« um. Bestuschew wurde Anfang 1759 auf seine Güter verbannt, ohne daß sein Eigentum konfisziert wurde. Michail Woronzow und Pjotr Schuwalow lenkten nun statt seiner die russische Außenpolitik.

Der Siebenjährige Krieg ging weiter. Im August 1758 erlitten die Russen bei Zorndorf eine schwere Niederlage, die sie zum Rückzug nach Polen zwang. Doch ein Jahr später schlugen sie die Preußen in Schlesien, und im August 1759, gemeinsam mit den Österreichern, nochmals bei Kunersdorf.
Nach der Schlacht von Kunersdorf notierte Friedrich von Preußen: »Ich halte alles für verloren; ich werde den Untergang meines Vaterlandes nicht überleben.« Aber die Zeit arbeitete für ihn, genauso wie die innenpolitische Entwicklung in Rußland.
Noch sahen sich im Frühjahr 1760 Preußen und England genötigt, Frankreich, Österreich und Rußland Friedensangebote zu unterbreiten. Frankreich war einem Friedensschluß nicht abgeneigt, doch Österreich und Rußland lehnten entschieden ab. Friedrich konnte es nicht verhindern, daß die Russen und Österreicher im Oktober 1760 in Berlin ein-

zogen, zwei Millionen Taler als Kontribution einstrichen und die Zeughäuser leerten. Der Spuk war zwar nach drei Tagen wieder vorbei, doch der Einmarsch in die Hauptstadt hatte einen schweren Schock hinterlassen.

Als auch die englische Unterstützung für Preußen wegfiel, die Österreicher ein Drittel Schlesiens wiedergewannen und die Russen Hinterpommern besetzten, da schien Preußens Schicksal besiegelt. Erst ein Ereignis, das man als »Mirakel des Hauses Brandenburg« bezeichnete, sollte das Blatt für die Preußen wenden. Dieses Wunder ereignete sich im fernen Petersburg, und – Ironie der Geschichte – Elisabeth selbst hat es vorbereitet. Sie war es, die den Preußenkönig vor dem Untergang bewahrte.

Seit ihrer Krankheit im Jahre 1757, die zum »Verrat« Apraxins geführt hatte, erholte sich Elisabeth nie mehr richtig. Vermutlich waren es die Wechseljahre, die ihr sehr zusetzten und sie einen völlig anderen Lebensstil annehmen ließen. Nichts war mehr übriggeblieben von der Fröhlichkeit und Ausgelassenheit der vergangenen Jahre; sie fühlte sich alt und verbraucht, führte Selbstgespräche und litt unter starken Depressionen. Überall sah sie Feinde und Verrat, fürchtete sich vor jedem Schatten an der Wand. Sie, der glänzende »Nordstern«, die schönste der russischen Zarinnen, war zu einer einsamen alten Frau geworden. Während draußen der Glanz Petersburgs leuchtete, vegetierte die Kaiserin die letzten Monate des Jahres 1761 hinter verhängten Fenstern dahin. Die letzte echte Romanow-Zarin fühlte ihr Ende nahen. Ein Blutsturz raubte ihr die letzten Kräfte. Elisabeth, die Tochter Peters des Großen, starb am Nachmittag des 25. Dezember 1761.

Es war nicht ihr Tod, der einen Umschwung für die Preußen herbeiführte, sondern ein fast zwanzig Jahre zurückliegendes Ereignis: die Ernennung eines Thronfolgers.

Das holsteinische Teufelchen, Peter III.

Elisabeth hatte kaum den russischen Thron bestiegen, als sie auch schon daran dachte, einen Thronfolger zu bestimmen. Mit Sicherheit glaubte sie nicht daran, daß ihre Regierungszeit sehr kurz werden könnte, nein, sie war einfach umsichtiger als die Romanows vor ihr. Außerdem wollte sie sicherstellen, daß die Dynastie nicht durch die Nachkommen des schwachsinnigen Iwan V., also durch den später eingekerkerten Iwan VI., weiterbestehen sollte, sondern durch die Nachkommen Peters des Großen.
Hinterließ sie selbst einmal keine Kinder, so sollte der Thron an ihren Neffen Karl Peter Ulrich von Holstein-Gottorp fallen. Er war der Sohn ihrer 1728 verstorbenen Schwester Anna, der – als er elf Jahre alt war – bereits seinen Vater verloren hatte. Von ihm, Karl Friedrich von Holstein, hatte er nicht nur die Herzogswürde, sondern auch die Anwartschaft auf die schwedische Königskrone geerbt. Und nun bot ihm seine Tante den Zarenthron an.
Karl Peter Ulrich genoß eine denkbar schlechte Erziehung, jedenfalls keine, die ihn zum klugen Herrscher befähigt hätte. Als der Vater noch lebte, verbrachte er seine Tage in der Schloßkaserne, umgeben von Offizieren und Ordonnanzen, die mit ihm nicht gerade zart umgingen. Und der Kammerherr Brümmer prügelte seinem Zögling wenig Gelehrsamkeit, aber dafür um so mehr Hinterlist und Preußenverehrung ein.
Kurz vor seinem vierzehnten Geburtstag traf Karl Peter Ulrich in Petersburg ein. Elisabeth war wenig erbaut, als sie dieses dürre Bürschchen sah, das durch eine hohe, kreischende Stimme unangenehm auffiel. Doch sie war geradezu entsetzt, als sie merkte, welch klägliches Wissen er besaß. Nun war die Zarin selbst nicht sehr wissensdurstig gewesen, doch es beunruhigte sie sehr, wie wenig Bildung ihr Neffe besaß. Sie beauftragte den Schwaben Jakob von Stählin, sich um ihn zu kümmern und Versäumtes nachzuholen. Stählins Einsatz zeigte geringen Erfolg. Bei jeder Gelegenheit entwischte ihm der künftige Thronfolger, um mit seinen Bleisoldaten zu spielen und imaginäre Kriege zu führen.
Vielleicht hat Elisabeth mehr als einmal daran gedacht, diesen schrecklichen Knaben, der alles Russische aufs tiefste verachtete und verspottete, wieder nach Holstein zu schicken, doch sie hatte keine andere Wahl. Im Frieden von Abo (1743) war Schweden bereits gezwungen

worden, alle Pläne aufzugeben, den holsteinischen Knaben auf den schwedischen Thron zu setzen. Karl Peter Ulrich mußte zum orthodoxen Glauben übertreten und erhielt den Namen Peter Fjodorowitsch. Gleichzeitig wurde er zum Großfürsten und Thronfolger ernannt.
Nein, Elisabeth konnte über ihre Wahl nicht glücklich sein, obwohl sie alles versuchte, ihren Neffen zu fördern und zu formen. Vielleicht würde eine Heirat helfen, und sie begann, sich unter den heiratsfähigen Prinzessinnen nach einer Ehekandidatin umzuschauen.
Den heranwachsenden Prinzessinnen jener Zeit standen drei Möglichkeiten für ihre Zukunft offen: entweder sie blieben im Lande und heirateten irgendeinen Fürsten, mochte sein Fürstentum auch noch so klein und unbedeutend sein, oder, wenn sie nicht ganz so hübsch waren, wurden sie Stiftsdamen, oder sie zogen das große Los und heirateten ins Ausland. Dabei opferten sie zwar meist ihr persönliches Glück, doch angesichts der oft knappen Mitgift, die sie zu bieten hatten, verbesserten sie sich auf jeden Fall finanziell.
Auch Sophie Auguste Friederike von Anhalt-Zerbst, sie wurde am 2. Mai 1729 geboren, wuchs in der Hoffnung auf, wenigstens einen kleinen Fürsten aus der Nachbarschaft zu heiraten. Niemand hätte etwas anderes angenommen. Sie wurde von einer französischen Gouvernante, Fräulein Cardel, erzogen und von einem französischen Musiklehrer unterrichtet. Sophie Auguste, von ihrer Familie »Figchen« genannt, war außerordentlich belesen. Lernen machte ihr Spaß, und sie war neugierig und interessiert. Andere Vergnügungen gab es in Stettin, wo der Vater als preußischer Generalmajor Soldaten drillte, nicht. Die einzige Abwechslung boten gelegentliche Aufenthalte bei der Verwandtschaft in Braunschweig oder Berlin.
Weihnachten 1743, die Familie hatte sich in Zerbst getroffen, geschah etwas so Ungewöhnliches, daß der ganze Haushalt in Aufruhr geriet. Aus Berlin traf eine Stafette ein, die für Sophie und ihre Mutter eine Einladung nach Petersburg brachte. Solche Einladungen wurden an den kleinen Fürstenhöfen als Befehle betrachtet, denen man sich nicht widersetzen durfte. Das Schreiben war nicht von Elisabeth selbst unterzeichnet, doch sie schickte 10000 Rubel anbei, für die Bestreitung der Reiseunkosten. Die Brautschau hatte begonnen.
Schnell wurden die Koffer gepackt. Man nahm nur das Nötigste mit, und bereits am 10. Januar 1744 reisten die Damen, sie nannten sich Gräfinnen Reinbeck, in Richtung Rußland ab. Der Vater hatte eigenhändig noch ein paar gute Ratschläge aufgeschrieben. Schon in Riga wurden die beiden Reisenden fürstlich empfangen, und mit kostbaren Toiletten ausstaffiert, setzten sie ihre Reise nach Petersburg fort.

Alexander III. (*1845 – †1894) mit Marija Feodorowna im Kreise sämtlicher Großfürstinnen und Großfürsten

Grenadiere des Zarenpalastes zur Zeit Nikolaus' II.

Nikolaus II. (*1868 – †1918) in historischer Tracht...   *...und zu Pferde*

Die Kinder Nikolaus' II: Maria, Anastasia, Alexej, Taijana und Olga

Elisabeth soll Gefallen an Sophie Auguste gefunden haben, während ihre Mutter am Hofe immer lästiger wurde und sich in diplomatische Ränke verwickeln ließ. Karl Peter Ulrich beziehungsweise Peter Fjodorowitsch hingegen machte seiner Braut sehr bald klar, daß er sie nicht leiden konnte und sie nur heiraten werde, um seiner Tante einen Gefallen zu tun.

Sophie Auguste lebte sich in ihrer neuen Umgebung sehr schnell ein, und sie gab sich Mühe, all die komplizierten russischen Verhältnisse zu verstehen. Da sie sehr klug und ehrgeizig war, versuchte sie ganz zielbewußt, die Zuneigung der Kaiserin und der im Palast verkehrenden Russen zu gewinnen. Sie lernte mit Feuereifer die russische Sprache. Zwar konnte sie ihr Leben lang ihre deutsche Herkunft nicht verleugnen, doch die meisten Russen waren von ihrem Eifer gerührt.

Wie raffiniert Sophie in Wirklichkeit war, zeigt folgende Begebenheit: Als sie schwer erkrankte, wollte ihre Mutter einen lutherischen Geistlichen rufen. Doch Figchen lehnte ab und bat um den griechisch-orthodoxen Popen, der ihr Religionsunterricht erteilte. Das war Balsam für Elisabeths und der Russen Seele. Trotzdem fiel der Braut der Übertritt zum orthodoxen Glauben nicht so leicht, wie sie ihre Umgebung wissen ließ. Dieser Übertritt fand am 28. Juni 1744 mit einer feierlichen Zeremonie statt. Aus Sophie Auguste Friederike wurde Jekaterina Alexejewna, Katharina genannt. Elisabeth soll ihr zur Feier des Tages einen Brillantschmuck geschenkt haben, der einige hunderttausend Rubel wert war.

Die beiden ungleichen Brautleute lebten nebeneinanderher. Der Bräutigam widmete sich ganz seinen albernen Spielzeugsoldaten und führte höchst banale Gespräche mit Dienstboten und Kammerdienern. Katharina aber bastelte an ihrem »Image« und vertiefte sich in zahlreiche Bücher. Währenddessen liefen die umständlichen Vorbereitungen für die bevorstehende Hochzeit auf Hochtouren. Elisabeth ließ aus Versailles und Dresden genaue Beschreibungen ähnlicher Feste kommen und überlegte, wie die Hochzeit noch glanzvoller ausfallen konnte.

In ihren Memoiren schrieb Katharina später, daß nur ihr Ehrgeiz sie aufrechterhalten habe, diese Hochzeit über sich ergehen zu lassen. Schon damals habe sie gespürt, daß sie einmal Kaiserin von Rußland werden würde. Am 25. August 1745 fand die Trauung statt. Es war eine lange, ermüdende Zeremonie. Und bei dem anschließenden Bankett trank der junge Ehemann so unmäßig, daß er mit den Stiefeln ins Brautbett fiel und erst spät am nächsten Tag aufwachte. Das war der Beginn von Katharinas Ehe, die keine war.

Die jungen Eheleute gingen sich, wo sie nur konnten, aus dem Weg.

Peter suchte seine Vergnügungen woanders, und seine junge Frau soll er sogar im Beisein von Drittpersonen häufig beleidigt haben. Katharina zog sich in ihre Studierstube zurück, ab und zu ritt sie aus oder ging auf Entenjagd. Mit großer Enttäuschung beobachtete Zarin Elisabeth die Entwicklung dieser Ehe. Ihr Neffe hatte nie zu Hoffnungen Anlaß gegeben, doch nun begann sie auch an Katharina zu zweifeln und ihr Vorhaltungen zu machen, daß sie ihren Mann nicht genug beeinflusse. Als Katharina endlich, am 20. September 1754, nach zwei Fehlgeburten einem Sohn das Leben schenkte, da war der Hof sicher, daß Peter nicht der leibliche Vater war. Seit zwei Jahren hatte Katharina ein Verhältnis mit Sergej Saltykow, ihrem Kammerherrn; er war vermutlich der Vater des kleinen Paul. Natürlich galt Paul als legitimer Sproß, und Elisabeth war überglücklich über die Geburt dieses Thronerbens. Sie kümmerte sich selbst um das Kind, und seine leibliche Mutter bekam es selten zu Gesicht.

Saltykow wurde bald durch den eleganten Grafen Stanislaw Poniatowski abgelöst, mit dem Katharina eine Tochter hatte. Ihn ersetzte Grigorij Orlow ... und so ging es weiter. Nach der Geburt Pauls lockerte sich Katharinas Los ein wenig. Man ließ sie in Ruhe, und sie konnte tun, was sie wollte. Sie empfing ausländische Gäste, die von ihren klugen Reden begeistert waren; sie las und schrieb, war gesellig und überaus charmant, obwohl sie keine Schönheit gewesen sein soll.

Als Elisabeth zu kränkeln begann, hofften viele aus ihrer Umgebung, daß sie den verflixten *holsteinischen Teufel* enterben und die Thronfolge entweder an Katharina oder an den kleinen Paul weitergeben würde. Doch Elisabeth war unsicher und zögerte. Sie wollte nicht von ihrem einmal gefaßten Entschluß abweichen.

Elisabeth starb, und Peter bestieg als Peter III. den Zarenthron. Sofort und ohne zu zögern rief er die russischen Truppen nach Hause zurück. Er räumte Pommern und Ostpreußen ohne Gegenleistung und schloß im Frühjahr 1762 mit Friedrich dem Großen einen Friedensvertrag ab. Die russischen Offiziere waren so verblüfft über dieses Verhalten und noch mehr über die Forderung, jetzt gegen die Österreicher kämpfen zu müssen, daß viele ihren Abschied nahmen.

Die Soldaten murrten, denn sie waren überzeugt, durch einen Deutschen den Deutschen geopfert worden zu sein. Und Friedrich der Große äußerte sich enthusiastisch: »Der russische Kaiser ist ein göttlicher Mann, dem ich Altäre errichten muß.«

Peter III. entfaltete eine fieberhafte Tätigkeit. Bereits bei seiner Thronbesteigung hatte er ein Manifest erlassen, daß er gewillt sei, ganz im Sinne Peters des Großen regieren zu wollen. Doch niemand aus seiner

Umgebung konnte solche Worte ernst nehmen. Sogar unter ausländischen Diplomaten war bekannt, daß Peter III. sich gern und allzuhäufig in der Gesellschaft holsteinischer Korporale betrank; er machte schlechte, geistlose Scherze und war so launisch, daß viele ihm aus dem Weg gingen. Stets in der Furcht, zur Zielscheibe seiner Launen zu werden, schmeichelten ihm wiederum andere und bestärkten ihn in seiner Überzeugung, ein großer Staatsmann zu sein.

Dennoch erließ Peter III. einige Verordnungen, die ihm Sympathien einbrachten. Nur wenige Tage nach dem Tod der Kaiserin Elisabeth erließ er eine Generalamnestie. Eine große Anzahl Unglücklicher, die nach Sibirien verbannt worden waren, konnten heimkehren. Unter ihnen waren auch Natalja Lopuchina, Münnich und Biron. Die Reduktion des Salzpreises mußte Peter III. als Wohltäter des Volkes erscheinen lassen, und als er die Dienstpflicht des Adels aufhob, gewann er auch in diesen Kreisen an Boden.

»Es läßt sich nicht schildern, eine wie unbeschreibliche Freude dieses Dokument in den Herzen aller Adligen unseres geliebten Vaterlandes hervorrief; alle hüpften beinahe vor Entzücken, dankten dem Zaren und segneten jenen Augenblick, in welchem er die Gnade gehabt hatte, diesen Erlaß zu unterschreiben.« So notierte ein Zeitgenosse in seinen Memoiren.

Mit dem Erlaß der Dienstpflicht war die Hoffnung verknüpft, daß sich genügend Adlige finden würden, freiwillig in Verwaltung und Militär Dienst zu tun. Kurz darauf wurde die *Kanzlei für geheime Angelegenheiten* aufgelöst, die überall verhaßte Geheimpolizei. Dieser Schritt wurde damit begründet, daß diese Behörde in den letzten Jahren ihre Kompetenzen schwer mißbraucht hatte. Andere Quellen berichten, daß Peter überzeugt war, diese Einrichtung nicht mehr zu brauchen, da er wußte, so bildete er sich ein, wie man die Russen zu nehmen habe.

Beim Adel hatte Peter an Ansehen gewonnen, doch das Wohlwollen der mächtigen Kirche verscherzte er sich völlig, als er die Kirchengüter unter weltliche Verwaltung stellte. Den Popen schlug er das Tragen weltlicher Kleidung vor, und den Gutsbesitzern legte er nahe, ihre Privatkapellen abzuschaffen. Auch dieses Ansinnen erregte heftigen Unwillen, griff doch der »Deutsche« in althergebrachte russische Bräuche ein.

Diese und andere Maßnahmen mußten den Eindruck erwecken, Peter III. wolle es seinem großen Namensvetter durchaus gleichtun. Doch alle noch so freudig aufgenommenen Neuerungen schafften ihm letztendlich nur wenig Freunde, denn immer wieder traf er völlig unverständliche Entscheidungen. Vor allem das Militär war ihm keineswegs wohlgesonnen, ganz besonders aber nicht die Garde, deren volle Unterstützung Zarin Elisabeth noch gehabt hatte. Mit preußischem Drill fuhr Peter III. zwischen die Reihen, ließ alte, gebrechliche Offiziere stundenlang exerzieren, ernannte völlig unfähige, aber ihm verwandte Personen zu Generälen und beleidigte die stolzen Soldaten auf Schritt und Tritt. Sogar Außenstehende erkannten, daß die Geduld der Garde langsam erschöpft war. Der Zar selbst schien davon nichts zu bemerken, oder er fühlte sich so sicher, daß er sogar plante, persönlich einen Krieg gegen Dänemark zu führen, um sein deutsches Fürstentum Holstein-Gottorp zurückzugewinnen. Ernsthaft dachte er daran, Katharina entweder in ein Kloster oder nach Hause zu schicken und sich mit seiner Geliebten, Elisabeth Woronzowa, trauen zu lassen.

Doch Peters Feinde schliefen nicht.

Katharina befand sich in einer wenig beneidenswerten Lage. Natürlich wußte sie, daß ihr Gatte alle Leute vor den Kopf stieß und sich unmöglich benahm. Mit Geduld ertrug sie es, daß er sie beschimpfte und, wo er nur konnte, kleine Gehässigkeiten verteilte. Liebend gern hätte sie es gesehen, wenn er sich mit seiner Favoritin Elisabeth Woronzowa vom Hofe zurückgezogen hätte. Sie gönnte ihm diese Liebschaft, war sie doch selbst kein Kind von Traurigkeit. Aber es lag ihr fern, nicht zu kämpfen. Sie wußte, daß ihr verhaßter Gemahl sich nicht lange auf dem Thron würde halten können. Und Katharina hatte Freunde, die ihre geheimen Wünsche in die Tat umzusetzen bereit waren.

Ihr derzeitiger Geliebter, Grigorij Orlow, ein Gardeoffizier, und seine vier Brüder brachten den Stein ins Rollen. Alle Orlows waren außerordentlich beliebt; sie waren bekannt als Haudegen, kannten keine Angst und waren glühende Patrioten. Grigorij handelte deshalb zwar auch seiner geliebten Katharina zuliebe, aber er handelte auch als russischer Offizier, der Peters Fehlverhalten nicht hinnehmen konnte. Weitere Unterstützung zur Ausführung ihrer Pläne fand Katharina in der jungen Fürstin Katharina Daschkowa, einer Schwester von Elisabeth Woronzowa, Peters Geliebten. Die Daschkowa, ein intelligentes Mädchen mit hohen Idealen, hegte für Katharina eine geradezu schwärmerische Zuneigung und hatte sich in den Kopf gesetzt, auch ihrerseits ein bißchen am Machtkarussell zu drehen. Grigorij Orlow unterstützte sie.

Katja Daschkowa war informiert, daß die Verhaftung Katharinas unmittelbar bevorstehe. Sie gewann Verbündete in Katharinas nächster Umgebung, darunter den Erzieher des kleinen Paul, Graf Nikita Panin; und die Orlows machten Stimmung in der Garde.

Die Junitage des Jahres 1762 waren für Peter III. mit Paraden, Banketten und sonstigen Lustbarkeiten ausgefüllt. Er hatte die Vorbereitungen für seinen Feldzug nach Dänemark abgeschlossen und genoß die Ruhe vor dem Sturm. Dies alles geschah in Oranienbaum, in der Nähe von Petersburg, während Katharina sich mit kleinem Hofstaat in Peterhof aufhielt, zehn Kilometer von Oranienbaum entfernt. Sie wurde ständig auf dem laufenden gehalten, was in Oranienbaum vor sich ging. Dort wurde getafelt und getrunken; Peter sah seine Frau bereits hinter dikken Mauern, und Elisabeth Woronzowa gab sich Mühe, eine würdige, amüsante Gastgeberin zu sein. Sie soll die Brillanten getragen haben, die Katharina einst von der seligen Elisabeth erhalten hatte und die so überaus wertvoll waren.

Am 27.Juni kam es zu einem bedenklichen Zwischenfall. Ein Teilnehmer der Konspiration, ein gewisser Kapitän Passek, wurde verhaftet. Er war durch die unvorsichtigen Äußerungen eines Soldaten bloßgestellt worden. Nun war Eile geboten, denn längere Untersuchungen hätten alle Umsturzpläne gefährdet.

Am frühen Morgen des 28.Juni drang Alexej Orlow, der Bruder des Geliebten, ins Schlafzimmer Katharinas ein und berichtete, daß Passek verhaftet sei. Keine Zeit durfte mehr verloren werden. Katharina kleidete sich hastig an, bestieg die Kutsche, die schon auf sie wartete, und fuhr in Begleitung Orlows nach Petersburg. Um sieben Uhr kam sie beim Ismajlowschen Regiment an, dessen Soldaten bereits instruiert waren. Man leistete Katharina den Treueid. Auch beim Semjonowschen und beim Preobraschensker Regiment spielten sich ähnliche Szenen ab. An der Spitze dieser drei Regimenter zog Katharina zur Kathedrale der Gottesmutter von Kasan. In einem feierlichen Gottesdienst wurde Katharina zur *Kaiserin und Selbstherrscherin* proklamiert, ihr inzwischen achtjähriger Sohn Paul zum Thronfolger. Beide betraten den Winterpalast und zeigten sich vom Balkon der jubelnden Menge. Wenig später ließ Katharina ein Manifest verlesen, daß sie zur Rettung der orthodoxen Kirche und des durch den Friedensschluß mit Preußen entwürdigten Landes auf Wunsch aller Untertanen den Thron bestiegen habe.

In Oranienbaum hingegen ahnte man von all den Vorgängen noch nichts. Peter hatte Namenstag und beschloß, mit seiner Gesellschaft nach Petershof zu ziehen. Möglicherweise wollte er ausgerechnet an diesem Tag seinen Plan, Katharina zu verstoßen, in die Tat umsetzen. Er war überrascht, Katharina nicht vorzufinden; auch im Schlößchen »Mon Plaisir« war sie nicht.

Die wenigen Diener, die er befragen konnte, erklärten nur, daß Katharina in die Hauptstadt gefahren sei. Peter entsandte den Kanzler Woronzow sowie zwei andere Würdenträger nach Petersburg. Sie sollten

Nachforschungen anstellen und umgehend nach Peterhof zurückkehren. Doch keiner der Würdenträger kam zurück, sie blieben in Petersburg und leisteten der neuen Herrscherin Katharina bereits den Treueid. Am späten Nachmittag erfuhr Peter, was sich ereignet hatte. Als ihm seine Situation klar wurde, versuchte er nach Kronstadt zu kommen. Doch die Besatzung dieser Festung hatte sich längst von ihm losgesagt. Katharinas Freunde hatten gute Arbeit geleistet.
Als Peter III. sich der Festungsinsel in einer Galeere zu nähern versuchte, wurde ihm unmißverständlich bedeutet, daß man auf ihn schießen werde, wenn er es wagen sollte, an Land zu gehen. Die ihn begleitenden Damen begannen zu zetern, er selbst soll sich unter Deck versteckt haben. Erniedrigt kehrte Peter mit seiner Begleitung nach Oranienbaum zurück.
Katharina war inzwischen, zu Pferde und mit einer Grenadiersuniform bekleidet, wieder in Peterhof eingetroffen. Peter wurde verhaftet; man legte ihm eine Abdankungsurkunde vor, die er unterschrieb. Zuvor hatte er versucht, wenigstens schriftlich mit Katharina in Kontakt zu kommen. Sie hatte nicht geantwortet und statt dessen Soldaten und die Abdankungsurkunde geschickt. Man brachte den entthronten Zaren nach Oranienbaum, wo ihn die Soldaten nicht gerade zart behandelten. Er soll darüber in Ohnmacht gefallen sein.
Geblieben ist das Bild vom feigen und um Gnade flehenden Peter in der Erinnerung des Volkes. Nur vier Dinge wollte er behalten: seinen Mohren Narziß, seinen Lieblingshund, seine Geige und seine Geliebte Elisabeth Woronzowa. Mohr, Hund und Geige durfte er mit nach Ropscha, eines seiner Landgüter nahe Petersburg, nehmen. Auf die Dame Woronzowa mußte er verzichten. Sie wurde nach Moskau geschickt und dort später verheiratet. Und was sagte Friedrich der Große zur Abdankung des Zaren, dem er einmal »Altäre bauen« wollte? »Er hat sich entthronen lassen wie ein Kind, das man ins Bett schickt.«
Der letzte Akt: Am 30.Juni 1762 zog Katharina II. – wie sie nun hieß – triumphierend in der Hauptstadt ein. Sie wurde von der Fürstin Daschkowa und von Grigorij Orlow begleitet. Da Katharina eine kluge Frau war, wußte sie sehr wohl, daß man einen Zaren – mochte er noch so viele Fehler begangen haben – nicht einfach absetzen konnte. Das wußte auch ihre Umgebung. Vor allem die Brüder Orlow. Katharina beeilte sich deshalb sehr, in einem weiteren Manifest die Gründe darzulegen, warum sie die Macht übernommen habe. Das war am 6.Juli. Nur wenig später erreichte sie die Nachricht aus Ropscha, daß Peter nicht mehr lebe.
Man weiß nicht, wie sie die Kunde aufnahm. Ungeklärt sind auch die Vorgänge, die sich in Ropscha abspielten. Tatsache ist, daß Katharina

erst am nächsten Tag die Bevölkerung unterrichten ließ, Peter sei einer »akuten Kolik« zum Opfer gefallen. Doch so könnte es gewesen sein: Peter freute sich in Ropscha über jede Abwechslung, die ihm geboten wurde. Als am 6. Juli einige Gäste eintrafen, die ihn ein wenig aufmuntern wollten, war er begeistert, vor allem auch über den mitgebrachten Burgunder. Einer der Gäste war Alexej Orlow, der Bruder von Katharinas Geliebtem. Peter trank gern und viel, doch dieser Wein schmeckte irgendwie verdächtig. Er beschuldigte die Anwesenden, daß sie ihn vergiften wollten, schrie und zeterte. Er wurde vielleicht sogar gewalttätig, krallte sich an Orlow fest, der ihn abschüttelte. Doch schon waren andere hinter ihm, die ihn festhielten und würgten, erwürgten.
Alexej Orlow ließ Katharina aus Ropscha folgende Nachricht zukommen:
»Mütterchen! Gnadenreiche Kaiserin! Wie soll ich aussprechen, was geschehen ist? Du wirst deinem treuen Sklaven nicht glauben; aber ich will die Wahrheit sprechen wie vor Gottes Angesicht. Mütterchen, ich bin bereit zu sterben, aber ich weiß selbst nicht, wie das Unglück geschehen ist. Wir sind verloren, wenn Du nicht Gnade schenkst. Mütterchen – er ist nicht mehr. Aber niemand hat es gedacht: wie sollten wir daran denken, die Hand gegen den Kaiser zu erheben! Aber, Kaiserin, das Unglück ist geschehen. Er kam bei Tisch in Streit mit dem Fürsten Feodor (Baratynski), und ehe wir sie auseinanderbringen konnten, war er nicht mehr.«
Am 7. Juli 1762 wurde dieses Manifest der Zarin veröffentlicht:
»Am siebenten Tag, nachdem wir den Thron aller Reußen bestiegen haben, erhielten wir die Nachricht, daß Ex-Kaiser Peter III. infolge eines gewöhnlichen hämorrhoidalen Anfalls, worunter er auch früher oft gelitten, von einer außerordentlich schmerzhaften Kolik befallen worden sei. Um unsere christliche Pflicht und die heiligen Gebote nicht zu vernachlässigen, durch welche wir gehalten sind, das Leben unseres Nächsten zu bewahren, haben wir befohlen, unverzüglich alles zu ihm zu senden, was für rasche ärztliche Hilfe und für die Abwendung gefährlicher Folgen jenes Anfalls erforderlich war. Allein, zu unserem größten Kummer und zur Betrübnis unseres Herzens erhielten wir gestern abend die weitere Nachricht, daß er nach dem Willen Gottes des Allmächtigen verschieden ist. Wir haben daraufhin befohlen, daß sein Körper in das Newski-Kloster gebracht werden soll, um dort begraben zu werden, und unterdessen bitten und beschwören wir all unsere treu ergebenen Untertanen durch unser kaiserliches und mütterliches Wort, daß sie ohne böse Erinnerung an alles Vergangene von seinem Körper Abschied nehmen und für die Rettung seiner Seele eifrige Gebete Gott

darbringen mögen. In seinem nach göttlicher Bestimmung plötzlich erfolgten Tode erblicken wir eine Zielsetzung der göttlichen Vorsehung, welche durch ihre unerforschlichen Ratschlüsse uns, unserem Throne und dem ganzen Vaterland einen Weg weist, der nur dem heiligen Willen Gottes bekannt ist.«

Die grosse Katharina

Achtzehn Jahre zuvor, im Jahre 1744, war Sophie Auguste Friederike von Anhalt-Zerbst nach Rußland gekommen. Damals war sie fünfzehn Jahre alt. Jetzt, im Jahre 1762, befand sie sich am Ziel ihrer geheimen Wünsche. Aus Jungmädchenträumen war Ernst geworden, wenn auch mit einem bitteren Beigeschmack. Die Ehe mit Peter III. war unglücklich gewesen. Doch es bestehen große Zweifel, daß Katharina mit den Vorgängen in Ropscha irgend etwas zu tun hatte. Trotzdem fühlte sie sich irgendwie schuldig und unterließ es, eine Darlegung ihrer Schuldlosigkeit niederzuschreiben. Sie war überzeugt, daß jedes Wort der Verteidigung ihr zum Nachteil gereichen würde, daß jedes Wort den Anschein erwecken könnte, sie habe Gründe, sich von einem Verdacht reinzuwaschen. Der Tod Peters III. wurde nicht untersucht. Die an dem Vorfall Beteiligten erhielten keine Strafe, sondern wurden mit Auszeichnungen überschüttet. Die Orlows wurden in den Grafenstand erhoben, die anderen Offiziere erhielten hohe Ämter.
Es war ein großer Fehler Peters III. gewesen, daß er sich nicht zum Kaiser krönen ließ. Er hatte zu sehr seiner formalen Ernennung vertraut und geglaubt zu wissen, wie er die Russen zu nehmen habe. Katharina beging diesen Fehler nicht. Sie war sich klar darüber, daß ihr der russische Thron eigentlich gar nicht zustand. Sie war eine Fremde, die lediglich mit dem toten Monarchen verheiratet war. Sie hatte offiziell von ihm einen Sohn, der eigentlich der rechtmäßige Thronfolger gewesen wäre. Katharina hätte allenfalls die Regentschaft für den Minderjährigen übernehmen können.
Mit Feuereifer wurden die Vorbereitungen für ihre Krönung vorangetrieben. Als Datum hatte sie den 22. September 1762 festgelegt. Sie selbst hatte es damit sehr eilig, denn die Geschehnisse in Ropscha sollten möglichst bald vergessen werden. Und man begann sie auch dank der Persönlichkeit Katharinas zu vergessen, was nicht verhinderte, daß in den Jahren ihrer Herrschaft immer wieder falsche Peters auferstanden. Aber das war in Rußland bei fast jedem »Unglücksfall« im Zarenhaus üblich: die Toten standen immer wieder auf.
Katharinas Krönung fand in Moskau, in der Uspenskij-Kathedrale, der Krönungskirche der russischen Zaren, statt. Bereits dies wurde als Zei-

chen der Versöhnung mit dem alten Rußland verstanden. Als zusätzlich einige Regierungsstellen nach Moskau verlegt wurden, machte auch dies entsprechenden Eindruck. Und Katharina tat viel, um ihre Zuneigung zum russischen Volk zu demonstrieren und den Gedanken zu unterlaufen, daß eine Fremde auf dem Thron saß. Sie pilgerte zum berühmten Troize-Kloster und betete vor den Reliquien berühmter russischer Heiliger. Auch während ihrer Regierungszeit unternahm sie kontinuierlich solche Wallfahrten.

Die Tage, ja Wochen bis zu den Krönungsfeierlichkeiten waren ein einziges großes Spektakel. Vor allem in Moskau herrschte Karnevalsstimmung, und jeder Tag brachte neue, prächtige Überraschungen für das Volk: Umzüge mit vergoldeten Kutschen, lebende Bilder auf den Plätzen, Damen in prachtvollen Roben und ihre Galane in blitzenden Uniformen bevölkerten die Straßen. Feuerwerke erhellten den nächtlichen Moskauer Himmel, und jeder konnte die neue Kaiserin betrachten, die nur eins wollte: Moskau und Rußland zur Kenntnis geben, daß sie eine Russin sei, daß sie das Volk liebe und – daß sie selbst noch jung und hübsch sei. Katharina war dreiunddreißig Jahre alt.

Ihr französischer Sekretär, Favier, beschrieb Katharina wie folgt: »Schön kann man sie nicht nennen; die Figur ist schlank und rassig, aber steif, die Haltung vornehm, aber der Gang geziert und ohne Anmut, die Brust schmal, das Gesicht lang, insbesondere das Kinn, sie lächelt unaufhörlich, der Mund ist verkniffen, die Nase leicht gebogen, die Augen sind klein, ihr Blick ist sympathisch, das Gesicht pockennarbig (dabei hatte Katharina nie Pocken) – eher hübsch als häßlich, aber keine heftigen Gefühle auslösend; die Gestalt von mittlerer Größe und ziemlich mager.«

So ähnlich haben auch zeitgenössische Maler die Kaiserin abgebildet, wobei man noch berücksichtigen muß, daß die Künstler ihre Modelle meist idealisiert haben. Das Einnehmende an Katharina muß also ihre Persönlichkeit gewesen sein. Sie war sehr charmant, war heiter und hatte die seltene Gabe, ihren Gesprächspartnern zuzuhören und an dem, was diese bewegte, Anteil zu nehmen. Daß sie häufig unsicher war, sichtbar um Gefallen bemüht, das konnte man ihr nicht verübeln. Da sie von den Regierungsgeschäften zu Beginn ihrer Thronbesteigung wirklich nichts verstand – hatte Elisabeth sie doch von alledem ferngehalten –, wollte sie einfach gefallen, und das gelang ihr auch.

Es war kein Zufall, sondern kühle Berechnung der Zarin, daß nach ihrer Inthronisation der sie umgebende Favoritenkreis fast ausnahmslos aus Russen bestand. Zwar konnte sie, und das wußte sie nur zu gut, nicht

auf die Unterstützung ausländischer Spezialisten verzichten, doch diese mußten im Hintergrund bleiben.
Katharina hatte die alte Garde, die schon zur Zeit Elisabeths und Peters III. in den höchsten Ämtern tätig war, behalten. Graf Michael Woronzow war noch immer Kanzler, obgleich er ein hingebungsvoller Anhänger des verstorbenen Peter war und Katharina eigentlich gar nicht mochte. Nikolai Panin, für die Außenpolitik zuständig, war ein treuer Verbündeter, aber ziemlich unbequem und voller eigener Ideen. Ihre wahren Freunde, vor allem die Orlows, die Militärs, aber taugten nicht für hohe Staatsämter. Trotzdem versuchten gerade sie, überall mitzumischen. Katharina schrieb: »Der letzte Gardesoldat bildet sich bei meinem Anblick ein, daß ich sein Werk sei.« Das konnte sie auf keinen Fall dulden.
Sie begann recht bald, ihre »Freunde« in die Schranken zu weisen. Erst einmal machte sie der jungen Katharina Daschkowa klar, daß Freundschaft auch ihre Grenzen hatte und keinesfalls irgendwelche Rechte daraus abzuleiten waren. Die Daschkowa hatte beim Staatsstreich eine wichtige Rolle gespielt, und sie verehrte Katharina mit naiver Bewunderung. Ihr ging es keineswegs um hohe Auszeichnungen und Belohnungen für ihren Beistand, sie wollte einfach bewundert werden. So plapperte sie in den Salons, welch großen Einfluß sie auf die Kaiserin habe; sie war so vorlaut, daß ihr Onkel, Kanzler Woronzow, bereits fürchtete, die ganze Familie könne in Ungnade fallen. Doch Katharina zeigte sich milde.
Schwieriger gestaltete sich der Umgang mit den Orlow-Brüdern. Zwar waren sie mit dem Grafentitel ausgezeichnet worden, hatten dazu Ländereien, Geld und sonstige großzügige Geschenke erhalten, doch waren das in ihren Augen Lappalien. Grigorij, Katharinas Geliebter, wollte nichts anderes als ein Eheversprechen. Es war felsenfest davon überzeugt, daß sein Bruder Alexej sich nur deshalb an der Ermordung Peters III. beteiligt hatte, damit er, Grigorij, Katharina heiraten konnte. Von Katharinas Verhältnis zu Orlow wußte jeder; und es gab nicht wenige, die ihr Mißfallen über diese Liaison äußerten. Dazu kam, daß die Orlow-Familie sich zunehmend dreister benahm, sich durch ihre Arroganz immer mehr Feinde schuf, besonders unter den ehemaligen Freunden beim Militär.
Katharina, die in Grigorij Orlow sehr verliebt war, soll ihrerseits tatsächlich eine heimliche Heirat erwogen haben. Sie wußte von den Gerüchten, daß Elisabeth heimlich Alexej Rasumowskij geheiratet habe. Also wurde Kanzler Woronzow in geheimer Mission zum greisen Rasumowskij geschickt, damit dieser sich zu der Heirat bekenne. Katharina

selbst sollte dies vermutlich als Legitimation für ihre Ehepläne dienen. Sie versprach Rasumowskij die Ehren, die einem verwitweten Prinzgemahl zustanden, doch Rasumowskij spottete nur. Er brauchte weder Ehren noch Geld, denn er war einer der reichsten Männer Rußlands und wollte auf keinen Fall das Vorbild für eine Ehe Katharinas mit Grigorij Orlow bieten. Bevor er Woronzow verabschiedete, soll Rasumowskij an einen sorgfältig verschlossenen Schrank gegangen sein und einige Papiere herausgeholt haben. Sie waren mit einem rosaroten Band umwunden. Er habe sie an die Lippen gedrückt und ins Kaminfeuer geworfen. Das sei seine Antwort gewesen.

Kurze Zeit darauf wurde eine Verschwörung aufgedeckt, deren Ziel es war, die Brüder Orlow auszuschalten. Es waren junge Offiziere, denen nicht nur das großspurige Benehmen der Orlows mißfiel, sondern die auch eine mögliche Heirat Katharinas mit Grigorij verhindern wollten. Daß eine solche Heirat bevorstehe, war inzwischen Stadtgespräch. Der Anführer dieser Verschwörung, ein junger Adliger, verteidigte sich mit der Versicherung, nur das Wohl des Vaterlandes im Auge zu haben. Er und seine Freunde würden sich nichts sehnlicher wünschen, als daß sich die Zarin noch einmal verheirate, eben nur nicht mit Grigorij Orlow. Er sei der Krone nicht würdig. Die Verschwörer erhielten äußerst gelinde Strafen.

An eine offizielle Wiederverheiratung hat Katharina nie gedacht, sie hätte sich höchstens auf eine morganatische Ehe eingelassen, was ihrem Verhältnis zu Grigorij Orlow, der über zehn Jahre an ihrer Seite weilte, entsprochen hätte. Nur schwer fand Orlow sich damit ab, nur ein Günstling und Liebhaber zu sein. Auch sein ständig wachsender Reichtum machte ihn nicht glücklicher, eher bei der Mehrzahl der Russen noch unbeliebter. Orlow besaß nicht nur ein herrliches Palais in Petersburg, an der Mojka, sondern ihm gehörte auch Schloß Gatschina, ein Anwesen an der Stadtgrenze mit prachtvollem Park. Auch in Livland und Estland sowie im übrigen russischen Reich besaß er zahlreiche Landgüter. Aber er war eben nur der Liebhaber der Zarin, auch wenn Katharina lange Zeit dafür sorgte, daß ihm die Ehren eines Prinzgemahls zuteil wurden.

Wir wollen Orlows Geschichte zu Ende erzählen; Katharina haßte eines an ihrem Geliebten, und das war seine Faulheit. Alles andere nahm sie hin, auch, daß er zuweilen recht grob mit ihr umging und sie beschimpfte. Aber ganz so faul, wie sie meinte, war Grigorij nun doch nicht – ihm fehlten nur Ausdauer und Phantasie. Mit großem Vergnügen soll er den Mäzen gespielt haben. Er förderte den berühmten Universalgelehrten Michael Lomonossow, wo es möglich war, gründete eine *Patriotische Gesellschaft*, in der liberale Ideen diskutiert wurden, und korrespondierte mit Jean-Jacques Rousseau. Als Moskau 1771 von einer furchtbaren Pestepidemie heimgesucht wurde, griff Orlow umgehend ein, und es gelang ihm, Maßnahmen durchzusetzen, die zu einer schnellen Eindämmung der Seuche führten. Böse Zungen behaupteten, dies sei das erste und letzte Mal gewesen, daß »Grischa« etwas halbwegs Vernünftiges geleistet habe. Doch Katharina war begeistert.

Aus Dankbarkeit ließ sie ihm einen prächtigen Triumphbogen setzen und eine Medaille prägen, was er wiederum für übertrieben hielt. Als Katharina ihn wenig später zu Friedensverhandlungen mit den Türken schickte, da versagte er kläglich. Katharina aber wußte, was sie tat, als sie Grigorij Orlow zu solchen Unternehmungen heranzog. Sie war seiner überdrüssig geworden und sah ihn lieber in nötigem Abstand zum Hofe. Außerdem war er ihr untreu. – Als sie erfuhr, daß er ein Verhältnis mit der Fürstin Golizyn hatte, wurde sie ernsthaft wütend. Andere, kurzlebige Verhältnisse hatte sie zuvor geflissentlich übersehen.

Der Bruch mit Orlow schien unvermeidlich. Doch fiel es Katharina nicht leicht, sich von ihm zu trennen. Beide hingen aneinander, obwohl sie sich eigentlich nichts mehr zu sagen hatten.

Während Orlow im Ausland weilte, zog ein neuer Liebhaber, der junge Alexander Wassiltschikow, bei Katharina ein. Möglicherweise war dies ein Trick der Zarin, um Orlow auszubooten. Orlow erfuhr von seinem Nebenbuhler, das sollte er auch, und eilte wutentbrannt zurück. Doch man hielt ihn, angeblich aus Quarantänegründen, in Gatschina fest. Währenddessen gebärdete sich Katharina wie eine Ehebrecherin, die in flagranti ertappt worden war. Sie ließ sämtliche Türschlösser in ihrem Palast auswechseln und zuckte bei jedem Geräusch zusammen. Jedem, der es hören wollte, sagte sie: »Oh, Sie kennen ihn (Grigorij) nicht! Er ist imstande, mich und den Großfürsten umzubringen.«

Doch Grigorij Orlow dachte nicht daran, aus der Rolle zu fallen und Katharina Gelegenheit zu geben, ihn nach Sibirien zu schicken. Natürlich war er gekränkt und wütend, er pflegte seinen Zorn und hielt sich einige Zeit vom Hofe fern. Eines Tages aber erschien er überraschend und ganz gelassen vor Katharina, erkundigte sich nach dem Wohlbefinden ihres Liebhabers Wassiltschikow und nahm gern weitere Geschenke von der Zarin an, die unbedingt wollte, daß er ihr verzieh.

Die wertvollen Geschenke? Das waren sechstausend Leibeigene, 150000 Rubel Jahresrente, ein Sèvres-Geschirr im Wert von 250000 Rubel und ein Marmorpalais. Er selbst revanchierte sich mit einem

prachtvollen Solitär, der als Orlow-Diamant in die Geschichte eingegangen ist.
Dann verschwand er aus Katharinas Blickfeld und war länger auf Reisen. Er verliebte sich in seine junge, hübsche Nichte Katharina Sinowjewa; Katharina, obwohl pikiert, so schnell vergessen worden zu sein, intervenierte bei der Synode zu seinen Gunsten. Orlow konnte die junge Dame 1771 heiraten.
Er verbrachte ruhelose Jahre in fremden Ländern, und als er schließlich nach Rußland zurückkehrte, war er nicht mehr der, der er einmal gewesen war. Er begann öffentlich Kritik an Katharina zu üben, favorisierte statt ihrer den Großfürsten Paul, den er früher nie hatte ausstehen können. Man hörte ihm zu, doch niemand nahm ihn ernst. Denn jeder wußte, daß sein Geist inzwischen verwirrt war. Er litt an Wahnvorstellungen und fühlte sich vom toten Peter III. verfolgt. Orlow starb, geistig umnachtet, 1782 im Alter von nur sechsundvierzig Jahren. Sein ganzes Vermögen erhielt ein gewisser Alexis Bobrinski.
Wer aber war dieser Bobrinski, der zum Erben eines solch großen Vermögens wurde? Er war niemand anderes als der Sohn Katharinas und Orlows. Noch zu Lebzeiten Peters III. geboren, wuchs Alexis im Zarenpalast auf, und jeder wußte um seine Identität. Im Alter von fünf Jahren erhielt er einen Grafentitel. Katharina war keine hingebungsvolle Mutter, doch sie sorgte für die Erziehung des Knaben und schickte ihn später zu Studienzwecken ins Ausland. Dort soll er ein ausschweifendes Leben geführt haben und mehrmals in Schwierigkeiten geraten sein. Katharina lehnte es jedoch ab, ihm unter die Arme zu greifen.
Die beiden anderen Kinder, die sie von Orlow hatte, zwei Mädchen, wurden in die Obhut einer Witwe gegeben, die sie als ihre Nichten aufzog. Katharina pflegte zu ihnen keinerlei Kontakt, sorgte aber dafür, daß sie später eine großzügige Mitgift bekamen. Die Zarin konnte sich keine illegitime »Familie« leisten. Für die Öffentlichkeit besaß sie nur ein einziges Kind, nämlich Paul.
Über Katharinas Liebesaffären ist viel geschrieben worden. Die meisten waren nicht wert, erwähnt zu werden. Lassen wir es dabei. Mit Grigorij Orlow war sie außergewöhnlich eng durch ihre Machtergreifung verbunden, diejenigen, die ihn ablösten, hatten nichts außer den Vorzug, Katharina zu gefallen. Nur noch ein Mann erfreute sich über lange Zeit der Gunst der Kaiserin: Grigorij Alexandrowitsch Potjomkin.

Potjomkin

Auf ihn war Katharina erstmals im Mai 1762 aufmerksam geworden. Als sie kurz nach dem unblutigen Staatsstreich die Parade ihrer Regimenter abnahm, stellte sie fest, daß an ihrer Uniform die Degenquaste fehlte. Ein junger Offizier bemerkte ihre Verlegenheit, ritt auf sie zu und überreichte ihr seine Quaste. Potjomkin war mit den Orlows befreundet, und Grigorij Orlow, nicht ahnend, welche Rolle sein Freund einmal spielen sollte, wurde nicht müde, dessen Witz und Einfallsreichtum vor Katharina zu loben. Als die Belohnungen für die Unterstützung beim Staatsstreich verteilt wurden, stand Potjomkins Name auf Katharinas Liste ziemlich weit oben. Sie beförderte ihn zum Leutnant.
Potjomkin stammte aus der Provinz, aus dem Gebiet um Smolensk, und er war ein schöner Mann, darin waren sich alle einig. Er hatte sich in Moskau an einigen Studien versucht, war dann aber lieber zum Militär, zur Kavallerie, gegangen. Bei seinen Freunden war er wegen seiner Witze und seines Imitationstalents sehr beliebt. Weil die Orlow-Brüder die Kaiserin gern unterhalten wollten, nahmen sie öfters Potjomkin mit zu ihr. Er wurde aufgefordert, eine Talentprobe abzulegen. Dabei hatte er nichts Besseres zu tun, als die Kaiserin selbst zu imitieren, mit ihrem schrecklichen deutschen Akzent. Die Anwesenden waren entsetzt, doch Katharina soll schallend gelacht haben. Seitdem gehörte er zu ihrem engen Freundeskreis – nicht mehr.
Orlow hingegen wurde nun eifersüchtig, denn ihm blieb nicht verborgen, daß Katharina die Gesellschaft Potjomkins sehr genoß. Dabei dachte sie wirklich nur an Freundschaft. Und Freunde, mit denen sie lachen und scherzen konnte, ohne daß jeder gleich die Kaiserin in ihr sah, davon konnte sie nicht genug haben. Orlow aber sann auf Rache. Er und seine Brüder luden eines Tages Potjomkin zu einem kleinen Gelage ein. Aus nichtigem Anlaß zettelten sie einen Streit an und verprügelten Potjomkin dermaßen, daß er halbtot nach Hause getragen werden mußte. Bei dieser Prügelei soll er sein linkes Auge eingebüßt haben.
Potjomkin, schon damals in die zehn Jahre ältere Katharina verliebt, gab nach diesem Vorfall jede Hoffnung auf, jemals wieder die Nähe der Zarin genießen zu können. Er erwog sogar, ins Kloster zu gehen. Nach anderthalb Jahren, die er ziemlich zurückgezogen lebte, stellte er jedoch fest, daß er nicht zum Mönch geboren war. Da in der Zwischenzeit Katharina sich häufig nach ihm erkundigt hatte, erschien er wieder bei Hofe. Katharina überschüttete ihn mit Aufmerksamkeit, und er verdoppelte seine Anstrengungen, ihr zu dienen. Er wurde Assistent des

Vertreters der *Heiligen Synode* und Mitglied der Kommission für weltliche und religiöse Angelegenheiten, Protektor der Tataren und anderer asiatischer Völker, Kammerherr.
Er trat erneut in die Armee ein und wollte sich im Krieg gegen die Türken auszeichnen, was ihm sowohl durch seine Tapferkeit als auch durch seine Führungsqualitäten gelang. Ein Brief Katharinas rief ihn nach Petersburg zurück.
»... da ich den Wunsch habe, mir strebsame, tapfere, intelligente und überlegte Männer zu erhalten, bitte ich Sie, sich nicht unnütz zu fragen, warum ich solches schreibe. Darauf kann ich Ihnen nur antworten, es geschieht, um Ihnen zu bestätigen, wie ich über Sie denke, denn ich bin stets Ihre Ihnen wohlgewogene Katharina.«
Potjomkin eilte nach Petersburg, erfuhr dort, daß Orlow den Platz an Katharinas Seite geräumt hatte, war aber zutiefst enttäuscht, als er sah, daß der Schönling Wassiltschikow inzwischen Katharinas Gunst besaß. Potjomkin selbst wußte, daß er sich in den letzten zehn Jahren sehr verändert hatte. Er war schwer und unförmig geworden, das fehlende Auge ließ ihn wie einen »Zyklopen« aussehen. Was konnte er schon gegen Wassiltschikow ausrichten? In der Hoffnung, es käme Katharina zu Ohren, verkündete er laut seinen Entschluß, nun wolle er endgültig ins Kloster gehen.
Katharina war gerührt, sie entließ Wassiltschikow mit einer schönen Abfindung und war zukünftig nur noch für Potjomkin da. Er war vermutlich der einzige Mann, den Katharina wirklich geliebt hat.
Und sie genoß diese Liebe wie ein junges Mädchen. Täglich schrieb sie ihm, auch wenn er nur im Nebenzimmer weilte. Sie war voller Zärtlichkeit, Geduld und Nachsicht; möglicherweise ging sie ihm mit ihren Kosenamen und ihren Liebesschwüren auf die Nerven, aber Potjomkin war ehrgeizig, und er war nicht nur ein Befehlsempfänger der Kaiserin. Er war ihr ebenbürtig, ja, bald traf sie keine Entscheidung mehr ohne seinen Rat, oder sie ließ ihn gleich entscheiden. Auch als er hinter seine Favoritenrolle zurücktrat, war er es, der die Zügel Rußlands immer noch fest in der Hand hielt.
Es gab Vermutungen, daß Katharina Potjomkin im Dezember 1774 geheiratet habe. Endgültige Beweise gibt es jedoch keine, nur kleine verräterische Bemerkungen in Katharinas Briefen: »Bin ich nicht seit Jahren durch die heiligsten Bande an dich gebunden?«, »Ich gehöre dir auf jede erdenkliche Weise.«
Katharina versuchte Potjomkins widersprüchliches Wesen zu verstehen. Er war fromm, trotzdem ehrgeizig und unbeherrscht, eifersüchtig, überschwenglich, arrogant, zärtlich, melancholisch. Mal packte ihn die

Arbeitswut, dann wieder versank er in Selbstzweifel und nahm die Rolle eines Mystikers an. Keine einfache Persönlichkeit, dieser Grigorij Alexandrowitsch Potjomkin.

Nach zwei Jahren überschwenglicher Leidenschaft trat Potjomkin ziemlich unerwartet seinen Platz in Katharinas Bett an einen Jüngeren ab. Diese neue Affäre erregte bei Hofe großes Aufsehen, überall wurde geklatscht und nach Gründen für diesen Stimmungswechsel gesucht. Der allmächtige Potjomkin sei in Ungnade gefallen, hieß es, es wurde an den Türen gelauscht, und jeder wollte Zeuge lautstarker Wortwechsel zwischen den Turteltauben von einst werden. Doch nichts geschah. Nach wie vor ging Potjomkin bei der Kaiserin ein und aus, er wohnte noch immer in ihrer Nähe und schien sich wunderbar mit seinem Nachfolger zu verstehen.
Augenscheinlich hatte er mit Katharina eine sehr sonderbare Vereinbarung getroffen, denn alle Liebhaber, die nun in rascher Folge wechselten, suchte er persönlich für die Zarin aus. Diese Regelung wurde von beiden Seiten eingehalten, bis auf eine Ausnahme. Ihren letzten Liebhaber nahm sich Katharina ohne Potjomkins Zustimmung, und sie tat einen schrecklichen Mißgriff. Man mag sich über die Gründe dieses Arrangements den Kopf zerbrechen, so, wie es schon die Zeitgenossen getan haben; eine eindeutige Antwort wird nicht zu finden sein.
Katharinas künftiges Verhalten Potjomkin gegenüber beweist, daß sie ihn nach wie vor liebte und vor allem seine Tatkraft und seine Ratschläge nicht entbehren wollte. Ohne ihn traf sie so gut wie keine Entscheidung.
Schon seit 1774 war Potjomkin Vizepräsident des Kriegsministeriums geworden, außerdem Generalgouverneur von »Neurußland«, das heißt von den südlichen Provinzen. Unter seiner Leitung wurde dort eine großangelegte Kolonisierung vorangetrieben. 1778 gründete er am Dnjepr die Stadt Cherson und gab den Startschuß für den Aufbau der Schwarzmeerflotte.
Bei einer dieser Aktionen wurde das Problem mit den berühmten Saporoger Kosaken gelöst, die von ihrer Insel im Dnjepr aus größte Unruhestifter waren. Ihr Kosakenlager, die Setsch, wurde kurzerhand zerstört, die Kosaken wurden vertrieben, und wenig später siedelten am Dnjeprufer bereits deutsche Einwanderer, die ins Land geholt worden waren.
Inzwischen war es gelungen, die Halbinsel Krim dem russischen Staat einzuverleiben. Ein Wunschtraum der Zarin war in Erfüllung gegangen; Potjomkin hatte daran entscheidenden Anteil. Als Belohnung wur-

de er zum Präsidenten der Kriegsakademie und zum Feldmarschall befördert. Er hatte auf der Krim mit dem Bau der Hafenstadt Sewastopol begonnen und am Dnjepr die Stadt Jekaterinoslaw (Katharinas Ruhm), heute Dnjepropetrowsk, gegründet. Und dann inszenierte er die berühmte Reise der Zarin in den russischen Süden, an deren Stationen er sich durch seine *Potjomkinschen Dörfer* unsterblich machte.
Während Potjomkin im Süden unglaubliche Aktivitäten entfaltete, saß Katharina in Petersburg und trauerte. Sie versank in Schwermut, und nichts schien ihre Lebensgeister wieder zu wecken. Was war geschehen? Der junge Alexander Lanskoj, ihr Liebhaber und bevorzugter Schützling, war gestorben. In nur wenigen Tagen wurde er durch Scharlach, zu dem noch eine Angina hinzukam, dahingerafft. Katharina hatte sich sehr um die Bildung dieses jungen Mannes gekümmert, der übrigens von Jugend auf im kaiserlichen Palast erzogen worden war. Sechs Monate trauerte sie um dieses »Kind«, von dem sie sich die »Stütze ihres Alters« erhofft hatte. Sie, die ihre eigenen Kinder nicht liebte, hatte für Lanskoj starke mütterliche Gefühle entwickelt und litt sehr an seinem Tod. Voller Wehmut, schon mit den Empfindungen einer alternden Frau, erinnerte sie sich in dieser Zeit an Grigorij Orlow, der ebenfalls kurz zuvor entsetzlich zugrunde gegangen war. Katharina war ein Bild des Jammers. Potjomkin tat alles, um sie aufzuheitern, und hatte einen genialen Einfall. Er lud Katharina zu einer Besichtigungstour ihrer südlichen Provinzen ein. Die Reise, so dachte der Staatsmann Potjomkin, sollte aller Welt demonstrieren, daß Katharina nun nördlich des Schwarzen Meeres Alleinherrscherin war.
Welch großartige Inszenierung, welch meisterhafte Regieleistung haben wir Potjomkin zu verdanken!
Mitte Januar 1787, im tiefsten russischen Winter, setzte sich die Reisegesellschaft von Petersburg aus in Bewegung. 178 Fahrzeuge, in der Mehrzahl Schlitten, bahnten sich ihren Weg durch das tiefverschneite Land in Richtung Süden. Katharinas Schlitten, mehr ein auf Kufen montierter Salonwagen, bot mehreren Personen Platz, so daß sie sich während der Reise immer angenehm unterhalten konnte. Auch die Gesandten Österreichs, Frankreichs und Großbritanniens waren eingeladen worden. Der französische Diplomat, Graf Ségur, hat diese Reise in seinen Memoiren festgehalten:
»Die Kälte erreichte 17 Grad. Die Straße war vorzüglich. Der Schlittweg ließ uns rasch vorwärts kommen. Unsere Wagen, auf Kufen montiert, schienen zu fliegen. Um uns vor der Kälte zu schützen, waren wir alle in große Bärenpelze eingehüllt, die wir über feinere und kostbarere Pelze angezogen hatten. Auf dem Kopf trugen wir Mützen aus Edel-

marderfellen. Dank diesen Vorsichtsmaßregeln spürten wir die Kälte auch dann nicht, wenn sie 20 oder 25 Grad erreichte. In den Häusern, wo wir übernachteten, waren die Öfen so gut geheizt, daß man eher die Hitze zu fürchten hatte als den Frost.
In dieser Jahreszeit der kürzesten Tage ging die Sonne spät auf und verschwand schon nach sechs bis sieben Stunden, worauf tiefe Finsternis hereinbrach. Ein fast orientalischer Luxus aber ließ es nicht an Beleuchtung fehlen: In sehr kurzen Abständen hatte man zu beiden Seiten der Landstraße riesige Scheiterhaufen aus Tannen-, Zypressen-, Birken- und Fichtenholz errichtet, so daß wir auf einem Weg dahinfuhren, der heller erleuchtet war als am Tage. Die stolze Selbstherrscherin des Nordens verwirklichte auf diese Weise in tiefster Finsternis das Wort: ›Es werde Licht!‹
Potjomkin hatte an alles gedacht: an die Spalier stehenden Soldaten, an die jubelnde Menge, an kleine hölzerne Schlößchen für die Pausen, an Jahrmärkte, die lebhaften Handel signalisierten. Bei längeren Aufenthalten, zum Beispiel in Smolensk, wurden Feste veranstaltet, die an Pracht kaum zu überbieten waren.
Die Tagesordnung, an die sich die Kaiserin gewöhnt hatte, wurde während der Reise nach Möglichkeit beibehalten. Sie stand um 6 Uhr auf und arbeitete mit ihren Ministern; dann frühstückte sie und empfing Bittsteller. Um 9 Uhr fuhr man ab, und um 2 Uhr machte man halt, um zu speisen. Dann bestieg man wieder die Wagen und setzte die Reise bis 7 Uhr abends fort. Überall fand die Kaiserin ein Palais oder ein elegantes Haus vor, das für ihren Empfang bereit war. Nach einigen Augenblicken, die der Toilette gewidmet waren, kam sie jeweilen zu uns in den Salon, plauderte mit uns, und um 9 Uhr zog sie sich zurück, um bis 11 Uhr zu arbeiten.«
Katharina genoß die Reise, sie lebte auf und wurde nicht müde, Potjomkin, ihren Herzensfreund, zu loben und zu bewundern. In Kiew verweilte man für längere Zeit, doch die Stadt selbst machte einen traurigen, schäbigen Eindruck. Viele Kriege waren über sie in den letzten Jahrzehnten hinweggegangen. Um so bunter war das Bild, das sich den Reisenden weiter südlich bot. Kosaken, Kalmücken, Tataren und Kirgisen waren in ihren bunten, exotischen Trachten zusammengekommen und huldigten der Kaiserin. Auch polnische und französische Aristokraten hatten sich eingestellt. Auf Schiffen, den Dnjepr abwärts, wollte man die Residenz des »taurischen Fürsten«, der niemand anderes als Potjomkin war, erreichen. Doch der Eisgang setzte in jenem Jahr ziemlich spät ein, so daß man noch abwarten mußte.
Auf achtzig Galeeren fuhr die Reisegesellschaft weiter nach Süden. An

den Ufern des Flusses setzten sich die gekonnt inszenierten Schauspiele fort. Militärparaden, jubelnde Menschen, Triumphbögen und wunderbar geschmückte Dörfer waren zu sehen. Daß die Häuser zum Teil weder Fenster noch Türen besaßen, das konnte man aus der Ferne nicht ausmachen. Man sah lediglich die aufstrebende Provinz, erkannte nicht die Theaterkulisse. Potjomkin hatte viel Mühe darauf verwandt, diese seine Dörfer zusammenzimmern zu lassen; Attrappen, Bühnenbilder, die eine vollendete Illusion ergaben. Und es war schönes Wetter, Frühling und Sonnenschein. Die Wirkung war perfekt.

In Krementschug lud Potjomkin in sein feudales Landhaus ein. Es war von einem wunderschönen Park umgeben, der mühselig der Steppe abgerungen worden war. Katharina war begeistert, auch von den Manövern besonders gedrillter Soldaten. Man reiste weiter, doch bald geriet das Schiff der Zarin auf eine Sandbank, und man mußte in einen Wagen umsteigen.

Die Reisegesellschaft bekam Besuch. Stanislaw Poniatowski, einer der vielen Liebhaber Katharinas und jetziger König von Polen, stattete Katharina eine kurze Visite ab. Ebenso traf der österreichische Kaiser Joseph II. ein, um mit den Reisenden Neurußland und die Krim zu besichtigen. Er reiste unter dem Namen Graf Falkenstein und war von dieser Reise keineswegs begeistert. Er wußte nur zu gut, daß seine Anwesenheit Katharinas Glanz noch vergrößern sollte.

Schließlich erreichte man über die Landenge von Perekop die Halbinsel Krim. In Bachtschisaraij, der alten Tatarenhauptstadt, wohnte Katharina im legendären Chan-Palast. Ihr gefiel dieses orientalische Szenarium sehr. Sie fühlte sich wie in einem Traum aus »Tausendundeiner Nacht« und kannte sicher auch die traurige Geschichte der schönen Gefangenen des Chans. Letzte Station der Reise war die Stadt Sewastopol. Dort lagen vierzig Kriegsschiffe vor Anker, die die Zarin mit Ehrensalut empfingen.

Ségur notierte ein Gespräch, das er mit Kaiser Joseph II. führen konnte: »Man bemüht sich hier, alles zu schmücken, zu verschönern, alles momentan für die Augen der Kaiserin zu beleben; aber wenn Katharina einmal wieder abgereist ist, wird auch all diese Herrlichkeit aus diesen riesigen Gebieten verschwinden. Ich kenne den Fürsten Potjomkin. Sein Theatercoup ist zu Ende, der Theatervorhang hat sich gesenkt, und wird er sich mit anderen Szenarien befassen, sei es in Polen oder in der Türkei. Verwaltungstätigkeit, wie alles, was Ausdauer verlangt, ist mit seinem Charakter unvereinbar ...«, so Ségur. Darauf der Kaiser:

»Das gebe ich alles zu. Man hat uns von Illusion zu Illusion geführt. Das

Innere der Dinge hat hier große Mängel. Aber das Äußere hat ebensoviel Wirklichkeit als Glanz. Der Soldat, der versklavte Bauer sind Werkzeuge, deren man sich bedienen kann, um alles niederzutreten, was man nur will. Der dienstbare Adel kennt kein anderes Gesetz als den Willen der Souveränin, keinen anderen Zweck als ihre Gunst. Sie befiehlt: die Truppen erheben sich, die Schiffe lichten ihre Anker. Es gibt in Rußland kein Intervall zwischen dem Befehl, wie launisch er auch sein mag, und seiner Ausführung ...«
Joseph II. kehrte von Cherson aus nach Wien zurück. Katharina reiste nach Poltawa. Dort ließ sie sich von 50000 Soldaten noch einmal die berühmte Schlacht des Jahres 1709 vorspielen, als ihr großes Vorbild Peter I. gegen die Schweden kämpfte. In Charkow verließ Potjomkin seine Kaiserin, da er auf der Krim gebraucht wurde. Am 24. Juni traf Katharina wieder in Moskau ein. Hier wurde sie ziemlich unverblümt aus den Träumen ihrer Reise gerissen. Sie erfuhr, daß mehrere russische Gouvernements von schrecklichen Mißernten betroffen worden waren und in Saratow, an der Wolga, eine Revolte ausgebrochen sei. Der Kontrast zum Potjomkinschen Märchenland im Süden hätte nicht stärker sein können.
Dann kam es zu kriegerischen Handlungen mit dem Osmanischen Reich, so daß Potjomkin fast die ganze Zeit im Süden festgehalten wurde. Weilte er wieder einmal in Petersburg, so veranstaltete er glänzende Feste oder spielte Schach mit seinen Nichten. Ein Zeitgenosse schrieb: »Zu der Zeit, da die strengsten russischen Fasten waren und der Hof selbst sich scheute, den Anstand zu beleidigen, veranlaßte der Fürst Potjomkin die größten Feste und achtete nicht auf das Murren des Volkes. In Ansehung der Frauen begeht er die größten Unanständigkeiten, und die Männer sind niedrig genug, diesen Begegnungen keinen Einhalt zu tun. Dies alles qualifiziert ihn genug zu einer Ungnade, von der man auch seit einiger Zeit unter der Hand spricht. Allein er dünkt sich so fest zu stehen, daß er alles verachtet.
Wenn sich der Fürst Potjomkin bei feierlichen Gelegenheiten oder sonst öffentlich sehen läßt, so ist er ganz mit Brillanten bedeckt. Er zeigt sich in dem Glanze und mit der Begleitung eines Souveräns, und das Volk scheint in ihm seinen Herrn zu sehen.«
Das Verhältnis zwischen Katharina und Potjomkin scheint zuletzt nicht mehr ganz ungetrübt gewesen zu sein. Er protestierte häufiger gegen ihre Entscheidungen, vor allem dann, als es um einen erneuten Friedensschluß mit den Türken ging. Nur unter Protest erklärte sich Potjomkin bereit, im Juli 1791 nach Bessarabien abzureisen. Dort, in Jassy, war eine Malariaepidemie ausgebrochen. Potjomkin erkrankte schwer

und verließ die Stadt umgehend in einer Kutsche. Doch sein nächstes Ziel, Nikolajew, erreichte er nicht mehr.
Katharina war außer sich und wollte niemanden sehen. Immer wieder stellte sie sich die Frage: »Auf wen kann ich mich jetzt stützen?« Sie hatte nicht mehr viele Freunde, und sie wurde alt. Das spürte sie.

Notizen

Als Katharina fünfzig Jahre alt war, entwarf sie selbst ihre Grabinschrift.
»Hier ruht Katharina die Zweite, geboren in Stettin am 21. April 1729. Im Jahre 1744 kam sie nach Rußland, um Peter III. zu heiraten. Im Alter von 14 Jahren faßte sie den dreifachen Entschluß, ihrem Gatten, Elisabeth und der Nation zu gefallen. In 18 Jahren der Langeweile und Einsamkeit las sie viele Bücher. Auf den Thron gelangt, wollte sie das Gute und versuchte, ihren Untertanen Glück, Freiheit und Besitz zu schenken. Sie verzieh leicht und haßte niemanden. Nachsichtig, leichtlebig, von heiterem Naturell, republikanischer Gesinnung und gutem Herzen, hatte sie viele Freunde. Die Arbeit war ihr leicht. Geselligkeit und Künste gefielen ihr.«
Eine Eigenschaft aber ließ sie unerwähnt. »Ihre Eitelkeit ist ihr Götze«, bemerkte Joseph II. von Österreich. Und der englische Diplomat Gunning schrieb 1772 dazu:
»Ruhm zu erwerben ist für sie [Katharina] viel wichtiger als das Wohlergehen des Landes, das sie regiert. Dies ergibt sich, wie ich glaube, ganz klar aus der Art der Staatsgeschäfte, wenn man sie unvoreingenommen betrachtet. Wollten wir etwas anderes voraussetzen, so müßten wir die Kaiserin der Inkonsequenz und der Verrücktheit beschuldigen, da wir doch sehen, daß sie gewaltige öffentliche Arbeiten unternimmt, Kollegien und Akademien gründet, nach großangelegten Plänen und mit riesigen Unkosten, und doch nichts zu Ende führt und sogar die Gebäude nicht vollenden läßt, die für solche Institutionen bestimmt sind. Es unterliegt keinem Zweifel, daß auf diese Weise enorme Geldsummen ohne den geringsten realen Nutzen für das Land verausgabt werden, aber ebenso steht außer Zweifel, daß sie vollkommen ausreichen, um den Ruhm dieser Einrichtungen unter den Ausländern zu verbreiten, welch letztere die weitere Entwicklung und die Ergebnisse der Institutionen nicht verfolgen und im Grunde genommen ja auch nicht verfolgen können.«

Rußland

Vierunddreißig Jahre lang war Katharina an der Macht. Diese Zeit richtig zu beurteilen ist nicht leicht, denn immer wieder drängt sich zwischen das Bild der Zarin und Landesmutter jene Katharina, die als Frau und Geliebte, Mutter und Großmutter eine in allen Farben schillernde Persönlichkeit entdecken läßt.

Die »Semiramis des Nordens«, wie Voltaire sie später bezeichnen sollte, besaß bei ihrem Regierungsantritt nichts anderes als eine gewisse Belesenheit, doch von den laufenden russischen Staatsgeschäften verstand sie absolut nichts. Im Jahre 1779 aber schrieb sie bereits ihre Leistungen in einer akribisch aufgelisteten Tabelle nieder:

Regierungsbezirke, nach dem neuen Muster gegründet	29
Erbaute Städte	144
Abgeschlossene Abkommen und Verträge	30
Militärische Siege	78
Wichtige Erlasse mit Gesetzescharakter und Gesetze	88
Erlasse zum Wohl des Volkes	123
	492

Bis 1796, dem Jahr, in dem Katharina starb, müßte die Tabelle um ein Vielfaches ergänzt werden. Es ist dabei unerheblich, wie hoch der Wahrheitsgehalt einer solchen Aufstellung ist. Katharina war felsenfest davon überzeugt, eine würdige Nachfolgerin Peters des Großen zu sein. Doch während es ihm nie etwas ausmachte, durch Erlasse und Verfügungen sein Volk vor den Kopf zu stoßen, lauschte Katharina stets auf das Echo, vor allem legte sie Wert auf ein Urteil aus dem Ausland. Während ihrer ersten Regierungsjahre unternahm sie – wie Peter der Große – zahlreiche Studienreisen, die sie kreuz und quer durch Rußland führten. Sie war dem Volk gegenüber aufgeschlossen und wollte tatsächlich wissen, wie es sich in ihrem Zarenreich leben ließ. 1763 unternahm sie eine Reise von Moskau über Rostow nach Jaroslawl. Ein Jahr später besuchte sie die Ostseeprovinzen, und 1767 fuhr sie von Twer die Wolga hinunter bis nach Simbirsk. Unterwegs versäumte sie es nie, Klöster und Kirchen zu besuchen und vor den Reliquien berühmter Märtyrer und Heiliger zu beten. Sie war – am Anfang ihrer Regierungszeit – noch sehr bemüht, ihre Untertanen zu überzeugen, daß sie zwar im Ausland geboren, doch nun eine echte Russin geworden sei.

Sehr schnell erkannte Katharina, daß es nicht damit getan war, Manifeste und Erlasse zu verabschieden, um die labilen Verhältnisse in Rußland zu verbessern. Das innere Gleichgewicht war empfindlich gestört, zu stark waren die Gegensätze zwischen Arm und Reich, zwischen Stadt und Land. Immer wieder kam es zu Unruhen innerhalb der Landbevölkerung, die in den siebziger Jahren im Pugatschowaufstand eskalierten.

Von 1765 bis 1767 arbeitete Katharina an einem Nakaz – einer Instruktion –, der die Grundlage für eine neue Gesetzgebung bilden sollte. Sie wollte etwas völlig Neues schaffen und den Geist der Aufklärung über Rußland ausbreiten. Katharina gab zu, daß sie darin nicht ihre eigenen Gedanken niedergelegt hatte, doch sie war fest davon überzeugt, sie könne erreichen, daß Vernunft und Toleranz das künftige Leben der russischen Bürger bestimmten und eine humane und gerechte Justiz die Sicherheit des Staates garantiere.

Bei Nikita Panin, dem Kanzler, und anderen Würdenträgern lösten Katharinas Entwürfe Stürme der Entrüstung aus. Die Änderungsvorschläge gingen an den russischen Verhältnissen völlig vorbei und hätten im Falle ihrer Ausführung nichts anderes als Bürgerkrieg heraufbeschworen. Panin und seine Vertrauten machten sich sofort ans Werk, etwa drei Viertel der *Instruktion* zu streichen. Es wurde eine umfangreiche Kommission gebildet, um die notwendigen Gesetze auszuarbeiten. Diese Kommission begann ihre Arbeit zunächst im Facettenpalast des Moskauer Kreml, im Dezember 1767 verlegte sie ihre Sitzungen jedoch nach Petersburg. Katharina nahm nicht daran teil, doch hörte sie manchmal – hinter einem Vorhang verborgen – zu. Umständlich, ausgiebig und ernsthaft wurde debattiert. Anderthalb Jahre lang tagte die Kommission. In dieser Zeit wurde nur ein einziger Beschluß gefaßt und dieser bereits am 9. August 1767. Man bat die Zarin um die Annahme des Titels: »Katharina die Große, Mutter des Vaterlandes, Weiseste Mutter.« Katharina lehnte Größe und Weisheit ab, mit der »Mutter des Vaterlandes« war sie jedoch einverstanden.

Spötter meinten später, sie habe die Kommission allein zu dem Zweck einberufen, um sich noch einmal in ihrem vollen Zarenglanz bestätigen zu lassen. Sicher aber tat man der Zarin damit unrecht, denn sie selbst hatte unglaublich viel Mühe in dieses Vorhaben gesteckt. Tatsache ist aber auch, daß sie selbst bald das Interesse an den endlosen Debatten verlor. Als der Krieg mit der Türkei ausbrach, 1768, löste sie die Kommission auf und berief sie nie wieder ein.

Katharina wollte den Geist der Aufklärung über Rußland wehen lassen und war bereits in den Anfängen gescheitert. Erst später sah sie ein, daß solche Gedanken wie Toleranz und Humanität, Vernunft und geistige

Freiheit nicht eine Ausgeburt adliger Köpfe waren, sondern ihren Siegeszug aus den Reihen des aufgeklärten Bürgertums antraten. Und solch ein Bürgertum gab es in Rußland nicht, auch wenn sich Peter der Große noch so sehr darum bemüht hatte. Katharina mußte einsehen, daß selbst der russische Adel nur wenig gebildet war. Und die wenigen aufgeklärten Menschen, die sie umgaben, Panin etwa oder die Fürstin Daschkowa, wurden mit anderen Aufgaben betraut. Sie selbst wachte eifersüchtig darüber, nicht allzuviel Macht aus der Hand zu geben, und so blieb es beim Traum vom aufgeklärten Rußland.

Später warf man der Kaiserin vor, sie habe zwar immer von Aufklärung geredet, sie aber doch in Wirklichkeit unterdrückt. Zwei Namen stehen für diese Feststellung: Alexander Nikolajewitsch Radischtschew und Nikolaj Iwanowitsch Nowikow.

Im Jahre 1790 war ein Buch erschienen, das den ganz harmlosen Titel »Reise von Petersburg nach Moskau« trug. In fünfundzwanzig Kapiteln jedoch geißelte der Verfasser die Leibeigenschaft und Unfreiheit der Bauern, Zensur und Bestechlichkeit. Die Zarin erschien in allegorischer Gestalt als verblendete, von Speichelleckern umgebene Herrscherin. Es dauerte nicht lange, bis man den aufrührerischen Verfasser, Alexander Radischtschew, gefunden hatte.

Der Autor hatte seine Ideen aus Deutschland mitgebracht, wo er über mehrere Jahre Rechtswissenschaft und Literatur studierte. In Rußland drohte ihm für seine Darstellung die Todesstrafe, doch Katharina begnadigte ihn zur Verbannung nach Ostsibirien. Erst nach dem Tod der Monarchin konnte er zurückkehren.

Ähnlich erging es dem Schriftsteller und Verleger Nikolaj Nowikow, einem der ersten russischen Journalisten. Er gab einige satirische Blätter heraus, in denen er die russischen Zustände bei Volk, Adel und am Hofe aufs Korn nahm. Katharina konterte zunächst, indem sie eine eigene Zeitschrift »Verschiedenes Allerlei« gründete und dort selbst anonym Artikel veröffentlichte. Als Nowikow immer umtriebiger wurde, Druckereien und sogar zwei Waisenschulen einrichtete, setzte Katharina seinem Treiben ein Ende. Er wurde verhaftet, da er obendrein einer Freimaurerloge angehörte. Ohne ordentliches Verfahren wurde er 1792 ins Gefängnis gesperrt. Auch er kam erst nach Katharinas Tod frei.

Andere Schriftsteller und Künstler, die sich der politischen Situation anpaßten, konnten der Gunst Katharinas sicher sein. Ihnen gegenüber zeigte sie sich als aufgeschlossene und begeisterte Mäzenatin. An ein Denkmal soll hier jedoch besonders erinnert werden. Es ist der Eherne Reiter, das Reiterstandbild Peters des Großen. Es wurde am 7. August

1782 feierlich enthüllt, und die beeindruckte Menge sah folgende Inschrift: »Peter dem Großen von Katharina der Zweiten.« Kein geringer Anspruch! Zwölf Jahre lang hatte der Franzose Etienne Maurice Falconet an diesem gigantischen Denkmal gearbeitet, zusammen mit seiner Schülerin Marie Collot. Der mächtige Granitblock, auf dem das sich aufbäumende Pferd steht, mußte extra aus Karelien herbeigeschleppt werden. Er soll über 1600 Tonnen wiegen. Über die immensen Kosten sprach damals niemand.

Auch niemand fragte nach den Summen, die Katharinas rege Bautätigkeit verschlang. In Petersburg entstanden zahlreiche neue Paläste, bereits vorhandene wurden erweitert oder umgebaut. Der Klassizismus hatte in der russischen Hauptstadt Einzug gehalten, und seine klaren Linien überspielten den Pomp und die Pracht im Inneren der Gebäude, die geradezu erdrückend wirkten.

Woher kam das Geld, das auch noch in Kriege gesteckt werden mußte? Natürlich wurden auch unter Katharina II. regelmäßig die Steuern erhöht. Eine beliebte Methode. Aber daneben gab es auch moderne Lösungen. 1768 wurde Rußlands erste Notenbank gegründet. Doch das Papiergeld deckte nur für kurze Zeit den täglichen Bedarf, es verlor bald an Wert, da es bedenkenlos nachgedruckt wurde. Im Ausland, vor allem in Holland, wurden Kredite aufgenommen, die Staatsschulden wuchsen in schwindelnde Höhen. Wer würde sie jemals zurückzahlen können? Die russische Wirtschaft war noch so wenig entwickelt, daß aus ihr keine größeren Summen zu erwarten waren.

Ein englischer Diplomat schrieb:

»Inzwischen nimmt hier die Geldnot ungeheuer zu. Da es in Amsterdam nicht mehr recht glücken will, so nimmt man zu allerlei Behelfen seine Zuflucht, um im Inlande Geld aufzutreiben. So ist zum Beispiel eine Aushebung von 20 000 Mann ausgeschrieben worden; die Gouverneure der Provinzen haben aber geheime Weisung erhalten, nicht Leute zu nehmen, welche sich zu stellen verpflichtet sind, sondern gegen einen Betrag von ungefähr 40 Pfund Sterling für den Mann sich zu vergleichen. Das würde ungefähr 800 000 Pfund Sterling einbringen. Auch die Salz- und Branntweinsteuer hat man erhöht; doch möchte diese Maßregel wohl kaum so ergiebig für die Kassen sein, als sie zur Vermehrung der allgemeinen Unzufriedenheit beitragen muß. Kurz, diese Regierung, die lange Zeit imstande war, so viel mit verhältnismäßig geringen Einnahmen zu bestreiten, muß jetzt zu denselben Methoden der Besteuerung greifen, die in anderen Ländern üblich sind, ohne dieselben Mittel zu haben, sie erträglich zu machen, nachdem das Land mit einem Papierumlauf von beinahe 130 Millionen Rubel überschwemmt worden ist, wofür keine andere Sicherheit geboten wird als das Wort der Kaiserin, und zwar ein Wort, das ihre Nachfolger nicht bindet.«

Katharina selbst hat sich zeit ihres Lebens über die Finanzen keine Sorgen gemacht. Sie gab das Geld mit offenen Händen aus. Sie verstand es, zu belohnen und abzufinden. Vor allem ihre Günstlinge wurden mit großartigen Geschenken überschüttet. Grigorij Orlow und schon gar Potjomkin gehörten zu den reichsten Männern Rußlands. Der Glanz des Petersburger Hofs wurde unter Katharina II. legendär. Das kleine, arme deutsche Prinzeßchen hatte sich eingerichtet.

Katharina aber verschenkte nicht nur Geld und Paläste, sondern auch Landgüter samt leibeigenen Bauern. Die Zahl der Leibeigenen wuchs auf diese Art ins Unermeßliche, da die Monarchin sehr spendabel war. Als sie den Thron erobert hatte, dachte sie noch an Gerechtigkeit, an eine gerechte Behandlung der Landbevölkerung. Doch bereits ihr erster Ukas, eine Verfügung aus dem Jahre 1765, zeigte, daß es ihr mit derartigen Gedanken wohl nicht ganz so ernst war. Gutsbesitzern wurde das Recht zugesprochen, unbequeme Bauern zu Zwangsarbeit nach Sibirien zu schicken. Und zwei Jahre später wurde dieses Recht noch erweitert, indem den Herren gestattet wurde, ihre Bauern zu züchtigen, wenn sie sich beschwerten. Katharina verhinderte nicht, daß alle Artikel über eventuelle Rechte der Leibeigenen aus der *Instruktion* herausgestrichen wurden. Im April 1785 wurden die Adelsprivilegien in einer *Gnadenurkunde* von Katharina bestätigt. Das bedeutete die Befreiung der Adligen von Steuer und Dienstpflicht, das alleinige Recht auf Erwerb von Grundbesitz und von Leibeigenen sowie die Unantastbarkeit und Vererblichkeit des Adelstitels.

Unter Katharina verschärften sich zwar die Gegensätze zwischen Adel und einfachem Volk, doch es gab mittlerweile auch Ausnahmen: Mancher Adlige hatte den Wind der Aufklärung geschnuppert und schreckte davor zurück, seine Bauern so schlecht zu behandeln, daß sie ihm davonliefen. Andere gingen noch einen Schritt weiter und boten ihren Leibeigenen Geld, damit sie sich freikauften. Erst einhundert Jahre später wurde die Leibeigenschaft in Rußland endgültig abgeschafft.

Doch die Zeit Katharinas war auch eine Zeit der großen Kolonisierung unwirtlicher russischer Gebiete. Einwanderer kamen in großer Zahl ins Land, nachdem den Fremden Freiheit von Abgaben und Truppendienst, eine eigene Selbstverwaltung und staatliche Darlehen versprochen worden waren. Schwaben, Bayern und Sachsen siedelten in der Gegend von Saratow und Samara an der Wolga. Wolgadeutsche wurden sie genannt. Auch in Potjomkins Neurußland, in der heutigen Ukraine, entstanden deutsche Siedlungen in den Gebieten, aus denen die aufständischen Kosaken vertrieben worden waren.

Auch wenn der Adel nicht verpflichtet war, einige Jahre im Staatsdienst zu verbringen, so boten sich durch eine Verwaltungsreform neue, ungeahnte Aufstiegsmöglichkeiten auf freiwilliger Basis. Nachdem zunächst die Befugnisse der Gouverneure erweitert worden waren, kam es 1775 zu einer Neugliederung des russischen Staatsgebietes. Bestanden bislang elf Gouvernements, so gab es nun fünfzig, von denen mehrere in sogenannten Statthalterschaften zusammengefaßt wurden. Es war ein erstrebenswertes Ziel, Gouverneur oder Statthalter zu werden.

Was blieb Katharina innenpolitisch noch zu tun? Eine Reform des Bildungswesens tat not, doch war dies ein schwer zu bewältigendes Problem. Allein der Adel hatte, je nach Interesse natürlich, über Erzieher oder Privatlehrer Zugang zu einer vernünftigen Ausbildung. Dem übrigen Volk war eine angemessene Schulbildung verschlossen. Es gab keine Elementarschulen. Alle Versuche Katharinas, die Bildung des Volkes zu heben, blieben in den Anfängen stecken. Zwar kam 1786 eine sogenannte Volksschulordnung heraus, doch auch diese blieb nur eine Verordnung. Es mangelte nicht nur an geeignetem Lehrpersonal, sondern vor allem an dem nötigen Bewußtsein. Es lag klar auf der Hand: um mit ihrem erbärmlichen Leben umgehen zu können, brauchten die russischen Bauernkinder und die Kinder des niederen Adels kein Alphabet und keine Geographie; sie brauchten ihren gesunden, wachen Menschenverstand. Und den mußten sie Tag für Tag aufs neue erproben.

Wohl gab es in Moskau und in Petersburg höhere Lehranstalten, auch Internate, die sogar Nichtadligen offenstanden; daneben existierten diverse Kadettenschulen, die ein Grundwissen vermittelten. Doch an all diesen Einrichtungen war man wenig interessiert. Nach wie vor zog es der Adel vor, seine Kinder von Hauslehrern, bevorzugt Franzosen, oft von merkwürdiger Herkunft, erziehen zu lassen, oder man schickte die Halbwüchsigen gleich ins Ausland. Peter der Große hatte diesen Bildungsweg geöffnet. Alles in allem stand es mit der Volksbildung der Russen nicht zum besten.

Der Blick über die Grenzen

Als Katharina ihren ungeliebten Gemahl Peter III. entthronte, hatte dieser das ganze Wohlwollen des preußischen Königs auf seiner Seite. Peter war nicht nur ein fanatischer Anhänger Preußens gewesen, son-

dern sein Friedensschluß mit Preußen hatte ihn letztendlich auch zu Fall gebracht. Katharina tat gut daran, sich Preußen gegenüber vorsichtig zu verhalten; sie beließ es bei dem Friedensschluß, auch weil sie realisierte, daß der preußische Gegner politisch an Einfluß verloren hatte.
Währenddessen hatte Katharinas Außenminister Nikita Panin kühne Pläne. Er wollte ein *Nordisches System* bilden, das den Frieden in Europa garantieren sollte. Rußland, Großbritannien, Schweden, Dänemark, Preußen, Sachsen und Polen sah er als Gegengewicht zum Süden Europas, zu Österreich, Frankreich, Spanien und Italien. Aber diese Idee war von einem Theoretiker ersonnen worden und berücksichtigte in keiner Weise die unterschiedlichen Interessen der verschiedenen Bündnisstaaten. Es blieb bei einer Idee. Die volle Konzentration der russischen Außenpolitik galt in den nächsten Jahren dem unmittelbaren Nachbarn, Polen.
Hier ging es zunächst einmal um die Thronfolge. König August III. war ein schwerkranker Mann, und jeden Tag mußte mit seinem Ableben gerechnet werden. Seit den Tagen Peters des Großen gehörte es zu den Maximen der russischen Außenpolitik, dafür zu sorgen, daß kein rußlandfeindlicher Kandidat den polnischen Thron bestieg; zu häufig war Rußland von Polen aus angegriffen und in Kriege verwickelt worden. Und mehr als einmal hatte sich Polen mit Staaten verbündet, die Rußlands Feinde waren.
Als August III. im Herbst 1763 starb, standen sich hinsichtlich der Königswahl zwei Lager gegenüber: jene, die für die bisherige Personalunion zwischen Sachsen und Polen plädierten, hätten gern den neuen Kurfürsten von Sachsen auch als König von Polen gesehen. Andere wiederum favorisierten einen polnischen Adligen als Kandidaten. Und den hatte Katharina parat, Stanislaw Poniatowski, ihren einstigen Liebhaber, bevor sie sich Grigorij Orlow zuwandte.
Poniatowski war von seiner Kandidatur keineswegs begeistert, doch er unterwarf sich dem Willen der höchst angesehenen polnischen Familie der Czartoryski, die ihn als Kandidaten aufstellte. Er war mit den Czartoryskis durch seine Mutter verwandt und beugte sich nun der Familie. Und Katharina unterstützte dieses Vorhaben durch militärische Truppen, die im Sommer 1764 in Polen einrückten. Außerdem half eine ansehnliche Bestechungssumme aus dem russischen Staatssäckel den Czartoryskis, alle Wege für eine Wahl Poniatowskis zu ebnen. Dank dieser Unterstützung gelang es der einflußreichen Familie, eine Konföderation zu bilden, den polnischen Reichstag auszuschalten und die Wahl Poniatowskis am 7. September 1764 durchzusetzen. Stanislaw Po-

niatowski wurde am 25. November in Warschau zum König gekrönt, nicht, wie sonst üblich, in Krakau. Doch er mußte ein großes Zugeständnis machen und sich verpflichten, nur eine Katholikin, möglichst eine Polin, zu ehelichen. Er, der immer noch gehofft hatte, Katharina zu heiraten, opferte seinen Wunsch der Staatsraison.

Gleichzeitig mit der Wahl Poniatowskis zum polnischen König war auch das liberum veto, das freie Veto, abgeschafft worden. Das bedeutete, daß Beschlüsse des *Sejms*, der polnischen Ständeversammlung, nicht mehr durch den Einspruch eines einzelnen abgelehnt werden konnten. Diese Neuerung bewährte sich so gut, daß man in Polen darangehen konnte, im Lande Ordnung zu schaffen, die Finanzen zu sanieren und die Armee neu aufzubauen. Katharina sah diese Entwicklung mit Mißtrauen. Es war nur eine Frage der Zeit, daß sich Polen dem russischen Schutz entziehen würde. Das konnte sie nicht zulassen, denn ein zu starker Nachbar im Westen wäre eine andauernde Bedrohung. Um den russischen Einfluß in Polen zu behalten, erhob Rußland Einspruch gegen die schlechte Behandlung Andersgläubiger im katholischen Polen. Ansonsten sah man die innenpolitische Umgestaltung im Lande mit zunehmender Sorge. Auch Preußen war diese Entwicklung nicht gleichgültig, und Friedrich der Große schloß mit Rußland einen Pakt, daß sie gemeinsam alles tun wollten, um Polen »im eigenen Saft schmoren« zu lassen. Durch die Andersgläubigenfrage, die schließlich in einer offiziellen Gleichstellung der Religionen und in russischem »Schutz« für die Dissidenten mündete, gerieten alle polnischen Reformen ins Stocken.

Zudem befanden sich etwa 26000 russische Soldaten auf polnischem Territorium, jederzeit bereit, ihre Waffen sprechen zu lassen. Obwohl es den polnischen Adligen gelang, ein eigenes Heer aufzustellen und in der Konföderation von Bar (März 1768) eine antirussische Liga zu bilden, blieben sie ohne Erfolg. Krakau wurde von den russischen Truppen eingenommen.

Auf eines aber war Katharina nicht vorbereitet: Der türkische Sultan erklärte ihr am 6. Oktober 1768 den Krieg. Glücklicherweise stand der russische Winter vor der Tür, und mit einer größeren Offensive der Türken mußte nicht vor dem nächsten Frühjahr gerechnet werden. In aller Eile wurde die Armee neu ausgerüstet und die Flotte kampfbereit gemacht.

Der nun folgende Krieg brachte Unruhe über ganz Europa. Russische Schiffe drangen bis ins Mittelmeer vor, und die russischen Truppen standen an der Donau. So etwas hatte es bislang noch nicht gegeben. Und nun fürchtete vor allem Österreich eine Annexion des Balkans.

Auch Preußen wäre durch sein Bündnis mit Rußland in einen langen Krieg verwickelt worden. Gemeinsam erreichte man schließlich, daß Katharina ihre Operationen in den Schwarzmeerraum zurückverlegte, was im Juli 1771 zu einem Waffenstillstand und endlich, im Juli 1774, zu einem Friedensschluß führte. Noch einmal kam es während der Regierungszeit Katharinas zu einem Krieg mit den Türken (1787–1791). Auch er endete mit einem Friedensvertrag. Katharina konnte sich nun am Schwarzen Meer festsetzen und auf der Krim und im Kaukasus ein Protektorat errichten. Der alte Traum Peters des Großen, die Herrschaft über das Osmanische Reich zu erringen, war zwar nicht verwirklicht worden, doch Rußland hatte wieder einmal seine Position im europäischen Kräftespiel behauptet und gefestigt.

Gegen Ende ihrer Regierungszeit gelang es Katharina, für Rußland auch Lettland, Litauen, Weißrußland und Wolhynien zu gewinnen, Gebiete, die ehemals zum Königreich Polen gehörten. Innerhalb von gut zwanzig Jahren – 1772, 1793 und 1795 – verschwand das einst so stolze Königreich Polen von der Landkarte; wie ein Kuchen wurde es zwischen Preußen, Österreich und Rußland aufgeteilt. Der polnische Widerstand wurde blutig niedergeschlagen, und Rußland wurde zum Symbol unrechtmäßiger Unterdrückung und Despotismus. Doch diese Meinung vertrat nur das Ausland. In Rußland selbst erregte der Untergang der benachbarten Nation wenige Gemüter, im Gegenteil, der eigene Nationalstolz, der durch das alte polnische Feindbild genährt wurde, erreichte ungeahnte Höhen.

Der Bauernzar

Während Katharinas Regierungszeit gab es nur einen Mann, der ihr hätte zum Verhängnis werden können; keiner ihrer Liebhaber, keiner ihrer Berater, auch nicht der in Schlüsselburg schmachtende Iwan VI. und noch weniger einer ihrer ausländischen Gegner. Es war der Donkosak Jemeljan Pugatschow.

Zwischen 1773 und 1775 entfachte er einen Bauernaufstand, der Rußland in seinen Grundfesten erschütterte.

Damals war Katharina bereits zehn Jahre an der Macht, und das war lange genug, um jedem russischen Bauern klarzumachen, daß es mit den Versprechungen und Hoffnungen auf eine verbesserte Lage nicht weit her war. Rußland war groß und beherbergte eine Fülle unterschiedlicher Völker. Auch sie waren unter Mißachtung ihrer alten Traditionen dem Zarenreich einverleibt worden und bildeten einen ständigen Unruheherd.

Als im August 1773 am Fluß Jajk ein Mann auftrat, der Freiheit, Gerechtigkeit und Land versprach, lief ihm das Volk in Scharen zu, auch Kalmücken, Baschkiren und Kirgisen. Jemeljan Pugatschow, 1742 geboren, war eine Zeitlang Soldat, dann desertiert und schließlich bei den Terek-Kosaken Ataman (Heerführer) geworden. Zweimal wurde er als Deserteur verhaftet und konnte sich schließlich nach Polen absetzen. Dort machte man ihn glauben, daß er Peter III., Katharinas Exgemahl, ähnlich sehe. Und schon verbreitete sich die Geschichte vom wiedererstandenen Zaren in Windeseile. Sie wurde beim einfachen Volk um so lieber geglaubt, als Peter III. in dem Ruf gestanden hatte, er habe die Bauern befreien wollen.

Pugatschow konnte in kurzer Zeit ein beachtliches und überaus buntes Heer befehligen. Er eroberte zahlreiche russische Stützpunkte in der südlichen Uralgegend und begann schließlich die stark gesicherte Festung Orenburg zu belagern. Inzwischen spielte er seine Zarenrolle immer perfekter. Er hielt Hof, empfing Bittsteller, nahm Huldigungen entgegen und verfaßte ohne Unterlaß irgendwelche Manifeste. Leider war er nicht imstande, sie selbst zu unterzeichnen, denn er konnte weder lesen noch schreiben. Ende 1773 hatten die Unruhen bereits das riesige Gebiet zwischen Wolga und Jajk, bis hinauf nach Perm erfaßt. Katharina hatte natürlich von den Vorgängen gehört, doch maß sie diesen lange keine Bedeutung bei, zu häufig gab es in ihrem riesigen Land irgendwelche Unruhen. Schließlich aber schickte sie Truppen los, denen Pugatschows Haufen nicht gewachsen waren. Orenburg wurde von der Belagerung befreit. Pugatschow selbst flüchtete und scharte bald wieder neue Anhänger um sich. Er hatte sogar die Absicht, nach Moskau zu ziehen, doch wieder mußte er sich den russischen Truppen beugen.

Sein nächstes Operationsgebiet lag an der Wolga, bei Saratow. Als hier die Kosaken ihm schließlich ihre Unterstützung verweigerten, begab er sich die Wolga abwärts nach Süden. Bei Zarizyn verlor er fast alle seine Leute. Er selbst aber war noch nicht geschlagen. Es zog ihn zum Jajk zurück, dorthin, wo er als »Bauernzar« begonnen hatte. Unterwegs verrieten ihn jedoch seine letzten Getreuen und lieferten ihn den russischen Truppen aus.

In einem eisernen Käfig brachte man ihn nach Moskau. Er wurde zum Tode verurteilt und am 10. Januar 1775 geköpft.

Katharina schrieb:

»Dieser Räuber ist furchtlos, aber er hat keinen Scharfsinn und noch weniger einen systematischen Geist, sondern er handelte abrupt, wie es ihm gerade durch den Kopf ging, und vor allem wollte er Beute machen und dann gut essen und trinken. Seine Geschichte ist derjenigen des Räubers Stenka Rasin sehr ähnlich, welcher zur Zeit des Zaren Alexej Michajlowitsch Astrachan und andere Städte erobert hatte ...«

Der Abschied

Am Morgen des 6. November 1796 sagte Katharina zu ihrer Kammerfrau: »Heute werde ich sterben.« Es war im Schloß von Zarskoje Selo. Zwei Stunden später fand man die Zarin bewußtlos in ihrem Privatzimmer liegen.
Nichts hatte auf einen so raschen Tod hingedeutet. Zwar hatte sie zwei Monate zuvor einen leichten Schlaganfall erlitten, doch war er ohne gravierende Folgen geblieben. Damals hatte sie sich sehr darüber aufgeregt, daß die Heiratspläne, die sie für ihre Enkelin mit dem schwedischen Königshaus geschmiedet hatte, nicht zustande kamen; wie so häufig aus religiösen Gründen.
Den zweiten Schlaganfall überlebte die Monarchin nicht.
Dreißig Stunden kämpfte sie in tiefer Bewußtlosigkeit mit dem Tode. Kein Wort kam mehr über ihre Lippen, kein Letzter Wille. Unordnung, Verwirrung und Aufregung ergriffen den Hofstaat, wie würde es ihnen unter Paul ergehen? Er war nicht beliebt bei Hofe, auch nicht bei seiner sterbenden Mutter. Doch kein Wort erfolgte zugunsten des Enkels Alexander, den sie insgeheim für den Thron vorgesehen hatte.
Katharinas Sohn Paul wurde zum Kaiser proklamiert. Er war zweiundvierzig Jahre alt. Zeit seines Lebens hatte er die Mutter gehaßt, und nun rächte er sich an ihr auf sehr makabre Weise.
Paul ließ den Leichnam seines Vaters Peter III., der im Alexander-Newski-Kloster beigesetzt worden war, exhumieren. Der Sarg der großen Katharina wurde neben dem Sarg Peters III. in der Peter-und-Paul-Kathedrale aufgestellt.
Es wurde eine doppelte Beisetzung, den Ehrenplatz aber erhielt der unwürdige Gatte, der vierunddreißig Jahre zuvor verstorben war. Weihrauch, Kerzen und Trauergesänge galten nun beiden, nicht derjenigen allein, die zu beweinen gewesen wäre.
Katharina war trotz vieler Fehler beim Volk sehr beliebt gewesen. Schon zu Lebzeiten war sie eine Legende dank ihrer schillernden Persönlichkeit. Das Volk beweinte sie aufrichtig, denn es liebte – ungeachtet aller Widrigkeiten des eigenen Lebens – Katharinas Stärke.

Als Kinder waren Karl Peter Ulrich von Holstein-Gottorp und Sophie Auguste Friederike von Anhalt-Zerbst nach Rußland gekommen. Nun nahm man Abschied von Peter III. Fjodorowitsch und Katharina II. Alexejewna.

DER SOHN, PAUL I.

Im September 1754, neun Jahre nach der Heirat Peters und Katharinas, wurde endlich der ersehnte Thronfolger geboren. Er erhielt den Namen Paul.

Kaiserin Elisabeth war schon lange in großer Unruhe, weil sich der gewünschte Erfolg ihrer Heiratspolitik nicht einstellen wollte. Natürlich konnte sie nicht übersehen, daß die Ehe ihres Neffen mit Katharina schon bald nach der pompösen Eheschließung hoffnungslos zerrüttet war. Doch sie hoffte immer noch auf einen Thronfolger, obwohl sie durch Katharinas Hofdamen erfahren hatte, die Ehe sei nie vollzogen worden. Was tun?

Sie ließ Katharina durch ihre Vertraute, Frau Tschoglokow wissen, daß es zuweilen Umstände gebe, bei denen Rücksichten nicht angebracht seien und ein Verstoß gegen allgemein geltende Normen erforderlich sei. Katharina hatte damals bereits zwei Liebhaber und sogar schon zwei Fehlgeburten hinter sich. Ihre Gunst galt 1754 dem schneidigen Sergej Saltykow, und es ist durchaus möglich, daß Paul sein Sohn war. Andere Quellen berichten, daß Peter III. zunächst zeugungsunfähig gewesen sei, durch eine kleine Operation sei dieses Übel jedoch behoben worden. Paul hätte also auch durchaus sein Kind sein können.

In einem späteren Brief an Potjomkin soll Katharina aber selbst gestanden haben, daß ihr Gatte an der Zeugung des Sohnes nicht beteiligt war. Auch wenn immer wieder Pauls Charaktereigenschaften mit denen seines Vaters Peter III. verglichen wurden, man äußerliche Ähnlichkeiten feststellte oder auch nicht – die Vaterschaft bleibt ungeklärt. Viel wichtiger war in diesem Zusammenhang aber die Frage nach der Thronfolgeberechtigung. Wenn Peter III. nicht Pauls Vater war, hätte Paul dann überhaupt auf den Zarenthron kommen können?

Bereits Peter der Große hatte verfügt, daß der Monarch seinen Nachfolger selbst bestimmen konnte. Das hätte auch jemand aus einer fremden Dynastie sein können. Elisabeth stützte sich auf diesen Erlaß, denn als Paul geboren wurde, erklärte sie ihren Großneffen in einem Manifest offiziell zum legitimen Thronfolger. Der einzige, der ihm diesen Anspruch hätte streitig machen können, wäre sein vermeintlicher Vater Peter III. gewesen. Es heißt, er habe mit dem Gedanken gespielt, Katharina zu verstoßen und den kleinen Paul für illegitim

erklären zu lassen. Doch für diesen Schritt fehlte ihm das nötige Durchsetzungsvermögen. Übrigens soll Katharina später selbst erwogen haben, Paul, den Sohn, zu enterben und statt dessen ihren Enkel als Thronfolger einzusetzen. Ihr Tod hinderte sie an der Durchführung dieser Pläne.
Katharinas Bindung an das Haus Romanow bestand nach der Ermordung des Gatten nur noch durch den Sohn. Ein seidener Faden, an dem ihre Macht hing. Wäre das Kind früh gestorben, nichts hätte sie legitimiert, die Dynastie fortzusetzen.
Paul war kaum geboren, als Kaiserin Elisabeth den Säugling seiner Mutter wegnahm und unter die Obhut mehrerer ältlicher Kinderfrauen stellte. Katharina schreibt in ihren Memoiren:
»Ich konnte nur heimlich Nachrichten über ihn [Paul] erhalten, denn nach seinem Befinden zu fragen hätte als Zweifel an der Sorgfalt der Kaiserin gegolten und wäre sehr schlecht aufgenommen worden. Zudem hat sie ihn in ihr eigenes Zimmer bringen lassen, und wenn er schrie, eilte sie selbst zu ihm.
Aus lauter Sorgfalt wurde er buchstäblich erstickt. Er lag in einem überheizten Zimmer, ganz in Flanell gewickelt, in einer mit schwarzem Fuchspelz ausgeschlagenen Wiege und war mit einer wattierten Atlassteppdecke zugedeckt. Darüber lag eine mit einem Fuchspelz gefütterte rote Sammetdecke. Ich selbst habe ihn später oft so liegen sehen; der Schweiß lief ihm über das Gesicht und den ganzen Körper herab. Das ist auch ein Grund, daß er sich, als er größer war, beim geringsten Luftzug erkältete und krank wurde. Außerdem war er von einer großen Zahl alter Weiber umgeben, die aus mißverstandener Fürsorge und Mangel an gesundem Menschenverstand ihm mehr körperliche und seelische Leiden zufügten, als daß sie ihm nützten.«
Katharina selbst hatte keine Chance, sich um ihren Sohn zu kümmern. Ihr wurde oft vorgeworfen, daß sie eine Rabenmutter gewesen sei. Tatsache ist, daß sie ihren Sohn nicht sonderlich liebte und schon gar nicht, als er älter wurde und seine unangenehmen Eigenschaften immer offensichtlicher wurden.
Als Kind soll Paul, wie man den Aufzeichnungen seines Mathematiklehrers entnehmen kann, witzig, gescheit und sehr wißbegierig gewesen sein. Aber er war nervös und ängstlich, geriet bei jedem Lärm außer Fassung. Dies verstärkte sich noch nach den Ereignissen vom Juni 1762, dem Staatsstreich seiner Mutter.
Der damals Achtjährige wurde mitten in der Nacht von seinem Erzieher Nikita Panin aus dem Bett gerissen und in Windeseile aus dem Sommerpalast ins Winterpalais nach Petersburg gebracht. Unterwegs

sah er jubelnde Soldaten, hörte Büchsenknallen, die Kutsche bahnte sich einen Weg durch die wogende Menge. Im Winterpalais wurde er an die Seite seiner Mutter gezerrt, die ihm so fremd war und nun plötzlich zur Herrscherin ausgerufen wurde.
Was das alles zu bedeuten hatte, verstand er nicht. Doch vermutlich war es Panin, der ihn später stückchenweise darüber aufklärte, was damals geschah. Und sicher hat ihm Panin auch erzählt, durch welchen Handstreich seine Mutter Kaiserin wurde, obwohl doch eigentlich ihm, Paul, das Thronerbe zustand. Panin, obwohl Kanzler Katharinas, stand immer in wohldosierter Opposition zur Monarchin und soll sich mehr als einmal für eine Regierung Pauls ausgesprochen haben.
Trotzdem wurde der Jüngling von allen Staatsgeschäften ferngehalten. Panin vermittelte ihm zwar einige Grundbegriffe der russischen Politik, doch sein Bemühen wurde sofort wieder unterlaufen, indem der Sekretär Katharinas, ein gewisser Teplow, Paul so sehr mit Verwaltungsakten gelangweilt haben soll, daß in ihm eine starke Abneigung gegen Dossiers jeder Art zurückblieb.
Schon früh entwickelte Paul, wie schon Peter der Große, eine Leidenschaft fürs Kriegsspiel. Doch tatsächliche kriegerische Auseinandersetzungen haßte er. So begnügte er sich damit, den Plan zu einer umfassenden Reorganisation des Militärs auszuarbeiten. Dabei sollte die Armee ausschließlich Verteidigungsaufgaben übernehmen, auf Eroberungskriege sollte völlig verzichtet werden. Katharina jedoch ließ die Entwürfe ihres Sohnes unbeachtet. Sie schob ihn häufig zur Seite, wenn er versuchte, sich ihr zu nähern. Dabei verstärkte sich seine Angst vor der Mutter immer mehr, und auch das gleichgültige Benehmen vieler Höflinge ihm gegenüber machte ihn nur noch einsamer und störrischer. Er begann um sein Leben zu fürchten und bangte, daß man ihn vergiften wolle. Anzeichen von Verfolgungswahn zeigten sich.
Katharina hatte es demnach ziemlich eilig, ihren Sohn unter die Haube zu bringen, um die Fortdauer der Dynastie zu sichern. Natürlich konnte er nicht selbst bestimmen, wen er heiraten wollte. Die Monarchin hatte sich bereits an den kleineren Höfen Europas umgesehen, sie wurde dabei kräftig von Friedrich dem Großen unterstützt, der wohl nur zu gern Brautvater spielen wollte. Preußen hatte ja auch bei Katharinas Verheiratung die Finger im Spiel. Schließlich war Wilhelmine von Hessen-Darmstadt die Auserwählte. Aus ihr wurde Natalja Alexejewna. Paul soll sich sofort in sie verliebt haben, obwohl sie keine große Schönheit war. Aber sie hatte Charakter, war eigenwillig und vor allem ehrgeizig, sie besaß all die Eigenschaften, die ihrem künftigen Gatten abgingen. Die Hochzeit fand im September 1773 statt. Natalja entwickelte so-

gleich eine fieberhafte Tätigkeit, um ihrem Gemahl – er war damals achtzehn Jahre alt – mehr Respekt und Ansehen bei Hofe zu verschaffen. Mit zunehmendem Mißtrauen betrachtete Katharina das Treiben der Schwiegertochter. Doch Natalja starb am 10. April 1776 bei einer Fehlgeburt. Sie hätte wohl nie Kinder zur Welt bringen können, denn ihr Becken war infolge eines früheren Unfalls mißgebildet. Nataljas Mutter muß das gewußt haben, doch sie hatte wohlweislich geschwiegen, schließlich war der russische Thronfolger eine der besten Partien in Europa gewesen.

Paul war untröstlich, denn Natalja war ihm in den kurzen drei Ehejahren eine große Stütze geworden. Kaiserin Katharina jedoch war schon lange besser über die Aktivitäten der jungen Frau informiert gewesen als der Gatte. Und sie zögerte nicht, ihren Sohn aufzuklären. Das Kind, das Natalja empfangen hatte, stammte nicht von Paul. Andrej Rasumowskij, ein Freund Pauls aus Kindertagen, war der Vater. Natalja hatte ihn bereits auf ihrer Reise nach Petersburg kennengelernt und diese Liebschaft während ihrer kurzen Ehe beibehalten.

Paul fühlte sich zweifach betrogen, von der Frau, die er aufrichtig liebte, und von dem Freund, der vom einstigen Spielkameraden zum persönlichen Vertrauten aufgestiegen war. Er nahm nicht am Begräbnis Nataljas teil. Katharina übernahm diese Pflicht.

Die Monarchin ließ ihrem Sohn keine Zeit, Trübsal zu blasen und über die für ihn schrecklichen Enttäuschungen nachzudenken. Sie hatte bereits eine neue Braut für Paul ausgesucht, die siebzehnjährige Sophie-Dorothea von Württemberg. Auch bei dieser Eheanbahnung hatte Friedrich der Große seine Hände im Spiel. Sophie-Dorothea war seine Großnichte. Daß sie bereits mit einem anderen verlobt war, störte nicht in diesem Gesellschaftsspiel.

Paul war von seiner neuen Braut entzückt. Sie war eine hochgewachsene Blondine, ein wenig rundlich, aber herzensgut und zuverlässig. Nach Sophies Übertritt zum orthodoxen Glauben nahm sie den Namen Marja Fjodorowna an. Die Heirat fand nur sechs Monate nach dem Tod von Pauls erster Gattin statt. Und im Dezember 1777 kam Alexander, Katharinas erster Enkel, zur Welt. Aus diesem Anlaß schenkte die Kaiserin dem jungen Paar den Landsitz Pawlowsk, nicht weit von Zarskoje Selo entfernt. Hier entstand unter Marjas Aufsicht ein reizendes Schlößchen, das sie geschmackvoll einrichten ließ. Auch der weitläufige Park wurde ganz nach ihren Wünschen gestaltet. In Pawlowsk hielt sich Katharinas Schwiegertochter am liebsten auf, und sie war geschickt genug, sich möglichst wenig bei Hofe zu zeigen. Auch Paul genoß diese Idylle, denn er war gern mit seiner Frau zusammen.

Der kleine Alexander wuchs währenddessen unter der Obhut Katharinas auf. Auch sein jüngerer Bruder, der 1779 geborene Konstantin, wurde der Obhut seiner Eltern entzogen und in Katharinas nächster Nähe aufgezogen. Beide Kinder wurden von ihrer Großmutter verzärtelt. Als sie älter wurden, entwarf die Regentin selbst ein sorgfältiges Erziehungsprogramm und suchte höchstpersönlich die Lehrer für ihre Enkel aus. Ihre Zuneigung zu Alexander war außergewöhnlich groß, und auch der Junge hing sehr an seiner Großmutter. Er bekam von ihr soviel Zärtlichkeit, wie sein Vater nie im Leben von seiner Mutter empfangen hatte. Als er älter wurde, sah er sehr wohl den Zwiespalt, in dem er sich als Liebling der Zarin befand. Und der Vater haßte die Mutter dafür, daß sie ihm die Kinder weggenommen hatte.

In den Jahren 1781 und 1782 unternahm das Großfürstenpaar Paul und Marja eine Reise durch Europa. Man reiste unter dem Namen Comtes du Nord. Die Reise war eine Idee Katharinas und sollte Rußlands guten Willen und seine Bereitschaft signalisieren, sich mit Österreich und Frankreich verständigen zu wollen.

Über diesen Einsatz war Paul sehr verstimmt, der sich zu einem politischen Werkzeug degradiert sah, noch dazu zum Werkzeug einer Politik, die ihm nicht paßte. Trotzdem genoß er die Reise, wurde er doch überall freundlich empfangen und mit den Ehren bedacht, die seinem Status zustanden. Nach einem Besuch in Wien hielt sich das Paar lange in Italien auf, um dann nach Paris weiterzureisen. Auf der Rückreise besuchte man die Eltern Marjas. Berlin mußten sie auf ausdrücklichen Wunsch Katharinas links liegenlassen, denn die russische Außenpolitik hatte sich inzwischen von Friedrich II. abgewandt.

Wieder zu Hause, wurde Paul brutal aus seinen Träumen gerissen; er sah sich wieder in der Rolle des ungeliebten Sohnes, den sogar die Favoriten der Kaiserin auslachen durften. Er wurde immer mehr in die Ecke gedrängt. Und Katharina wollte ihn ganz offensichtlich nicht mehr in ihrer Nähe haben. Ihr war in der Zwischenzeit zu Ohren gekommen, daß sich ihr Sohn bei verschiedenen Gelegenheiten während der Auslandsreise über seine Behandlung zu Hause beklagt hatte.

Katharina schenkte ihm statt dessen das Schloß Gatschina. Es war einst für Grigorij Orlow, den Geliebten der Zarin, erbaut worden. Nach Orlows Tod hatte es Katharina von den Erben zurückgekauft. Gatschina wurde zum Lieblingswohnsitz Pauls, obwohl dieses Anwesen jenem Mann gehörte, den er selbst als Mitverantwortlichen am Tode seines Vaters Peter III. betrachtete.

Hier in Gatschina widmete sich Paul der Erziehung seiner fünf Töchter; die älteste, Alexandra, war 1783 geboren worden. Er befaßte sich

auch ein wenig mit Landwirtschaft, vor allem aber mit der Ausbildung seiner kleinen Armee. Er ließ die etwa 2000 Mann ohne Unterlaß exerzieren und drillte sie preußischer als die Preußen. Dabei zeichnete er einen Mann ganz besonders aus, Alexej Araktschejew, der einmal Rußlands schrecklichster Spitzel und Polizeichef werden sollte.
Doch das alles beschäftigte ihn nur vorübergehend. Als Paul 1787 seine Mutter bat, ihn am zweiten türkischen Krieg teilnehmen zu lassen, lehnte sie schroff ab. Als Paul nicht lockerließ, gestattete sie ihm, sich für kurze Zeit und ohne eigenes Kommando an die damals militärisch bedeutungslose schwedische Front zu begeben.
Wieder zurückgekehrt, verschanzte er sich in Gatschina, wo das Leben nach und nach immer mehr dem in einer Kaserne glich. Paul selbst wurde von Tag zu Tag unleidlicher, und seine Frau Marja brauchte fast übermenschliche Geduld, ihn zu besänftigen. Es gelang ihr nicht immer. Doch von Katharina Nelidowa, einer Hofdame, ließ er sich noch lieber beruhigen. Er machte alle und jeden dafür verantwortlich, daß ihn seine Mutter ablehnte, daß sein Leben verpfuscht sei und man ihm nach dem Leben trachte. Die Nelidowa war Pauls große platonische Liebe, und Marja, die anfangs sehr eifersüchtig war, gewann in ihr im Laufe der Zeit eine gute Freundin.
Katharina die Große dachte seit geraumer Zeit darüber nach, Paul zu enterben, um ihrem Enkel Alexander die Thronfolge zu übergeben. Auch Paul erfuhr davon, und nun rechnete er jeden Tag damit, daß er umgebracht werden würde. Sein psychischer Zustand verschlechterte sich zusehends. Doch da starb Katharina plötzlich am 6. November 1796, ohne ihren Plan verwirklicht zu haben.
Es wird berichtet, daß Paul kurz nach dem Tod seiner Mutter zwei schmale Papierbündel ausgehändigt bekam. Das eine trug die Aufschrift: »Papiere zum Ableben Peters III.«, das andere »Nach meinem Tod im Reichsrat zu öffnen«. Paul erbrach das Siegel des ersten Bündels und fand den Brief, den Alexej Orlow kurz nach dem Mord von Ropscha an Katharina geschickt hatte. »Gott sei gelobt!« habe er ausgerufen. »Mein Verdacht war grundlos. Sie ist unschuldig gewesen am Tode meines Vaters.«
Das andere Bündel jagte ihm Angst ein, er wagte es nicht zu öffnen, und dankbar folgte er dem Wink des anwesenden Ministers Besborodko, der mit der Hand auf den Kamin zeigte. Wenig später waren die Papiere ein Raub der Flammen. Und das Geheimnis der Thronfolge konnte nie mehr gelöst werden.
Paul rächte sich an seiner Mutter, indem er sie gemeinsam mit ihrem ermordeten Gatten beisetzen ließ. Und um diesem Zynismus noch die

Krone aufzusetzen, wurde Alexej Orlow dazu bestimmt, beim feierlichen Begräbnis die Reichsinsignien zu tragen.
Paul war zweiundvierzig Jahre alt, als er an die Macht kam. All jene Eigenschaften seiner Person, die er Jahrzehnte unterdrücken mußte, traten nun explosionsartig zutage. Inkonsequenz, Unordnung und Widersprüche kennzeichneten seine Politik und seine Entscheidungen. Als Paul am 5.April 1797 feierlich gekrönt wurde, wurde auch das von Peter I. verfügte Gesetz bezüglich der Thronfolgeregelung durch den alleinigen Willen des Zaren abgeschafft. Nun galt wieder die direkte Thronfolge: zuerst die Söhne des Monarchen, dann die Brüder, jeweils in der Reihenfolge des Alters. Frauen wurden aufs neue von der Thronfolge ausgeschlossen.
Paul hatte Katharinas Erbe angetreten, plötzlich und unerwartet. Er hatte sich darum nicht zu bemühen brauchen, mußte nur die Zügel ergreifen. Und er schaffte Ordnung.
Den »Potjomkinschen Geist« auszutreiben, das war sein Ziel. Als erstes schaffte er sämtliche Uniformen ab, die durch Potjomkin eingeführt worden waren. Preußische, schwere Monturen ersetzten nun die bequeme, dem russischen Klima angepaßte Kleidung. Auch alles Französische mußte aus dem Straßenbild verschwinden, denn Paul war der festen Überzeugung, die Französische Revolution habe nur stattfinden können, weil sich die Sitten zu sehr gelockert hatten. Er ging sogar so weit, in Cherson die Gebeine Potjomkins ausgraben und sie in einen Festungsgraben werfen zu lassen. Das Denkmal des »Fürsten von Taurien« wurde zerstört.
Man kann sagen, daß Paul – von einer fixen Idee besessen – in allen Dingen das Gegenteil von dem machte, was seine Mutter verfügt hatte. Er hatte keinen Plan, keine Idee – da war nur seine Reaktion auf die Politik seiner Mutter. Heillose Verwirrung erfaßte bald alle Bereiche des politischen und wirtschaftlichen Lebens.
Entlassungen, Beförderungen, Ernennungen und Versetzungen – völlig willkürlich ausgesprochen – legten nahezu den gesamten Staatsapparat lahm. Auch in der Armee wütete Paul wie ein Wirbelsturm. Nicht selten wurden Soldaten und Offiziere, die bei dem geringfügigsten Fehler ertappt wurden, vom Fleck weg verhaftet und nach Sibirien verbannt. Vorsichtige Offiziere trugen in dieser Zeit immer eine beträchtliche Geldsumme, Nahrungsmittel und sogar Wäsche bei sich, wenn sie in die Kaserne zogen.
Absolute Disziplin – für alle und jeden –, das hatte sich Paul in all den Jahren ausgedacht. Nicht nur das Militär wurde bis zum Umfallen gedrillt. Auch die Zivilisten hatten nichts zu lachen.

Der Zar verfügte, daß jedermann vor ihm, Paul I., niederzuknien habe, auch bei Wind und Wetter, auf schlammigen Straßen.

Seinen ganz besonderen Haß aber richtete Paul gegen den Adel, der von Katharina so bevorzugt worden war. Viele seiner Verfügungen kamen in diesem Zusammenhang zwar den leibeigenen Bauern zugute, doch darf man berechtigten Zweifel anmelden, daß es ihm um eine wirkliche Erleichterung des bäuerlichen Lebens ging. Denn ohne mit der Wimper zu zucken, verschenkte er Tausende von »Seelen« an seine Anhänger.

Daß Paul alle privaten Druckereien schließen ließ, alle ausländischen Bücher und Manuskripte verbot, ja sogar den Gebrauch von Fremdwörtern untersagte, die an die Französische Revolution erinnerten, und die im Ausland studierenden Russen in die Heimat zurückbeorderte, stieß bei seinen Untertanen auf wenig Verständnis.

Wie die Innenpolitik, so waren auch die Beziehungen zum Ausland unstet und verworren. Daß hinter ihnen politisches Kalkül stand, muß sehr bezweifelt werden. Als er seine Regierung antrat, verkündete Paul, daß er nicht gewillt sei, einen Krieg zu führen oder in bestehende Konflikte einzugreifen. Sein Reich bedürfe der Ruhe, so die Erklärung des Monarchen, nach vierzig Jahren Krieg. Doch ausländische Diplomaten übten solch einen Druck auf ihn aus, daß er schon ein Jahr später von seinen guten Vorsätzen abweichen mußte.

Paul bot nicht nur Ludwig XVIII. Asyl und unterstützte ihn finanziell, sondern er nahm auch geflüchtete französische Aristokraten und Söldner auf.

1798 hatte sich Paul zum Großmeister des auf Malta sitzenden Johanniterordens wählen lassen. Als Napoleon Bonaparte die Insel kurz darauf angriff, fühlte Paul die russische Ehre zutiefst verletzt. Er schickte 1799 drei russische Armeen nach Westeuropa. Eine drang in Holland ein, die andere bezog am Rhein Stellung, und die dritte ging nach Italien. So wollte man den Franzosen in den Griff bekommen. Es folgte ein verwirrendes militärisches Hin und Her, quer durch den ganzen Alpenraum. Ohne Erfolg kehrten die russischen Soldaten in die Heimat zurück. Man hatte ihnen in Europa überall die nötige Unterstützung verweigert, sie meistens dazu benutzt, eigene Pläne zu verwirklichen.

Bonaparte war inzwischen »Erster Konsul« und herrschte über ganz Frankreich. Instinktiv erkannte Paul, welch ein Mann da an die Macht gekommen war. Und Bonaparte wußte mit Paul umzugehen. Folglich löste Rußland sich von England, dem langjährigen Verbündeten, und schloß sich Frankreich an. Napoleon überzeugte den russischen Zaren, daß er den Schwarzmeerhandel forcieren müsse, um Englands Vorherrschaft zur See und im Welthandel zu brechen. Ja, man wollte sogar gemeinsam Britisch-Indien erobern.

Paul beauftragte den Donkosaken Orlow-Denissow, eine Expedition auszurüsten und bis zum Oberlauf des Indus vorzustoßen. 20 000 Kosaken sollen sich Mitte März 1801 auf den Weg gemacht haben. Sie hatten gerade erst die Wolga überquert, als sie zurückbeordert wurden. Was war geschehen?

In der Nacht vom 11. auf den 12. März 1801 war Paul I. ermordet worden. Wie sich herausstellte, war die Verschwörung von langer Hand vorbereitet. Und viele Gründe hatten zu diesem Schritt geführt. Es waren die tiefe Unzufriedenheit über seine politischen Eskapaden, die Erbitterung der Soldaten über Drill und Deportation, die Enttäuschung des Adels über die ihnen geraubte französische Lebensqualität und das Unverständnis über die ständig wechselnde Außenpolitik, die den Handel ganz empfindlich störte, und viele Gründe mehr.

Auch in der eigenen Familie hatten die Zerwürfnisse inzwischen groteske Formen angenommen. Anna Lopuchina, die Geliebte des Zaren, bestand darauf, daß Paul seine Gattin und seine Söhne verstoßen solle. Der englische Gesandte Whitworth gehörte mit zu den ersten, die Pläne zu einer Absetzung des Zaren entwickelten. Er fand in Nikita Panin, dem Neffen des ehemaligen Kanzlers, einen Vertrauten, und dieser wiederum setzte sich mit dem Thronfolger Alexander in Verbindung. Alexander stimmte nach einigem Zögern einem Umsturz zu, ließ sich allerdings versprechen, daß seinem Vater kein Leid geschehen solle. Graf Pahlen, Generalgouverneur von Petersburg, nahm die Vorbereitung der Aktion in die Hand. Eine schwierige Aufgabe, denn Paul witterte seit langem überall Neid und Verschwörung. Man kam nur schwer in seine Nähe, denn Paul bewohnte den Michaelspalast, der einer scharf bewachten Burg glich.

Am Abend des 11. März 1801 versammelten sich die Verschwörer. Sie setzten eine Abdankungsurkunde auf, die Paul I. vorgelegt werden sollte. Als Verstärkung hatte man einige junge Offiziere geholt, die kurz zuvor demütigende Strafen erlitten hatten und mit Recht gegen Paul aufgebracht sein mußten. Alexander war bei dieser Versammlung nicht anwesend. Er und auch sein Bruder Konstantin standen unter Hausarrest.

Mit Hilfe eingeweihter Offiziere, die den Wachdienst versahen, gelangten etwa sechzig Mann in den Michaelspalast. Als der Kaiser erwachte und seine Situation erkannte, flüchtete er hinter einen Wandschirm. Er wurde aufgefordert, seine Abdankung zu unterschreiben. Paul weigerte sich und zog seinen Degen. Er erhielt einen Schlag auf den Kopf und

sank zu Boden, dann wurde er erdrosselt. Die Leiche wurde auf das Bett gelegt und von einem Diener mit einer Uniform bekleidet.
Als Alexander vom Tod seines Vaters erfuhr, war er nahe daran, die Fassung zu verlieren. Doch Graf Pahlen herrschte ihn an: »Schluß mit der Kinderei, jetzt müssen Sie herrschen.«

ALEXANDER, DER FRIEDENSENGEL

Das 19. Jahrhundert hatte begonnen. Immer weniger geheimnisvoll wird die Familiengeschichte der Romanows, die Welt blickt auf Rußland, und Rußland blickt auf die Welt. Politische Taten sind von Bedeutung, werden notiert und eingeordnet. Was bleibt da noch verborgen? Alexander, der älteste Sohn Pauls I. und Enkel Katharinas der Großen, war vierundzwanzig Jahre alt, als er nach dem plötzlichen Tod seines Vaters die Macht übernahm. Wir wissen, daß Katharina mehrfach überlegt hatte, ihren Sohn Paul abzusetzen und Alexander als Thronfolger zu proklamieren. Sie konnte diesen Plan nicht mehr durchführen. Erst die Ermordung seines Vaters machte den Weg frei für einen Monarchen, der als Feldherr und großer Idealist in die Geschichte eingegangen ist, von dem der berühmte russische Dichter Alexander Puschkin aber schrieb, er sei eine Sphinx, und so geheimnisvoll wie eine Sphinx ist er vielen seiner Landsleute im Gedächtnis geblieben.

Alexander und sein zwei Jahre jüngerer Bruder Konstantin wuchsen nicht bei ihren Eltern auf. Katharina höchstpersönlich kümmerte sich um die Erziehung ihrer beiden Enkel und verwöhnte sie nach Strich und Faden. Alexander, ihrem Liebling, räumte sie alle Schwierigkeiten aus dem Weg. Als Kind erlebte Alexander eine Welt der Freundlichkeit und Zuneigung, mochte sie auch noch so künstlich sein. Und Alexander brauchte nichts anderes zu tun, als diese Freundlichkeit zu erwidern und sich vielleicht manchmal ein bißchen zu verstellen. Ab und an sah er seinen übellaunigen Vater und seine ihn vergötternde Mutter. Damals war seine Welt noch in Ordnung, und es wird berichtet, daß sich der kleine Alexander auch in Gatschina, unter den Soldaten des Vaters, sehr wohl gefühlt habe.

Zu den wichtigsten Lehrern Alexanders gehörte zweifellos der Schweizer La Harpe, der ihm schon früh beibrachte, daß die Gnade der Geburt niemanden daran hindern solle, alle Menschen gleich zu behandeln. La Harpe schwärmte von der Republik als idealer Regierungsform, und auch Alexander fand den republikanischen Gedanken berauschend, obwohl er vermutlich wenig von dessen wahrer Bedeutung verstand. Häufig dachte er daran, daß sich das russische Volk einmal selbst regieren solle. Nur zu gern hätte er sich dann ins Privatleben zurückgezogen. Doch dies war kindliche Schwärmerei.

Etwa zehn Jahre – bis 1795 – war La Harpe um Alexanders Bildung bemüht gewesen. Und für alles, was Alexander später tat oder unterließ, wurde der rebellische Geist La Harpes verantwortlich gemacht. Doch der heranwachsende Knabe hatte noch einen anderen Mann in seiner Umgebung, der ihn formte und prägte. Es war General Nikolaj Iwanowitsch Saltykow, der jüngere Bruder jenes Saltykow, der möglicherweise Alexanders Vater war. Saltykow versah das Amt eines Gouverneurs, eine keineswegs beneidenswerte Aufgabe. Aber er vermittelte geschickt zwischen den Ansprüchen der Kaiserin und dem Hof in Gatschina, zwischen Großmutter, Eltern und Enkel und ließ sich niemals – wie Alexander später immer wieder betonte – in Zwistigkeiten und Reibereien hineinziehen. Trotzdem war er ein gehorsamer Diener seiner Monarchin.

Alexander war ein hübscher Junge und wurde von den Damen bei Hofe vergöttert. Als er vierzehn Jahre alt war, beschloß Katharina, ihn vor den Verführungskünsten der Damenwelt zu schützen und zu verheiraten.
Im September 1792 schickte sie eine ihrer Hofdamen, die gewandte und charmante Gräfin Schuwalowa, nach Süddeutschland, um die beiden Töchter des Erbprinzen von Baden in die russische Hauptstadt zu begleiten. Luise, die ältere, war knapp vierzehn, ihre jüngere Schwester gerade elf Jahre alt geworden. Es war eine weite Reise nach Petersburg. Erst Ende Oktober trafen die Mädchen am Zarenhof ein. Katharina beglückwünschte sich selbst zu ihrer Wahl, sie fand Luise – die sie vermutlich nur in Miniaturmalerei gesehen hatte – außergewöhnlich reizend. Alexander soll sich bei der ersten Begegnung ziemlich mürrisch gegeben haben, doch Luise verliebte sich Hals über Kopf in ihn. Katharina sah es mit Wohlgefallen und nahm an Alexanders Zurückhaltung keinen Anstoß. Seine Eltern waren übrigens nicht in die Heiratspläne einbezogen worden, doch Luise hatte Glück, daß auch Alexanders Mutter von ihr sehr angetan war.
In der zweiten Maiwoche 1793 trat Luise zum russisch-orthodoxen Glauben über und erhielt den Namen Elisabeth Alexejewna. Am nächsten Tag fand die offizielle Verlobung mit Alexander statt, aus der badischen Prinzessin wurde eine russische Großfürstin.
Katharina notierte: »Alle sagten, daß sich hier zwei Engel die Treue schworen. Es gab nichts Rührenderes zu sehen als diesen fünfzehnjährigen Bräutigam und seine vierzehnjährige Braut.«
Doch ganz so rosig schien sich das Verhältnis zwischen den beiden Brautleuten nicht zu entwickeln. Alexander murrte, da er wegen der

zahlreichen Festlichkeiten seine Studien vernachlässigen mußte. Auch hatte er wohl wenig Verständnis für die kindlichen Vergnügungen und Freuden seiner Braut. Sie war noch immer in ihn verliebt, spürte aber instinktiv, daß er sich nie ganz durchschauen ließ. Das junge Paar stand ständig unter Beobachtung, jede Geste, jede Regung wurde interpretiert und am Hofe weitergeklatscht; so zum Beispiel das Gerücht, daß Elisabeth nachts in Alexanders Zimmer geklettert sei, als das Paar in Pawlowsk weilte.
Die Hochzeit fand am 9.Oktober 1793 statt. Katharina wurde auf dem laufenden gehalten, was sich im Schlafzimmer der jungen Eheleute abspielte – nämlich gar nichts. Beide waren noch viel zu jung und zu unbedarft, als daß sie sich ihrer staatsbürgerlichen Pflicht bewußt gewesen wären. Nur die arme Elisabeth wurde immer wieder durch neugierige Fragen, auch von ihrer Schwiegermutter, in Verlegenheit gebracht. Doch dann war es ebendiese Schwiegermutter, Marja Fjodorowna, die wieder schwanger war. Im Januar 1795 brachte sie ihr siebtes Kind, die Tochter Maria, zur Welt und achtzehn Monate später einen Sohn, den künftigen Zaren NikolausI.
Katharina war mehr als irritiert.
Sie erlebte es nicht mehr, daß Elisabeth 1799 einer Tochter das Leben schenkte. Das Kind starb sehr früh, ebenso wie ein zweites Mädchen, das 1806 zur Welt gekommen war. Weitere Kinder bekamen Alexander und Elisabeth nicht.
Als Alexanders Vater, PaulI., nach Katharinas Tod an die Macht kam, begann wohl die merkwürdigste Regierungszeit eines Romanowzaren. In seinen Träumen hatte Alexander von seinem Vater revolutionäre Dinge erwartet, doch was er jetzt täglich sah, das stimmte ihn bedenklich. Er war geneigt, seinen Vater zu lieben, wenigstens zu achten, doch schon bald mußte ihm auffallen, daß dieser am Hofe nur Verwirrung stiftete.
Es ist ein Brief erhalten, den Elisabeth etwa zehn Wochen nach Pauls Regierungsantritt an ihre Mutter schrieb.
»Liebe Mutter, ich bin sicher, daß der Tod der guten Kaiserin Dich tief getroffen hat. Was mich betrifft, so darf ich Dir versichern, daß ich nicht aufhören kann, an sie zu denken. Du kannst Dir gar nicht vorstellen, wie hier selbst die unbedeutendste Kleinigkeit auf den Kopf gestellt wurde. Auf mich machte das alles einen so entsetzlichen Eindruck, ganz besonders in den ersten Tagen, daß ich mich selbst kaum mehr erkannte. Ach, wie furchtbar waren die ersten Tage! ... Ach, wie war ich erschüttert, daß der Kaiser so gar keinen Schmerz empfand. Man hatte den Eindruck, als ob sein Vater und nicht seine Mutter ge-

rade gestorben wäre, denn er spricht nur von diesem und läßt in jedem Zimmer ein Bild von ihm aufhängen. Über seine Mutter verliert er kein Wort, es sei denn, daß er sie verurteilt oder alles herunterreißt, was zu ihren Lebzeiten angeordnet wurde.«
Man darf sich gar nicht vorstellen, was passiert wäre, hätte dieser Brief sein Ziel nicht erreicht.
Auch von Alexander ist ein Schreiben an seinen ehemaligen Lehrer La Harpe erhalten, das Freunde aus dem Land schmuggelten. Gatschina, 8. Oktober 1797:
»Als mein Vater auf den Thron kam, wollte er alles reformieren. Der Anfang seiner Regierungszeit war vielversprechend, aber später wurden die in ihn gesetzten Erwartungen nicht erfüllt. Alles wurde auf den Kopf gestellt ... Sie haben immer gewußt, daß ich manchmal mit dem Gedanken spielte, mein Land zu verlassen ... Der gegenwärtige traurige Zustand meines Vaterlandes hat mich meine Ansichten ändern lassen. Sollte ich jemals an die Regierung kommen, so wird es besser für mich sein, mich nicht in freiwilliges Exil zu begeben, sondern mich der Aufgabe zu widmen, meinem Land Freiheiten zu gewähren, um zu verhindern, daß es in der Zukunft in der Hand eines Wahnsinnigen zu einem Spielzeug wird. Ich bin in Kontakt mit aufgeklärten Menschen, die ebenfalls seit langer Zeit so denken wie ich. Im ganzen sind wir nur vier an der Zahl, und zwar: M. Nowossilzow, Graf Stroganow, der junge Prinz Czartoryski, mein Adjutant (ein junger Mann unter Millionen) und ich selbst. Wir haben die Idee, daß wir während der derzeitigen Regierung möglichst viele ausländische Bücher in die russische Sprache übersetzen sollten. Wir wollen dann von diesen, vorausgesetzt, es ist erlaubt, möglichst viele drucken lassen und andere für spätere Gelegenheiten aufheben ... Wenn ich an der Reihe sein werde, so wird es notwendig sein, langsam Schritt für Schritt sich vorwärts zu arbeiten, um den Weg einer Volksvertretung zu ermöglichen ... sollte es auch eine freie Verfassung sein. An diesem Zeitpunkt wäre meine Autorität zweifellos zu Ende, und wenn die Vorsehung unsere Anstrengungen begünstigen sollte, werde ich mich dann irgendwohin zurückziehen und in Frieden leben. Das glückliche Schicksal meines Landes werde ich mit Befriedigung weiter verfolgen und mich mit ihm freuen.«
Auch wenn dieser Brief fast wie ein Märchen ausklingt, so kann man doch zwischen den Zeilen die großen Befürchtungen Alexanders herauslesen. Tatsächlich rechneten Hofkreise in Petersburg jeden Tag mit ausbrechenden Unruhen. Selbst Kaiser Paul war um seine Sicherheit besorgt. Am 8. Februar 1798, dem Tag, an dem Marja Fjodorowna ihr letztes von neun Kindern zur Welt brachte, einen Sohn, wurde der

Grundstein zu einer neuen Festung gelegt. Sohn und Burg erhielten den Namen Michael.

Hier wurde Paul I. in der Nacht zum 12. März 1801 ermordet.

Bevor Alexander am 12. März verkündete, er werde das Reich im Geist der großen Katharina regieren, war es noch zu einem heftigen Zwischenfall mit seiner Mutter gekommen. Als sie vom Tod ihres Mannes erfuhr, war Marja Fjodorowna völlig fassungslos, weinte und schluchzte hysterisch. In ihrer ersten Trauer klagte sie Alexander an, den Tod des Vaters geduldet zu haben, wenn nicht gar dafür verantwortlich zu sein. Sie weigerte sich strikt, ihren Sohn zu empfangen. Erst später hatte sie sich soweit gefaßt, daß sie Alexander zu sich rufen ließ und ihn zur Rede stellte. Er konnte sie überzeugen, nichts von der Tat gewußt zu haben.

Wie würde Alexander dieses große Land regieren? Eigentlich konnte es nach den unglückseligen Regierungsjahren seines Vaters Paul nur noch besser werden. Aber war der Schatten Katharinas nicht doch noch zu übermächtig?

Alexander begnügte sich vorerst damit, im Kreis seiner engsten Freunde – Czartoryski, Nowossilzov, Stroganow – unverbindliche Gespräche über mögliche liberale Reformen zu führen. Es blieb bei den Diskussionen. Ab und zu steuerte La Harpe, der im September 1801 nach Rußland zurückgekehrt war, einen guten Ratschlag bei. Das »Geheime Komitee«, wie dieser Freundeskreis sich nannte, plante viel, doch das bescheidene erste Ergebnis war ein Ukas, der im Dezember 1801 auch Nichtadligen den Erwerb von Grundbesitz gestattete.

Im September 1801 fand Alexanders Krönung in Moskau statt. Eigentlich hätte die Etikette noch eine längere Trauerzeit nach dem Begräbnis des Vaters vorgeschrieben, doch in Hofkreisen überwog der allgemeine Wunsch, die Krönung bald vorzunehmen. Am 11. September verließen Alexander und Elisabeth Petersburg. Sie reisten in Schnellkutschen und legten nur äußerst kurze Pausen ein. Trotz der unglaublich schlechten Straßenverhältnisse erreichten sie bereits am 17. September den Stadtrand von Moskau.

Elisabeth schrieb an ihre Mutter: »Zum Essen konnten wir uns nur kurz waschen, was dringend notwendig war, denn ich glaube, daß ich in meinem ganzen Leben noch nie so schmutzig gewesen bin ... Während unserer ganzen Reise hinterließen wir eine große Staubwolke.«

Moskau konnte sich wieder einmal als Hauptstadt fühlen und unterstreichen, daß hier noch immer die glücklichste Verbindung zwischen russischer Orthodoxie und Zarentum bestand. Die neue Hauptstadt im Norden verblaßte für kurze Zeit im Bewußtsein vieler vor der durch die

Krönungsfeierlichkeiten demonstrierten Größe des alten Moskowiterreiches. Wieder erstrahlte die ehrwürdige Krönungskirche der russischen Zaren, die Uspenskij-Kathedrale, im Glanz Tausender Kerzen. Aus den Händen des Metropoliten nahm Alexander die Zarenkrone in Empfang. Es war die Krone, die 1762 ursprünglich für seine Großmutter, für Katharina die Große, angefertigt worden war. Dann wurde Elisabeth gekrönt. Und wie immer bei solchen Gelegenheiten ertrank ganz Moskau im Geläut der unzähligen Glocken und im Donner der Kanonenschüsse.

Nach den Krönungsfeierlichkeiten blieb das kaiserliche Paar noch einen vollen Monat in Moskau. Bälle und Bankette fanden statt, Schauspiele, Konzerte, Militärparaden. Alexander wurde hier bereits von der schönen Maria Naryschkina umgarnt, die später seine Geliebte wurde. Elisabeth hatte wenig Freude an den Tagen in Moskau, sie beklagte sich, daß sie sich hier sehr fremd fühle.

Nach einer Pilgerfahrt zum Grab des heiligen Sergius im Troize-Kloster reiste das Paar am 27. Oktober nach Petersburg ab. Die staubigen Straßen hatten sich inzwischen in schlammige Wüsten verwandelt. Trotzdem – man hatte es sehr, sehr eilig, nach Petersburg zu kommen, so eilig, daß man sogar die Nacht durchfuhr.

Die Krönungsfeierlichkeiten und all die Huldigungen in Moskau hatten Alexander beflügelt, er fühlte sich von seinem Volk anerkannt und geschätzt. Der Schatten des ermordeten Vaters begann langsam zu weichen. Auch nach der Krönung traf sich das »Geheime Komitee« hin und wieder beim Zaren. Der Zar selbst wurde mutiger. Er begann langsam Veränderungen herbeizuführen, meistens dort, wo er sicher sein konnte, daß sie ihm niemand verübelte. Zunächst einmal hob er all jene Verbote auf, die seinem Vater so viel Haß eingetragen hatten. Alexander verbannte die preußischen Uniformen in die Kleiderkammern; entlassene und verbannte Offiziere, meist aus nichtigsten Anlässen von Paul I. bestraft, konnten in die Armee zurückkehren; die Handelssperre mit England wurde aufgehoben. Und es durften auch wieder ausländische Bücher verbreitet und Übersetzungen angefertigt werden. Auslandsreisen erfreuten sich großer Beliebtheit, besonders beim Adel, der wieder fest im Sattel saß.

Im September 1802 wurden acht Ministerien eingerichtet, welche die alte Verwaltungsform der Kollegien ablösen sollten. Sie unterstanden nicht mehr dem Senat, sondern dem Kaiser. Als erstes entstanden die Ministerien für Krieg, Marine, Äußeres, Inneres, Finanzen, Handel, Justiz und Bildung. Später dann, im Jahre 1811, kamen die Ministerien für Polizei, Verkehr und Staatsaufsicht dazu. Ein Ministerkomitee nahm seine Arbeit auf. Es sollte nicht nur die umfassenden Aufgaben der einzelnen Ministerien untereinander koordinieren, sondern galt auch als Aufsichtsbehörde für die russischen Gouverneure. Das Ministerkomitee war in seinen Entscheidungen vom Kaiser abhängig. Das hörte sich alles schön an, aber da es weder einen Premierminister noch eine Volksvertretung gab, wurde die Macht des Monarchen nur noch gefestigt.

Ein Gesetz vom Februar 1803 erlaubte es den Grundbesitzern, ihre Leibeigenen freizulassen und ihnen Land zu verkaufen. Hierzu war ein schriftlicher Vertrag notwendig, der in jedem Fall vom Kaiser genehmigt werden mußte. Dieser Ukas sollte es ermöglichen, daß sich im Laufe der Zeit ein Stand von »freien Ackerbauern« bildete. Leider wurde von diesem Recht wenig Gebrauch gemacht.

Es gibt keinen Zweifel, in den ersten Regierungsjahren Alexanders herrschten durchaus liberale Ideen vor, und manch eine Idee wurde auch in die Tat umgesetzt. Geradezu bemerkenswerte Fortschritte wurden im Bereich des Schulwesens erzielt. Das russische Reich wurde nicht nur in sechs große Schulkreise eingeteilt, die jeweils einen Kurator bekamen, sondern es wurden auch die Gründungen von Volksschulen, Lehrer- und Priesterseminaren, Hochschulen und Akademien in Aussicht gestellt. Zwar wurden nicht alle diese Pläne realisiert, vor allem der Elementarunterricht lag nach wie vor im argen, die positiven Entwicklungen aber ließen sich nicht übersehen.

Bestehende Universitäten wurden reorganisiert, in Kasan und Charkow entstanden neue Hochschulen, später auch in Petersburg und Warschau. Mehr als vierzig neue Gymnasien wurden geschaffen, Lyzeen und Kadettenschulen kamen hinzu. Das Niveau war nicht überall vorbildlich, aber ein Anfang war gemacht.

Ein Name kennzeichnet wie kein anderer die liberalen Bemühungen Alexanders in der ersten Hälfte seiner Regierungszeit: Michail Michajlowitsch Speranskij. Er war 1772 als Sohn eines einfachen Landgeistlichen geboren worden und kam im Alter von sieben Jahren an das geistliche Seminar von Wladimir. In Petersburg studierte er an der Theologischen Akademie und fiel durch seine außergewöhnliche Begabung sogar dem Metropoliten auf, der ihn zum Professor für Mathematik, Physik, Rhetorik und Philosophie ernannte. Michail hatte jedoch keine Lust, länger in geistlicher Umgebung zu bleiben, und setzte alles daran, in den Staatsdienst zu treten. Nachdem er zunächst eine bescheidene Stelle als Privatsekretär und Erzieher angenommen hatte, arbeitete er sich zielstrebig nach oben. Seit 1802 war er im Innenministerium beschäftigt und brachte es dort bis zum Stellvertreter des Ministers.

Mit Alexander I. wurde er 1807 persönlich bekannt. Für das Geheime Komitee hatte Speranskij schon einige Gutachten vorgelegt und das Vertrauen des Zaren gewonnen. Nun wurde er damit beauftragt, eine Verfassung zu entwerfen, die das absolutistische Regime durch ein konstitutionelles ersetzen sollte. Ursprünglich wollte sich Speranskij bei seinen Entwürfen an England orientieren, nahm dann aber – auch weil er die Französische Revolution bewunderte – Frankreich als Vorbild. Dieses Schwanken – sich zwischen England und Frankreich entscheiden zu müssen – zog sich in den ersten Jahren des 19. Jahrhunderts auch durch die ganze russische Aristokratie.

Bereits Ende November 1809 legte Speranskij, inzwischen stellvertretender Justizminister, seinen Verfassungsentwurf vor. Wie sah dieser Entwurf aus? Das russische Reich sollte in Gouvernements, jedes Gouvernement in Kreise, jeder Kreis in Landschaften eingeteilt werden. In jeder Landschaft wird eine Duma eingerichtet, eine Volksvertretung, der Grundbesitzer und freie Bauern angehören. Die Landschaftsduma wählt Abgeordnete in die Kreisduma, die Kreisduma wiederum Abgeordnete in die Gouvernementsduma, hinauf bis zur Reichsduma, dem russischen Parlament. Dieses Parlament tritt zusammen, um über den Staatshaushalt und Gesetzesentwürfe zu beraten.

Der Zar ernennt seine Minister, auch die Mitglieder des sogenannten Staatsrates, die den Zaren in allen Fragen zu beraten haben.

Durch die verschiedenen Dumen kommt hier zwar so etwas wie der *Wille des Volkes* zum Ausdruck, doch weder Leibeigene noch Handwerker und Arbeiter ohne Grund und Boden konnten politisch mitbestimmen. An der russischen Geißel, der Leibeigenschaft, wurde noch lange nicht gerüttelt.

Etappenweise sollte Speranskijs Entwurf verwirklicht werden. Es blieb bei der ersten Etappe, bei der Eröffnung des Reichsrates am 1. Januar 1810. Alles andere wurde Makulatur. Doch Speranskij arbeitete unermüdlich weiter. Er entwarf ein Zivilgesetzbuch, in Anlehnung an den *Code Civile* Napoleons. Es trat nie in Kraft. Er entwarf die Thronreden des Zaren, kümmerte sich um die Staatsfinanzen und führte ein neues Reglement für Beförderungen im Zivildienst ein. Danach standen die Beförderungen in einen bestimmten höheren Rang nicht mehr automatisch an, sondern die Kandidaten mußten sich strengen Prüfungen unterziehen.

Speranskij stand in solch hoher Gunst beim Zaren, daß er genügend Feinde hatte, die ihm, der noch dazu von niederer Herkunft war, den Erfolg neideten. Reaktionäre Kreise, allen voran der Hofhistoriograph Nikolai Karamsin (ein damals sehr bedeutender Dichter), erinnerten

Alexander daran, daß schon Peter der Große mit seiner Europäisierungspolitik eigentlich zu weit gegangen war. Man kann den Kritikern zustimmen, daß Speranskij in seinen Entwürfen zuwenig auf die wirklichen russischen Verhältnisse eingegangen ist, doch die absolute Rückwendung in geradezu archaische Zeiten zu Beginn des 19.Jahrhunderts gefiel selbst dem Zaren nicht. Daß er sich dennoch von Speranskij abwandte, hatte andere Gründe. Das Verhältnis Rußlands zu Frankreich hatte sich rapide verschlechtert. Eine militärische Auseinandersetzung drohte. In dieser Situation warf man dem Vertrauten des Zaren vor, heimlich mit Napoleon zu korrespondieren und sich über den russischen Zaren lustig zu machen. Das verletzte natürlich die Eitelkeit des Monarchen außerordentlich. Er beschloß, sich sofort von Speranskij zu trennen.

Am Neujahrstag 1812 wurde der Staatsmann noch mit einem hohen Orden ausgezeichnet, doch er stand schon unter ständiger Bespitzelung. Am 17.März – Speranskij war wie üblich zum Referat im Kreml erschienen – teilte ihm Alexander seine Entlassung mit. Als er nach Hause kam, waren seine Papiere schon versiegelt, und er wurde gleich in die Verbannung weitergeschickt. Zuerst nach Nischni Nowgorod, dann nach Perm. 1816 wurde er zum Gouverneur von Pensa ernannt, 1819 zum Gouverneur von Sibirien. 1821 durfte er nach Petersburg zurückkehren. Doch seinen Platz hatte längst ein anderer eingenommen.

An Speranskijs Sturz hatte Alexej Andrejewitsch Araktschejew (geboren 1769) mitgewirkt, der bereits während der Regierungszeit Pauls I. aufgefallen war. Er gehörte damals zu den Truppen, die Paul so eifrig in Gatschina exerzieren ließ, und tat sich durch besonderen Fleiß und seine Devotheit hervor. Ganz diensteifrig war er, wenn es darum ging, Soldaten wegen geringster Vergehen zu bestrafen. Paul überschüttete ihn mit seiner Gunst, ernannte ihn zum General und verlieh ihm den Grafentitel.

Alexander nahm Araktschejew nach der Inthronisation in den Kreis seiner engsten Mitarbeiter auf. 1803 baute der so Beförderte eine neue Artillerie auf und übernahm 1808 das Kriegsministerium. In einer Zeit, in der es an Möglichkeiten der Praxis in der Kriegsführung wirklich nicht fehlte, hatte er noch an keiner einzigen Schlacht teilgenommen. Doch er war ein glänzender, wenn auch über die Maßen strenger Organisator; er war gewissenhaft, unbestechlich und gründlich. Disziplin war sein oberstes Gebot. Aus Protest gegen Speranskijs Eingriffe in die Ministerialverwaltung legte er sein Amt als Kriegsminister nieder, blieb aber Alexanders Militärberater.
Es gab wohl keinen rücksichtsloseren Befehlsempfänger als Araktsche-

jew, dessen eigentlicher Aufstieg um 1815 erst richtig begann. Alexander, der sich nach dem Krieg gegen Napoleon immer mehr in den Schein einer milden Sendungsmystik einhüllte, hatte in seinem Berater einen Mann gefunden, der ihm alle Widerwärtigkeiten des Alltags vom Halse hielt. Dazu war ihm jedes Mittel recht. Obwohl Araktschejew kein Ministeramt innehatte, riß er die Innenpolitik an sich. Dabei hatte er keineswegs eigene Ideen, sondern er handelte so, wie er glaubte, der Zar würde es von ihm erwarten. Und in des Zaren Namen übte er auch jenen Druck auf die Bevölkerung aus, der mit *Kasernenordnung* noch milde umschrieben ist. Alle – Zivilbevölkerung und Militär – hatten zu funktionieren wie ein mechanisches Uhrwerk. Im Lande herrschte äußerlich Ruhe, doch um welchen Preis?

Auf seinem Gut Grusino lebte er vor, was er im großen zu verwirklichen gedachte. Hier herrschte eine solch eiserne Ordnung, daß die niedersten von allen, die Leibeigenen, auch noch das letzte Stück menschliche Würde verloren und zu einem Dressurobjekt wurden. Die Quittung für seine Untaten erhielt Araktschejew 1825, als die geknechteten Bauern seine Geliebte erschlugen. Die Strafe war schrecklich.

Auch die sogenannten *Militärkolonien* unterstanden der Obhut des *eisernen Grafen,* wie er genannt wurde. Der Zar war auf die Idee gekommen, in Grenzgebieten Soldaten anzusiedeln, die ein Stück Pachtland erhielten, das sie in ihrer dienstfreien Zeit bewirtschaften konnten. Man erhoffte sich davon vor allem finanzielle Gewinne, da die in den Kolonien wohnenden Soldaten so bis zu ihrem Tod versorgt waren. Auch konnten sie mit ihren Familien zusammenleben, was für die Moral der Truppe nicht unerheblich war. Araktschejew perfektionierte das System der Militärkolonien auf unbarmherzige Weise. Ledige Soldaten wurden zwangsweise verheiratet. Die Frauen mußten einmal im Jahr ein Kind zur Welt bringen oder wenigstens eine genau festgelegte Menge Leinwandgewebe abliefern. Alle in der Kolonie geborenen Söhne wurden im Alter von acht Jahren dem Regiment des Vaters zugeteilt und unbarmherzig gedrillt. Mit achtzehn begannen sie mit dem regulären Militärdienst. In den Kolonien mußte alles wie am Schnürchen laufen. Jeder Verstoß gegen die Araktschejewsche Ordnung wurde grausam geahndet. Zwischen Nowgorod und Cherson befanden sich zahlreiche dieser Siedlungen mit zusammen etwa einer Million Menschen. Sie waren nichts anderes als Zuchthäuser oder Arbeitslager, die den Zaren bei gelegentlichen Besuchen durch ihr schmuckes Äußeres entzückten, in Wirklichkeit aber ein Polizeistaat im Miniaturformat waren. Auch als sich in den zwanziger Jahren erster Widerstand erhob, es zu Revolten und Unruhen kam, hielt Alexander an diesen Einrichtungen fest. Die Knute Araktschejews tat dabei das Ihrige. Reste dieses Systems haben sich bis in die zweite Hälfte des 19. Jahrhunderts erhalten. Die Ära des Alexej Andrejewitsch Araktschejew, die 1815 mit all ihren Grausamkeiten begann, kennzeichnet auch eine Wende in Alexanders Politik und seiner Weltsicht. Das Verhältnis des Zaren zu diesem *Gendarmen des Reiches* mag auf den ersten Blick verwundern, haben wir Alexander doch als aufgeklärten und eifrigen Schüler La Harpes kennengelernt. Aber der Monarch war eben auch der Sohn seines Vaters und Araktschejew sein ergebener Diener.

Als Alexander I. 1801 den Zarenthron übernahm, war er vielen als ein Friedensengel erschienen. Auch wenn sein Vater nur kurz an der Macht war, die wenigen Jahre hatten genügt, um abgrundtiefen Haß gegen das Zarenhaus aufzustauen.

Alexanders erste Taten gaben auch zu den schönsten Hoffnungen Anlaß. Die verworrene Situation in Europa hatte ihn vor die Frage gestellt, ob Rußland sich in militärischen Auseinandersetzungen neutral verhalten oder ob man zugunsten der einen oder anderen Großmacht aktiv werden solle. Alexander versuchte zunächst, neutral zu bleiben. Durch die Öffnung der Ostseehäfen legte er die bestehenden Zwistigkeiten mit England bei (Juni 1801) und ließ alle wissen, Rußland wolle sich nicht in fremde Angelegenheiten einmischen. Doch der unaufhaltsame Aufstieg des Korsen Napoleon Bonaparte und vor allem dessen Eroberungslust scheuchten auch den gutwilligen Alexander auf.

1805 hatte sich die Stimmung eindeutig gegen Napoleon gewandt, obwohl dieser bemüht war, Rußland für alle Zeiten auf seine Seite zu ziehen. Der französische Einfall in Österreich (1805) zwang die russische Armee, den bedrängten Bundesgenossen zu Hilfe zu eilen. Alexander hatte Bündnisse mit England, Schweden, Österreich und Preußen geschlossen, doch die zahlreichen Siege Napoleons über die Truppen der Bündnispartner veranlaßten Alexander 1807 zu einer Kehrtwendung in seiner Politik.

Das erste Treffen der beiden bisher verfeindeten Kaiser fand im Juni 1807 auf einem Floß mitten im Njemen (Memel) statt. Kurz darauf wurden ihre neuerlichen Abmachungen im Frieden von Tilsit besiegelt. Alexander erkannte die Vorherrschaft Frankreichs über den europäischen Kontinent an, verpflichtete sich zur Teilnahme an der Napoleonischen Kontinentalsperre und nahm Positionsverluste im Mittelmeer sowie die Gründung eines Großherzogtums Warschau hin.

Napoleon verstand es meisterhaft, Alexander um den Finger zu wickeln. Er war ein begnadeter Psychologe und Alexander nur zu gern bereit, Schmeicheleien zu hören. Europa, so Napoleon, vertrage nur zwei Herren – einen im Westen, das war Napoleon, und einen im Osten, das war Alexander. Napoleon gab dem russischen Zaren auch zu verstehen, daß er gegen eine Gebietserweiterung Rußlands auf Kosten Schwedens und der Türkei nichts einzuwenden hätte. Das gefiel Alexander. 1809 war bereits ganz Finnland in russischem Besitz. Die Auseinandersetzungen mit dem Osmanischen Reich dauerten länger. Erst 1812 wurde Bessarabien an Rußland abgetreten.

Die Verbrüderung zwischen Frankreich und Rußland hatte jedoch von Beginn an etwas Zwanghaftes, Unnatürliches. Das Bündnis trug den außenwirtschaftlichen und auch europäischen Wünschen Rußlands keinerlei Rechnung. Aber auch die Russen selbst hatten für diese Annäherung wenig Verständnis, denn Napoleon war für sie der Antichrist, die Revolution schlechthin.

Die wirtschaftliche Lage der Russen war desolat, der Englandhandel, für Rußland von außerordentlicher Wichtigkeit, war durch den Eintritt in die Kontinentalsperre völlig lahmgelegt. Das Geld hatte bedenklich an Wert verloren, und Korruption und Bestechlichkeit waren Tür und Tor geöffnet. Sah denn Alexander dies alles nicht? Er wurde zumindest schwankend in seinen Gefühlen für den Korsen. Grund dafür fand er in der eigenen Familie, denn seine Mutter weigerte sich hartnäckig, ihre Tochter Katharina, Alexanders Schwester, mit Napoleon zu verheiraten. Katharina wurde kurzerhand dem Erbprinzen Georg von Oldenburg zur Frau gegeben. Napoleon hatte sich im Dezember 1809 von Josephine Beauharnais scheiden lassen. Jetzt warb er um Alexanders jüngere Schwester Anna, die gerade sechzehn Jahre alt war. Auch in diesem Fall bekam er eine Abfuhr. Denn für die Verheiratung der Zarentöchter war allein Alexanders Mutter zuständig.

Möglicherweise hätte der Zar anders bestimmt, doch auf dem Fürstentag in Erfurt im Jahre 1808 – dem letzten Treffen der beiden Herrscher – hatte Alexander bereits Napoleons Wut zu spüren bekommen. Wiederholt hatte der Franzose die Russen aufgefordert, offensiver gegen Österreich vorzugehen, doch Alexander lehnte – trotz Schimpftiraden Napoleons – energisch ab. Er ließ sich in den nächsten Monaten nur dazu herab, in Galizien einzumarschieren. Ein eher harmloses Unterfangen. Als die Franzosen im Juli 1810 auch Oldenburg annektierten, empfand Alexander dies als eine Beleidigung seines Schwagers Georg. Er war persönlich gekränkt, denn Napoleon hatte seine Familie angegriffen. Sowieso war er stets bemüht, eine Politik zugunsten seiner zahlreichen deutschen Verwandten zu betreiben. Der Gedanke, daß der Franzose sich gegen Rußland wenden könnte – Pakt hin oder her –,

setzte sich in Alexanders Kopf fest. Als Napoleon auch noch ständig Ausreden erfand, warum er Alexander nicht bei eventuellen Friedensverhandlungen mit den Türken unterstützte, da dachte der russische Zar bereits an einen Bruch mit Frankreich.
Der erste Schritt wurde am 31. Dezember 1810 getan. Rußland trat aus der Kontinentalsperre aus. Es war höchste Zeit, denn die russische Wirtschaft befand sich am Boden. Zwischen den beiden Kontrahenten kam es zu einem wütenden Briefwechsel, dessen Ergebnis darin bestand, daß nun auf beiden Seiten ein Krieg nicht mehr ausgeschlossen wurde. Im Jahre 1811 waren die Kriegsvorbereitungen in vollem Gange.
Noch im April 1812 schrieb Alexander I., der schon sein Hauptquartier in Wilna bezogen hatte, an Napoleon, daß er ihm nach wie vor freundschaftlich gesonnen sei, über alles verhandeln wolle, wenn, ja wenn der Franzose seine Truppen hinter die Oder zurückziehen würde. Napoleon antwortete, seine Freundschaft bestehe nach wie vor, auch er wünsche keinen Krieg. Dann reiste er nach Dresden, wo er die deutschen Fürsten um sich versammelte und Huldigungen entgegennahm.
Napoleons Truppen aber waren schon auf dem Marsch nach Osten. Alexander wurde über diese Bewegungen laufend unterrichtet. Ende Mai brach Napoleon von Dresden auf und eilte zur *Grande Armée*, die sich dem Njemen näherte. Ohne eine Kriegserklärung an Rußland, begann der französische Angriff. Napoleons Soldaten überschritten den Njemen.
Am gleichen Abend fand in Wilna zu Ehren Alexanders ein Ball statt. Während der festlichen Veranstaltung wurde ihm die Nachricht vom Angriff der Franzosen überbracht. Am nächsten Tag schickte er folgende Zeilen an Napoleon:
»Mein Herr Bruder. Ich habe gestern erfahren, daß ungeachtet der Loyalität, mit der ich meine Verpflichtungen gegenüber Eurer Majestät eingehalten, Ihre Truppen die Grenzen Rußlands überschritten haben ... Wenn Eure Majestät gewillt ist, ihre Streitkräfte aus dem russischen Gebiet zurückzuziehen, werde ich das, was passiert ist, als nicht geschehen betrachten, und die Möglichkeit eines Vergleichs zwischen uns wird noch offenstehen. Im entgegengesetzten Fall wird mich Eure Majestät dazu zwingen, in ihr nur einen Feind zu sehen, der meinerseits durch nichts provoziert worden ist. Von Eurer Majestät hängt es ab, der Menschheit das Unglück eines neuen Krieges zu ersparen. Ich bin Eurer Majestät guter Bruder. Alexander.«
Drei Tage danach trafen Napoleons Truppen in Wilna ein. Sie fanden keinen russischen Soldaten mehr vor. Und so ging es weiter. Die Russen zogen sich immer weiter zurück, zunächst wohl, weil die Franzosen

zahlenmäßig weit überlegen waren. Doch dann wurde diese Überlegung zur Taktik, zum Erfolgsrezept des Vaterländischen Krieges, wie dieser Krieg später heißen sollte.
Alexander weilte bei der Truppe. Er hatte den Oberbefehl. Napoleon hingegen hatte damit gerechnet, daß er die Russen bereits an der Westgrenze entscheidend schlagen und bald wieder in Paris sein würde. Moskau lag ursprünglich nicht im Mittelpunkt seiner Interessen. Doch je weiter sich die Russen zurückzogen, ihr Versteckspiel mit Napoleon trieben, um so weiter rückte die Grande Armée in das Innere des riesigen Landes vor. Wie einer Fata Morgana jagte man der Entscheidungsschlacht nach.
Erste Erschöpfungen, Krankheitsfälle und vor allem Versorgungsschwierigkeiten machten sich bei den Franzosen bemerkbar. Unzählige Pferde gingen zugrunde, da für sie keine oder nur falsche Futtermittel zur Verfügung standen. Dadurch geriet das Transportwesen, der Nachschub, außer Kontrolle. Napoleon erreichte Witebsk und gönnte seinen Truppen eine kurze Erholungspause.
Alexander war inzwischen von der »Front« heimgekehrt, nach heftigem Zuraten Araktschejews und aufgrund eines ziemlich unverblümten Briefes seiner Schwester Katharina, die ihm schrieb, daß der Zar wohl in Moskau oder Petersburg Besseres zu tun hätte. Alexander gehorchte und reiste nach Moskau, versammelte in getrennten Sitzungen den Adel und die Kaufmannschaft um sich und rief zum Widerstand gegen den Feind auf. Nie fühlte er sich besser als in dieser Stunde, als man ihm voller Begeisterung zustimmte, für die Verteidigung des Vaterlandes die größten Opfer bringen zu wollen. Jeder war überzeugt, daß Alexander der Richtige sei, Rußland zu retten. Schon nannte man ihn den *Gesegneten*.

Seit Napoleon Witebsk hinter sich gelassen hatte, fühlte sich Moskau unmittelbar bedroht. Und zunehmend wurden in der Bevölkerung Stimmen laut, die endlich eine Entscheidungsschlacht wollten. Inzwischen war Smolensk gefallen, das für die Russen schon immer so etwas wie eine Bastion gegen fremde Eroberer war. Viele Offiziere verstanden diese Preisgabe nicht, außerdem wußten sie schon längere Zeit, daß sich die beiden wichtigsten Truppenführer Barclay de Tolly, ein Livländer, und Bagration, ein temperamentvoller Georgier, überhaupt nicht verstanden und aneinander vorbei manövrierten. Es hagelte Beschwerdebriefe, und Alexander sah sich gezwungen, einen neuen Oberbefehlshaber zu bestimmen. Widerwillig ließ er sich überzeugen, daß kein anderer als Michail Ilarionowitsch Kutusow dazu geeignet wäre. Kutusow war zwar schon 67 Jahre alt, schwerfällig und konnte auch selbst kein Pferd mehr besteigen, doch die ganze russische Armee liebte ihn. Als Kutusow im russischen Hauptquartier erschien, wurde er begeistert empfangen. Nun war jeder überzeugt, daß man die Franzosen zurückdrängen könne. Bei dem kleinen Dörfchen Borodino fand die erste große Schlacht statt. Das war am 7. September 1812. Auf beiden Seiten gab es große Verluste, doch es gab keinen eindeutigen Sieger. Und so berichteten sowohl Napoleon als auch Kutusow nach Hause, sie hätten gesiegt. Napoleon war vielleicht in dieser Schlacht doch der Überlegenere gewesen, aber Kutusow hatte die Wende des Krieges herbeigeführt.

Alexander befand sich, als in Borodino gekämpft wurde, wieder in Petersburg. Sein Triumph in Moskau, die Begeisterung seiner Landsleute schienen in weiter Ferne zu liegen. Zweifel plagten ihn, vor allem als er von den hohen Verlusten hörte. Er mochte den alten »Fuchs« Kutusow nicht, der sich schon unter Katharina seine Lorbeeren verdient hatte. Er sah nicht die Verehrung für diesen durch und durch russischen Offizier, hatte nicht das blinde Vertrauen der Soldaten.

Kutusow zog sich nach Borodino zurück. Er führte sein Heer direkt durch Moskau hindurch und ging hinter der alten russischen Hauptstadt in Wartestellung. Vermutlich hatte er schon länger den Plan gefaßt, Moskau kampflos preiszugeben. Moskau werde der Schwamm sein, der den Franzosen aufsauge, soll er gesagt haben.

Als Napoleon am 14. September 1812 in Moskau einzog, war die Stadt fast gänzlich entvölkert. Vergeblich wartete Bonaparte darauf, daß eine Abordnung der Moskauer Bürger ihm die Schlüssel der Stadt überreichen würde. Man nahm die Stadt in Besitz und stieß nirgendwo auf Widerstand. Nachts bemerkte man, daß es zwar hier und dort brannte, doch unterwegs hatte man viele brennende Städte gesehen. Doch dann kam starker Westwind auf, der die Flammen entfachte. Moskau brannte vier Tage lang, auch große Teile des Kreml wurden ein Opfer der Flammen. Napoleon mußte den Kreml verlassen und brachte sich durch die rauchgefüllten Gassen Moskaus in Sicherheit. »Diese Barbaren! Was für ein Volk!«, soll er laut ausgerufen haben.

Napoleon war zuversichtlich, daß Alexander nun ein Friedensangebot machen würde, und schickte dem russischen Zaren ein Schreiben nach Petersburg. Der Brand Moskaus, die Verwüstungen, der Rückzug der russischen Truppen – all das hatte den Monarchen sehr deprimiert. Doch aus seiner Niedergeschlagenheit schöpfte er neuen Mut. Napoleon erhielt keine Antwort. Zu seiner Umgebung bemerkte er: »Napoleon oder ich – wir können nicht gemeinsam regieren. Ich kenne ihn jetzt. Mich soll er nicht wieder betrügen. Mein Volk und ich stehen zusam-

men.« Und später zu Kutusow: »Die Friedensbedingungen sollen in Paris diktiert werden.« Doch erst kam noch der Winter, einer der schwersten, die Rußland je erlebt hatte.
Vergeblich wartete Napoleon auf irgendein Zeichen aus Petersburg. Er versuchte mehrfach, mit dem Zaren in Kontakt zu treten, er hatte nicht mit der Starrköpfigkeit Alexanders gerechnet. Den Gedanken, selbst nach Petersburg vorzustoßen, verwarf Napoleon wieder. Das Wetter wurde immer schlechter. Es blieb nur noch der Rückzug. Dieser führte durch verbrannte Dörfer und Städte, durch ein total ausgelaugtes Land, inzwischen vom Schnee bedeckt. Die Scheunen und Stallungen waren leer, nirgendwo gab es irgendwelche Lebensmittel, und aufflackernde Partisanenkämpfe raubten die allerletzten Kräfte. Der Übergang über die Beresina, deren Brücken alle zerstört waren, wurde zur Katastrophe, die unzähligen Menschen das Leben kostete.
Kutusow hatte nie daran gedacht, sich noch einmal auf das Wagnis einer großen Vernichtungsschlacht einzulassen. Zu viele Opfer hatte das Land schon bringen müssen. Ihm war daran gelegen, Napoleon aus dem Land zu jagen. Alexander jedoch wollte den Sieg, den großen, alles vernichtenden Schlag gegen den anmaßenden Franzosen. Er war mit Kutusows Taktik sehr unzufrieden, verlieh ihm aber dennoch das Georgskreuz.
Es ließ den Kaiser nicht ruhen, daß Napoleon unbesiegt davonzog und noch immer die Kaiserkrone trug. Ein Retter mußte her, ein Retter ganz Europas – er würde es sein, Alexander I. Der Gedanke wurde immer mehr zur Mission, obwohl Alexander mit dieser Überlegung weitgehend allein stand. Die meisten seiner kriegserfahrenen Offiziere rieten ab, sich auf ein solches waghalsiges Unternehmen einzulassen. In Rußland hatten die Dinge ein anderes Gesicht gehabt: hier hatte das Land den Feind besiegt, auch der Gedanke daran, daß man gegen den Antichrist kämpfte. Und es war wirklich ein vaterländischer Krieg gewesen, der hinter den Russen lag. Doch wie stand es mit Europa? Würde es dem Franzosen nicht nochmals gelingen, eine neue Armee aufzustellen und Rußland noch einmal anzugreifen? Denn nun wußte er ja, worauf er sich einließ.
Alexander muß auch solche Überlegungen angestellt haben, als er Kutusow befahl, den Njemen zu überschreiten und den kümmerlichen Resten der Grande Armée zu folgen. Wieder einmal war in ihm der Idealist erwacht, der romantische Schwärmer, der sich zum Retter der Menschheit aufschwingen wollte. Niemand verstand ihn jetzt, so, wie ihn niemand verstanden hatte, als er für Napoleon noch Freundschaft hegte.

Verbündete gewann der Zar in Europa – Preußen und Österreich. Am 18. Oktober 1813 fand bei Leipzig die Entscheidungsschlacht statt. Alexander hatte sie herausgefordert. Und er gab noch nicht auf. Napoleon mußte entthront werden. In einem flammenden Aufruf an seine Soldaten gab sich der Zar noch einmal als gelehriger Schüler La Harpes zu erkennen:
»Euer Heldentum hat euch von der Oka bis zum Rhein geführt, es wird euch noch weiter führen. Wir werden den Rhein überschreiten. Wir werden in das Gebiet jenes Volkes eindringen, gegen das wir einen blutigen, erbitterten Kampf bestehen müssen. Schon haben wir unser Vaterland gerettet und mit Ruhm bedeckt. Wir haben Europa seine Unabhängigkeit und Freiheit zurückgegeben. Ruhe und Frieden mögen auf der ganzen Erde herrschen! Möge es jedem Staat vergönnt sein, unter seiner Regierung, unter seinen eigenen Gesetzen zu leben und zu gedeihen! ... Als der Feind in unser Gebiet einbrach, hat er uns viel Leid zugefügt. Es ist ihm dafür schwere Strafe zuteil geworden, denn Gottes Zorn hat ihn niedergeschmettert. Hüten wir uns davor, ähnliche Schuld auf uns zu laden. Gott liebt, da er barmherzig ist, die Unmenschlichkeit und die Grausamkeit nicht. Vergessen wir alles Böse, das der Feind uns angetan hat. Tragen wir in sein Land nicht die Rache und den Haß, sondern die Freundschaft, und strecken wir, um Frieden zu schließen, die Hand aus! Der Ruhm der Russen besteht darin, den bewaffneten Feind zu Boden zu werfen, den Wehrlosen aber und die friedliebende Bevölkerung mit Wohltaten zu überhäufen.«
Im März 1814 zog der russische Zar, zusammen mit dem preußischen König, in Paris ein. Napoleon unterschrieb die Abdankungsurkunde. Die Franzosen wurden so behandelt, wie es Alexander versprochen hatte, als »befreite Nation«. Und er, Alexander I., war der »Retter Europas«. Als solcher erschien er auch auf dem Wiener Kongreß, auch wenn er seine Ansprüche auf Polen deutlich reduzieren mußte. Natürlich war Alexander das Machtgerangel der Verbündeten hinter den Kulissen nicht verborgen geblieben, jeder wollte ein möglichst großes Stück vom europäischen Kuchen haben. Der Zar begnügte sich mit dem größten Teil des Herzogtums Warschau, das als »Königtum Polen« eine Personalunion mit Rußland eingehen sollte.
An dem berühmten Spruch »der Kongreß arbeitet nicht, der Kongreß tanzt« soll Alexander nicht unerheblich mitgewirkt haben, und die österreichische Geheimpolizei soll mit seinen galanten Abenteuern außerordentlich beschäftigt gewesen sein. Talleyrand schrieb nach Frankreich: »Der Kaiser von Rußland liebt, und der Kaiser von Österreich zahlt.«

Ein letzter großer Höhepunkt in Alexanders Europapolitik war die Gründung der Heiligen Allianz. Er verfaßte selbst den Text dieses Dokuments, das am 26. September 1815 in Paris vom Kaiser von Österreich, dem König von Preußen und ihm selbst unterzeichnet wurde. Gerechtigkeit, Frieden und brüderliche Liebe waren der Tenor dieser Vereinbarung, und es war von »gegenseitigem Beistand bei jeder Gelegenheit« die Rede. Alle europäischen Staaten, mit Ausnahme Englands, des Kirchenstaates und der Türkei, traten der Heiligen Allianz bei.

Erleuchtung

»Der Brand von Moskau hat meine Seele erleuchtet, und das Gericht des Herrn auf den Eisfeldern hat mein Herz mit einer Glaubenswärme erfüllt, die ich bis dahin nie gefühlt. Nun lernte ich Gott kennen, wie die Heilige Schrift ihn offenbart; nun verstand und verstehe ich seinen Willen und sein Gesetz. Der Entschluß wurde in mir reif und fest, mich und meine Regierung nur Gott und der Beförderung seiner Ehre zu widmen. Seit dieser Zeit bin ich ein anderer geworden; der Erlösung Europas verdanke ich meine Erlösung und Freimachung.«
Diese Worte des russischen Zaren an Bischof Rulemann Friedrich Eylert in Berlin sind aus dem Jahre 1818 überliefert. In den letzten Jahren, seit dem Wiener Kongreß, hatte Alexander noch einmal eine Wandlung durchgemacht. Der »Friedensengel«, der »Befreier Europas« tauchte tief ein in einen Mystizismus, den er schon bei Leipzig in sich gespürt hatte. Nicht seine Generäle, nicht die unglaubliche Tapferkeit seiner Soldaten hatten den französischen Feind besiegt, sondern allein Gottes Wille, der auch ihm, dem Zaren, größte Kraft gab.
Schon immer war Alexander besonders aufgeschlossen, wenn er gleichgesinnte Menschen traf. Nur zu gern ließ er sich dann in dem bestärken, was er öffentlich nicht auszusprechen wagte. In seinem eigenen Fühlen und Denken war er immer dann unsicher, wenn er auf Widerstand stieß. Doch traf er eine verwandte Seele, dann bedurfte es nur eines geringen Anstoßes, und er öffnete sein Innerstes.
Ein solches Erlebnis hatte Alexander I. – kurz nach dem Wiener Kongreß – in Heilbronn. Die damals fünfzigjährige Baronin Juliane von Krüdener erschien nächtens in seinem Zimmer und pries ihn mit lauter, durchdringender Stimme als den von Gott auserwählten Friedensbringer. Sie brachte den russischen Zaren dazu, mit ihr auf die Knie zu fallen und zu beten.

Juliane von Krüdener, in Riga geboren, eine Enkelin Burchard Christoph Münnichs, der für Peter den Großen den Ladogakanal baute und unter Zarin Anna Generalfeldmarschall war, hatte bis zum 41. Lebensjahr das Leben einer Dame von Welt geführt. Dann hatte sie eine *mystische Erweckung* durchgemacht und geriet als Führerin einer pietistischen Bewegung ins Gerede. Sie rief die Menschen zu Bekehrung und Buße auf, entfaltete aber auch als *Mutter der Armen* eine rege Wohltätigkeit. Sie ließ es sich gern gefallen, wenn man sie als wundertätige Heilige pries. Metternich bezeichnete Frau von Krüdener als besonders gefährliche Person, da sie die Besitzlosen gegen die Besitzenden aufhetze. Doch Alexander lauschte ihren exaltierten Reden nur zu gern. Sie brachten ihm höchste Befriedigung seiner Eitelkeit, betonte doch Frau von Krüdener immer wieder, daß er, Alexander, ein von Gott erwähltes Werkzeug sei. Beide blieben noch lange in brieflicher Verbindung. Getroffen haben sie sich noch zweimal. Ein Angebot der Baronin, dem Zaren nach Rußland zu folgen, um dort gemeinsam zu beten, hatte Alexander abgelehnt.

Kreuz und quer war Alexander in den letzten Jahren durch Europa gereist, ja geirrt. Es war fast wie eine Flucht vor sich selbst. Sein anfängliches Sendungsbewußtsein hatte einer rastlosen Unruhe Platz gemacht. Endlich, im Dezember 1815, war er wieder in Petersburg. Unterwegs hatte er sein neues »Königreich« Warschau besucht und sich als König von Polen feiern lassen. In Petersburg warteten »etwa eine viertel Million unerledigter Sachen auf eine höhere Entscheidung«. Doch das Volk bejubelte ihn, und die Hoffnung, daß jetzt vieles in Ordnung kommen könnte, war größer denn je. Der junge Alexander Puschkin schrieb ein Gedicht, das er in Dankbarkeit und Liebe *unserer Sonne*, Zar Alexander widmete. Daß ebendieser Zar ihn in die Verbannung schicken sollte, ahnte er zu diesem Zeitpunkt nicht. Damals dachte noch niemand daran, daß Araktschejew zum zweitmächtigsten Mann im Zarenreich werden würde.

Familienangelegenheiten

Der Friede in Europa brachte auch für die kaiserliche Familie zahlreiche Veränderungen mit sich. Alexanders jüngste Schwester Anna heiratete den Prinzen Wilhelm von Oranien und ging im Sommer 1816 nach Holland. Sein Bruder Nikolaus heiratete ein Jahr später Charlotte, die älteste Tochter der Königin Luise von Preußen. Aus Charlotte wurde Alexandra Fjodorowna. Alexander hatte seine künftige Schwägerin bereits im Jahre 1805 kennengelernt. Damals war sie sieben Jahre alt und hatte ihn regelrecht verzaubert. Er war es, der die Ehe mit seinem Bruder stiftete. Es wurde eine glückliche Verbindung.

Es war kein Geheimnis, daß Alexander schon zwei Jahre nach seiner Thronbesteigung eine Geliebte hatte: Maria Naryschkina. Seine Liebe zu ihr und der gemeinsamen Tochter Sophia hielt über viele Jahre an. Daß sie ihn permanent betrog, schien er entweder nicht gewußt zu haben, oder er wollte es nicht wissen. Elisabeth, Alexanders Gattin, hielt all die Jahre zu ihm. Sie, von der Großmutter ausgesucht und in ganz jungen Jahren verheiratet, war eine wirklich treusorgende Ehefrau, die alle Launen Alexanders zu verstehen suchte. Und häufig genug gelang es ihr, ihm Halt und Trost zu spenden. Mit unglaublicher Großmut übersah sie seine Eskapaden und mischte sich nie in die Staatsgeschäfte ein. Was sie über eine Baronin von Krüdener gedacht haben mag, das wissen wir nicht. Wohl aber wissen wir, daß auch sie ab und zu Nähe und Zuneigung in den Armen eines anderen suchte, bei Adam Czartoryski, dem charmanten Polen aus berühmter Familie.

Zwischen den Eheleuten kam es jedoch nie zu einem endgültigen Bruch, allenfalls zu einer Entfremdung. Als im Mai 1808 die zweite Tochter Lisinka starb, hatte man sich soweit miteinander arrangiert, daß jeder den anderen tolerierte, wie gute Freunde es tun.

Doch es kam noch einmal zu einer innigen Annäherung der beiden Ehepartner. Alexander war jetzt, in den zwanziger Jahren, häufig unpäßlich. Eine schwere Erkältung Anfang 1824 fesselte ihn lange ans Bett. Elisabeth schrieb an ihre Mutter nach Karlsruhe:

»Niemals zuvor habe ich ihn so krank gesehen, und noch niemals zuvor war er so geduldig und gut gewesen. Kannst Du verstehen, Mamma, daß diese Umstände meinen Schmerz vergrößerten, als ich ihn so leiden sah, und daß große Sorgen in mir aufstiegen? ... Manchen Menschen käme das alles ganz natürlich vor und überhaupt nicht der Rede wert, es aufzuzeichnen, und wieder andere hielten es für Prahlerei, aber Prahlerei von was? ... etwas, was in anderen Familien die natürlichste Sache der Welt ist; und doch habe ich Dir einmal geschrieben, daß Leidenschaft und Rivalität in seiner Familie und um den Kaiser herum mich manchmal glauben lassen, daß ich nur seine Geliebte bin oder mit ihm nur im geheimen verheiratet sei.«

Sein persönliches Unglück stärkte die neue Bindung zu Elisabeth nur noch mehr. Auch wenn er sich von seiner Geliebten Maria Naryschkina entfernt hatte, so konnte er doch den Tod der gemeinsamen Tochter Sophia lange nicht verschmerzen. Sie war gerade achtzehn Jahre alt,

als sie an Schwindsucht starb. Außerdem mußte er sich von dem Fürsten Golizyn, seinem langjährigen Freund, Ratgeber und Beichtvater, trennen, der Vorsitzender der Heiligen Synode war. Gegen den Fürsten war eine Verschwörung zugange, die sich des Mönchs Photius bediente, eines Wunderheilers. Er hatte zwar nicht soviel Macht über den Zaren, wie es später Rasputin haben sollte, doch beeinflußte er Alexander so sehr, daß er Golizyn wegen *Gotteslästerung und Ketzertum* entließ.
Wie immer im Spätherbst kam es 1824 in Petersburg zu einer der zahlreichen Überschwemmungen. Dieses Mal jedoch wurde eine Naturkatastrophe daraus. Alexander schrieb:
»Wir sind zwar im Winterpalais, doch wie in einem Schiff auf dem Meere ... Unsere Generation hat so etwas noch nie gesehen ... die Anlegebrücke wurde in Stücke gerissen, und an der Flußmündung wurden Schiffe, die Heu geladen hatten, von den Fluten erfaßt und gekentert und treiben jetzt an unserem Palast vorbei ... Der Anblick der Zerstörung ist furchtbar; es ist viel schlimmer als ein Brand, denn man kann nichts dagegen tun.«
Als die Wassermassen abliefen, bestand Alexander darauf, die verwüsteten Gegenden selbst zu besuchen und die Hilfsaktionen zu überwachen. Alexander Puschkin schrieb später sein berühmtes Gedicht *Der eherne Reiter* und verfluchte die Schöpfung Peters des Großen. Zar Alexander aber sah in dem Hochwasser eine Strafe Gottes für alle Sünden. Noch lange litt die Bevölkerung unter den Nachfolgeschäden.
Ein weiterer Schlag traf das Zarenhaus 1824. Elisabeth begann zu kränkeln. Die Ärzte konnten sich nicht erklären, woher das Fieber kam. Im Frühjahr 1825 entschloß sich das Kaiserpaar, wärmere Gefilde aufzusuchen, damit Elisabeth genesen könne. Man wählte Taganrog am Asowschen Meer. Alexander reiste voraus. Am 13. September 1825 verließ er Petersburg, nachdem er noch einen Gottesdienst im Alexander-Newski-Kloster besucht hatte. Es heißt, der Zar habe dem Metropoliten ein versiegeltes Päckchen überreicht und sei weitergefahren. Am 25. September traf Alexander in Taganrog ein, Elisabeth folgte am 5. Oktober. Man richtete sich ein. Alexander entschloß sich zu einem Besuch der Krim.
»Der Zar reist morgen auf die Krim ab«, schrieb Elisabeth am 31. Oktober. »Er möchte lieber hierbleiben, aber es ist notwendig, denn er möchte selbst sehen, ob es möglich ist, den Winter auf der Krim zu verbringen. Jedermann lädt uns ein und beteuert, daß das Klima dort besser sei als hier. Erst in siebzehn Tagen will er wieder zurück sein.«
Alexander gefiel es auf der Krim sehr, und er schmiedete Pläne, mit

Elisabeth hierherzukommen. Er träumte sogar davon, einen Palast bauen zu lassen und sich auf der Krim für immer niederzulassen, wenn er von seinem Amt als Souverän befreit sei. Während dieser Reise erkrankte Alexander, bekam hohes Fieber und fühlte sich unendlich schlapp. Doch er maß dem keine Bedeutung zu, sondern absolvierte ein umfangreiches Besuchsprogramm. Viel größere Sorgen machte er sich um Elisabeth, der er täglich schrieb. Alexander reiste weiter, von Schüttelfrost geplagt und ohne Appetit. Obwohl es warm war, hüllte er sich in Pelze. Als Elisabeth ihn wiedersah, ahnte sie Schreckliches.

Trotz heftigster Fieberanfälle hielt es Alexander nicht auf dem Krankenlager. Immer wieder sagte er, das werde schon vorübergehen. Deshalb benachrichtigte auch niemand Petersburg. Erst als er mehrmals das Bewußtsein verlor, schickte man eine Nachricht an Alexanders Mutter, ohne aber mitzuteilen, daß sein Zustand sehr ernst sei. Es war der 23. November 1825. Elisabeth verbrachte den ganzen Vormittag an Alexanders Bett. Am Abend dieses Tages schrieb sie an ihre Mutter: »Noch immer ist der Kaiser nicht fieberfrei. Wie traurig ist es, daß er von dem schönsten Wetter, das es auf Erden gibt, keinen Vorteil ziehen kann und daß auch ich nicht das Vorrecht habe, mich daran zu erfreuen, obwohl ich jeden Tag ausgehe! Wo kann man in diesem Leben Frieden finden? Man glaubt, man hätte alles auf das beste bestellt und könnte nun Freude haben, dann kommt plötzlich eine unerwartete Prüfung, die uns die Möglichkeit nimmt, sich des Glücks zu erfreuen ...«

Am 1. Dezember 1825 starb Alexander I. Er war nicht ganz achtundvierzig Jahre alt.

Noch eine Legende

Erst sechs Wochen nach dem Tod des Monarchen setzte sich der Trauerzug von Taganrog nach Petersburg in Bewegung. Es waren sechs verwirrende Wochen für ganz Rußland gewesen. Wer würde der neue Herrscher sein?

Am 15. Februar 1826 erreichte der Trauerzug mit den sterblichen Überresten Alexanders Moskau. Die Bevölkerung verlangte, daß man den Sarg öffnen solle. Jeder wollte noch einmal den Sieger über Napoleon sehen. Doch die Behörden verweigerten dies. Zu Recht, denn seit Alexanders Tod waren über zwei Monate vergangen. Und schon wucherten die Gerüchte.

Man bezweifelte, daß Alexander wirklich in dem Sarg lag und nun in der Peter-Paul-Festung neben seinem Vater Paul I. beigesetzt wurde. Elisabeth hatte bereits im Süden von ihrem Mann Abschied genommen. Sie war zu schwach, um die Reise in den russischen Norden durchzustehen. Anfang Mai 1826 machte sie sich auf den Weg, doch unterwegs versagte ihr Herz. Sie starb am 16. Mai in einem kleinen Ort bei Kaluga.

Alexander lebte in der Legende weiter. Die einen sprachen davon, daß er ins Heilige Land gezogen sei, während ein anderer Sterbender in seinem Zimmer in Taganrog lag. Andere wollen in einem sibirischen Eremiten den einstigen Zaren erkannt haben. Wiederum andere wußten ganz genau, daß der »Retter Europas« als Mönch noch lange in einem Kloster gelebt habe, weit entfernt von Petersburg.

Der 14. Dezember

Alexander I. hatte häufig an eine Abdankung gedacht. Er besaß keine männlichen Erben, und seine beiden Töchter waren früh gestorben. Konstantin, der nächstältere Bruder Alexanders, hätte demnach die Thronfolge antreten müssen. Doch Konstantin zeigte nicht nur keinerlei Ambitionen, sondern hatte sich durch sein ungeordnetes Familienleben selbst den Weg verbaut. Konstantin ließ sich von seiner ungeliebten ersten Gattin Juliana von Sachsen-Coburg-Gotha scheiden und heiratete – nicht standesgemäß – die Polin Johanna Grudzynska.

Als Folge hatte Konstantin bereits im Januar 1822 auf den Thron verzichtet, und Alexander sah sich damals gezwungen, seinen zweiten Bruder, Nikolaus, als Thronfolger einzusetzen. Er tat dies im August 1823 allerdings mit solch einer Heimlichkeit, daß weder der Begünstigte noch seine Umgebung darüber informiert wurde. Und der Moskauer Erzbischof sowie die Heilige Synode, die davon wußten, hüllten sich in Stillschweigen. Nur so konnte es zu den Verwirrungen kommen, die im Zusammenhang mit dem überraschenden Tod Alexanders entstanden. Kaum war die Nachricht vom Ableben des Zaren in der Hauptstadt eingetroffen, als in Petersburg die Truppen auf Konstantin vereidigt wurden. Konstantin selbst befand sich in Warschau. Er hatte die Todesnachricht ein wenig früher erhalten als seine Familie in Petersburg. Sofort verfaßte er zwei Briefe: einen an seine Mutter, in dem er sie bat, seinen Thronverzicht bekanntzugeben, den anderen an seinen Bruder Nikolaus. Auch ihn unterrichtete er über seinen Verzicht und bat ihn inständig, den Willen des Verstorbenen zu erfüllen. Diese beiden Briefe

wurden vom jüngsten der Brüder, Michael Pawlowitsch, überbracht. Doch der erreichte Petersburg erst, als dort die Vereidigung auf Konstantin schon stattgefunden hatte. Ein Kurier mit dieser Nachricht war wiederum nach Warschau unterwegs.
So kam es, daß für einen Moment der russischen Geschichte zwei Kaiser existierten. Genauer: Es dauerte drei Wochen, bevor endgültig geklärt war, wer nun als Zar herrschen sollte. Zwischen Petersburg und Warschau jagten die Kuriere hin und her; beide Brüder blieben beharrlich. Konstantin verteidigte seinen Thronverzicht, und Nikolaus beteuerte immer wieder, daß er von seiner eigenen Thronfolge nichts wisse. Dieser merkwürdige Zustand hätte sicher noch länger angedauert, wären nicht Gerüchte laut geworden, daß im Süden Rußlands eine Offiziersverschwörung aufgedeckt worden sei, deren Drahtzieher aber von Petersburg aus agierten. Diese Gerüchte wurden mit anderen phantastischen Geschichten vermischt, die erzählten, daß Konstantin vergiftet worden und Alexander, der »Retter Europas«, gar nicht tot sei.
Um der um sich greifenden Unruhe Herr zu werden, erklärte sich schließlich Nikolaus bereit, die Thronfolge anzutreten. Es war am Morgen des 14. Dezember 1825, als Nikolaus seinem Adjutanten erklärte: »Heute abend sind wir beide vielleicht nicht mehr am Leben. Wir sterben wenigstens in Erfüllung unserer Pflicht.« Und an eine seiner Schwestern schrieb er später, er betrachte sich als »Opfer des Willens Gottes und Konstantins. Er hat den Treueid, den ich ihm schulde, zurückgewiesen, so muß ich, da ich sein Untertan bin, gehorchen.« Wir wissen, daß Konstantin auch nicht für eine Sekunde Herrscher über Nikolaus gewesen ist.
Was geschah an diesem 14. Dezember in Petersburg?
Als Alexander nach dem Sieg über Napoleon triumphierend in seine Heimat zurückgekehrt war und überall als Retter gefeiert wurde, da kehrten mit ihm viele junge Offiziere zurück, für die Begriffe wie Demokratie und Liberalismus nicht nur leere Worte waren. Für diese Ideale wollten sie sich stark machen und auch dafür kämpfen. Wie rückständig war doch noch immer ihr gutes altes Rußland! Voller Zuversicht sahen sie in ihrem Zaren, der von der Vernichtung Napoleons nicht abzubringen gewesen war, einen Gleichgesinnten. Mit Verbitterung aber mußten diese jungen Männer in den nächsten Jahren mit ansehen, daß ihre schönen Träume – auch von der Einführung einer konstitutionellen Monarchie – Träume blieben. Nicht nur das, die Zustände im Lande verschlimmerten sich; Araktschejews reaktionäres Regime hatte jede öffentliche Meinung lahmgelegt. Das Spitzelwesen war voll erblüht, die Zensur unterdrückte brutal jede freie Meinungs-

äußerung. Aber nur selten drangen Nachrichten über die wachsende Unzufriedenheit der Russen an des Kaisers Ohr.
Geheimbünde waren entstanden und 1822 wieder verboten worden. Man traf sich jedoch weiterhin im Nord- und Südbund und verzettelte sich in kühnen Gedanken und Plänen. Es gab keine gemeinsame Linie, keine Strategie, die realisierbar gewesen wäre, Idealisten waren sie alle, tapfere Offiziere und stolze Adlige, jugendliche Schwärmer, Heißsporne und Menschheitsbeglücker. Sie träumten von einer Verfassung, ohne die Monarchie in Frage zu stellen, doch andere forderten die strikte Beseitigung der Monarchie, notfalls auch mit Waffengewalt.
Der überraschende Tod Alexanders zwang diese »Verschwörer« zu überstürzten Handlungen. In nichts waren sie sich einig, außer vielleicht in der Meinung, daß eine günstigere Gelegenheit – als sie im Dezember 1825 vorlag – nicht so bald wiederkehren würde. Es gab zwei Zaren, von denen keiner regierte. Es war bekannt, daß ein Teil der Truppen bereits den Eid auf Konstantin geschworen hatte. Als sich Nikolaus aber endlich durchrang, das Erbe des Bruders anzutreten, wurde ein neuer Treueschwur – auf seine Person – notwendig.
Am 14. Dezember versammelten sich die Truppen auf dem Senatsplatz in Petersburg, um diesen Eid zu leisten. Vielen Soldaten war zu Ohren gekommen, daß sie gezwungen werden sollten, dem »richtigen Kaiser«, Konstantin, die Treue zu brechen. Ein Gerücht, das die »Verschwörer« verbreitet hatten. Und so erklangen auf dem Senatsplatz laute Rufe nach Konstantin. Nikolaus hatte Auseinandersetzungen vorausgesehen und loyale Truppen um sich geschart. Als die Rufe nicht verstummen wollten, befahl er dem Generalgouverneur von Petersburg, Miloradowitsch, die Massen aufzuklären, wer denn nun rechtmäßiger Kaiser sei. Miloradowitsch gehorchte dem Befehl seines neuen Herrn und versuchte es mit einer Ansprache an die Truppen. Er bot eine großartige Zielscheibe, wie er auf seinem Pferd saß und die Erklärung abgab. Und es traf ihn die Kugel eines Verschwörers, die Tat eines einzelnen, der seine Gefühle nicht mehr zügeln konnte. Blitzschnell begriff Nikolaus, daß auch sein Leben an einem seidenen Faden hing. Zunächst versuchte die Kavallerie, die aufgebrachte Menge auseinanderzutreiben. Als dies nicht gelang, wurde geschossen. An die zweihundertfünfzig Tote zählte man am Abend dieses schrecklichen 14. Dezember.
Der Aufstand der Dekabristen, wie die Verschwörer nach dem Monat Dezember (russ. dekabr) genannt wurden, war mißlungen. Der neue Zar hatte gesiegt. Welch ein Regierungsbeginn!
Fünf Monate lang tagte eine Untersuchungskommission, die Licht in die Vorkommnisse bringen sollte. Es war ein entwürdigender Prozeß,

der vor allem darin bestand, die Verdächtigen in die Falle zu locken, damit sie sich entweder selbst bezichtigten oder ihre Kameraden verrieten. Dann fällte ein *Oberster Kriminalgerichtshof* die Urteile, ohne die bisherigen Ergebnisse der Kommission auch nur zu prüfen. Fünf Dekabristen wurden zum Tode durch den Strang verurteilt, unter ihnen war der Dichter Rylejew, ein Freund des damals bereits berühmten Alexander Puschkin. Das Urteil wurde im Juli 1826 vollstreckt. Es war ein grausames Schauspiel, denn die Stricke des Galgens rissen, so daß man noch einmal mit der Hinrichtung beginnen mußte. Über einhundert *Verschwörer* wurden zu Zwangsarbeit und Verbannung verurteilt, unter ihnen Söhne aus den vornehmsten und ältesten russischen Familien.

Und dann geschah Unglaubliches. Die Frauen und Schwestern der Verbannten folgten den Männern nach Sibirien. Sie ertrugen die mühselige und lange Reise ohne Murren. Vergessen war das schöne, leichtfertige Leben der besseren Kreise. Nichts konnte diese Frauen aufhalten, auch nicht Sibirien.

NIKOLAUS

Knapp dreißig Jahre war Nikolaus alt, als er seinem um zwanzig Jahre älteren Bruder Alexander auf dem Thron folgte. Nichts hatte in seinem bisherigen Leben darauf hingedeutet, daß er einmal zu solchen Würden ausersehen war.
Nikolaus, geboren 1796, wuchs im Kreise seiner Familie auf, während seine beiden älteren Brüder Alexander und Konstantin noch von der Großmutter, Katharina der Großen, erzogen wurden. Nikolaus blieb im Dunstkreis von Gatschina, wo sein Vater Paul I. seine vielfältigen militärischen Ambitionen pflegte. Später sollte sich zeigen, daß Nikolaus wohl der treueste Sohn seines Vaters war. Schon früh gefielen ihm Drill und kunstvolle Exerzierübungen; sein Spielzeug bestand hauptsächlich aus Ausrüstungen für eine Miniarmee. Als ihm noch als Erzieher Graf Wladimir Nikolajewitsch Lambsdorff zugewiesen wurde, ging er vollends im Militärischen auf. Alles, was mit strenger Ordnung, Disziplin, ja Pedanterie zu tun hatte, wurde für ihn wichtig. Später, als er schon Zar war, verbreitete sein über die Maßen aufgeräumtes Arbeitszimmer bei vielen Besuchern und Bittstellern Angst und Schrecken. So, wie seine kalten blauen Augen die Menschen zurückschrecken ließen. Nikolaus schuf sich eine Welt, in der jeder und jedes seinen festen Platz hatte; er brauchte diese Ordnung, sie war für ihn das Symbol für sein Amt, für seinen *Dienst* an Rußland.
Auf einer ausgedehnten Europatour, die ihm als *Bildungsreise* verordnet worden war, lernte Nikolaus in Potsdam Charlotte, die Tochter Friedrich Wilhelms III. und der Königin Luise, kennen. Es war bei beiden jungen Leuten Liebe auf den ersten Blick. 1817 fand die Hochzeit statt. Aus Charlotte wurde Alexandra Fjodorowna. 1818 wurde ihr erster Sohn geboren, der spätere Kaiser Alexander II.
Es soll eine ausgesprochen glückliche Ehe gewesen sein, und seine Zeitgenossen wunderten sich, wie anders sich Nikolaus als Familienvater – er hatte vier Söhne und drei Töchter – gab. Während er als Kaiser seine Umgebung auf Distanz hielt, durch seine Schroffheit und Strenge einschüchterte, war er im Kreise seiner Familie fröhlich, nachsichtig und tolerant. Er liebte seine Frau und seine Kinder und führte ein Familienleben, das man schon fast als bürgerlich bezeichnen kann.
Man ist sich darin einig, daß Alexandra Fjodorowna diesen Wesens-

wandel bewirkte. Sie hielt auch dann noch zu ihm, als ihm in späteren Jahren mehrere Eskapaden und Verhältnisse zu anderen Frauen nachgesagt wurden.

Der plötzliche Tod Alexanders I. riß Nikolaus von einer Sekunde zur anderen aus seiner wohlgeordneten Welt. Für ihn stand einwandfrei fest, daß, entsprechend der Thronfolgeregelung, sein älterer Bruder Konstantin das Erbe Alexanders antreten mußte und würde. Solange der nicht offiziell abgedankt hatte, war es für ihn, Nikolaus, undenkbar, die Kaiserwürde anzunehmen. Ja, er war sogar der erste, der nach dem Eintreffen der Todesnachricht Alexanders den Eid auf seinen Bruder Konstantin leistete. Und so korrekt, wie er sich hier verhielt, so korrekt handhabte er auch seine eigene Thronfolge und datierte das Krönungsmanifest auf den Todestag Alexanders I. (19. November 1825) zurück. Der Dekrabistenaufstand mit seinem blutigen Ausgang, die langwierigen und quälenden Befragungen der Verschwörer, die Nikolaus zum Teil selbst führte, der Zug der Verbannten nach Sibirien, das alles belastete den Regierungsantritt des neuen Herrschers sondergleichen. Auch wenn die Erhebung nur von einer winzig kleinen Gruppe der russischen Bevölkerung getragen worden war, die Masse also unbeteiligt blieb, so sollte doch der Dekabristenaufstand zu einem schwelenden Feuer werden, das Jahre später neu aufflackerte.

Nikolaus selbst sah in den Vorgängen auf dem Senatsplatz eine Bestätigung dafür, daß man in Rußland nur mit Zucht und Ordnung regieren könne. Sein Lebensprinzip hieß *Pflichtbewußtsein*, gelebte Verantwortung vor Gott und Vaterland. Und so, wie er handelte, so erwartete er es auch von seinen Untertanen. Eine Störung der Ordnung wurde nicht geduldet, unbedingter Gehorsam wurde oberstes Gebot.

Wie gradlinig Nikolaus zu verfahren gedachte, zeigt eine kleine Episode. Als man dem Zaren Pläne für eine Eisenbahnlinie zwischen Petersburg und Moskau vorlegte, da zog Nikolaus eigenhändig mit dem Lineal einen Strich zwischen beiden Städten. So und nicht anders sollte die Eisenbahntrasse verlaufen. Es war gleichgültig, ob Sümpfe oder Seen dazwischenlagen oder ob die Trasse irgendwelche Ortschaften berührte. Hauptsache, sie war akkurat.

Im Juli 1826 – nach Abschluß des Verfahrens gegen die Dekabristen – veröffentlichte Nikolaus folgende Richtlinien:

»Nicht von frechen Träumen her, die immer zerstörende Wirkung haben, sondern von oben werden die vaterländischen Einrichtungen allmählich vervollkommnet, werden Mängel beseitigt und Mißbräuche abgeschafft. Gemäß dieser allgemeinen Vervollkommnung werden wir jedes maßvolle Streben nach Besserung, jeden Gedanken an eine Festigung der Gesetzeskraft, an eine Erweiterung wahrhafter Bildung und Betriebsamkeit, sofern er auf dem allen offenstehenden gesetzlichen Wege an uns herangetragen wird, stets mit Wohlwollen annehmen. Denn wir haben keinen und können keinen anderen Wunsch haben, als unser Vaterland auf der höchsten Stufe des Glückes und des Ruhmes zu sehen, die ihm die Vorsehung auserkoren hat.«

Das klang überzeugend, und fast schien es, als würde ein neuer Geist durch Rußland wehen. Denn Nikolaus entließ den verhaßten Araktschejew und löste dessen schreckliche Militärkolonien auf. Speranskij, der 1821 aus Sibirien zurückgekehrt war, wurde wieder in Amt und Würden eingesetzt. Er sollte die seit 1812 liegengebliebene Kodifizierung des Rechts fortführen; auch das ließ hoffen, selbst wenn es nicht gleich um die Schaffung neuer Gesetze ging.

Doch weitere positive Veränderungen plante Nikolaus nicht. Die Privatkanzlei des Zaren – Seiner Kaiserlichen Majestät Eigene Kanzlei – wurde erheblich ausgebaut; das bedeutete, daß Nikolaus mehr in Entscheidungen und Verordnungen eingriff, als es seine Vorgänger getan hatten. Viele Dinge erledigte er selbst, korrekt und zuverlässig. Doch auf wessen Kosten? Die Arbeit der *Zweiten Abteilung* dieser Kanzlei beobachtete man mit Wohlwollen, denn die leitete der rehabilitierte Speranskij. Doch die sogenannte *Dritte Abteilung* wurde bald berüchtigt und trug dazu bei, daß Nikolaus als *Gendarm Europas* in die Geschichte einging.

Als Staatssicherheitsbehörde hatte die Dritte Abteilung die Aufgabe, allen systemwidrigen Strömungen nachzugehen und alles, was nur den Anschein einer Revolution hatte, zu unterbinden. Dafür stand ein weit verzweigter Apparat zur Verfügung, ein Heer von Spitzeln und Polizisten, das noch um Abertausende Denunzianten ergänzt wurde. Leiter der Dritten Abteilung war General Graf Alexander Benckendorff, der über eine eigene Polizeitruppe befahl, die nicht dem Innenministerium unterstand. Unter dem Despotismus dieser Einrichtung hatte in den folgenden Jahren vor allem das Bildungswesen zu leiden, überhaupt alles, was mit russischer Kultur in Zusammenhang gebracht werden konnte.

Mit dem jungen Alexander Puschkin, der noch von Alexander – wegen aufrührerischer Verse – in die Verbannung geschickt worden war, hatte ein Aufschwung in der Literatur begonnen.

Nikolaus hatte dem jungen Heißsporn zwar wieder vergeben, doch er spielte den persönlichen Zensor des Dichters, mit der Folge, daß für Puschkin die russische Luft immer unerträglicher wurde. Als er im Jahre 1837 an den Folgen eines Duells starb, munkelte man, daß der

Zar selbst an einer gegen den Poeten gerichteten Hofverschwörung beteiligt gewesen sei. Und soll der Kaiser nicht auch der schönen Natalja, Puschkins Frau, glühende Blicke zugeworfen haben? Die meisten der russischen Dichter wie Iwan Krylow, Nikolai Gogol, Michail Lermontow, von Puschkin ganz zu schweigen, hatten unter den strengen Zensurbestimmungen zu leiden.
Doch ganz besonders schlimm verfuhr man mit den Universitäten. Nikolaus hatte sie als Brutstätten revolutionärer Umtriebe deklariert und strengste Maßnahmen zur Überwachung angeordnet. Die Zahl der Studenten, die zudem unter ständiger Polizeiaufsicht standen, wurde drastisch beschränkt. Man wollte von vornherein einen besseren Überblick über die Vorgänge haben. Militärischer Drill hielt Einzug in den Schulen. Die Vorlesungen der Professoren wurden zensiert, Philosophie wurde überhaupt verboten. Zu allem Überfluß mußten Professoren und Studenten auch noch Uniformen tragen, während Kinn- und Backenbärte strengstens untersagt waren. Schnurrbärte hingegen standen hoch im Kurs und waren beim Militär vorgeschrieben. So sahen also die Reformen des Zaren aus! Daß sie auch umgesetzt wurden, davon überzeugte sich der Kaiser gern selbst, er erschien völlig überraschend in Ämtern und Universitäten zur persönlichen Inspektion.
Wohin konnte die strenge Zensur führen? Was bewirkten die lächerlichen Bart- und Bekleidungsvorschriften? Schon Paul I., der Vater von Nikolaus, hatte sich durch seine Kleiderordnungen den Unmut seiner Untertanen zugezogen; auch in seiner Regierungszeit war ein erfolgreicher Spitzel sehr viel wert gewesen. Aber wohin hatten seine Verbote der Verbreitung ausländischer Literatur geführt? Unter anderem dahin, daß sich die russische kulturelle Elite des 19. Jahrhunderts in zwei Lager gespalten hatte: in die Slawophilen und in die westlich Orientierten. Während die Slawophilen rückwärts gewandt in der eigenen Geschichte des russischen Volkes Antworten für Gegenwart und Zukunft suchten, während sie fremde, westliche Einflüsse ablehnten, befürworteten die anderen eine konsequente Fortführung der von Peter dem Großen begonnenen Politik der Annäherung an die europäische Entwicklung. Doch so gegensätzlich diese Ansichten auch waren, beide Lager waren sich im Prinzip einig, wenn es um die Abschaffung zweier russischer Grundübel ging: der alles blockierenden Bürokratie und der Leibeigenschaft sowie alles, was damit zusammenhing. Doch was halfen großartig durchdachte Gedankengebäude, wenn der Zar selbst immer wieder zwischen Wollen und Können schwankte?
So verliefen viele Reformansätze im Sande, nicht weil sie – wie damals bei Peter dem Großen – einen radikalen Wandel herbeiführen sollten,

sondern weil erkennbaren Umschwüngen ein Riegel vorgeschoben wurde. Nikolaus hatte panische Angst vor radikalen Veränderungen, vor Revolutionen überhaupt. Aber gerade er sollte miterleben, daß Europa in einen Revolutionstaumel geriet. Von Anfang an wurden die verschiedenen Reformprojekte hinter verschlossenen Türen verhandelt, meist ohne Ergebnis. Nach außen durften solche Gespräche nicht dringen, denn groß war die Gefahr, daß durch bloße Gerüchte Unruhen entstanden. So glaubte Nikolaus.

Die Aufhebung der Leibeigenschaft blieb während der Regierungszeit von Nikolaus I. Gesprächs- und Diskussionsstoff Nummer eins. An wirklich einschneidende Veränderungen der Besitzverhältnisse war aber nicht zu denken, auch weil es bislang versäumt worden war, die betroffenen Leibeigenen auf ihre neuen Möglichkeiten hinzuweisen und sie zu unterrichten. Auch den Aufforderungen an die Gutsbesitzer, Bauern aus dem Frondienst zu entlassen und ihnen Land zu verpachten, wurde nur schleppend entsprochen. Aber die Regierung scheute sich auf der anderen Seite auch, eine »Revolution von oben« zur Durchsetzung der Aufforderungen zu verordnen, aus Angst vor den unberechenbaren sozialen Folgen.

Weniger Angst hatte Nikolaus vor einer anderen Revolution, der technischen. Trotz erheblicher Einwände seines Finanzministers Kankrin, der als sehr sparsam galt, machte sich der Zar den Bau der ersten Eisenbahnlinien in Rußland zur persönlichen Sache. Im Oktober 1837 wurde feierlich die erste Teilstrecke von Petersburg nach Zarskoje Selo eröffnet. Das waren 23 Kilometer. Und 1851 wurde die Strecke von Petersburg nach Moskau eingeweiht. Alexander II. gab ihr später den Namen *Nikolaus-Bahn*. Auch mit dem Bau der Warschau–Wien-Verbindung wurde begonnen. Und derartige Großprojekte konnten nur verwirklicht werden, indem man Leibeigene als Arbeitskräfte einsetzte. Sie schufteten unter den menschenunwürdigsten Bedingungen, holzten Wälder ab und legten Sümpfe trocken. Im Sommer plagten sie Mücken und Fieber, und im Winter gingen viele an der Kälte zugrunde. Wie viele dieser Ärmsten der Armen bei diesen Unternehmungen umgekommen sind, ist nicht bekannt.

In einem Zeitungsartikel aus dem Jahre 1835 konnte man lesen: »Gerüchtweise verlautet bei uns, daß einige unserer reichen Herrschaften, von fremdländischen Einfällen bezaubert, auch in unserem Lande, zwischen St. Petersburg, Moskau und Nischni-Nowgorod, gußeiserne Geleise errichten wollen, auf denen dann Equipagen, nicht von sichtbarer Kraft, sondern von Dampf bewegt, fahren sollen. Wir glauben freilich, daß das nicht gehen wird. Die russischen Stürme werden ausländische Kunststücke dieser Art nicht zulassen, sie werden die Geleise mit Schnee bedecken und gelegentlich, zum Spaß, wohl auch den Dampf gefrieren lassen. Und wo sollte man auch solche Unmengen von Heizmaterial hernehmen, damit das Feuer ewig brennt unter diesem laufenden Samowar? Oder soll man gar noch Geld ausgeben für ausländische Kohlen, und alles nur, um rechtgläubigen Christen ihren Broterwerb wegzunehmen? Eine Schande und eine Sünde wäre das!«

Auch nach außen ein Gendarm

Selbst in seiner Außenpolitik war Nikolaus bestrebt und allseits bereit, Europa vor den Gefahren irgendwelcher Revolutionen zu schützen. Dahinter stand seine Angst, daß derartige Strömungen leicht auf Rußland übergreifen und an den Grundfesten des Zarenreiches rütteln könnten. Diese Gefahr bestand vor allem im russisch beherrschten Königreich Polen, wo sich bereits Anfang der zwanziger Jahre verschiedene Widerstandsbewegungen formiert hatten. Nach einem mißglückten Attentat auf Konstantin, Oberbefehlshaber der polnischen Truppen und Bruder von Nikolaus, kam es zu einem Aufstand, dem sich auch große Teile der Armee anschlossen. Konstantin verließ das Königreich Polen. Fürst Adam Czartoryski trat an die Spitze einer eiligst gebildeten Regierung und versuchte, mit Nikolaus in Verhandlungen über die Wiederherstellung der alten Grenzen zu treten. Er erhielt eine schneidende Abfuhr, hatte man doch nicht nur Konstantin so unehrenhaft davongejagt, sondern ihn selbst, den Zaren. Konstantin war ja nur sein Statthalter gewesen. So weit war es also gekommen, er, der legitime Herrscher, wurde von Revolutionären davongejagt. Aber es kam noch schlimmer: am 25. Januar 1831 beschloß der polnische Reichstag, der ganzen Romanowdynastie die polnische Krone abzusprechen.
Die Rache des Zaren folgte auf dem Fuße. Im Sommer 1831 war Polen dem Boden gleichgemacht. Als Provinz wurde Kongreßpolen dem russischen Reich einverleibt, und der siegreiche General Paskiewitsch wurde zum Fürsten von Warschau ernannt. Die Hochschulen wurden geschlossen, und ein Strom polnischer Emigranten ergoß sich über Westeuropa. Von hier aus warben sie für die polnische Sache.
Es kam das Jahr 1848. Es sollte für Nikolaus das schwerste Jahr seiner Herrschaft werden. Innen wie außen mußte sich der Zar umzingelt fühlen, es kam zu Ereignissen, die seine Ordnungsprinzipien total in Frage stellten, ja als völlig wirkungslos entblößten.

Der Zar war müde geworden!
»Er muß sich anstrengen, seiner Müdigkeit Herr zu werden, etwas, was ihm früher leichtgefallen ist. Er ist schweigsamer geworden und meidet Menschenansammlungen. Er sagt, daß Gesellschaften, Bälle und große Feste für ihn zu einer Plage geworden sind und er es vorzieht, wie ein wohlhabender Bürger zu leben ... Immer mehr setzt sich die Überzeugung durch, daß es dem Zaren trotz seiner ständigen Arbeit und Energie nicht gelingen wird, das Gute, was er tun möchte, auch zu tun und das von ihm erkannte Übel zu vernichten.«
So schrieb der österreichische Gesandte 1846 in einem Bericht an Metternich.
Die Krisen des Jahres 1848 scheinen alle auf einmal auf Nikolaus eingestürzt zu sein.
Es begann im eigenen Lande mit einer schrecklichen Choleraepidemie. Sie war im russischen Südosten, in den Gebieten von Kasan und Orenburg ausgebrochen. Im Februar wütete sie bereits in Nischni Nowgorod, wo Rußlands größte Handelsmesse abgehalten wurde. Mitte März war Moskau erreicht, und von dort erfaßte sie den ganzen europäischen Teil des Zarenreiches. Sogar Sibirien blieb nicht verschont.
Tausende von Menschen wurden durch die Seuche dahingerafft. Aus dem quirligen St. Petersburg wurde eine Geisterstadt. Noch schlimmer war die Lage auf dem Lande. Dort verrottete das Getreide auf den Feldern, weil niemand mehr lebte, um es abzuernten. Zur Cholera kam eine Hungersnot. Überall flammten Brände auf, denn der Sommer war ungewöhnlich trocken und heiß. Das Zarenreich geriet aus den Fugen.
Und dann trafen diese schrecklichen Nachrichten aus dem Ausland ein, aus Italien, aus Frankreich. Nikolaus erfuhr von den dortigen revolutionären Erhebungen während eines Hofballs. All seine Befürchtungen schienen sich zu bestätigen. Und er mußte handeln, denn nur das große und mächtige Rußland war imstande, sich dem Pöbel und dem Terror entgegenzustellen. Der zweite Sohn von Zar Nikolaus, Konstantin Nikolajewitsch, war damals zwanzig Jahre alt und notierte in sein Tagebuch: »Wir alle waren wie vom Donnerschlag gerührt, Nesselrode [Außenminister] fiel die Depesche aus der Hand. Was jetzt geschehen wird, weiß nur der Herrgott allein; für uns ist am Horizont weiter nichts als Blut zu erkennen. Papa schickte mich zu Mama, der ich die Depesche vorlesen sollte. Auch sie war entsetzt ... Louis Philippe hatte achtzehn Jahre geherrscht; er hatte die Macht und saß fest auf seinem Thron (wie jedermann glaubte). Dennoch bedurfte es nur zweier Tage (des Aufstandes) – und er ist nicht mehr! O Herr, bewahre Dein Heiliges Rußland, damit es Dir immer treu bleiben kann.«

In Frankreich war die Republik ausgerufen worden, und es gab am russischen Hof nicht wenige Stimmen, die einen sofortigen Marsch russischer Truppen in das von revolutionären Ideen verseuchte Frankreich forderten. Doch Nikolaus, so scheint es, war – trotz seiner Revolutionsfurcht – über die Ereignisse in Frankreich weniger beunruhigt als erwartet. Er hatte Louis Philippe von Orléans, den Bürgerkönig, nie leiden können und freute sich insgeheim, daß dieser nach England fliehen mußte. Er dachte nicht daran, Truppen nach Frankreich zu schicken, vielmehr hoffte er, daß sich die Franzosen »gegenseitig bekämpften, soviel sie nur wollten«. Allerdings ließ er mit Argusaugen darüber wachen, daß sich in seinem Land solche Nachrichten nicht allzu schnell (am besten gar nicht) verbreiteten. Vor allem fürchtete er, daß die ohnehin benachteiligten Bevölkerungsschichten Rußlands auf dumme Gedanken kommen könnten. Doch die erfuhren kaum davon, denn ausführlichere Nachrichten über die französischen Ereignisse konnte man nur ausländischen Zeitschriften entnehmen. Die gebildeteren Schichten allerdings nahmen regen Anteil an dem, was sich in Westeuropa tat; und demnach waren die Unruhen nicht nur auf Frankreich beschränkt. Ja, sie waren näher an Rußland, als man dachte. Und weder Österreich noch Preußen – so Nikolaus – schienen in der Lage, die »revolutionäre Flut« aufzuhalten.

Am 14. März 1848 gab Nikolaus I. folgendes Manifest bekannt:

»Nach jahrelangem gesegnetem Frieden ist der westliche Teil Europas plötzlich in Aufruhr geraten. Schuld daran tragen die gegenwärtigen Unruhen, die drohen, die legitimen Mächte und die gesamte soziale Ordnung zu stürzen. In diesem Augenblick bedroht diese grenzenlose Anmaßung in ihrer Verrücktheit sogar Unser Uns von Gott anvertrautes Rußland. Aber sie wird nicht siegen! Getreu dem Beispiel Unserer orthodoxen Vorfahren und mit der Hilfe des Allmächtigen Gottes, die wir erflehen, werden wir Uns Unseren Feinden stellen ... Wir werden mit Unserem Heiligen Rußland eine unauflösliche Gemeinschaft bilden und die Ehre des russischen Namens sowie die Unverletzlichkeit Unserer Grenzen verteidigen. Wir sind sicher, daß jeder Russe und jeder Unserer treuen Untertanen freudig dem Ruf seines Zaren folgen wird und daß Uns Unser alter Schlachtruf ›Für den Glauben, den Zaren und Unser Vaterland‹ jetzt den Weg zum Siege zeigen wird ... Wir alle werden wie ein Mann ausrufen: ›Gott ist mit uns! Nehmt euch in acht, Ihr Völker, und unterwerft Euch, denn Gott ist mit uns.‹«

Ein derartiges Manifest klang wie eine Kriegserklärung, für die es (fast) gar keinen Grund gab, denn im Lande selbst blieb es weitgehend ruhig.

Die Revolutionen spielten sich hier auf anderen Ebenen ab. Aber Rußland kam den Österreichern zu Hilfe und schickte Truppen gegen ungarische Freiheitskämpfer, die von Polen unterstützt wurden. Angeführt wurden sie von General Paskiewitsch, der sich bei der Unterdrückung freiheitlicher Bewegungen schon große Verdienste erworben hatte – vor allem in Polen.

Als Nikolaus im Herbst 1849 von den Siegesfeierlichkeiten anläßlich der Niederschlagung des ungarischen Aufstandes nach St. Petersburg zurückkehrte, fiel seiner nächsten Umgebung auf, wie alt und grau der Zar geworden war.

Die Angst vor revolutionären Umtrieben im eigenen Lande war aber keineswegs geringer geworden. Der Zensurapparat wurde nochmals gewaltig aufgebläht. Um 1850 gab es zwölf offizielle Stellen, die sich mit Zensurmaßnahmen befaßten, und angeblich waren mehr Menschen mit dem »Heiligen Krieg gegen Bildung und Wissen« befaßt, als Bücher bis zur Jahrhundertmitte veröffentlicht wurden.

Nicht nur neue Schriften wurden genau unter die Lupe genommen, sondern auch an das kulturelle Welterbe wurde Hand angelegt, indem mancher Schriftsteller in die hintersten Regale verbannt wurde. Shakespeare und Puschkin, ja sogar die Schriften der Großen Katharina sollen hier nur stellvertretend für die leidenschaftliche Arbeit der Zensurbehörden stehen. Man kann sich lebhaft vorstellen, welch seltsame Blüten diese Atmosphäre der Angst und des Verrats trieb. Aus den ehemaligen intellektuellen Diskutierzirkeln wurden Saufbruderschaften, um die geistige Ödnis zu betäuben. Einer, der selbst zu den Zensoren gehörte, schrieb nach dem Tod von Nikolaus I. in sein Tagebuch:
»Erst jetzt beginnt offenkundig zu werden, wie schrecklich die letzten neunundzwanzig Jahre für Rußland gewesen sind. Die Verwaltung befindet sich in einem chaotischen Zustand; auf den moralischen Gefühlen wird herumgetrampelt, und jede geistige Entwicklung wurde zum Erliegen gebracht ... All dies sind die Früchte der Mißachtung der Wahrheit und eines blinden und barbarischen Glaubens an eine materielle Macht, weiter nichts.«

Ganz besonders hart aber traf der Bannstrahl des Zaren eine Gruppe aufgeklärter Männer, die sich um den ehemaligen kaiserlichen Beamten Butaschewitsch-Petraschweski versammelt hatten und weiterhin über verbotene Schriften und die Abschaffung der Leibeigenschaft diskutierten. Zum Petraschewski-Kreis gehörte auch der junge Fjodor Dostojewskij. Als den *Schwarmgeistern* 1849 der Prozeß gemacht wurde, wurden einundzwanzig von ihnen zum Tode verurteilt und – schon unter dem Galgen stehend – begnadigt. Auch Dostojewskij erlitt diesen

Gnadenbeweis des Zaren, der die Todesstrafe in lebenslängliche Zwangsarbeit in Sibirien umwandelte. Es war eine der ersten Taten Alexanders II., die verurteilten »Petraschewzi« heimzuholen.

Ein Untergang

Es besteht kein Zweifel, die Familien der letzten Romanows, die natürlich schon längst nicht mehr nur russisches Blut in den Adern hatten, führten seit dem 19. Jahrhundert ein immer bürgerlicher werdendes Privatleben. Sie verschmähten den Glanz der riesigen, kalten Paläste von St. Petersburg, um sich in einem der kleineren, aber keineswegs ärmlichen Anwesen der Umgebung einzurichten. Vor allem Alexandra Fjodorowna, einst Charlotte von Preußen, scheute die russische Metropole; in späteren Jahren überließ sie immer häufiger die Repräsentationspflichten ihrer Schwiegertochter Maria Alexandrowna, einst Marie von Hessen-Darmstadt. Doch die feine Petersburger Gesellschaft war sich einig, daß die Schwiegertochter längst nicht den Liebreiz und den Charme der Zarin hatte, die häufig kränkelte und es vorzog, sich in Peterhof, in dem Schlößchen *Cottage,* um die Blumen zu kümmern.
Nikolaus, der Akkurate und Prinzipienreiter, genoß, so wird berichtet, die angenehme Atmosphäre, die ihm seine Frau bereitete. Noch nach langen Ehejahren liebte er seine »Mouffy«, wie er sie nannte. Daß er den einen oder anderen Seitensprung gemacht haben soll, tat dieser Liebe keinen Abbruch. Alexander I., der Bruder von Nikolaus, hatte keine Söhne hinterlassen. Er, Nikolaus I., war es, der den Fortbestand der Romanows über das Jahrhundert hinweg bis zum Untergang sicherte.
Die Verantwortung, an der Spitze einer Dynastie mit glorreicher Vergangenheit und hoffentlich noch glanzvollerer Zukunft zu stehen, muß ihm bewußt gewesen sein, als er zu seinem größten politischen Schlag ausholte und mit den Türken einen Krieg begann. Dieser *Krimkrieg,* ziemlich leichtfertig begonnen, wurde von Alexander II. fortgesetzt, getreu der Verpflichtung, »das Reich zu erhalten«.
Schon seit langem hatte Nikolaus die Wunschvorstellung, den Namen der Türkei endgültig von der europäischen Landkarte zu verbannen. Vorstöße um Unterstützung, die er in diese Richtung bei Europas Regierungen unternahm, blieben erfolglos. Niemand hatte großes Interesse, sich schon wieder in militärische Auseinandersetzungen verwickeln zu lassen. Überall schienen innenpolitische Dinge den Vorrang zu

haben. Außerdem war man sich einig, daß der »kranke Mann am Bosporus« ohnehin nicht mehr lange zu leben hätte.
Streitereien um die Betreuung der heiligen Stätten in Jerusalem beflügelten Nikolaus bei seinen Überlegungen, das Osmanische Reich ins Abseits zu drängen und zu vernichten. Er schickte einen Sonderbeauftragten nach Konstantinopel, den bereits in Ehren ergrauten Fürsten Menschikow, doch der kehrte unverrichteter Dinge zurück. Schließlich besetzten russische Truppen die Fürstentümer Moldau und Walachei, was wiederum die Franzosen und Briten auf den Plan rief – gegen Rußland. Österreich und Preußen hielten sich aus diesem Konflikt heraus, und Nikolaus stand mit seiner nicht gerade perfekten Armee allein da. Das hatte niemand vorausgesehen, daß Nikolaus' Kampf gegen die Ungläubigen nicht nur keine Unterstützung erfahren würde, sondern er auch noch in einen Krieg gegen England und Frankreich verwickelt würde.
Eine junge Hofdame notierte in ihr Tagebuch:
»Ein schrecklicher Kampf ist über uns hereingebrochen. Monumentale und miteinander unvereinbare Kräfte befinden sich auf Kollisionskurs: der Osten und der Westen, die slawische und die romanische Welt ... Wie wird dieser Kampf zwischen den beiden Welten ausgehen? Es kann keinen Zweifel geben. Wir, Rußland, stehen auf der Seite der Wahrheit und der Ideale. Rußland kämpft nicht um materiellen Gewinn und weltliche Interessen, sondern für unvergängliche Ideen.«
Den unvergänglichen Ideen wurde sehr schnell ein Ende bereitet, denn die geballte militärische Macht der Engländer, Franzosen und Türken offenbarte nur eines: den desolaten Zustand der russischen Armee. Während sich die kriegerischen Auseinandersetzungen auf die Krim konzentrierten, die Stadt Sewastopol in einen viele Monate dauernden Verteidigungskampf gezogen wurde, notierte Fräulein Tjutschewa in ihr Tagebuch:
»Seine große, aufrechte Figur beginnt sich zu beugen. Sein Blick scheint leblos, und sein Gesicht hat eine bleierne Farbe. Seine Stirn, vor kurzem noch hochmütig erhoben, wird von Tag zu Tag mehr von Furchen gezeichnet. Ganz allgemein ist zu sagen, daß sich seine Nerven in einem beklagenswerten Zustand befinden.« Und im November 1854 notierte sie:
»Er ist wie eine Eiche, die im Wirbelsturm geknickt wurde. Eine Eiche, die sich nicht mehr biegt, sondern nur noch inmitten eines Sturmes sterben kann.«
Nikolaus sorgte sich um seine kranke Frau, die auf den Tod darniederlag; er tobte gegen die Versäumnisse seiner Militärs, konnte die Hiobs-

botschaften russischer Niederlagen nicht ertragen; er vergrub sich in Gatschina, wo der Schatten Pauls I. noch immer spukte; er fühlte sich von aller Welt verlassen. Doch nichts deutete darauf hin, daß er bald nicht mehr am Leben sein würde.

Er entließ seinen Befehlshaber Nikolaus Menschikow und ersetzte ihn durch einen jüngeren, tatkräftigeren General. Er wurde zuversichtlicher und fühlte sich – trotz einer leichten Erkältung – wieder besser. Er ignorierte seine Erkältung und nahm – bei klirrender Kälte – die Parade der Truppen ab, die auf die Krim ziehen sollten. Die Erkältung wurde heftiger, doch auch die Ärzte maßen dieser Entwicklung keine Bedeutung zu. Ganz Petersburg war im Februar 1855 erkältet. Doch dann, in den frühen Morgenstunden des 18. Februar, setzte eine Lungenlähmung ein. Ein Priester wurde gerufen.

Die Nachricht, daß er nur noch wenige Stunden zu leben habe, nahm Nikolaus angeblich äußerst ruhig auf. Er begann, korrekt wie immer, seine letzten Stunden selbst zu ordnen: den Abschied von der Familie, diverse Depeschen, die noch geschrieben werden mußten, die letzten Worte an seinen Nachfolger, an seinen Sohn Alexander II.:

»Ich wollte alles Schwere und Gefährliche auf meine Schultern nehmen und dir ein in Frieden lebendes, wohlgeordnetes und glückliches Reich hinterlassen. Die Vorsehung hat es anders bestimmt. Ich gehe jetzt, um für Rußland und euch alle zu beten. Nach Rußland habe ich Euch [die Familie] mehr als alles andere auf dieser Welt geliebt. Diene Rußland!«

DER BEFREIER, ALEXANDER II.

Als Nikolaus I. starb und ihm sein ältester Sohn Alexander II. auf den Thron folgte, befand sich das Land in einer schweren politischen Krise. Der Krieg mit der Türkei hatte Rußland ins Abseits gedrängt und als Gegner eine mächtige europäische Koalition wachsen lassen. Die russischen Truppen hatten die Donaufürstentümer Moldau und Walachei räumen müssen; die Krim stand unter Beschuß einer französisch-englischen Armee, die durch Soldaten aus Sardinien verstärkt worden war. Sewastopol war seit April 1855 heftigen Angriffen ausgesetzt, und es war nur eine Frage der Zeit, wie lange sich die Festung halten würde. Getreu dem Versprechen an den sterbenden Vater, »alles zu erhalten«, gab Alexander nicht auf und setzte den Krieg fort.
Er aber hatte eine Armee übernommen, deren schlechte Ausrüstung nur Spott hervorrufen konnte. Der Nachschub verlief in solch chaotischen Bahnen, daß schon Nikolaus I. eingesehen hatte, sich nicht unbedingt auf die berühmten Generäle *Januar* und *Februar* verlassen zu können, obwohl mehr als einmal in der Vergangenheit der russische Winter Schicksal gespielt hatte. Leider gab es noch keine Eisenbahnverbindung zwischen Moskau und Südrußland, die – wetterunabhängig – einiges erleichtert hätte.
Als Sewastopol fiel, die russischen Truppen sich zurückzogen und alles darauf hindeutete, daß sich die Franzosen aus dem Krieg verabschieden würden, begann Alexander einzulenken.
Im Februar 1856 begannen die Verhandlungen zwischen den Vertretern Rußlands, Frankreichs, Englands, Sardiniens und der Türkei. Österreich spielte eine Vermittlerrolle.
Der Friedensvertrag, der am 30. März 1856 in Paris unterzeichnet wurde, bedeutete für Rußland die vollständige militärische Niederlage. Wie würde es weitergehen?
Während man in Europa den Pariser Frieden als Sieg des Liberalismus über die Tyrannei feierte, stand Alexander II. vor dem Scherbenhaufen des Zarentums. Die Zeiten schienen endgültig vorbei, in denen sich ein russischer Zar zum Schiedsrichter Europas erheben konnte. Das Riesenreich stand wieder allein, und fast schien es, als sei auch die geistige Distanz zu Westeuropa so groß wie zu den Zeiten vor Peter dem Großen.

Wie würde Alexander II. handeln? Diese Frage stellte man sich vor allem im Westen.

Blicken wir zurück. Als Alexander, liebevoll Sascha genannt, in der Osterwoche (am 18. April) des Jahres 1818 geboren wurde, da galt noch sein Onkel Konstantin offiziell als eventueller Erbe des russischen Throns. Trotzdem schrieb Alexanders preußische Mama in ihr Tagebuch, daß ihr der Gedanke sehr schrecklich sei, ein solches »winziges und hilfloses Geschöpf« einmal auf dem russischen Thron sehen zu müssen.

Wie fast alle Zarensöhne vor ihm wurde Alexander im Alter von sechs Jahren einem Erzieher anvertraut, dem deutschstämmigen Offizier Merder (Mörder), einem sehr rechtschaffenen und disziplinierten Mann. Er versuchte sein Bestes und notierte: »Seine Kaiserliche Hoheit neigt zum Faulenzen, bricht leicht in Tränen aus und läßt sich von Schwierigkeiten allzu schnell ins Bockshorn jagen.« Merder war fürs »Grobe« zuständig, für militärische Übungen und körperliche Ertüchtigungen, Fertigkeiten, die Alexander überhaupt nicht mochte. Sein Großvater Paul, der Zuchtmeister von Gatschina, wäre über ihn entsetzt gewesen. Aber Alexanders Mutter, die ehemalige Charlotte von Preußen, war sensibel genug, ihrem Erstgeborenen eine einseitige Erziehung zu ersparen. Sie engagierte als weiteren Lehrer den Dichter Wassili Schukowski, der ein perfektes Erziehungsprogramm für seinen Zögling ausarbeitete. Schukowski, der sich später vor allem als Übersetzer aus dem Deutschen einen großen Namen gemacht hat, war ein Vertreter der romantischen Schule und legte den größten Wert auf die Erziehung »eines Menschen mit Verantwortung für seine Mitmenschen«. Schukowski suchte selbst die übrigen Lehrer für Alexander aus, unter ihnen auch viele verdiente Minister.

Es ist nicht bekannt, daß ein Zarensohn bislang eine solche umfassende und gezielte Ausbildung erhalten hatte. Die besten Männer des Landes standen ihm zur Verfügung.

Alexander war achtzehn Jahre alt, als er auf eine längere Reise durch Rußland geschickt wurde. Er sollte sich umsehen und das Land kennenlernen, das er einmal regieren würde. Möglicherweise aber hatten Nikolaus und Schukowski noch einen Hintergedanken, als sie Alexander auf die äußerst strapaziöse Fahrt schickten. Die Reise sollte den jungen Mann aus seinem Phlegma reißen.

Innerhalb von sechs Monaten mußte Alexander nicht weniger als dreißig Provinzen besuchen, darunter auch welche, die jenseits des Urals, also in Sibirien lagen. Und hier lernte er einige der in Verbannung lebenden Dekabristen kennen, für die er sich nach seiner Rückkehr bei seinem Vater einsetzte.

Es war ein mörderisches Reiseprogramm, vom Vater und Schukowski gemeinsam aufgestellt. Alexander widerstand allen Strapazen, und er war der erste Romanow, der seinen Fuß nach Sibirien setzte. Er besuchte alle wichtigen Städte und Heiligtümer, besichtigte Märkte und Fabriken, nahm unzählige Paraden ab und nahm an ebenso unzähligen Banketten und Empfängen teil. Die russische Provinz war begeistert von dem umgänglichen und charmanten Zarewitsch, der mehr als einmal das vorgeschriebene Protokoll über den Haufen warf und auf eigene Faust Erkundungen unternahm. Schukowski, der ihn begleitete, war darüber entzückt, denn er hoffte, daß gerade diese Abstecher seinem Zögling mehr von Rußland zeigten, als es die offiziellen Empfänge vermochten. Mit Sicherheit sammelte Alexander auf dieser russischen Reise mehr Eindrücke über Land und Leute als jeder andere Romanow vor ihm.

Trotz der Vergnügungen und Abwechslungen, die er in den sechs Monaten erfuhr, war das Reisen natürlich alles andere als erfreulich. Nach seiner Rückkehr konnte er sich lange nicht von den körperlichen Strapazen erholen. Dazu quälte ihn ein hartnäckiger Husten, so daß die Ärzte ihm einen Badeaufenthalt in Bad Ems verordneten. Die Eltern verbanden damit auch den Wunsch, daß sich Alexander an den europäischen Fürstenhöfen umsehen sollte, um eine geeignete Braut zu finden. Es war an der Zeit, daß die Dynastie neue Erben bekam.

Heimlich hofften die Eltern, daß ihr Sohn eine badische Prinzessin heimführen würde; die Petersburger Staatskanzlei hatte eigens eine Liste der in Frage kommenden jungen Damen aufgestellt.

Doch Alexander entschied sich anders, wobei er seine künftige Frau nur durch einen Zufall kennenlernte. Ein Besuch in Darmstadt stand eigentlich nicht auf dem Reiseprogramm, doch während eines Aufenthaltes in Frankfurt erreichte Alexander die überaus freundliche Einladung des Großherzogs von Hessen-Darmstadt. Er nahm an, und wieder durch einen Zufall lernte er die fünfzehnjährige Marie von Hessen-Darmstadt kennen und verliebte sich in sie. Seine Eltern waren über diese Wahl keineswegs begeistert, gab es doch Gerüchte, daß sie ihre Herkunft einer Liaison ihrer verstorbenen Mutter mit einem Hofmarschall verdanke. Alexander blieb beharrlich und setzte sich durch. Die Hochzeit fand im April 1841 in St. Petersburg statt. Aus Marie von Hessen-Darmstadt wurde Maria Alexandrowna.

Die ersten Ehejahre des Paares waren ausgesprochen glücklich, und auch der Kindersegen ließ nicht lange auf sich warten. Später mußte Maria Alexandrowna ihren Mann mit einer anderen teilen, von der ganz Rußland sprach.

Seit seiner Heirat wurde Alexander häufiger mit Staatsgeschäften betraut, doch seine Ansichten stimmten nicht immer mit denen seines Vaters Nikolaus überein. Die Besetzung der Donaufürstentümer mißbilligte er ebenso wie den Krieg mit der Türkei und die Kämpfe auf der Krim. Nur wenige enge Vertraute wußten von diesen Gedanken. Er war es aber, der kraft einer Vollmacht des Vaters den zaudernden Befehlshaber Menschikow durch einen anderen ersetzte. Später kursierten dann Gerüchte, daß diese Entscheidung Alexanders den Zaren ins Grab gebracht habe. Nikolaus, so erzählte man, habe sich über diesen Wechsel an der Heeresspitze so aufgeregt, daß sein Herz versagt habe.

Auch wenn Alexander II. die schreckliche Erbschaft des Krimkrieges übernehmen mußte, so gab er doch bald zu erkennen, daß er gewillt sei, andere Zeiten für Rußland anbrechen zu lassen. Es begann mit kleinen, aber sehr wichtigen Schritten. Das Verbot von Auslandsreisen wurde fast unverzüglich aufgehoben, die Zensur drastisch gelockert, und vor allem die gefürchtete *Dritte Abteilung* wurde in ihrem schändlichen Treiben energisch eingeschränkt. Auch an den Universitäten konnte man wieder freier atmen.

Noch größere Hoffnung aber erfüllte die Menschen, als bekannt wurde, daß Alexander II. die Leibeigenschaft aufheben wolle.

Bereits in den ersten Wochen nach seinem Regierungsantritt war Alexander nach Moskau gereist und sprach dort vor einer Versammlung russischer Adliger. Er gab zu verstehen, daß das Leibeigenenproblem nur von oben gelöst werden könne und auch nicht jetzt und sofort. Er forderte die anwesenden Adligen auf, sich über die nächsten Schritte Gedanken zu machen und die Worte des Zaren ins Land zu tragen. Alexander wünschte Vorschläge, doch seine Zuhörer waren in Ehrfurcht erstarrt. Und nicht wenige dachten sicher daran, wo denn bei der Aufhebung der Leibeigenschaft der persönliche Profit liegen würde.

Einige Tage zuvor hatte Alexander ein Manifest veröffentlicht, in dem es hieß:

»Mit Gottes Hilfe möge sich Rußlands innere Wohlfahrt und Ordnung befestigen und vervollkommnen; seine Rechtspflege möge von Wahrheit und Gnade beherrscht sein; überall und mit neuer Kraft möge sich das Streben nach Aufklärung entwickeln und nach nützlicher Tätigkeit jeder Art; möge auch jedermann unter gleichem Schutz der für alle gleich gerechten Gesetze die wohlerworbenen Früchte seiner Arbeit genießen.«

Goldene Worte des Monarchen, und jedes Wort wurde auf die Goldwaage gelegt. Die Diskussionen verdichteten sich zu Gerüchten, daß revolutionäre Veränderungen bevorstünden. Doch Alexander selbst dachte nie daran, es Peter dem Großen gleichzutun und seinem Land und seinen Untertanen gewaltige Brüche zuzumuten. Vorerst siegte zudem die Schläfrigkeit der russischen Adligen und Gutsbesitzer, die sich mit ihren Vorschlägen zur Klärung der Leibeigenenfrage keineswegs überschlugen. Jetzt gab es auch erst einmal Wichtigeres: die Krönungsfeierlichkeiten standen bevor.

Das alte, ehrwürdige Moskau erwachte für einige Tage aus seinem Dornröschenschlaf und bildete die prachtvolle Kulisse für ein noch prachtvolleres Schauspiel, über das man in ganz Europa noch sehr lange sprechen sollte.

Alexander war mit seiner Familie aus St. Petersburg nach Moskau gereist und wohnte – wie es die russische Tradition wollte – im Petrowski-Schloß, das im 18. Jahrhundert eigens als letzter Haltepunkt vor dem Einzug der Zaren in Moskau erbaut worden war. Von hier aus formierte sich zwei Tage später – es war im August 1856 – der Festzug. Tscherkessen und Kosaken mit ihren auffallenden Uniformen, Trompeter und andere Musikanten, Vertreter des Moskauer Adels und der asiatischen Völker gehörten ebenso zur Prozession wie Jäger und Lakaien in Galauniformen, Zeremonienmeister. In vergoldeten Karossen saßen die Mitglieder des Reichsrates und hohe Hofbeamte. Dann die Garde zu Pferd und, auf einem Schimmel, Alexander II., geschmückt mit dem Sankt-Andreas-Orden. In einer achtspännigen Karosse aus der Zeit Ludwigs XV., ausgeschmückt mit Malereien von Boucher, saß Maria Alexandrowna, Marie von Hessen-Darmstadt. Weitere Kutschen – vierspännig – folgten, mit Gästen, Familienangehörigen, Hofdamen. Unmöglich, alle Beteiligten aufzuzählen. Auf dem Roten Platz hatten sich ein riesiges Orchester und ein großer Chor von Gymnasiasten postiert. Eine Hymne zu Ehren des Zaren und der Zarin erklang. Nach Gebeten in den drei berühmten Kremlkathedralen und an den Gräbern der Vorfahren wurde das Paar im Großen Kremlpalast nach alter russischer Sitte mit Salz und Brot empfangen.

In den nächsten drei Tagen wurde die Moskauer Bevölkerung durch prachtvoll ausstaffierte Herolde von den bevorstehenden Krönungszeremonien in Kenntnis gesetzt. Am Tag der Krönung befand sich bereits seit Morgengrauen ganz Moskau auf den Beinen. Um sieben Uhr begannen alle Glocken der Stadt zu läuten, und einundzwanzig Kanonenschüsse kündigten den Beginn des Dankgottesdienstes an. Der kaiserliche Baldachin wurde herbeigetragen und an der sogenannten Roten Treppe aufgestellt. Dann erschien das Kaiserpaar mit prächtigem Gefolge, schritt die Stufen hinunter, trat unter den Baldachin und ging zum Portal der Krönungskirche. Das »Gott schütze den Zaren« erklang,

und der Metropolit von Moskau begleitete das Paar zu seinen Plätzen, den Thronsesseln der allerersten Romanows. Auf roten Kissen lagen die Krönungsinsignien, zwei Kaiserkronen, zwei Purpurmäntel, das Zepter sowie Schwert, Standarte und Kette des Sankt-Andreas-Ordens. Bei der Krönung Alexander II. verkündete der Metropolit:
»Dieser sichtbare Schmuck ist das Symbol der unsichtbaren Krönung, die unser Herr Jesus Christus, König der Glorie, mit seinem Segen an dir als dem Oberhaupt des Volkes aller russischen Lande vollzieht, um dir die unumschränkte und höchste Gewalt über dein Volk zu übertragen.«
Und Alexander II. flehte zu Gott:
»Als erwählter Zar und höchster Richter beuge ich mich vor Dir, o Herr, und bitte Dich, mich in meinem Amt durch Deine Weisheit zu belehren und zu leiten.«
Der Dichter Fjodor Tjutschew, der sich unter die dichtgedrängte Menge auf dem Roten Platz gemischt hatte, notierte:
»Als ich nach vier Stunden des Wartens unseren armen, teuren Kaiser unter dem Baldachin nahen sah, die Krone auf dem Haupt, bleich und erschöpft, aber bemüht, auf die Zurufe des Volkes mit einem Blick zu antworten, fühlte ich, wie mir die Tränen in die Augen stiegen, und ich sagte mir im Grunde meines Herzens, daß niemals soviel Respekt auch soviel Mitleid gestattet.«
Noch waren die Festlichkeiten nicht zu Ende. Es folgten Bankette, und am späten Abend wurde die alte russische Hauptstadt prächtig illuminiert. Die Moskwa wurde von bengalischen Feuern erleuchtet, und Alexander II. blickte von einem Balkon des Großen Kremlpalastes auf ein blutrot beleuchtetes Moskau. Freudenfeuer! In den nächsten Tagen wurden die Festlichkeiten fortgesetzt. Es gab Bälle und Galavorstellungen sowie ein riesiges Volksfest mit Freibier und Gratismahlzeiten auf dem *Chodynka-Feld*. Vierzig Jahre später sollte sich hier – ebenfalls anläßlich einer Krönung – ein schreckliches Unglück ereignen.
Natürlich nahm an den Festlichkeiten in Moskau alles teil, was Rang und Namen hatte. Böse Zungen behaupteten, daß dabei der Repräsentant Frankreichs, der Herzog von Morny, einen unschicklichen Prunk entfaltet haben soll. Nur nebenbei: Morny brachte von dieser Reise eine Gattin mit nach Hause, die Fürstin Sophie Trubetzkoi. Politisch interessierte Beobachter schauten jedoch genau auf das Verhalten jener europäischen Abgesandten, deren Länder am Pariser Frieden beteiligt waren.
Wie bei Krönungsfeierlichkeiten üblich verteilte der Zar etliche Gnadenbeweise. Viele Verbannte, darunter auch noch lebende ehemalige

Dekabristen, konnten aus Sibirien zurückkehren. Sie erhielten ihre alten Rechte zurück. Teilnehmer des Krimkrieges, aus allen Volksschichten, wurden belohnt. Und die unter Alexander I. von Araktschejew eingerichteten Militärkolonien wurden endgültig aufgelöst.

Das Ende der Unterdrückung

Die Krönungsfeierlichkeiten waren vorüber, und Alexander forcierte – wenn auch nur langsam – das Reformwerk. Schon Nikolaus I. hatte eingesehen, daß Rußland mit der *Sklavenhalterei* brechen müsse, doch gegen Ende seines Lebens gestand er:
»Dreimal bin ich die Leibeigenschaft angegangen, und dreimal kam ich nicht weiter. Das ist ein Wink der Vorsehung.«
Alexander wußte sehr wohl um die Bemühungen seines Vaters, denn er hatte im Jahre 1848 selbst den Vorsitz eines der Geheimausschüsse übernommen, die sich mit der schrittweisen Aufhebung der Leibeigenschaft befassen sollten. Doch wenn schon Nikolaus I. mit seinem starken Willen an der Verschleppungstaktik der verschiedenen Gruppen gescheitert war, wie würde es dann erst dem weniger hartnäckigen Alexander ergehen?
Als eines der größten Hindernisse bei der Lösung der Bauernfrage stellte sich die große Masse des mittleren und niederen Adels heraus. In einem Land, in dem das Ansehen auch nach der Zahl der Seelen, das heißt der Leibeigenen, hochgerechnet wurde, war es natürlich äußerst pikant, an eine Aufhebung der Leibeigenschaft zu gehen. Nikolaus Gogol hat in seinen *Toten Seelen* ein vortreffliches Bild der Zeit und der russischen Gutsbesitzer gemalt.
Alexander hatte die Geheimausschüsse seines Vaters übernommen und ließ sie ihre Arbeit fortsetzen. Schier unlösbar schien die Frage für die Versammlungen, ob denn nun die Bauern, wenn sie aus dem Frondienst entlassen würden, Land bekommen müßten oder nicht. Ja, was würde es bedeuten, wenn der Adel auf Grundbesitz verzichten sollte? Wäre dadurch nicht der Ruin des ganzen Landes vorprogrammiert? Über diesen und anderen Überlegungen verlor Alexander langsam die Geduld. Er ließ seinen jüngeren Bruder Konstantin an allen Verhandlungen teilhaben und machte endlich die Bevölkerung darauf aufmerksam, was geplant war. Viele Bauern, fern der russischen Hauptstadt, erfuhren erst jetzt, daß es um ihre Zukunft ging. Im ganzen Land wurden regionale Ausschüsse eingerichtet, um die Anregungen der Gutsbesitzer zu sam-

meln und an eine *Zentralstelle für bäuerliche Angelegenheiten* weiterzuleiten.
Langsam ging die Arbeit voran. Doch endlich konnte Konstantin, der Bruder Alexanders und inzwischen Vorsitzender des Zentralausschusses, melden, daß sich die nötige Mehrheit für die geplanten Reformen gefunden habe. Man trat am 26. Januar 1861 zu einer letzten Sitzung dieses Ausschusses zusammen. Nikolaus selbst führte den Vorsitz, und er erklärte ohne Umschweife, daß er sich jedem neuen Aufschub oder Änderungen widersetzen werde.
»Ich wünsche, ich verlange und ich befehle, daß alles am 15. Februar beendet ist. Sie dürfen nicht vergessen, meine Herren, daß in Rußland die unumschränkte Gewalt die Gesetze ausarbeitet und veröffentlicht.«
Am 19. Februar 1861 unterzeichnete Alexander das Manifest über die Befreiung der Bauern. Man darf vermuten, daß Alexander selbst in der Einschätzung der gefundenen Vereinbarungen recht vorsichtig war, denn er wartete mit der Veröffentlichung bis zum 5. März. Dann war die Karnevalswoche vorüber, mancher Rausch ausgeschlafen, und man konnte sicher sein, daß es nicht zu hitzigen Reaktionen kam.
Wie sahen nun die Reformen aus? Betroffen waren 47 Millionen Bauern, bei einer Gesamtbevölkerung von 61 Millionen. Sie erhielten die persönliche Freiheit und die Rechte *freier Landbewohner*. Für eine Übergangszeit von zwei Jahren blieben der Frondienst und Abgaben noch bestehen, während der auch Einigung über die Ablöse erzielt werden konnte. Jeder Bauer hatte Anspruch auf das Haus, das er bewohnte, den Hof und den Landanteil, den er bislang bewirtschaftet hatte. Doch ganz abgesehen davon, daß diese Landanteile nicht überall gleich fruchtbar waren, so gehörte das erworbene Land noch lange nicht den Bauern selbst. 49 Jahre lang blieb es im Kollektivbesitz der Dorfgemeinde, des MIR, und mußte jährlich mit 5% Zins und Tilgung bezahlt werden.
Ahnungslos tappten viele Bauern in eine Falle, die reformfeindliche Kräfte in dem Gesetzeswerk untergebracht hatten. Die Bauern konnten auf einen Landkauf verzichten und statt dessen sofort ein Viertel der ihnen sonst zustehenden Fläche erhalten. Sonst nichts weiter. Nach diesem Köder griffen nur allzu viele und brachten sich an den Bettelstab. Man nannte diese *Viertel* deshalb auch *Bettleranteil*. Doch auch die anderen, die sich zur Zinszahlung entschlossen, hatten in Wahrheit keine wirtschaftlichen Vorteile. Die erworbenen Landstücke waren so klein, daß sie kaum eine Familie ernähren konnten. Die Zinsen waren hoch, und viele Bauern sahen sich veranlaßt, noch Land dazuzupachten, was ihre Abhängigkeiten noch mehr erhöhte. Eine einzige Mißern-

te, und die traten in Rußland mit konstanter Regelmäßigkeit auf, konnte den vollständigen Ruin bedeuten. Und die Landbevölkerung wuchs ständig.
Diese Folgen sah niemand voraus. Dennoch bedeutete die Aufhebung der Leibeigenschaft einen großen Fortschritt und einen moralischen Sieg über alte Bärte und Privilegien. Doch um welchen Preis?
Der Reformeifer des Zaren wurde keineswegs überall so gewürdigt, wie er es sich wünschte. Aber er fuhr fort, wenn auch sichtlich angestrengt, seinem Land ein anderes Gesicht zu geben.
Im Zusammenhang mit der Aufhebung der Leibeigenschaft war auch eine Reform der Verwaltung und der Rechtspflege notwendig geworden. Ganz besonders einschneidende Veränderungen vollzogen sich in der Rechtsprechung, die nach den Worten Alexanders »rasch, barmherzig und für alle gleich« sein sollte. Die Justizgesetze, die vom Zaren im November 1864 unterzeichnet wurden, gehörten zu den modernsten in ganz Europa. Prozesse mußten öffentlich vor unabhängigen Richtern verhandelt werden. Strafsachen kamen vor ein Schwurgericht, auf dessen Geschworenenbank auch Vertreter aus den unteren Bevölkerungsschichten saßen. Den Angeklagten stand ein Verteidiger zu, und Voruntersuchungen wurden nicht mehr von der Polizei, sondern von Untersuchungsrichtern geführt. Für kleinere Rechtsprobleme waren Bezirksgerichte oder Friedensrichter zuständig. Innerhalb kurzer Zeit gelang es in Rußland, einen Berufsstand zuverlässiger Richter aufzubauen und auch die Bestechlichkeit der Justiz fast auszurotten. Diese Justizreform bewährte sich so nachhaltig, daß bis zum Ende der Monarchie kaum Veränderungen notwendig wurden.
Bereits seit 1859 wurde auch eine Verwaltungsreform vorbereitet, die vor allem auf die Einrichtung lokaler Selbstverwaltungen zielte. In den russischen Gouvernements und Kreisen wurden als Träger der Selbstverwaltung sogenannte SEMSTWA eingerichtet, Körperschaften, die aus gewählten Vertretern des Adels, der Städter und der Bauern bestanden. Daß der Adel aufgrund des Wahlrechts die Mehrheit besaß, war zwar noch ein Übel, doch welch ein Fortschritt, daß auch die Bauern in Entscheidungen einbezogen wurden. Selbst wenn die Entscheidungen nur von lokaler Bedeutung waren, eine derartige Verwaltung ermöglichte eine allmähliche Befreiung vom übergeordneten St. Petersburg.
Alexander hatte bedeutende Schritte vorwärts getan, auch wenn diese zu Lasten seiner Gesundheit gingen. Sein Asthmaleiden hatte sich verschlimmert, und der ständige Kampf gegen Opportunisten, gegen die Anhänger antiquierter russischer Privilegien und Prinzipien forderte

ihn mehr als einmal zu Wutausbrüchen heraus. Und sein Privatleben begann sich immer mehr zu verwirren.
Nicht im Traum hatte Alexander daran gedacht, daß der erste große Schlag gegen ihn aus Warschau kommen würde. Hatte er nicht den Polen eine Art Selbstverwaltung gegeben, Privilegien, die sein Vater Nikolaus abgeschafft hatte, wieder eingeführt? Hatte er nicht auch die Polen in seine Krönungsamnestie eingeschlossen?
Als er jedoch Ende 1860 Warschau besuchte, da wurde er bei verschiedenen Gelegenheiten mit Pfiffen empfangen. Alexander II. ärgerte sich zwar darüber, doch er maß solchen Stimmungen zunächst keine größere Bedeutung bei. »Ich habe Polen nicht erobert, ich habe es geerbt, und es ist meine Pflicht, das Land zu erhalten. Ich bin überzeugt, für Polen alles getan zu haben, was in meiner Macht stand.« Das war seine Überzeugung.
Alexander hatte wenig Verständnis dafür, daß sich die Polen, auch diejenigen, die in der Emigration lebten, unter Befreiung etwas anderes vorstellten als eine Demokratisierung der Verwaltung. Nationale Unabhängigkeit, was konnte das schon bedeuten? Im Februar 1861 kam es zu Unruhen in Warschau, gegen deren Anstifter Alexander zunächst äußerst hart vorgehen wollte. Doch dann hörte er auf Stimmen seiner Umgebung, die zur Vorsicht rieten. Alexander konnte den polnischen Magnaten Alexander Wielopolski zur Zusammenarbeit überreden und stattete ihn mit etlichen Befugnissen aus. Wielopolski war ein besonnener Mann, dem sicher auch eine Lösung der »polnischen Frage« gelungen wäre, hätten sich nicht die patriotischen Geister schon über die Maßen erhitzt. Sie sahen in Wielopolski einen Verräter, einen Handlanger des russischen Zaren.
Die Demonstrationen und subversiven Aktionen gegen das Zarenregime dauerten an. Auch die harten Gegenmaßnahmen des neuen Statthalters Graf Lüders brachten keine Ruhe. Es half auch nichts, daß Wielopolski zum Chef der polnischen Zivilverwaltung ernannt wurde und Großfürst Konstantin, der Bruder Alexanders, zum Vizekönig, das heißt zum Statthalter aufstieg. Beide entgingen im Sommer 1862 nur ganz knapp einem Attentat.
Wielopolski hatte die unglückliche Idee, junge »Revolutionäre« in die Armee zu stecken, damit sie auf andere Gedanken kämen. Doch sie flohen in die Wälder und begannen einen blutigen Partisanenkrieg. Am 22. Januar 1863 brach in Warschau der Aufstand aus, und bald waren ganz Polen und Litauen in Aufruhr. Lange hatten die polnischen Patrioten auf französische Hilfe gehofft, nicht nur weil viele ihrer Landsleute in Frankreich im Exil weilten, sondern weil Napoleon III., ein

Freund der Nationalitätenpolitik, bislang die fortschrittlichen polnischen Emigrantenparteien unterstützt hatte. Die Enttäuschung war groß, als es bei französischen Protestnoten an die Adresse Petersburgs blieb, in denen Alexander wiederum eine Einmischung in seine Angelegenheiten sah.
Konstantin wurde aus Warschau abberufen, und an seine Stelle trat Graf Berg, der in seinem Vorgehen gegen die Aufständischen nur noch von Michail Nikolajewitsch Murawjow übertroffen wurde. Murawjow, der von Alexander in das rebellische Litauen geschickt worden war, erwarb sich in kürzester Zeit den Beinamen »der Henker«. Deportationen, Todesurteile, Gefängnisstrafen ... dazu eine gezielte »Russifizierung« ... Schließung unzähliger Kirchen und Klöster ... und das alles im Sinne Alexanders, der so hoffnungsvoll, ja milde begonnen hatte! Waren die Zeiten eines Nikolaus I. zurückgekehrt? Der Vergeltungszug gegen die polnischen und litauischen Aufständischen schadete nicht nur dem Ansehen Alexanders erheblich, sondern brachte ganz Rußland in eine mißliche Lage. England und Frankreich stellten sich eindeutig auf die Seite der polnischen Aufständischen, was wiederum in russischen reaktionären Kreisen große Empörung hervorrief.
Doch so richtig verstand man in Rußland diese polnische Aggression nie. Die Liberalen fühlten zwar instinktiv, daß der Ruf nach Freiheit berechtigt war nach all dem, was Polen in der Vergangenheit erdulden mußte, aber der offene Haß gegen alles Russische verstörte sie. Natürlich konnten sie die blutige Arbeit eines Murawjow nicht gutheißen, gaben dem Zaren die Schuld, daß er ruhig zugesehen habe, wie sein Henker in Litauen wütete; gleichzeitig aber sahen sie durch revolutionäre Umtriebe im Westen Rußlands Grenzen in Gefahr. Und war nicht der Feind schon im eigenen Land?
Am 4. April 1866 ereignete sich in St. Petersburg Ungeheuerliches. Der französische Gesandte berichtete nach Hause:
»Der Kaiser ist gestern einer großen Gefahr entronnen. Am Nachmittag gegen vier Uhr verließ Seine Majestät den Sommergarten, wo er seinen täglichen Spaziergang gemacht hatte. Der Herzog von Leuchtenberg und seine Schwester, die Prinzessin von Baden, die ihn begleiteten, hatten sich soeben vom Kaiser verabschiedet. Einer der beiden Polizeibeamten, die immer beim Eingang stehen, reichte ihm seinen Mantel. Indessen hatten sich einige Leute aus dem Volk und ein paar Individuen in bürgerlicher Kleidung angesammelt. Plötzlich zog einer von diesen aus der Tasche seines Überziehers eine doppelläufige Pistole und richtete sie auf Seine Majestät. Ein *Muschik*, der neben ihm stand, bemerkte es, stieß einen Schrei aus: ›Was tust du da?‹, streckte die Hand

aus und hob den Lauf der Waffe, so daß der Schuß in die Luft ging. Die Kugel aber kam so nahe an der Wange des Kaisers vorüber, daß er ihr Pfeifen hörte. Die Menge stürzte sich auf den Attentäter, der keine Zeit fand, den zweiten Schuß abzugeben, und hätte ihn sein Verbrechen wahrscheinlich auf der Stelle ohne das Eingreifen des Kaisers büßen lassen, der ausdrücklich verbot, ihm auch nur das Geringste anzutun. ›Warum nehmt ihr mich fest‹, rief der Mann, ›ich setze mich für euch ein. Ich bin ein Bauer. Der Kaiser hat euch getäuscht, er hat euch zuwenig Land gegeben.‹«

Der Attentäter war kein Bauer. In seinen Manteltaschen fand man Papiere, die zeigten, daß er mit größter Wahrscheinlichkeit kein Einzeltäter sein konnte. Alle Spuren wiesen darauf hin, daß der Student Karakosow einem der neuen Geheimbünde angehörte. Bevor die Untersuchungen dieser verwerflichen Tat begannen, konnte sich Alexander II. am Jubel seiner Untertanen erfreuen, und er nutzte mutig jede Gelegenheit öffentlicher Auftritte.

Der französische Gesandte berichtete auch über die Person des Zarenretters nach Paris: »Er ist erst zwanzig Jahre alt, klein, blond, schmächtig und schwächlich und sieht kränklich aus. Sein übrigens recht intelligentes Gesicht bewahrt in der allgemeinen Begeisterung stets einen unbeteiligten, melancholischen Ausdruck ... Seine Bildung, wenn ich diesen Ausdruck anwenden darf, ist durchaus noch nicht vollendet. Weiße Wäsche und ein weiter Gehrock sind an die Stelle seines roten Hemdes und seines Tulups, seines Schafpelzes, getreten, doch die derben Stiefel eines Muschiks hat er beibehalten. Er ist Vater eines kleinen Kindes. Seine Frau scheint die Bürde ihres Glücksfalles besser zu ertragen als er. Sein Vater und seine Mutter waren wegen schlechter Aufführung in Sibirien. Seine beiden Brüder waren zu den Soldaten eingezogen worden. Er kann weder lesen noch schreiben. So sieht, mit ein paar Worten, Herr Minister, der neue Edelmann aus, den der Kaiser soeben in seinen Adel aufgenommen hat, in einer spontanen Anwandlung, die, wie ich mich zu sagen beeile, dem Herzen des Herrschers alle Ehre macht ...«

Der französische Gesandte scheint zwar sehr gut informiert, doch wichtige Informationen behielt er für sich. Komissarow, der Zarenretter, war ein Hutmachergeselle, der anläßlich seines Namensfestes von seinem Meister einen freien Tag geschenkt bekommen hatte. Er verbummelte den Tag und geriet zufällig in jene Ereignisse, aus denen er als Held hervorging. Alexander II. verlieh ihm den Adelstitel; doch Rußland zeigte sich noch dankbarer. Allein die Stadt Moskau schenkte dem Retter eine gigantische Summe. Überall sammelte man, um Komissarow

noch mehr Geld zukommen zu lassen. Man schleppte den Ärmsten, der schon ganz verwirrt war, von einem Empfang zum anderen, veranstaltete ihm zu Ehren Bankette, überhäufte ihn mit Geschenken. Jeder, der etwas auf sich hielt, schmückte sich mit dem armen Toren. Doch der wurde bald mitsamt seiner Familie in die Provinz abgeschoben, wo seine alkoholischen Exzesse weniger auffielen.
Was wurde aber aus dem Attentäter? Aus welchen Kreisen stammte er? Blättern wir zurück.
Alexanders Vater Nikolaus I. hatte seine Regierungszeit inmitten eines ersten großen Kräftemessens zwischen Autokratie und »Revolution« begonnen. Der Dekabristenaufstand von 1825 war, wenn auch kaum organisiert, nicht der Aufstand irgendwelcher rebellischer Seelen, sondern das Ergebnis enttäuschter romantischer Träume. Die Rädelsführer, Intellektuelle und Angehörige der vornehmsten Familien, waren nach Sibirien geschickt worden. Alexander II. hatte sie anläßlich seiner Krönung, begnadigt. Das Polizeiregime der letzten vierzig Jahre hatte zwar dem Innern des Landes weitgehende Ruhe gebracht, doch dies bedeutete noch lange nicht, daß damit auch jegliches Andersdenken erloschen war. Bereits in den dreißiger Jahren hatten sich verschiedene Gruppierungen, vor allem unter Studenten, gebildet, die mit Begeisterung die Schriften Schellings und Hegels lasen. Namen wie Alexander Herzen und später Michael Bakunin, der Begründer des Anarchismus, standen ebenso für oppositionelle Richtungen wie dann die Nihilisten, denen Iwan Turgenjew in seinem Roman »Väter und Söhne« ein Denkmal setzte. Vielfältig und verwirrend waren zwar die idealistischen Ziele der Jugend, doch nur wenige schritten zur Tat. Sie waren ganz von dem Gedanken beherrscht, nicht nur Altes niederzureißen, sondern auch Neues aufzubauen. Die »Narodniki« mischten sich unters Volk, verzichteten auf Annehmlichkeiten und arbeiteten als Lehrer, Ärzte, Krankenpflegerinnen, um das »wirkliche« Leben kennenzulernen. Die meisten dieser jungen Leute waren besonnen und kamen aus besseren Kreisen; Fanatiker, die sich von der Vernichtung des Zaren eine schlagartige Verbesserung der sozialen Lage in Rußland erhofften, waren eher selten.
Karakosow war solch ein Fanatiker. Er gehörte einer kleinen Untergrundgruppe an der Moskauer Universität an; das Attentat wurde von seinen Freunden jedoch nicht gebilligt.
Karakosow mußte lange, quälende Verhöre über sich ergehen lassen. Und niemand anderes als Michael Murawjow, der *Henker von Litauen*, leitete die Untersuchung. Karakosow wurde zum Tode verurteilt, seine Freunde zu Zwangsarbeit. Jeder, der mit dieser Angelegenheit zu tun

hatte, dachte fest daran, daß Alexander auch Karakosow begnadigen und nach Sibirien schicken würde. Bislang hatte der Zar alle Todesurteile aufgehoben. Doch in diesem Falle blieb er hart.
Wieder berichtete der französische Gesandte.
»Da in Sankt Petersburg seit langem keine Hinrichtung mehr stattgefunden hatte, ließ die Behörde den Henker aus Wilna kommen, damit er seinem weniger erfahrenen Kollegen in der Hauptstadt behilflich sei. Der Verurteilte ist angesichts einer riesigen Volksmenge mutig auf das Schafott gestiegen. Auf der Plattform angelangt, hat er alles widerstandslos mit sich geschehen lassen, nachdem er vorher niedergekniet war und sein Gebet verrichtet hatte.«
Es blieb nicht verborgen, daß Karakosows Anschlag die Tat eines einzelnen war. Von einer Verschwörung konnte keine Rede sein, dennoch unterstützte Alexander alle Bemühungen, nach den Wurzeln solcher Übel zu suchen. Und die waren schnell an den Universitäten und bei jenen Studenten gefunden, die im Ausland sozialistische Ideen aufschnappten. Das erste Opfer restriktiver Maßnahmen war deshalb der Unterrichtsminister. Dann wurde der Chef der Gendarmerie ausgetauscht. Alexander beabsichtigte, die Zügel generell anzuziehen.
»Um den endgültigen Erfolg der Maßnahmen sicherzustellen, die gegen die unheilvollen Lehren ergriffen worden sind, die sich in unserer Gesellschaft ausgebreitet haben und die darauf abzielen, die fundamentalen Grundlagen der Religion, der Sittlichkeit und der öffentlichen Ordnung zu erschüttern, müssen alle Chefs der großen Staatsverwaltungen die Mitwirkung der konservativen Elemente im Auge behalten, dieser lebendigen und gesunden Kräfte, deren Quelle Rußland zu allen Zeiten gewesen und, Gott sei gedankt, auch heute noch ist. Diese Elemente finden sich in allen Klassen der Gesellschaft, denen teuer sind: die Rechte des Eigentums, des Grundbesitzes, der durch das Gesetz verbürgt und bestätigt wird, die öffentlichen Rechte, die auf das Gesetz gegründet sind und von diesem definiert werden, die Grundsätze der öffentlichen Ordnung und Sicherheit, die Grundsätze der Einheit und ständigen Wohlfahrt des Staates, die Grundsätze der Moral und die heiligen Wahrheiten der Religion.«
Dies schrieb Alexander II. und beendete damit jene Regierungsjahre, die man durchaus als Jahre des »Liberalismus« bezeichnen kann. Die Reaktion triumphierte, und fortschrittliche Geister verstanden die Welt nicht mehr und noch weniger den Zaren. Minister, die an den ersten Reformen mitgearbeitet hatten, wurden entlassen und durch Reformgegner ersetzt. Die Gefängnisse füllten sich wieder in erschreckendem Maße, und Spitzel waren wieder sehr gefragt.

Offiziell gab es auch keine Geheimbünde mehr, keine »revolutionären« Studenten. Aber sie existierten noch und wußten, daß ihre Zeit kommen würde.

Der Zar privat

Als der Student Karakosow seine Pistole auf Alexander richtete, war dieser gerade zehn Jahre auf dem Zarenthron. Und in diesen zehn Jahren – so Zeitzeugen – soll er sich sehr verändert haben.
Eine Hofdame, die viele Jahre in der engsten Umgebung der kaiserlichen Familie gelebt hatte, notierte:
»Im Mannesalter sah er gut aus, trotz seiner etwas fülligen Gestalt. Seine Züge sind regelmäßig, seine großen blauen Augen sind wenig ausdrucksvoll, sobald er sich anstrengt, eine gravitätische und majestätische Haltung anzunehmen. Was seinem Vater angeboren war, wird bei ihm zur Pose. Im engen Kreis jedoch, wenn er er selbst wird, hellt sich sein Gesicht durch ein sanftes, gutes und freundliches Lächeln auf, das es überaus sympathisch macht. Als er noch Erbprinz war, herrschte dieser Ausdruck vor. Später aber wollte er sich ein strenges, imponierendes Aussehen geben und erreichte damit nur eine schlechte Nachahmung seines Vaters.«
Und nach dem Attentat schrieb der französische Gesandte:
»Die Russen geben zu, daß sich eine große und bedauernswerte Veränderung bei Seiner Majestät vollzogen hat, deren Stimmung jetzt weniger ausgeglichen ist und oft in Melancholie verfällt. Die Gesichtszüge sind schlaff und abgemagert, ihr Ausdruck ist streng und sorgenvoll. Ich bin geneigt zu glauben, daß sein Gemüt durch das Attentat eine Erschütterung erfahren hat, von der sich zu erholen eine verschlossene Seele wie die seine einige Mühe haben muß.«
Und später, als sich die Anschläge auf das Leben des Zaren häuften, als er immer öfter unter Asthmaanfällen zu leiden begann, da bemerkte die Welt einen vom »Schicksal geschlagenen« Mann. Er fraß alle Bitternis in sich hinein, gönnte sich keine Ruhe und offenbarte immer mehr seine große Schwäche, mit Widerständen nicht fertig werden zu können.
Am Anfang seiner Ehe mit Marie von Hessen-Darmstadt war wenigstens sein Privatleben in Ordnung, fand er Halt und Zuflucht bei seiner Frau, die er aufrichtig liebte. Doch die Idylle zerbrach. Maria Alexandrowna verblühte schnell, häufige Krankheiten wechselten mit ausge-

dehnten Kuraufenthalten im Ausland; sie wurde nörglerisch und wollte in vielen Dingen russischer sein als die Russen. Aber sie hörte nie auf, ihren Mann zu lieben. Doch der Zar suchte längst Abwechslung. Zunächst in flüchtigen Abenteuern, bis ihm Mitte der sechziger Jahre ein junges Mädchen begegnete: Katharina Dolgorukaja. Sie war achtzehn, er sechsundvierzig. Eine Liebesgeschichte begann.

Im April 1865 war der Zarewitsch, Alexanders ältester Sohn Nikolaus, überraschend in Nizza gestorben, kurz vor seiner Verlobung mit der Prinzessin Dagmar von Dänemark. Vater und Mutter hatten große Hoffnungen auf ihn gesetzt, und er hatte eine ausgezeichnete Erziehung erhalten. Er kränkelte schon längere Zeit, doch niemand erkannte, daß der Kronprinz Tuberkulose hatte. Sein jüngerer Bruder Alexander, der spätere Alexander III., nahm seinen Platz ein und heiratete sogar die Braut seines verstorbenen Bruders.

Trotz dieses Schicksalsschlages mußte das Leben der Zarenfamilie weitergehen, und es gab – neben Alexander – vier andere Söhne und eine Tochter. Mit dieser doch sehr umfangreichen Familie bezog Alexander II. in den Sommermonaten das Schloß in Liwadija auf der Krim. Er hatte es 1860 von der Familie Potocki gekauft und erweitern lassen. In Liwadija entschieden später Stalin, Roosevelt und Churchill über das künftige Schicksal Europas.

Der Tod des Thronfolgers, das überstandene Attentat ... Alexander wirkte auf die junge Katharina Dolgorukaja so unglücklich, daß sie im Juli 1866 ihren bislang hartnäckigen Widerstand aufgab und die Geliebte des Zaren wurde. Sie blieb ihm bis an sein Lebensende treu ergeben. Es wird erzählt, daß Alexander Katharina kennengelernt hatte, als diese noch ein Kind war. Nachdem Katharina das berühmte Smolny-Institut für Adelstöchter absolviert hatte, zog sie ins Haus eines ihrer Brüder in Petersburg. Und hier geschah es im Sommergarten, daß sich Alexander und Katharina wiedersahen.

Die Liaison der beiden blieb natürlich nicht lange verborgen. Doch da Katharina außergewöhnlich zurückhaltend war, gewöhnte man sich daran. Und wenn der Zar außerhalb von Petersburg weilte, dann mietete sie sich irgendwo in der Nähe ein. Auch die Zarin wußte natürlich von der Geliebten ihres Mannes, und nach ersten bitteren Tränen soll sie – so manche Zeitgenossen – das Verhältnis geduldet haben. Ihr war es lieber, so klatschte man, den Mann mit nur einer zu teilen als mit mehreren. Katharina schenkte Alexander drei Kinder, den Sohn Georg und zwei Töchter.

Als Maria Alexandrowna, Alexanders Gattin, im Jahre 1880 starb, heiratete der Zar seine Geliebte. Sie wurde zur Fürstin Jurjewskaja. Sie

lebte in einer luxuriösen Wohnung im Winterpalast, und Alexander verbrachte jede freie Minute bei ihr und den gemeinsamen Kindern.
Natürlich gab es auch böse Zungen, die behaupteten, Katharina habe Alexander negativ beeinflußt und zu Entscheidungen gedrängt, die er gar nicht wollte. Sicher ist, daß sie ein Segen für Alexanders schwankenden Charakter war. Nie trat sie öffentlich in Erscheinung, es sei denn, der Zar wünschte es ausdrücklich.
Und da war auch noch die umfangreiche liebe oder gar nicht so liebe Familie. Es ist beeindruckend, wieviel Romanows es zur Zeit Alexanders gab; alle Großfürsten, die Brüder, Onkel, Vettern und Neffen des regierenden Monarchen. Und er selbst hatte etliche Kinder, die wiederum Kinder zeugten. Man kann es kaum fassen. Vor einhundert Jahren waren die *echten* Romanows so gut wie ausgestorben, es lebten nur noch irgendwelche Bastarde. Doch nie war eine Dynastie so lebendig gewesen. Der Kinderreichtum hatte mit Paul I. angefangen, und auch Nikolaus I. sowie der jetzt herrschende Alexander hatten zahlreiche Nachkommen. Mit fast allen europäischen Fürstenhäusern waren die Romanows inzwischen verwandt und verschwägert. Die meisten Verbindungen führten jedoch nach Deutschland, geradeso als ob ein ungeschriebenes Hausgesetz der Dynastie diese Wege vorschriebe. Nur Alexander III. tanzte aus der Reihe, indem er die Braut seines verstorbenen Bruders, Dagmar von Dänemark, zur Frau nahm.
Natürlich waren alle Mitglieder der Zarenfamilie, im engeren und im weiteren Sinne, wohl versorgt. Alle hatten sie ihre Ämter und Pöstchen in der Verwaltung oder beim Militär, die sie mehr oder weniger engagiert ausübten. Ganze Schwärme adliger Nichtstuer suchten ihre Gesellschaft, und Skandale waren an der Tagesordnung. Und da Alexander II. selbst nicht zu den strengen Hütern der romanowschen Hausdisziplin gehörte, sahen seine Verwandten keinen Grund, päpstlicher als der Papst zu sein. Es wurde fast zu einem Sport, die üppigen Apanagen in Paris, in Baden-Baden oder am Genfer See durchzubringen. Und viele Aristokraten taten es den ganz hohen Herren und Damen gleich. Die russische Aristokratie eroberte sich einen zweifelhaften Ruf in ganz Europa. Natürlich gab es wie immer auch Ausnahmen, doch die Beobachtungen der Hofdame Tutschewa sind sehr treffend:
»Bei uns gibt es zwei Sorten gebildeter Leute. Die einen gehen aus Notwendigkeit zu mondänen Empfängen, lesen russische Zeitungen und kritisieren, ohne zu überlegen, die Abschaffung der Leibeigenschaft und die Pressefreiheit... Die anderen lesen ausländische Zeitungen, außer wenn sie gar nichts lesen. Jeden Abend besuchen sie einen Ball oder eine Gesellschaft, es wäre denn, daß sie in einem französi-

schen Restaurant speisen. Jeden Winter begeistern sie sich aufs gewissenhafteste für die Primadonna oder den Tenor der italienischen Oper. Bei der Eröffnung der Schiffahrt reisen sie mit dem ersten Schiff in einen deutschen Kurort und finden schließlich in Paris ihr Gleichgewicht wieder.«

So war es: alles in allem zeigte sich ein Großteil der Aristokratie, und damit ist auch die Umgebung des Zaren gemeint, als perfekte Europäer; das Land, in dem sie wohnten, kannten sie jedoch nicht. Was wirklich in Rußland vor sich ging, das machten ihnen nicht selten erst Schrekkensmeldungen klar.

Der russische Bär zeigt Zähne

Auch wenn Rußland mit Europa in Frieden lebte, so heißt das noch lange nicht, daß die imperialistische Politik vom Zaren ganz aufgegeben wurde. Die russischen Blicke waren nur nicht nach Westen, sondern nach Osten, nach Zentralasien und schließlich auf den Balkan gerichtet.

Russische Truppen besetzten den nördlichen Teil der Insel Sachalin, und durch Vertragsverhandlungen kam man in den Besitz des Gebiets nördlich des Amur. Die Stadt Chabarowsk wurde gegründet. Wenig später fiel ein Teil des Ussurigebiets an Rußland. Es entstand ein Flottenstützpunkt, der den Namen Wladiwostok erhielt. Diese Eroberungen, die fast völlig unblutig verliefen, gingen auf das Konto des Generalgouverneurs von Ostsibirien, Nikolaj Murawjow. Er war äußerst geschickt, auf eigene Faust Verträge auszuhandeln und abzuschließen, und stellte mehr als einmal den Herrn in Petersburg vor vollendete Tatsachen. Alexander tolerierte diese Aktionen und verlieh Murawjow den Titel eines Grafen Amurskij.

Mit Japan war eine gemeinsame Verwaltung der Insel Sachalin vereinbart worden. Diese Vereinbarung hielt zwanzig Jahre. Dann, 1875, mußten die Japaner den südlichen Teil der Insel gegen die Kurilen eintauschen.

Erstaunlich leicht trennten sich die Russen von Alaska, das seit 1741 von Pelztierhändlern aufgesucht worden war, aber nie eine systematische Kolonisierung erfuhr. Auch nach der Gründung der Russisch-Amerikanischen Kompanie (1799) kam es hier zu keinem Aufschwung. Man sah im fernen Petersburg ein, daß es allergrößter Anstrengungen bedurft hätte, dieses Gebiet auf Dauer gegen die Amerikaner und auch gegen die Engländer zu halten. Am 18. Oktober 1867 war der Verkauf perfekt. Alaska und die Aleuten wechselten für eine Summe von 7,2 Millionen Dollar den Besitzer.

Auch in Südostasien fanden große Veränderungen statt. Hier setzten ehrgeizige Militärs in zum Teil selbständigen Unternehmungen die Expansionspolitik fort, die unter Nikolaus I. begonnen worden war. Taschkent und Samarkand wurden eingenommen; Buchara und Chiwa kamen unter russische Oberhoheit, die erst nach 1917 wieder aufgehoben wurde. Bis an die Grenzen von Persien und Afghanistan stieß man vor; jeder weitere Schritt hätte jedoch zu einem Eingreifen Englands geführt, das Indien bedroht sehen mußte. Und England beobachtete jede russische Aktion mit größtem Mißtrauen. Denn seit die russischen Schiffe wieder das Schwarze Meer befahren durften, als Gegenleistung für die russische Neutralität im Deutsch-Französischen Krieg 1870, fürchtete man ein plötzliches Auftauchen der russischen Flotte im Mittelmeer.

Im Oktober 1873 hatten sich die drei Monarchen Alexander II., Wilhelm I. und Franz Joseph verpflichtet, den europäischen Frieden aufrechtzuerhalten. Dieses Dreikaiserbündnis hielt jedoch nicht lange, wurde zwar 1881 erneuert, doch die Gräben zwischen den Vertragspartnern waren sehr tief geworden.

Im Jahre 1875 begann ein Vulkan zu brodeln, der bislang unter den starken Fesseln der türkischen Herrschaft zwar immer mal wieder gegrollt hatte, aber nie zum Ausbruch gekommen war: der Balkan. Die südslawischen Völker setzten ihre Hoffnung auf Rußland, von dem sie eine Befreiung vom Türkenjoch erwarteten.

Die panslawistische Idee beflügelte sie. Schwere Mißernten sowie die unmäßig drückende Steuerlast hatten die Balkanvölker ins Elend gestürzt. In Bosnien und Herzegowina brachen Aufstände aus, die blutig unterdrückt wurden; Serbien und Montenegro begannen sich zu bewaffnen und erklärten der Türkei im Sommer 1876 den Krieg. Russische Freiwillige, Anhänger der panslawistischen Idee, eines Zusammenschlusses aller slawischen Völker, unterstützten die Aktionen. Alexander beteuerte immer wieder, daß er einen solchen Krieg ablehne, doch man glaubte ihm in Europa nicht. Auch wenn er selbst alles versuchte, den Frieden in Mitteleuropa zu retten, so wurde doch Rußland geradezu von einer Hysterie ergriffen. Abertausende Freiwillige strömten ihren slawischen Brüdern auf dem Balkan zu Hilfe; Gelder wurden gesammelt, Medikamente und Ärzte ins Krisengebiet geschickt. Der »heilige Krieg zur Befreiung der Brüder« hatte fast alle russischen Gesellschaftsschichten ergriffen. Nur durch allerstrengste Maßnahmen hätte Alexander das Ruder noch an sich reißen können, doch er konnte sich nicht durchringen.

Am 14. April 1877 erklärte er der Türkei den Krieg. Er sollte neun Monate dauern. Danach standen russische Truppen nach vielen herben Verlusten kurz vor Konstantinopel. Mehrfach hatte England gedroht, in den Krieg einzugreifen, sollte es den Russen gelingen, Konstantinopel zu erobern. Als englische Kriegsschiffe im Marmarameer auftauchten, entschloß sich Alexander zu Friedensverhandlungen. Der Balkan wurde neu geordnet, doch von Dankbarkeit der neu entstandenen südslawischen Länder konnte keine Rede sein. Und auch in Rußland selbst war die Stimmung von Euphorie für die slawische Sache in Empörung und Resignation umgeschlagen. Außer Blutvergießen hatte Rußland nichts von seinem Einsatz gehabt. Kleinere Gebietsgewinne zählten für die öffentliche Meinung nicht.

Das Attentat

Rußland, welch ein Land! Die Begeisterung für die Befreiung der slawischen Brüder auf dem Balkan hatte für eine kurze Zeit von Unruhen und revolutionären Umtrieben im eigenen Land abgelenkt. Ja, man nutzte die Zeit, um von höchster Stelle aus bereits eingekerkerten Revolutionären den Prozeß zu machen. Es waren vor allem *Narodniki*, gegen die man vorging, jene zunächst harmlosen Volksaufklärer, deren Gruppen aber zunehmend von radikaleren Kräften unterwandert worden waren.

Zu Anfang des Jahres 1878 hatte eine junge Frau, Wera Sassulitsch, auf den Petersburger Polizeipräfekten geschossen und ihn schwer verletzt. Während ihres Prozesses trat sie als Anklägerin der herrschenden Polizeimethoden auf und wurde freigesprochen. Man jubelte ihr zu und feierte sie als Lichtgestalt. Sie entzog sich möglichen Repressalien durch die Flucht ins Ausland, doch ihr Beispiel machte schreckliche Schule.

In mehreren Städten wurden Attentate verübt, die vor allem gegen die Polizei gerichtet waren. Am 2. April 1879 wurden drei Schüsse auf Alexander II. abgegeben, die jedoch nicht trafen. Der Täter, ein Lehrer, wurde hingerichtet. Die Attentate nahmen kein Ende. Auf den Eisenbahnzug des Zaren wurde ein Sprengstoffanschlag verübt, doch es wurde glücklicherweise nur der Gepäckwagen getroffen, weil kurz zuvor die Fahrpläne geändert worden waren. Im Keller des Winterpalais de-

tonierte im Februar 1880 eine Dynamitladung und richtete erheblichen Schaden an. Der Zar blieb unverletzt. Mehrere Gardesoldaten kamen ums Leben.
Offensichtlich war die Polizei nicht mehr imstande, das Haus des Zaren und seine Bewohner, zu denen auch Katharina Dolgorukaja seit einer Weile gehörte, zu beschützen. Alexander handelte und setzte eine *Oberste Kommission* ein, die gegen den Terrorismus Mittel und Wege finden sollte. An der Spitze dieser Kommission stand Michail Loris-Melikow, ein besonnener Mann, der nun selbst zum Ziel von Schützen wurde. Melikow ging konsequent gegen radikale Zeitgenossen vor, während er liberal gesinnte verschonte und aus den Gefängnissen entließ. Das Rezept schien aufzugehen, zumal er auch noch anregte, untaugliche Minister zu entlassen. Fast schien es so, daß dieser Mann in kürzester Zeit jene Zeiten wiederherstellte, die den Regierungsantritt Alexanders so erfreulich gestaltet hatten, Zeiten der Reformen. Eine Verfassung wurde in Angriff genommen, die Rußland ein großes Stück einer parlamentarischen Monarchie näher gebracht hätte. Alexander war mit den Entwürfen einverstanden und unterzeichnete sie.
Am Tag der Unterzeichnung wurde ein junger Mann festgenommen, der als Terrorist bekannt war. Die Polizei ahnte nicht, daß er zu einer Gruppe junger Leute gehörte, die gerade ein Attentat auf Alexander vorbereitete. Seine Verhaftung ließ die anderen schnell handeln.
Es war ein Sonntag, der 1. März 1881. Alexander nahm wie immer an der Wachablösung der Garde im Ingenieurspalais teil. Er soll ausgesprochen heiterer Laune gewesen sein, hatte sich doch in den letzten Wochen einiges zum Guten gewendet. Als er am Nachmittag zum Winterpalais zurückfuhr, flog eine Bombe unter den Wagen und tötete zwei Männer der Begleitmannschaft. Offiziere hatten den Attentäter gefaßt, und Alexander, dem nichts passiert war, wollte mit dem jungen Mann sprechen. Da detonierte unmittelbar neben ihm eine zweite Bombe. Blutüberströmt brach der Kaiser zusammen, ein schreckliches Bild. Um ihn herum lagen an die zwanzig Schwerverletzte und Tote. Alexander, dessen Beine völlig zermalmt waren, wurde ins Winterpalais gebracht. Nach wenigen Stunden erlag er seinen tödlichen Verletzungen. Das Begräbnis fand in der Peter-und-Pauls-Kathedrale statt.

DER ZWEITE SOHN, ALEXANDER III.

Der älteste Sohn Alexanders II., Nikolaus, war 1865 im Alter von zweiundzwanzig Jahren an Tuberkulose gestorben. Von den sechs Söhnen Alexanders II. aus der Ehe mit Marie von Hessen-Darmstadt hatte nur Nikolaus eine für einen Thronfolger angemessene Erziehung erhalten. Den anderen stand nur die militärische Laufbahn offen. Und das hieß nichts anderes als ständige Aufenthalte auf dem Exerzierplatz. Es wird berichtet, daß Alexander III. sein Leben lang darunter litt, daß ihn die Eltern vernachlässigt hatten und niemand seine Intelligenz bewunderte.
In der Ahnengalerie der späteren Romanows ist Alexander derjenige, der am ehesten russische Züge aufweist. Er überragte viele seiner Umgebung um Hauptestänge, hatte ein Gesicht mit breiten Backenknochen und war von stämmiger Statur. Schon in seiner Kindheit bekam er den Spitznamen *bytschok*, das heißt *junger Stier*. Unbeholfen bewegte er sich im höfischen Ambiente, und – was man bei seiner eindrucksvollen Gestalt gewiß nicht vermutete – er war ausgesprochen schüchtern, sein Leben lang.
Als Alexanders Lehrer hatte der Vater Konstantin Pobedonoszew berufen, einen erzkonservativen und nationalistisch gesinnten Mann, der den Prinzen streng orthodox und in autokratischen Vorstellungen erzog. Von westlichem Firlefanz hielt er sehr wenig und hätte am liebsten die Geschichte Rußlands bis in die Zeit vor Peter dem Großen zurückgedreht. Ein Volk, eine Sprache und ein einheitliches nationales Empfinden – das sollte Rußland sein; Pobedonoszew impfte dies seinem Zögling ein, und der nahm diese Lehre dankbar an. Im Laufe der Jahre verfestigte sich seine Lebensphilosophie, seinen Untertanen ein stetes Vorbild an Frömmigkeit, Ehrlichkeit, Rechtschaffenheit und Tugendhaftigkeit zu sein. Er bemühte sich, als mustergültiger Landesvater gesehen zu werden, und vor allem sein Familienleben war vorbildlich.
Alexander III. hatte seinem sterbenden Bruder Nikolaus versprochen, dessen Braut, Dagmar von Dänemark, zu ehelichen. Getreulich erfüllte er dieses Versprechen, obwohl er eine andere Frau liebte. Die Heirat fand im Oktober 1866 statt, ein Schritt, den beide nie bereuten. Alexander wurde ein hervorragender Familienvater, der Kinder über alles liebte und jeden Streich unterstützte; Dagmar, nun Maria Fjodorowna,

unterstützte ihren Mann, so gut sie konnte, mischte sich aber nie in politische Dinge ein. Sie war eine intelligente, fröhliche Dame, die mit bewundernswerter Ausdauer versuchte, ihren Mann auch ein wenig für Literatur und Kunst zu interessieren. Aber da auch sie keine großen intellektuellen Neigungen besaß, fielen diese Bemühungen nicht auf fruchtbaren Boden. Beide führten ein geradezu bürgerliches Leben, das sehr auf ihren Sohn Nikolaus abfärbte.
Das junge Paar lebte im Anitschkow-Palais, das ursprünglich von Zarin Elisabeth Petrowna für ihren Geliebten Alexej Rasumowski erbaut worden war, aber natürlich im Laufe der Jahre ständig verändert wurde. Nach der Thronbesteigung bevorzugte die Familie den Palast von Gatschina, die Lieblingsresidenz von Paul I. Alle liebten Gatschina, besonders die Kinder, die hier ihre Freiheit genießen konnten. Nur selten weilte das Ehepaar in Sankt Petersburg, und wenn es sich machen ließ, dann nahm man den kaiserlichen Zug und kehrte noch nachts nach Gatschina zurück. Es verging kaum ein Tag, an dem nicht irgendwelche Minister zum Mittagessen kamen oder andere Würdenträger empfangen wurden. Die Staatsgeschäfte ließen sich offensichtlich in Gatschina mit seinen wundervollen Parkanlagen besser und leichter abwickeln. Eine glückliche Familie mit sechs Kindern, von denen nur ein Sohn schon im Kindesalter starb.
Alexander war zwanzig Jahre alt, als sein Bruder Nikolaus starb, und er hatte sechzehn Jahre lang Zeit, um sich auf die Thronfolge vorzubereiten. Diese Jahre sind gekennzeichnet durch eine immer tiefer werdende Entfremdung zu seinem Vater, deren Gründe nicht nur im unterschiedlichen politischen Denken lagen, sondern vor allem im Privatleben des Vaters. Dessen Verhältnis zu Katharina Dolgorukaja, von dem die ganze Welt wußte, das Zusammenleben unter einem Dach und schließlich die Heirat nach dem Tod der Zarin, dazu sagte Alexander: »Die Privatangelegenheiten eines Autokraten sollten über jede Kritik erhaben sein.« Er selbst hielt sich eisern an diese Maxime. Keine einzige Affäre konnte man ihm nachsagen.
Nach dem Tod der Mutter verschlechterte sich das Verhältnis zum Vater zunehmend, zumal Alexander kaum auf Unterstützung der so zahlreichen Familienmitglieder rechnen konnte. Nur seine Brüder sahen wie er, daß man der Mutter eine Beleidigung nach der anderen zugefügt hatte; alle übrigen Familienmitglieder verhielten sich mehr oder weniger neutral und dachten mit Sicherheit an den eigenen Vorteil. Doch daß Alexander II. so bald sterben würde, damit rechnete niemand.
Alexander III. übernahm ein schweres Erbe. Der Vater war durch Terroristenhand umgekommen, doch niemand wußte genau, wie stark die

terroristischen Gruppierungen tatsächlich waren. Diejenigen, die beim Anschlag auf Alexander II. beteiligt waren, wurden bald gefunden und verhaftet. Fünf von ihnen, darunter auch eine Frau, wurden zum Tode durch den Strang verurteilt.
Der Schrecken des Attentats wirkte lange nach, und auch der neue Zar Alexander III., der ohne jeglichen Widerstand das Thronerbe antrat, sah überall lauernde Gefahren. Er verließ bereits am 24. März die Hauptstadt und ließ sich in Gatschina nieder. Wochenlang sah man ihn nicht in Petersburg.
Er empfing die Minister und suchte Rat bei seinem Lehrer, dem Oberprokurator der Heiligen Synode, Konstantin Pobedonoszew. Ein politisches Programm des neuen Zaren gab es nicht, doch er wußte genau, daß er den Weg seines Vaters nicht fortsetzen wollte. Was blieb? Die uneingeschränkte Autokratie, und dazu riet ihm auch Pobedonoszew.
»Die Stimme Gottes befiehlt Uns, Uns mit Überzeugung an die Spitze der absoluten Regierung zu stellen. Im Vertrauen auf die göttliche Vorsehung und deren höchste Weisheit, von Hoffnung erfüllt auf die Gerechtigkeit und Stärke der Autokratie, die zu bekräftigen Wir berufen sind, werden wir die Geschicke Unseres Reiches leiten, die in Zukunft nur zwischen Gott und Uns zu erörtern sind.«
Dreizehn Jahre lang sollte Alexander III. nach dieser Maxime handeln. Seine Regierungszeit brachte dem Land weitgehend Frieden und wirtschaftlichen Aufschwung. Die Kluft zwischen Herrscher und Volk aber wurde immer tiefer. Indem er zahlreiche liberale Minister seines Vaters gehenließ und nicht an die Arbeiten eines Loris-Melikow anknüpfte, der eine Verfassung vorbereitet hatte, schuf er seinem Sohn Nikolaus von Anfang an ein Erbe, an dem dieser letztendlich zerbrechen mußte.
Alexander III., der Autokrat; Orthodoxie und Nationalismus hatte er überdies auf sein Banner geschrieben. Mit den Terroristen war man weitgehend fertig geworden. Die 1881 gegründete Geheimpolizei Ochrana leistete gute Arbeit und konnte 1887 die letzten Verschwörer verhaften. Unter ihren Anführern, die hingerichtet wurden, war ein gewisser Alexander Uljanow, ein Bruder jenes Uljanow, der sich später Lenin nannte.
Ein eiserner Besen kehrte durch Rußland. Und er kehrte auch in der eigenen Familie. Es war aus mit dem Schmarotzertum, dem schönen Leben der weitverzweigten Romanowsippe. Jeder, der sich nicht an die Spielregeln hielt, der für Skandale und andere Zügellosigkeiten sorgte, wurde abgeschoben, schlimmstenfalls zur Erfüllung irgendwelcher Aufträge in Sibirien. Und da das Familienoberhaupt selbst so untadelig

war, hing bald der ganze Clan in ehrfürchtiger Bewunderung an Alexander III.

»Ich kämpfe gegen drei Feinde zu Hause«, soll er einmal gesagt haben, »Aufruhr, Verschwendung, Veruntreuung. Ansonsten bin ich ein Mann des Friedens.«

Schon in der Regierungszeit seines Vaters waren die Schulen und Universitäten als Horte revolutionärer Gedanken ausgemacht worden. Und auch der Presse war nicht zu trauen. Letztere geriet nun wieder unter strenge Zensur, den Schulen und Universitäten wurde die Autonomie genommen.

Schwerste Zeiten aber brachen für alle fremden, nichtrussischen Völker an, die auf dem Territorium des Zarenreiches lebten. »Rußland gehört den Russen«, hatte Pobedonoszew seinem Schüler stets eingebläut, und der vergaß es nicht. Russifizierung hieß ein Programm, das mit dem Regierungsantritt Alexanders III. forciert wurde. Es war auf jene knapp einhundert Völkerschaften zugeschnitten, die es bereits damals innerhalb des Reiches gab. Während in Sibirien und in den südasiatischen Gebieten derartige Bemühungen kaum vorankamen, litten die europäischen Provinzen verstärkt unter dem Druck aus Petersburg. In den polnischen Gebieten wurde bereits der Elementarunterricht in russischer Sprache abgehalten; in den Ostseeprovinzen wurde dies für die oberen Klassen Pflicht. Die deutsche Universität in Dorpat wurde 1893 geschlossen und durch eine russische ersetzt. Russische Beamte traten an die Stelle der einheimischen.

Polen, Letten, Esten und Deutsche sahen sich einer strengen Assimilationspolitik gegenüber. Für sie begannen bittere Jahre des Kampfes um den Erhalt ihrer nationalen Identität.

Wesentlich schlimmer aber erging es den Andersgläubigen im Lande, vor allem den Juden. Man täte Alexander III. unrecht, wenn man behauptete, daß während seiner Regierungszeit der Antisemitismus aufgekommen wäre. Schon unter Nikolaus I., also in der ersten Hälfte des 19. Jahrhunderts, war es zu Gewalttätigkeiten und Ausschreitungen gegen Juden gekommen. Und auch dies waren in dem riesigen russischen Reich nicht die ersten Übergriffe. Tatsache aber ist, daß die Regierung den seit 1881 verstärkt auftretenden Pogromen ziemlich tatenlos zusah. Ein Jahr später trat ein Gesetz in Kraft, das die Rechte der jüdischen Bevölkerung weitgehend beschnitt. Verwaltungsposten waren den Juden verwehrt, sie durften kein Land besitzen und auch nicht im Militär dienen. Sämtliche jüdische Schulen wurden geschlossen und keine Bücher mehr gedruckt. Diese und andere Beschränkungen hatten einen Exodus der jüdischen Bevölkerung aus dem Zarenreich zur Folge; man

ging nach England und Frankreich, nach Kleinasien und Nordafrika. Der Zar ließ sie ziehen und kam seiner Vorstellung, Rußland gehört den Russen, wieder ein Stückchen näher.
Fast im Widerspruch dazu standen die Fortschritte, die unter Alexander III. auf dem Gebiet der Industrialisierung gemacht wurden. Der Eisenbahnbau entwickelte sich zusehends, westliche Kredite wurden für den Aufbau von Industrieanlagen eingesetzt; eine neue Gesellschaftsschicht von mächtigen Industriellen entstand, aber auch eine Schicht, auf die sich später die Revolution stützen sollte: das Industrieproletariat. Neue soziale Gegensätze und Brüche taten sich auf. Aber es war eine Art *Gründerzeit* angebrochen, und die wirtschaftliche Lage des Landes war zu Beginn der neunziger Jahre recht ansehnlich.
Es waren Friedensjahre, denn Alexander III. empfand jeden Krieg als reine Zeitverschwendung. Nur zweimal während seiner dreizehnjährigen Regierungszeit kam so etwas wie Bewegung in die Außenpolitik, ohne aber zu eskalieren.
»Solange ich lebe, gibt es keinen Krieg in Europa« – das entsprach den Tatsachen.

Ein Gigant verabschiedet sich

Aus dem kleinen *bytschok*, dem jungen Stier, war schon lange Alexander III. geworden, der seine Familie liebte und Rußland mit eisernem Besen regierte. Niemand dachte auch nur im entferntesten daran, daß dieser kräftige Mann, der eigentlich Handwerker hätte werden sollen, so bald sterben würde. Auch im Ausland tuschelte man über die ungeheuerlichen Kräfte des russischen Zaren, der nicht nur Gabeln und Löffel verbiegen konnte, sondern auch Hufeisen. Dieser russische Bär aber kränkelte seit dem Herbst des Jahres 1888.
Wie in jedem Jahr war die Zarenfamilie auf dem Weg nach Süden, um auf der Krim Ferien zu machen. Hinter der Bahnstation Borki entgleiste jedoch der kaiserliche Zug und stürzte um. Das schwere Wagendach drohte etliche Mitglieder der kaiserlichen Familie zu erdrücken. Alexander jedoch behielt die Nerven, befreite sich und stützte das Dach mit seinen breiten Schultern so lange, bis alle in Sicherheit waren. Ein Husarenstück, das die ganze Welt beeindruckte, aber Alexanders Kräfte weit überstieg. Seit diesem Ereignis kränkelte er, verbarg seine Beschwerden aber, so gut es ging, vor seiner Familie und seiner Umgebung.

Als er seinen Kräfteverfall nicht mehr verheimlichen konnte, konstatierten die Ärzte ein Nierenleiden. Ernsthaft begann man über die Thronfolge nachzudenken, obwohl nur Nikolaus, der älteste Sohn, in Frage kam. Ein höflicher, zierlicher junger Mann, so ganz anders als der Vater. Der Kosename »Nicki« paßte vortrefflich zu ihm. Er bemerkte wohl am wenigsten, daß sein Vater zusehends kränker wurde, denn er war ausreichend beschäftigt.
Nicki war verliebt in Alix von Hessen-Darmstadt. Eine Wahl, die vor allem von der Mutter, einer heftigen Gegnerin alles Deutschen, mißbilligt wurde. Doch Nikolaus blieb standhaft, ließ die anderen sich echauffieren und wartete ab. Am 8. April 1894 fand die Verlobung statt. Im Spätsommer des gleichen Jahres befanden die kaiserlichen Ärzte, daß Alexander III. wieder kräftig genug sei, um sich in Liwadija auf der Krim völlig auszukurieren. Das warme Klima tat ihm zunächst gut, doch dann verschlechterte sich sein Zustand merklich. Alle Minister wurden nach Liwadija gerufen. Sie trafen einen sterbenden Monarchen an. Alexander III. verließ diese Welt »wie er gelebt hatte, als erklärter Feind volltönender Phrasen, der alles Theatralische haßte. Er murmelte nur ein kurzes Gebet und küßte sein Weib.«

Der letzte Romanow, Nikolaus II.

Als Alexander III. auf der Krim im Sterben lag, wurde auch die Braut des Thronfolgers Nikolaus, Alice von Hessen-Darmstadt, an das Krankenlager gerufen. Sie fühlte nichts als Abneigung um sich herum, spürte instinktiv, daß sie nicht willkommen war. Die sterblichen Überreste Alexanders wurden in einer endlosen, ermüdenden Prozession von Liwadija nach Sankt Petersburg gebracht. Alice äußerte sich später: »Auf diese Weise habe ich Rußland kennengelernt, und meine Hochzeit, die bald darauf stattfand, erschien mir wie ein weiterer Trauergottesdienst von der Art, wie ich ihn soeben hinter mich gebracht hatte.«
Nikolaus hatte lange um Alice werben müssen. Seine Eltern waren von der Braut nicht begeistert, die noch dazu die Enkelin der britischen Königin Victoria war; und sie, Alice, zögerte lange, ehe sie sich bereit erklärte, zum orthodoxen Glauben überzutreten und zu Alexandra Fjodorowna zu werden. So viel Alexander III. und Maria Fjodorowna gegen die deutsche Braut des Sohnes einzuwenden hatten, so großzügig hatten sie seine Affäre mit der Ballerina Mathilde Kschesinskaja behandelt. Diese Liaison dauerte eine ganze Weile, bis Nikolaus angehalten wurde, eine standesgemäße Ehe einzugehen.
Nikolaus, im Mai 1868 geboren, hatte schon das Attentat auf seinen Großvater Alexander II. miterleben müssen. Man hatte den damals Dreizehnjährigen an das Sterbebett gebracht, und er vergaß niemals diese schrecklichen Minuten. Als dann sein Vater Alexander III., den er heiß liebte, starb, stellte er mit Erschrecken fest, daß er nun an seine Stelle treten mußte. Er war in keiner Weise darauf vorbereitet, den Thron zu übernehmen; schüchtern, unentschlossen und unsicher, erhoffte er von seiner nächsten Umgebung eine Antwort darauf, wie er sich verhalten solle, doch die wußte es auch nicht. Er riß sich zusammen und versuchte seine soeben gewonnene Autorität durch Anordnungen und Befehle zu untermauern, doch niemand schien ihm zu gehorchen. Alice vermerkte dies mit Bitterkeit. Sie liebte Nikolaus, und als er um ihre Hand angehalten hatte, da dachten beide, daß genügend Zeit bleiben würde, sich gemeinsam auf die große Verantwortung vorzubereiten. Nun aber war plötzlich alles anders als erwartet. Das Schlimme war, daß sich Nikolaus seiner eigenen Unzulänglichkeit bewußt war und instinktiv fühlte, daß ihm seine Umgebung nichts

zutraute. Wie sollte sie auch? War er doch bisher kaum in Erscheinung getreten. Ja, es gab nur allzu viele Menschen, die sich fragten, wer denn dieser Nikolaus überhaupt sei. Auch so entstehen Gerüchte und Märchen.

Das Familienleben Alexanders III. hatte sich fernab von der Residenz Sankt Petersburg abgespielt, im schlichten Gatschina, in der freien russischen Natur. Und es sollte für den künftigen Zaren Nikolaus II. kein Vorteil sein, daß er in einer glücklichen, fast bürgerlichen Familie geborgen war, behütet und geliebt, doch ohne jeglichen Kontakt zu Gleichaltrigen. Wer war nun dieser Nikolaus?

Er war der letzte Erbe einer Dynastie, in deren Adern kaum noch russisches Blut floß.

Am 14. November 1894 wurden Nikolaus und Alice von Hessen-Darmstadt in Sankt Petersburg getraut. Aus Alice wurde Alexandra Fjodorowna. Noch herrschte Staatstrauer um den verstorbenen Alexander III., und so verliefen die Feierlichkeiten ohne besonderen Prunk. Im Mai 1896, während der pompösen Krönung, wurde dann der damals fehlende Glanz um so eindrucksvoller nachgeholt.

Auch Nikolaus ließ sich wie seine Vorfahren in Moskau, in der Uspenskij-Kathedrale, krönen. Noch einmal bekräftigte er dadurch die Verbundenheit zu Rußlands großer Vergangenheit und erinnerte an die Einheit von Zar, Staat und Kirche. Die Moskowiter waren von Stolz erfüllt ob dieses Zeichens.

Die Stadt selbst schien ein neues Kleid angelegt zu haben. Ganze Straßenzüge wurden neu gepflastert; Häuser wurden frisch gestrichen und üppig mit Girlanden und Fahnen geschmückt; die Floristen hatten Hochkonjunktur, und der Rote Platz erstrahlte im Glanz prächtig geschmückter Tribünen. Fünf Tage sollten die Krönungsfeierlichkeiten dauern, und die Stadt quoll über von Besuchern, die aus aller Herren Länder und aus allen Teilen Rußlands zusammengekommen waren. Es war ein wunderschöner Frühlingstag.

Schon seit dem frühesten Morgen des 13. Mai drängte sich die Menge auf dem Roten Platz, um dann – irgendwann im Laufe des Tages – den neuen Zaren sehen zu können. Die Krönungszeremonie dauerte lange, Stunde um Stunde, bis endlich sämtliche Glocken Moskaus zu läuten begannen. Der neue Zar, Nikolaus II., ritt auf einem Apfelschimmel durch das Spalier der versammelten Würdenträger und zeigte sich mit der Zarin dem in Ehrfurcht erstarrtem Volk. Und erstmals wurde ein solch glanzvolles Ereignis von Fotografen festgehalten.

Auch wenn sich Rußland auf dem Weg ins 20. Jahrhundert befand, so gab es doch Lebensbereiche, die geheimnisvoll und traditionsbeladen viele Jahrhunderte überdauert hatten. Man mag über den russischen Aberglauben denken, wie man will, das russische Volk war darin zutiefst verwurzelt. Welch ein Glück, daß nur die höchsten geistlichen Würdenträger Zeugen waren, daß die schwere Kette des St.-Andreas-Ordens von des Zaren Schulter rutschte, bevor er zur Krönung schritt. Ein böses Omen!

Die tatsächliche Katastrophe aber ereignete sich nur wenige Tage nach der Krönung, Tage, die mit unzähligen Festlichkeiten erfüllt waren. Unter anderem mit einer glanzvollen Ballettaufführung, deren Star die wunderbare Mathilde Kschesinskaja war. Eine mehr als düpierte Zarinmutter saß in der kaiserlichen Loge.

Während die besseren Kreise ohne Unterlaß feierten, sollte endlich auch das Volk in die Feierlichkeiten einbezogen werden. So war es bei Krönungen üblich. Zur bleibenden Erinnerung an dieses einmalige Ereignis sollten auch dieses Mal kostenloses Essen, Freibier und vor allem kleine Geschenke ausgegeben werden. Das Chodynkafeld außerhalb Moskaus, ein Übungsgelände der Pioniere, war als Schauplatz dieser »Volksspeisung« ausgewählt worden.

Es war ein heißer Tag. Abertausende Menschen waren zusammengeströmt, um ihre Geschenke in Empfang zu nehmen. In kleinen Zelten hatte man die »Kostbarkeiten«, vor allem Krönungsbecher mit dem Namenszug des Zaren, aufgebaut; zwischen den Zelten waren Manövergräben, die nur zum Teil notdürftig zugeschüttet oder abgedeckt worden waren. Lange warteten die Menschen geduldig in der Hitze, doch plötzlich begann die Menge zu schwanken, nach vorn zu drücken, zu schieben, zu stoßen. Jeder wollte der erste sein, und viele fürchteten, ohne Geschenk heimgehen zu müssen. Gerüchte machten die Runde, daß zuwenig Präsente vorbereitet worden seien. Blutiges Chaos brach aus; über tausend Tote blieben zertrampelt und zerquetscht auf dem Chodynkafeld zurück. Verwundete wurden in aller Eile in die Hospitäler transportiert, die Rettungsmannschaften arbeiteten fieberhaft, denn man erwartete am Nachmittag den Besuch des Zaren. Als Nikolaus II. schließlich auf dem Chodynkafeld eintraf, waren bereits alle Spuren des Unglücks getilgt. Die Sonne schien, als sei nichts gewesen, über dem kaiserlichen Zelt, und ein großes Orchester spielte zu Ehren des russischen und europäischen Adels. Nikolaus II. sei sehr in Gedanken, ja zerstreut gewesen, berichteten Augenzeugen später. Doch die Feierlichkeiten gingen trotz des Unglücks weiter.

Es gab viele Stimmen, die dem Zaren rieten, sämtliche geplanten Vergnügungen abzublasen und vor allem den am Abend stattfindenden Ball des französischen Botschafters nicht zu besuchen. Nikolaus blieb auffallend unberührt, hörte sich das Für und Wider an und zog sich dann zurück. Am Abend aber tanzten die Majestäten auf dem Ball des französischen Botschafters. Es gab viele Beobachter, die dies für äußerst unschicklich hielten.

Im Volk aber machte nach dem Vorfall auf dem Chodynkafeld das Wort *Unglückszar* die Runde. Es erhielt neue, zusätzliche Nahrung, als über der Stadt Nischni Nowgorod ein schreckliches Hagelunwetter niederging, justament in dem Augenblick, als Nikolaus II. die erste große russische Industrieausstellung eröffnen wollte. Das Volk registrierte jedes Zeichen und wußte noch immer nicht, was es von diesem Romanow zu erwarten hatte. Ein Reiter auf einem Apfelschimmel, umgeben von den glänzenden Insignien des Zarenhauses, ein wohlgestalteter Monarch, ein freundlich wirkender Mensch – das war die eine Sache; die unglückseligen Vorzeichen – das war etwas anderes!

Wie aber Nikolaus, der sich so wenig für die Staatsführung vorbereitet glaubte, am Beginn seiner Regierungszeit wirklich dachte, das erfuhren als erste die *Semstwo-Vertreter* [Vertreter der lokalen Selbstverwaltung] des Gouvernements Twer. Als sie bei Nikolaus vorsprachen, um eine neuerliche Bestätigung ihrer Rechte zu erhalten, bekamen sie eine klare Antwort:

»Es ist mir zu Ohren gekommen, daß in jüngster Zeit in einigen Semstwos unvernünftige Hirngespinste hinsichtlich einer Beteiligung von Vertretern der Semstwos an der Staatsregierung geäußert worden sind. Man möge zur Kenntnis nehmen, daß ich alle meine Kräfte für das Wohl des Volkes einsetze und das Prinzip der Autokratie ohne Abstriche aufrechterhalten und ebenso strikt anwenden werde, wie es mein unvergeßlicher Vater getan hat.«

Dieser Text soll angeblich von Konstantin Pobedonoszew aufgesetzt worden sein, dem engsten Vertrauten Alexanders III. und nun auch Berater des neuen Zaren Nikolaus. Derartige Sätze waren eine einzige Herausforderung an die liberalen Geister des Landes, die sich vom Wechsel auf dem Zarenthron so viel erhofft hatten. Sie mußten nun feststellen, daß sich vermutlich nichts ändern würde.

Die Regierungszeit Alexanders III. hatte ein nach außen hin ruhiges Rußland hinterlassen, doch im Land selbst brodelte es unterschwellig. Die romantischen Schwärmer, die von einer konstitutionellen Monarchie träumten, waren längst von radikalen Denkern abgelöst worden, die bereits konsequent an eine Abschaffung der Monarchie dachten. Durch den industriellen Aufschwung des Landes war überdies die neue Gesellschaftsschicht des Industrieproletariats entstanden, das in den letzten Jahren des 19. Jahrhunderts immer häufiger zum Mittel des

Streiks griff. Die russische Intelligenzija, ein Wort, das Nikolaus am liebsten aus dem Wörterbuch gestrichen hätte, versuchte sich nach westlichem Vorbild in Parteien zu organisieren. Alles im geheimen natürlich, denn die *Ochrana*, die Geheimpolizei, war immer noch wachsam.

Ein Zwischenspiel

Als Nikolaus das Erbe seines Vaters übernahm, befand sich Rußland in einer Übergangsphase, ein Zustand zwischen Wachen und Träumen. Eine trügerische Ruhe, wie wir heute wissen. Und Nikolaus sollte der letzte russische Zar auf dem Romanowthron sein.

Nur wenig mehr als einhundert Jahre ist es her, daß dieser letzte Romanow an das Bett seines sterbenden Vaters gerufen wurde und sich fragte, ob er denn je seiner großen Aufgabe gewachsen sein würde. Das Land, das er regieren sollte, war durch den Willen der Zaren zwischen Reform und Repression hin- und hergerissen. Er versuchte in den nächsten Jahren sein Bestes, soweit es seine geringe Begabung zuließ. Zwei Revolutionen, von denen die letzte das Ende der Monarchie bedeuten sollte, der Erste Weltkrieg, größere und kleinere Unruhen, Hungersnöte und Epidemien brachen über das Land und die Familie Romanow herein. Die politischen Veränderungen in Rußland sind allseits bekannt. Wir müssen sie nicht noch einmal ausführen, haben doch die Ereignisse auch unser Jahrhundert entscheidend geprägt.

Hatten die ersten Romanows nur eine schemenhafte Persönlichkeit, fast verdeckt unter der Patina alter Gemälde, Ikonen gleich, so belebten sie sich immer mehr, je näher sie unserem Jahrhundert rückten. Viel hat die Geschichtsschreibung beigetragen, uns ein Bild zu überliefern, das immer wieder korrigiert werden mußte und nicht immer der Realität entsprach. Jede Zeit erfand und erfindet ihre eigenen Spielregeln in der Berichterstattung. Die Geschichte des letzten russischen Zaren ist noch nicht zu Ende geschrieben. Noch sind nicht alle Geheimnisse der Romanows gelöst, vor allem nicht das von Nikolaus II., einer der tragischsten Figuren unter den europäischen Monarchen.

Die liebe Familie

Während der strengen Regierung Alexanders III. hatten sich alle übrigen Familienmitglieder der Romanows weitgehend dem Reglement angepaßt. Sie fürchteten den Zorn des Familienoberhauptes, das von sämtlichen Verwandten das verlangte, was es für sich selbst in Anspruch nahm: ein vorbildliches Familienleben ohne Skandale. Als Nikolaus an die Macht kam, da atmete der ganze Familienclan auf, denn vom sanften Nikolaus hatten sie nichts zu befürchten.
Und so richteten sich Onkel und Vettern ihr Leben im Dunstkreis des Zarenhofes ein, wie sie es für richtig hielten, ließen sich scheiden oder entführten die Frauen anderer, feierten wilde Feste in aller Öffentlichkeit. Nikolaus ließ sie gewähren, denn er war ein ausgesprochener Familienmensch. Dies geschah sehr zum Unwillen Alexandra Fjodorownas, die überhaupt nichts von Skandalen hielt, obwohl doch jeder in Rußland wußte, daß diese einfach zum Hofleben gehörten. Als jedoch seine eigene Mutter, die Zarenwitwe Maria Fjodorowna, ein Verhältnis mit einem Adjutanten einging, da explodierte auch Nikolaus und machte ihr solche Szenen, daß er sich selbst lächerlich machte.
Maria Fjodorowna, die Zarenwitwe, wohnte im Anitschkow-Palast, und auch Nikolaus und Alexandra lebten in der ersten Zeit nach Regierungsantritt dort. Doch dann zogen sie nach Zarskoje Selo und wählten den Alexander-Palast als Domizil, jenen Palast, den einst Katharina II. für ihren Lieblingsenkel Alexander I. hatte erbauen lassen. Der Alexander-Palast war ein nach außen schlichtes Gebäude und glich eher einem großen Haus denn einer Zarenresidenz. Doch er lag so, wie sich das junge Zarenpaar es wünschte: in einem Winkel des *Zarendorfes,* abseits von den anderen, üppigen Bauten. Hier richteten sie sich ein, ein bißchen ländlich, ein bißchen englisch. Nur selten kamen Nikolaus und Alexandra nach Sankt Petersburg, und deshalb blieb die dortige Residenz, der Winterpalast, fast unverändert.
Während Alexander III. gern und häufig Einladungen aussprach, nach allerlei Anlässen suchte, um einen Ball oder größere Feste zu veranstalten, und dabei stets begeistert von seiner Gattin unterstützt wurde, sprach man nun immer seltener von irgendwelchen Festlichkeiten. Alexandra verabscheute Feiern jeglicher Art, hielt sie für Verschwendung und war wohl auch keine sehr gute Gastgeberin. Sie war unglaublich schüchtern und fühlte sich in Gesellschaften ganz und gar unwohl. Sie schämte sich, daß sie so schlecht Russisch sprach; sie war ungelenk in ihrem Auftreten und wurde von vielen als hochnäsig bezeichnet. Kurzum, sie fühlte sich nur im Kreise ihrer Familie wohl, bei ihrem

Mann, den sie über alles liebte, und bei ihren Kindern, die nach und nach geboren wurden.

Unvergeßlich blieb jedoch der große Ball von 1903. Es sollte der letzte Hofball sein, denn bald sollte es keinen Grund mehr für Festlichkeiten geben. Es war ein Maskenfest, bei dem alle Teilnehmer Kostüme aus dem 17. Jahrhundert angelegt hatten. Nikolaus erschien als Alexej, der gütige zweite Romanow auf Rußlands Thron; und Alexandra schlüpfte in die Rolle der Maria Miloslawskaja, die einst vom russischen Volk wegen ihrer Sanftmut so sehr geliebt worden war. Leider waren es nur Kostüme, in die man geschlüpft war. Die Wirklichkeit war, jetzt zu Beginn des 20. Jahrhunderts, eine ganz andere.

Die kaiserliche Familie lebte für sich in Zarskoje Selo, und nur wenige Neuigkeiten drangen in den ersten Jahren über ihr Familienleben nach draußen. 1895 wurde die Tochter Olga geboren und dann, im Abstand von zwei Jahren, Tatjana, Marija und Anastasija. Endlich, im Juli 1904, kam der ersehnte Thronfolger zur Welt, Aleksej. Alles schien sich zum Besten gewendet zu haben: Diskussionen um einen Fortbestand der Romanowdynastie, die bereits ernsthaft geführt worden waren, wurden gegenstandslos. Ganz Rußland wünschte dem kleinen Zarewitsch alles Glück der Welt, und auch Alexandra stieg im Ansehen ihrer Untertanen.

Sie aber quälte sich mit Selbstzweifeln:

»Das Volk liebt mich nicht! Was habe ich denn bloß getan? Ich bin eine Liebesheirat eingegangen in der Hoffnung, daß unser Glück den Kontakt zu unseren Untertanen erleichtern würde.«

Alexandra glaubte fest daran, daß das russische Volk den Zaren, ihren geliebten »Nicky«, verehrte. Sie wollte alles tun, um dieses Band noch fester zu knüpfen. Als sich herausstellte, daß sie ihrem Sohn Alexej die unheilbare Bluterkrankheit vererbt hatte, setzte sie alles daran, um diese bittere Wahrheit geheimzuhalten. Nur engste Vertraute wußten um das tödliche Geheimnis des Zarewitschs; der Öffentlichkeit wurden Lügen serviert. Diese sah eine glückliche Familie mit außergewöhnlich hübschen Kindern. Aber sie sah auch eine Zarin, die streng und blaß Repräsentationspflichten übernahm, sich allzu korrekt an das Protokoll hielt und immer unnahbarer wurde. Mit geradezu hysterischem Übereifer stürzte Alexandra sich in Aufgaben, die sie als ihre Pflichterfüllung ansah, die sie nicht mochte und die sie total erschöpften. Sie wollte so russisch sein wie die Russen und versank in orthodoxer Frömmigkeit und religiöser Mystik. Nikolaus hatte nichts dagegen, und noch mischte sich Alexandra nicht in die Politik ein, sondern hoffte inständig auf ein Wunder für ihren kranken kleinen Sohn.

Nikolaus II. war selbst ein leidenschaftlicher Fotograf, und die ganze Familie liebte es, das tägliche Leben in Schnappschüssen festzuhalten. Es waren Bilder, die – abseits des strengen Hofzeremoniells und einer nach außen getragenen Distanziertheit – eine fröhliche, ausgelassene Gesellschaft zeigten. Momentaufnahmen von Kreuzfahrten mit der kaiserlichen Jacht *Standart*, von Ferienaufenthalten auf der Krim, im herrlichen Schloß Livadija, das Nikolaus hatte erweitern lassen. Jahr für Jahr feierte die Zarenfamilie dort das Osterfest. Dazu gab es das ungeschriebene Gesetz, daß zwei von dem Pariser Juwelier Fabergé angefertigte Eier verschenkt wurden. Einmalige Kostbarkeiten aus Gold, mit Brillanten und Edelsteinen verziert. Alexander III. hatte diese Tradition eingeführt. Zwischen 1884 und dem Ende des Zarenreiches kamen sechsundfünfzig solcher Kleinodien in den Besitz der Romanows. Kein Ei glich dem anderen. Sie stellen heute einen unschätzbaren Wert dar.

Das Jahr 1905

Dieses Jahr war eines der schwärzesten in der russischen Geschichte. Vieles entwickelte sich negativ. Die verworrene innenpolitische Situation, die Krankheit des kleinen Zarewitsch, durch die ein gewisser Rasputin aus Sibirien zu unglaublichem Ansehen gelangte; ein verlustreicher Krieg mit Japan, der in diesem Jahr sein Ende fand; und schließlich ein Zar, der sich möglicherweise in diesem Jahr mehr als einmal überlegte, ob er nicht abdanken solle. Nikolaus, der ein eifriger Tagebuchschreiber war, notierte alle Ereignisse klar und detailliert, ohne Emotionen und Anteilnahme.
Es war im Januar 1905. Nikolaus, der in Zarskoje Selo weilte, schrieb: »Klarer, kalter Tag. Viel Arbeit und viele Rapporte. Wir hatten Frederiks [Generaladjutant des Zaren] zum Dejeuner da. Habe einen langen Spaziergang gemacht. Seit gestern werden alle Petersburger Betriebe und Fabriken bestreikt. Truppen aus der Umgebung sind herangezogen worden, um die Garnison zu verstärken. Bis jetzt haben sich die Arbeiter ruhig verhalten. Man schätzt ihre Zahl auf 120000. Eine Art sozialistischer Pope namens Gapon steht an der Spitze der Vereinigung. Mirski [Innenminister] suchte mich abends auf und erstattete über die getroffenen Maßnahmen Bericht.«
Einen Tag später heißt es in dem Tagebuch:
»Anstrengender Tag. Ernsthafte Ausschreitungen haben sich in Peters-

burg ereignet, als Arbeiter unbedingt bis zum Winterpalais vordringen wollten. Das Militär hat an verschiedenen Stellen der Stadt von der Schußwaffe Gebrauch machen müssen. Allmächtiger, wie peinlich und schmerzhaft das alles ist.«

Das Wort »peinlich« ist eine zarte Umschreibung für einen Vorgang, den man als erste »russische Revolution« bezeichnen kann. Schon länger, nicht erst im Jahre 1905, war es immer wieder zu Streiks der Arbeiter, zu Demonstrationen und Studentenunruhen gekommen. In den neunziger Jahren hatte – aufgrund der staatlichen Wirtschaftspolitik – die Zahl der Industriearbeiter stetig zugenommen. Auch die Zuwanderung vom Land in die großen Städte war nicht zu stoppen; ein reißender Strom, der die Ärmsten der Armen mit sich fortriß.

An den Universitäten war es halbwegs gelungen, renitente, revolutionäre Studenten im Zaum zu halten. Das Rezept war einfach. Indem die Hochschulen wieder ihre Autonomie erhielten, wurde gleichzeitig die Überwachung durch die Polizei verschärft. Sergej Subatow, ein hoher Ministerialbeamter und Vertrauter des Gouverneurs von Moskau, des Großfürsten Sergej, hatte Pläne ausgearbeitet, um der allgemeinen Unruhe im Lande Herr zu werden. Was für die Universitäten galt, das sollte wohl auch bei den Industriearbeitern gelingen, so der Plan.

»Wir müssen die Massen verführen«, überlegte Subatow. »Sie vertrauen uns, doch die Propaganda der Opposition und die der Revolutionäre versucht, dies Vertrauen zu erschüttern. Es ist notwendig, es aufs neue zu erwecken, indem man Beweise seiner Fürsorge gibt, was die Opposition machtlos werden läßt, welche Ziele sie auch verfolgen mag.«

»Prinzip unserer Innenpolitik muß das Gleichgewicht zwischen den Klassen sein; gegenwärtig nämlich hassen sich diese untereinander. Eine Autokratie muß über den Klassen stehen und das Prinzip ›divide et impera‹ anwenden. Man darf ihnen keine Zeit lassen, sich untereinander zu verständigen, denn das wäre die Revolution, was wir begünstigen würden, wenn wir für eine Seite Partei nähmen und die Behauptungen der Ideologen bestätigten. Es ist erforderlich, ein Gegengift gegen die Bourgeoisie und ein Schutzmittel zu erfinden, denn sie wird arrogant. Folglich müssen wir die Arbeiter auf unsere Seite ziehen, sie ködern und auf diese Weise zwei Fliegen mit einer Klappe schlagen: den Aufstieg der Bourgeoisie bremsen und die Revolutionäre ihres Fußvolkes berauben, indem wir die Arbeiter auf unsere Seite ziehen.«

So entstand – unter strengster Aufsicht der Polizei – die »Gesellschaft gegenseitiger Hilfe der Fabrikarbeiter«, eine Art Gewerkschaft, deren Kundgebungen bestens organisiert waren. Dieser Versuch, Demonstrationen durch Überwachung politisch zu entschärfen, scheiterte jedoch bald. Es war allen von vornherein klar, daß eine derartige Form der Massenorganisation ein sehr gewagtes Spiel mit dem Feuer war. Und so liefen zunehmend Kundgebungen und Streiks aus dem Ruder; man forderte nicht mehr nur eine Verbesserung der sozialen Lage, sondern erhob auch immer lauter die Stimme für eine verfassunggebende Versammlung, für eine konstitutionelle Monarchie.

Längst waren die Streikbewegungen im ganzen Land von revolutionären Sozialdemokraten unterwandert worden. Die Lage spitzte sich zu. Am wenigsten wußte wohl der Zar, was draußen in seinem Land, ja sogar vor seiner Haustür in Sankt Petersburg vor sich ging.

Schon damals, im Januar 1905, führten er und seine Familie in Zarskoje Selo ein Leben, das einem Eremitendasein gleichkam. Während sein Vater, Alexander III., sich häufig über das Hofzeremoniell hinwegsetzte und ein fröhlicher und leidenschaftlicher Gastgeber war, verschanzten sich Nikolaus und Alexandra zunehmend hinter dicken Mauern. Nur selten traten sie öffentlich auf. Die einst so beliebten Hofbälle des Adels, bei denen man mit dem Besuch der Monarchen rechnen konnte, fanden nur noch fünfmal im Jahr statt. Und wenn sich schon zwischen den oberen Gesellschaftsschichten und der Zarenfamilie eine tiefe Kluft auftat, wie tief mußte dann erst der Graben zwischen dem Herrscher und der übrigen Bevölkerung sein.

Als Anfang Januar 1905 in den Petersburger Putilow-Werken ein Streik ausbrach, ahnte niemand, am allerwenigsten Nikolaus, daß sich daraus ein Blutbad entwickeln würde.

Der Streik weitete sich rasch auf andere Fabriken der Hauptstadt aus. Am Sonntag, dem 9. Januar, formierte sich ein riesiger Demonstrationszug – Augenzeugen sprachen von etwa 300 000 Menschen –, um zum Winterpalast zu ziehen. An der Spitze des Zuges stand der Pope Gapon, Führer der Petersburger Arbeitergesellschaft. Man wollte dem Zaren eine Bittschrift übergeben, ihn um Schutz und Reformen anflehen. Diese Bittschrift war einige Tage zuvor in Umlauf gewesen und viele, viele Menschen hatten sie unterzeichnet. Selbstverständlich war die Bittschrift der Polizei nicht verborgen geblieben. Man war also vorbereitet, als die Massen zum Winterpalast zogen. Dort waren bereits Soldaten aufmarschiert; die ersten Schüsse fielen. Mehrere hundert Menschen kamen an diesem »Blutsonntag« um.

Nikolaus weilte an diesem schrecklichen Tag nicht in Sankt Petersburg. Er war bei seiner Familie in Zarskoje Selo. Doch ist es völlig ausgeschlossen, daß er von den Petersburger Unruhen nichts gewußt haben soll. Mit Sicherheit hatte man ihm auch zugetragen, daß eine Bittschrift an ihn vorbereitet werde. Warum also empfing er nicht spontan eine Abordnung der Streikenden? Warum zeigte er sich nicht als *batjuschka*, als *Väterchen* Zar, so, wie das russische Volk seine Herrscher liebte und verehrte? Es war sicher nicht nur die Furcht vor einem möglichen Attentat.

Nach den schrecklichen Ereignissen empfing er endlich eine Abordnung der Petersburger Industriearbeiter. Eine sorgfältig ausgewählte Abordnung! Nikolaus hielt eine Rede, aber seine Worte waren ungeschickt.

»Ich weiß, daß das Leben eines Arbeiters nicht leicht ist. Es muß viel getan werden, um es zu verbessern und zu regulieren, aber Ihr müßt viel Geduld haben! Ihr selbst werdet, wenn Ihr euer Gewissen erforscht, zugeben, daß man auch gerecht gegen Eure Fabrikanten sein und die Verhältnisse in unserer Industrie berücksichtigen muß.

Was das Herbeiströmen einer aufrührerischen Menschenmenge betrifft, die mir Eure Bedürfnisse erläutern will, so ist das ein krimineller Akt! Ich vertraue auf das Ehrgefühl der Arbeiter und ihre unerschütterliche Treue zu meiner Person, und deshalb verzeihe ich ihnen ihre Schuld!«

Der Zar verzieh, doch das Volk verzieh ihm nicht.

Der *Blutsonntag* – als solcher ist er in die russische Geschichte eingegangen – war ein Alarmsignal, ein Signal, gesetzt für alle Unzufriedenen im Lande. Die Streiks breiteten sich über das ganze Land aus; es erhoben sich nicht nur die Fabrikarbeiter, sondern auch die immer noch unter großer Not leidenden Bauern. Nikolaus erklärte sich, wenn auch sehr zögerlich, bereit, mit den Unzufriedenen in einen Dialog zu treten. Wie wir heute wissen, war es ein sehr einseitiger Dialog. Bei aller signalisierten Verständigungsbereitschaft, die Autokratie sollte auf keinen Fall angetastet werden.

Nach dem Mord an einem Familienmitglied, dem Großfürsten Sergej Alexandrowitsch, einem Onkel von Nikolaus, erklärte sich der Zar bereit, »aus den würdigsten Männern eine Volksvertretung mit beratender Stimme zu schaffen«.

Dies war das eine Gesicht des Monarchen. Das andere: Er rief alle loyalen Staatsbürger auf, sich um ihn, den Vater der Nation, zu scharen und gegen die inneren Feinde vorzugehen. Er ermunterte seine Untertanen, ihn alle ihre Nöte wissen zu lassen. Es ist nicht weiter verwunderlich, daß dieses Entgegenkommen radikal genutzt wurde und den revolutionären Verbänden nur Auftrieb gab. Und von Ruhe im Lande konnte immer weniger die Rede sein.

Dann ereignete sich die Katastrophe von Tsuschima. Im Osten des Landes herrschte seit Februar 1904 Krieg zwischen Rußland und Japan. Als es dann im Mai 1905 zur völligen Vernichtung der russischen Ostseeflotte kam, die nach mehr als siebenmonatiger Fahrt um das Kap der Guten Hoffnung herum endlich auf dem Kriegsschauplatz eintraf, da griffen die Unruhen auch auf die russische Armee und die Flotte über. Es kam zur berühmt gewordenen Meuterei auf dem Panzerkreuzer *Potemkin*, die später von Sergej Eisenstein verfilmt wurde. Andere Erhebungen folgten. Die Lage verschärfte sich zusehends während des Sommers und im Frühherbst.

Nikolaus notierte in sein Tagebuch:

»Die Eisenbahnerstreiks, die im Gebiet um Moskau begonnen hatten, haben auf Sankt Petersburg übergegriffen. Heute ist der Verkehr auf der Ostseestrecke eingestellt worden. Die zur Audienz gekommenen Personen hatten Mühe gehabt, Peterhof zu erreichen. Um die Verbindung mit Peterhof aufrechtzuerhalten, fährt die *Dsorni* zweimal täglich hin und zurück. Herrliche Zeiten sind das! ...«

Namen wie Leo Trotzki und Wladimir Iljitsch Lenin standen schon längst für die neu gewählten »Sowjets«, die Arbeiterräte. Mißtrauisch erwarteten sie das seit langem angekündigte Manifest des Zaren und erzwangen schließlich eine Entscheidung, indem sie dazu aufriefen, »die Ketten jahrhundertelanger Knechtschaft abzuwerfen«. Am 17. Oktober 1905 unterzeichnete Nikolaus das *Freiheitsmanifest.* Es versprach »Unantastbarkeit der Person, Freiheit des Gewissens und des Wortes sowie Freiheit der Versammlungen und Vereinsbildung«. Ferner wurden Wahlen zu einer gesetzgebenden Duma angeordnet.

Nikolaus spürte instinktiv, daß damit der Autokratie erheblich an Macht genommen wurde. Ein allgemeines Wahlrecht lehnte er deshalb mit den Worten ab: »Allzu große Schritte müssen vermieden werden. Sonst fände man sich später in der Nähe einer demokratischen Republik wieder. Das wäre verrückt, ja kriminell!«

In den nun folgenden Jahren, über deren Tief- und Höhepunkte man in jedem Geschichtsbuch nachlesen kann, zerbröckelte das altehrwürdige russische Zarentum Stück um Stück. Das beginnende 20. Jahrhundert zeigte es so, wie es ein Hoffräulein anläßlich der Eröffnung der ersten Duma beschrieb – pompös und unsicher.

»Am Tag der Eröffnung der Versammlung glich der Winterpalast einer Festung, so sehr fürchtete man einen Mordanschlag oder feindselige Demonstrationen. Der Hof erschien in Gala, die Männer in Uniform, die Frauen mit Schleppe und Tiara. Ich hatte eine Schleppe in der vorgeschriebenen Länge und nahm meinen Platz im Zug wie eine Erwachsene ein. Noch nie hatte es eine solche Zeremonie gegeben. Alles war so ein bißchen unbestimmt, und eine ganze Reihe Teilnehmer wußte nicht recht, wie sie sich zu verhalten hatten. Die meisten sahen

bekümmert aus; man hätte sich leicht bei einer Bestattung wähnen können. Auch der Kaiser selbst wirkte trotz seiner Fähigkeit, seine Gefühle zu verbergen, traurig und nervös.«
Niemand wußte, was werden würde.

Rasputin

Im November dieses so verworrenen und unheilbringenden Jahres 1905 notierte Nikolaus in sein Tagebuch:
»Dienstag. Kalter, stürmischer Tag. Vom Ufer her fror der Kanal zu einer ebenen Eisfläche. War am Vormittag sehr beschäftigt. (...) Tranken mit Miliza und Stana [Anastasia] Tee. Lernten einen Mann Gottes kennen – Grigorij aus dem Gouvernement Tobolsk.«
Grigori Rasputin war in das Leben der Zarenfamilie getreten.
Die beiden Großfürstinnen Miliza und Anastasia Nikolajewna, beide aus Montenegro, waren durch Heirat mit der Zarenfamilie verwandt. Sie hatten am berühmten Petersburger Smolny-Institut für höhere Töchter studiert und waren schon dort dafür bekannt, sich außerordentlich für Übersinnliches und Mystik zu interessieren. Durch ihre Eheschließungen lernten sie auch Alexandra Fjodorowna kennen, der sie bald mit fast sklavischer Ergebenheit begegneten. Und sie verstanden es sehr wohl, sich einzuschmeicheln, indem sie Alexandra das Gefühl gaben, sie sei überall beliebt und hochverehrt. In Wirklichkeit dachte niemand daran, in der deutschen Gattin des Zaren sein *Mütterchen* zu sehen. Und schon gar nicht, nachdem auch Nikolaus schon längst kein *Väterchen-Zar* mehr war.
Miliza und Stana hatten, bevor sie selbst mit Rasputin bekannt wurden, bereits einen französischen »Wunderheiler«, einen gewissen Monsieur Philippe, in das Umfeld der Zarin gebracht. Und dieser Franzose machte durch allerlei Prophezeiungen auf sich aufmerksam, indem er Alexandra Fjodorowna permanent versprach, das nächste Kind werde der lang ersehnte Thronfolger sein. Vier Töchter – Olga, Tatjana, Maria und Anastasija – waren geboren worden, doch was hätte Alexandra nicht für einen Sohn gegeben. Nur zu gern glaubte sie an Zeichen und Weissagungen, an Orakelsprüche und Zahlenmystik.
Der Franzose wurde nach Hause geschickt; er hatte sich durch allerlei Skandale in Petersburg unbeliebt gemacht, und auch in seiner Heimat Frankreich wartete wegen unerlaubten medizinischen Praktizierens ein Haftbefehl auf ihn. Doch Monsieur Philippe verließ Rußland als

Ehrendoktor der Medizin, und am 30. Juli 1904 wurde endlich der Thronfolger, Aleksej Nikolajewitsch, geboren.
Grigori Rasputin, der Mönch aus dem fernen Pokrowskoje in Sibirien, weilte damals bereits in Petersburg. Es war nicht schwer, in diesen unruhigen Zeiten, als wundertätiger *Starez*, trotz ungehobelter Manieren, Aufmerksamkeit zu erregen. Nur zu gern war man in allen Bevölkerungskreisen bereit, sich an irgend etwas Übergeordnetes zu klammern. Noch wußte man kaum etwas über diesen *Muschik* mit den stechenden Augen, außer daß er in den Kreisen der hohen Geistlichkeit wohlwollende Aufnahme gefunden hatte. Bischof Feofan, der an den einfachen Gottsucher und an einen Verkünder des göttlichen Wortes glaubte, führte ihn in die Kreise ein, die dem Hof sehr nahestanden.
Die erste Bekanntschaft Rasputins mit der Zarenfamilie verlief zunächst ohne großes Aufheben. Doch er hätte sich keine bessere Zeit aussuchen können, um den Grundstein für den Mythos um seine Person zu legen. Die verworrene politische Lage, die Bluterkrankheit des Thronfolgers, die so krampfhaft vor der Öffentlichkeit verborgen wurde, die Isolation der Zarenfamilie, Alexandra Fjodorownas Anfälligkeit für Versprechungen und Voraussagungen, der Aufstieg Anna Wyrubowas zu ihrer besten Freundin und Vertrauten ... dies und anderes mehr beschleunigte den Aufstieg Rasputins. Bevor er zum zweitenmal mit der Zarenfamilie zusammentraf, sprach man in Sankt Petersburg bereits hinter vorgehaltener Hand von seinem unmöglichen Benehmen. Die öffentlichen Skandale ließen nicht lange auf sich warten.

Der unheimliche Herrscher

Am 13. Oktober 1906 notierte Nikolaus II. in sein Tagebuch:
»Grigorij kam um sechs Uhr fünfzehn und brachte eine Ikone des heiligen Simeon Werchoturskij; er sah auch die Kinder und sprach mit uns bis sieben Uhr fünfzehn.« Dies war die erste längere Begegnung der Zarenfamilie mit dem Mönch aus Sibirien. Es bleibt nach wie vor ein Rätsel, wer diese Begegnung arrangiert hat. Möglicherweise Rasputin selbst, der wiederum – vielleicht – durch Anna Wyrubowa ermutigt worden war. Das Ikonengeschenk rührte den Zaren sehr; daß Nikolaus sehr gläubig, wenn auch lange nicht so fanatisch wie Alexandra war, ist kein Geheimnis.
Rasputin wurde in die Privatgemächer der Zarenfamilie gebeten, die Kinder waren von ihm begeistert und Alexandra Fjodorowna tief be-

eindruckt. Später nannte er die Zarin »Mama« und den Zaren »Papa«. Der Sommer des Jahres 1907 hatte solche Intimitäten ermöglicht, ein Sommer, in dem Rasputin seine »Heilkräfte« erstmals der Zarenfamilie zur Verfügung stellen konnte.

»Aleksej war knapp drei Jahre alt und beim Spielen im Park von Zarskoje Selo gestürzt. Er weinte nicht einmal, sein Bein zeigte keine größere Wunde, doch der Sturz hatte innere Blutungen in Gang gesetzt, und innerhalb weniger Stunden litt er unter größten Schmerzen. ... Es war die erste Krise von so vielen, die folgen sollten. Das arme Kind lag da, den kleinen Körper gekrümmt vor Schmerzen, das Bein schrecklich geschwollen, unter den Augen dunkle Ränder. Die Ärzte waren hilflos. ... Nun sandte Alicky [Alexandra Fjodorowna] eine Nachricht an Rasputin nach Petersburg. Er kam nach Mitternacht in den Palast. Am Morgen traute ich meinen Augen nicht: der Kleine war nicht nur am Leben, sondern gesund. Das Fieber war weg, die Augen waren klar und hell – und keine Spur mehr von der Schwellung am Bein! Der Schrekken des Vorabends schien wie ein unglaublicher Alptraum. Ich erfuhr von Alicky, daß Rasputin das Kind nicht einmal berührt hatte, sondern nur am Fußende des Bettes gestanden und gebetet hatte.«

Dies schrieb Olga Alexandrowna, die durchaus nüchterne und realistische Schwester des Zaren. Für Alexandra Fjodorowna war es völlig klar, und niemand konnte auch nur an ihrem Glauben rütteln: die Gebete Rasputins hatten ihrem Sohn geholfen.

Später half mitunter sogar ein Telefongespräch oder auch ein kurzes Telegramm, um dem Zarewitsch Linderung zu verschaffen. Die Ärzte waren rat- und sprachlos ob solcher Zeichen, und Alexandra Fjodorowna nahm sie hin als die Wunder eines heiligen Mannes. Und Nikolaus sah in ihm »die Stimme des Volkes«, er glaubte fest daran, daß die Anwesenheit dieses sibirischen Bauern im Zarenpalast ein Sinnbild für das (bereits zerstörte) Band zwischen Volk und Zar darstellte.

»Er ist ein einfacher russischer Mensch, sehr religiös und fromm. Die Zarin mag seine Aufrichtigkeit, sie glaubt an die Kraft seiner Gebete für Aleksej, aber das ist unsere Privatangelegenheit. Erstaunlich, wie gern sich die Menschen in Dinge einmischen, die sie nichts angehen.« So äußerte sich Nikolaus über Rasputin.

Die Nachwelt sollte sich noch mehr einmischen und an einer schaurigen, unheilvollen Legende spinnen.

Rasputins Lebenswandel war schon längst Stadtgespräch, und irgendwann mußten solche Berichte auch nach Zarskoje Selo dringen, obwohl Rasputin sich allergrößte Mühe gab, sein ausschweifendes Leben vor dem Zarenpaar zu verbergen. Wenn er von Alexandra und Nikolaus empfangen wurde, dann war er stets sorgfältig gekleidet und parfümiert. Und doch muß Nikolaus Verdacht geschöpft haben, denn er ließ sich vom Sicherheitschef des Palastes berichten: »Er ist ein begabter Bauer, unehrlich, intelligent und mit Suggestionskräften ausgestattet, die er auszuschöpfen versteht ...« Und Nikolaus, der vielleicht ahnte, daß auch er bereits diesen »Kräften« erlegen war: »Rasputin ist nur ein guter, religiöser, einfältiger Russe. Nach Gesprächen mit ihm fühle ich mich immer befreit von meinen Sorgen und Zweifeln und in Frieden mit mir selbst ...«

Alexandra Fjodorowna brauchte weder Bestätigungen noch sonstige Beweise. Sie vertraute Rasputin bedingungslos, und jeder, der sich gegen ihn stellte, hatte es mit ihr verdorben. Unbeugsam und von nichts und niemandem zu irritieren, legte sie ihre eigenen *Sympathiemaßstäbe* fest. Sie teilte ihre Umgebung ein in jene, die »uns gegenüber loyal sind, das heißt auch loyal zu unserem Freund«, und jene, die es nicht sind.

Rasputin wurde inzwischen überwacht. Das Innenministerium hatte diese Maßnahme angeordnet, weniger um Rasputin zu schaden, sondern um die Zarenfamilie mit kompromittierenden Fakten zu überzeugen und ihr Anlaß zu geben, sich von dem *Wundermann* zu trennen. Nikolaus soll über den Bericht sehr erstaunt gewesen sein, ja ungläubig, aber er stimmte zu, daß man den sibirischen Mönch in seine Heimat abschob. Doch der entwischte erst einmal der Polizei und tauchte für eine Weile in den sibirischen Wäldern unter.

Dort, in Pokrowskoje, führte er sein zügelloses Leben weiter. »Ein Lump und Wüstling, der irgendwelche verblödeten Petersburgerinnen anschleppt und völlig nackt in die Sauna bringt, bis sie seine Frau mit der Rute vertreibt ...« Solche Nachrichten erreichten inzwischen auch die hohe Geistlichkeit, die bei Rasputins damaligem Auftauchen in Sankt Petersburg dem Glaubensbruder hilfreich zur Seite gestanden hatte.

Und auch Alexandra Fjodorowna konnte nicht länger ihre Ohren vor den Erzählungen über Rasputin verschließen. Sie schickte ihre beste Freundin Anna Wyrubowa mit stattlicher Begleitung nach Sibirien. Vielleicht hat ihr Nikolaus dazu geraten, um allen Gerüchten endlich einen Riegel vorzuschieben. Natürlich war Anna Wyrubowa die denkbar ungeeignetste Person, die man für eine solche Mission auswählen konnte. Sie war ja selbst eine glühende Anhängerin des Starez und unfähig, sich eine objektive Meinung zu bilden.

Bischof Feofan, Rektor der Geistlichen Akademie und Hausgeistlicher der Zarenfamilie, war es schließlich, der einen ernsthaften Vorstoß ge-

gen Rasputins Anwesenheit am Zarenhof unternahm und um eine Audienz bei Nikolaus nachsuchte. Doch es empfing ihn Alexandra Fjodorowna, und sie wies ihm schließlich die Tür. »Gehen Sie, und meine Augen werden Sie nicht wiedersehen! Gehen Sie, oder ich vergesse, daß Sie mein Priester gewesen sind. Und ich möchte das nicht vergessen!« Das berichtete Anna Wyrubowa nach dem Gespräch Feofans mit der Zarin. Feofan wurde aus Petersburg entfernt.
Das Kapitel Rasputin ist noch lange nicht abgeschlossen, und im Jahre 1910 setzte eine öffentliche Kampagne gegen den sibirischen Mönch ein. Er hatte viele Feinde: Kirchenvertreter, die in ihm einen Abtrünnigen sahen, die Aristokratie, die im Umgang der Zarenfamilie mit Rasputin eine große Gefahr für das Ansehen der Monarchie sah; so dachten auch konservative Kreise, die obendrein eine politische Einflußnahme des Mönchs fürchteten, während linksgerichtete Gruppen sich über die kaiserliche Familie lustig machten und ihren endgültigen Verfall sahen. Das alles wurde in der russischen Presse diskutiert und konnte natürlich weder Nikolaus noch Alexandra verborgen bleiben.
Ein Kindermädchen und eine Erzieherin faßten sich ein Herz und sprachen mit Alexandra Fjodorowna über Rasputin. Das Kindermädchen war selbst von Rasputin belästigt worden, und die Erzieherin fand es äußerst anstößig, daß der Mönch jederzeit im Schlafzimmer der halbwüchsigen Zarentöchter aus und ein gehen konnte, auch wenn diese schon ausgekleidet waren.
Das Kindermädchen wurde für zwei Monate beurlaubt; die Erzieherin mußte gehen. Doch Nikolaus war dieses Mal klug genug, Rasputin Hausverbot zu erteilen. Von nun an traf man ihn bei Anna Wyrubowa. Versuche, Nikolaus dazu zu bewegen, Rasputin endgültig aus Petersburg zu entfernen, schlugen fehl. »Besser zehn Rasputins als ein hysterischer Anfall der Zarin ...«, dieser angebliche Satz des Monarchen wurde oft kolportiert. Und Alexandra ließ sich in ihrer Verehrung für Rasputin nicht beeinflussen. Sie zählte ihn zu ihren und ihres Gemahls Privatangelegenheiten und vergaß dabei völlig, welche Stellung sie im Land einnahm.
Schließlich gelang es doch, Rasputin zunächst auf eine Pilgerreise zu schicken und anschließend – nach diversen Zwischenfällen in Sankt Petersburg – nach Pokrowskoje abzuschieben.
Doch dann kam der Oktober des Jahres 1912. Der Zarewitsch wurde todkrank. Während der Reise nach Spala, dem kaiserlichen Jagdsitz, hatte sich Alexej verletzt. Zunächst gelang es dem treuen Dr. Botkin, die Blutung zu stillen, doch es gab einen Rückfall. Am 10. Oktober erhielt Alexej die Sterbesakramente. Alexandra ließ in ihrer großen Not

an Rasputin, der in Pokrowskoje weilte, ein Telegramm schicken. Zwei Tage später hielt sie die Antwort in der Hand: »Hab keine Angst. Gott hat Deine Tränen gesehen und Deine Gebete gehört. Dein Sohn wird leben.«
Alexej ging es von Stunde zu Stunde besser. Rasputin hatte ein Wunder vollbracht. So dachte Alexandra, und in dieser ihrer Überzeugung stellte sie die Weichen für alle kommenden Ereignisse.

Feiertage und Krieg

Im Frühjahr 1913 wurde das dreihundertjährige Jubiläum der Romanowdynastie begangen. Die Zarenfamilie besuchte alle Städte, die in der Geschichte der Romanows eine Rolle gespielt hatten. Die Begeisterung der Bevölkerung soll so groß gewesen sein, daß niemand an die tiefe Kluft zwischen der Zarenfamilie und dem russischen Volk denken wollte. Auch Nikolaus schien so glücklich wie nie. Eine Welle der Sympathie schlug ihm im ganzen Land entgegen ... nur in der Tatsache, daß der noch nicht ganz genesene Zarewitsch getragen werden mußte, sahen Schwarzseher ein böses Omen.
Den Herbst des Jubiläumsjahres verbrachte die Zarenfamilie wie immer in Liwadija auf der Krim. Dort zog sich Alexej beim Herumtoben einen Bluterguß zu, der, wie bei seiner Krankheit üblich, zu inneren Blutungen führte. Umgehend ließ Alexandra Rasputin nach Liwadija beordern. Obwohl die Ärzte in der Zwischenzeit die Blutung stillen konnten, war die Besserung nach Meinung der Zarin wieder nur der Anwesenheit des Wundermannes zuzuschreiben.
Hier und in Zarskoje Selo bevölkerten inzwischen zahlreiche Anhänger Rasputins die Gemächer der Zarenfamilie. Irgend jemand sprach immer von den Wundertaten des sibirischen Mönchs. Eine dumpfe, schwüle Atmosphäre war entstanden, die mit tiefer Gläubigkeit schon lange nichts mehr zu tun hatte. Und wie viele hochgestellte Persönlichkeiten suchten nicht auch Rasputins Nähe, um durch ihn, den engsten Vertrauten der Zarin, an Einfluß zu gewinnen. Alexandra Fjodorowna jedoch sorgte inzwischen dafür, daß selbst Minister gehen mußten, wenn sie sich gegen Rasputin stellten.

Am 28. Juni 1914 wurden der österreichische Thronfolger, Erzherzog Franz Ferdinand, und seine Gattin in Sarajevo ermordet. Vier Wochen vergingen nach dem Attentat, vier Wochen, in denen die europäischen

Regierungen einander beobachteten und abwarteten, was die anderen entscheiden würden. Nikolaus selbst wußte nicht, ob er den Friedensengel spielen oder in das drohende europäische Kräftemessen eingreifen sollte. Es ist hier nicht notwendig, alle Einzelheiten des politischen Konfliktes und des schrecklichen Krieges aufzuzeigen. Eine Episode wird jedoch immer wieder angeführt, da sie auf merkwürdige Weise Rußlands Eintritt in den Krieg und das Schicksal Rasputins miteinander verknüpft.

Fast am gleichen Tag, an dem das Attentat von Sarajevo stattfand, wurde auch ein Attentat auf Rasputin verübt, das er nur schwer verletzt überlebte. Eine geistesgestörte Prostituierte hatte ihm ein Messer in den Leib gestoßen. Viele sprachen damals von einer Verschwörung gegen den inzwischen verhaßten Mönch. Während er im fernen Tjumen seine Verletzung kurierte, schickte er an Nikolaus ein Telegramm: »Hüte Dich vor einem Krieg. Du darfst ihn nicht beginnen. Du und Dein Erbe werden nichts Gutes von ihm haben.«

Möglicherweise war Nikolaus über diesen Ratschlag äußerst verärgert. Was wußte schon dieser Bauer von Politik? Dabei reagierte Rasputin in diesem Falle mit Sicherheit so, wie jeder russische Bauer reagiert hätte, der Krieg und Blutvergießen verabscheute. Doch Nikolaus hatte sich entschieden.

Aus Sankt Petersburg wurde mit Rußlands Eintritt in den Ersten Weltkrieg Petrograd. Alexandra Fjodorowna blieb jetzt häufig allein mit ihren Kindern. Nikolaus hielt sich an der Front oder im Generalstab auf. Das Volk verehrte ihn wieder wie in alten Zeiten, ganz besonders, solange die russische Armee siegreich war. Im August 1915 übernahm Nikolaus selbst den Oberbefehl über die Truppen, nachdem er seinem Onkel, dem Großfürsten Nikolaj Nikolajewitsch, das Kommando entzogen hatte. Alexandra triumphierte, und in ihren Augen stieg ihr geliebter »Nicky« zum begnadeten Feldherrn auf. Er aber fühlte sich mehr als Opferlamm: »Ich kam am 6. Mai, dem Tag des großen Dulders Hiob, zur Welt. Ich bin bereit, mein Schicksal zu tragen. Gottes Wille geschehe.«

Für das Zarenreich war diese Entscheidung jedoch der Anfang vom Ende.

Während Nikolaus nur selten in Petrograd oder Zarskoje Selo weilte, hielt Alexandra Fjodorowna die Zügel fest in der Hand. Jeder jedoch wußte, was das in Wirklichkeit bedeutete: Rasputin hatte endgültig die Herrschaft am Hofe übernommen. Immer schneller rotierte das Ministerkarussell, Rasputin brauchte nur mit dem Finger zu schnippen. Und er spielte immer geschickter seine »Heiligkeit« aus, jene wundersamen Taten am kleinen Zarewitsch. Mehrmals versuchte Nikolaus, seine Frau zu überzeugen, daß es besser sei, zu Rasputin auf Distanz zu gehen. Einmal wandte er sich sogar an Frau Wyrubowa, an die noch immer sklavisch ergebene Freundin seiner Frau, damit sie seine Wünsche an Alexandra weitergebe. Es nützte nichts. Rasputin entwickelte bald lebhaftes Interesse für die Vorgänge im Generalstab, und die Zarin – sein williges Werkzeug – teilte seine Visionen und Befehle ihrem Gatten mit.

Rußland und Deutschland befanden sich im Krieg. Und Alexandra wußte nur zu gut, daß sie eine Feindin im eigenen Land war. Dennoch »regierte« sie, und es gab nicht wenige Zeitgenossen, die meinten, sie habe den Verstand verloren. Daß sie sich des Landesverrats schuldig gemacht hatte, war eine andere Version. Und war nicht auch dieser Rasputin ein Spion? Anfangs hatte er noch dauernd vom Frieden gepredigt, jetzt – im Jahre 1916 – wollte er nur noch die Fortsetzung des unseligen Krieges.

Erstmals wagten sich in Moskau Demonstranten auf die Straße, die eine Absetzung des Zaren zugunsten eines der Großfürsten und die Verbannung Alexandras in ein Kloster forderten. Und Rasputin? Der sollte nach Meinung des Volkes ein für allemal verschwinden. Aus dem sibirischen »Heiligen« war schon längst ein »Teufel« geworden.

Es hatte schon mehrfach Versuche gegeben, Rasputin zu beseitigen. Feinde besaß er überall. Jetzt jedoch bildete sich ein kleiner Kreis von Verschwörern um den Fürsten Felix Jussupow, der die Ermordung Rasputins plante.

»Wenn ich sterbe, wird bald darauf der Zar seine Krone verlieren«, soll Rasputin geweissagt haben. Und er behielt schrecklich recht.

Die Ermordung des sibirischen Mönchs erinnert an ein Horrorszenario. Noch bevor man die Leiche Rasputins unter dem Eis der Newa fand, wußte schon fast ganz Petrograd, wer ihn umgebracht hatte. Die Autopsie brachte zutage, daß Rasputin, obwohl man ihm Unmengen Gift eingeflößt hatte, weder vergiftet noch erschossen worden war, obwohl man mehrfach auf ihn gefeuert hatte. Rasputin war ertrunken. Wie heutige gerichtsmedizinische Gutachten beweisen, war daran nichts Ungewöhnliches. Doch damals war dieser merkwürdige Tod nur ein Beweis mehr, daß Rasputin vielleicht doch über wundersame Kräfte verfügte. Er wurde im Park von Zarskoje Selo beigesetzt.

Seine Mörder wurden in die Verbannung geschickt.

Das letzte Kapitel

Das Jahr 1917 brach an. Großfürst Alexander Michailowitsch, der Jugendfreund des Zaren, schickte einen Brief an Nikolaus. »Wir durchleben den gefährlichsten Moment in der Geschichte Rußlands. Alle fühlen das, die einen mit dem Verstand, die andern mit dem Herzen oder der Seele. Gewisse Kräfte in Rußland führen dich und folglich auch Rußland in den unausweichlichen Untergang. Ich sage ganz bewußt ›Dich und Rußland‹, denn Rußland kann ohne Zaren nicht existieren, aber man muß bedenken, daß der Zar einen solchen Staat wie Rußland nicht allein regieren kann ... Es ist eine unhaltbare Situation, daß die ganze Verantwortung allein auf Dir ruht ... Es ist zum Verzweifeln, daß Du nicht auf die Stimmen der Menschen hörst, die über die Lage im Land Bescheid wissen und Dir zu Maßnahmen raten können, die uns aus dem Chaos herausführen ... Die Regierung ist zur Zeit das Organ, das die Revolution vorbereitet. Das Volk will keine Revolution, aber die Regierung tut alles, um die Unzufriedenheit zu schüren, und sie hat damit Erfolg.«
Fast schien es, als wollte Nikolaus sich zu einem kühnen Schritt durchringen und selbst vor der Duma sprechen. Doch dann reiste er ins Hauptquartier der Truppen nach Mogilew. Es war eine Flucht, eine Flucht vor all den Menschen, die immer nur auf ihn einredeten und etwas von ihm wollten; eine Flucht vor seinen nächsten Verwandten, die seine Ablösung vorbereiteten und dadurch vor allem Alexandra, die Deutsche, aus dem Machtzentrum entfernen wollten; und er floh mit Sicherheit auch vor seiner Frau. Sie schrieb ihm einen Brief, den er im Zug vorfand.
»Mit Wehmut und tiefer Sorge habe ich Dich allein ohne unser liebes Baby gehen lassen. [Bei anderen Gelegenheiten hatte Nikolaus gern seinen Sohn Alexej mitgenommen.] Was für eine entsetzliche Zeit wir jetzt durchleben! Sie ist noch schwerer zu ertragen, wenn man voneinander getrennt ist. Ich kann dich nicht streicheln, wenn du so müde und zerquält aussiehst. Gott hat Dir wahrlich ein schrecklich schweres Kreuz auferlegt ... Unser lieber Freund [Rasputin] betet in der anderen Welt auch für Dich, er ist uns noch näher, aber ich möchte so gern seine tröstende und aufmunternde Stimme hören ... Mein Liebling, bleibe jetzt fest, das brauchen die Russen. Du hast keine Gelegenheit ausgelassen, Liebe und Güte zu erweisen. Gib ihnen jetzt die Faust zu spüren. Das wollen sie, ich habe etliche sagen hören: ›Wir brauchen die Knute!‹ Es ist merkwürdig, aber so ist die slawische Natur. Sie müssen Dich fürchten lernen. Liebe allein genügt nicht. Ein Kind, das den Vater vergöttert, muß auch Angst haben, ihn zu erzürnen ...«

Der Brief stammt vom 22. Februar 1917.
Wenig später erkrankten die Kinder an Masern, und Nikolaus hoffte vermutlich inständig, daß Alexandra dadurch von den Staatsgeschäften abgelenkt wurde, als er schrieb: »Das nimmt Dich bestimmt sehr mit, mein Liebling. Vielleicht empfängst Du jetzt nicht mehr so viele Leute.« Alexandra Fjodorowna berichtete von Unruhen in der Stadt. Doch dann schickte am 26. Februar der Präsident der Duma, Michael Rodsjanko, dem Zaren ein Telegramm.
»In der Hauptstadt herrscht Anarchie. Die Regierung ist gelähmt, der Verkehr und die Versorgung mit Lebensmitteln und Heizmaterial sind zusammengebrochen. Truppenteile schießen aufeinander. Auf den Straßen wilde Schießereien. Man muß unverzüglich eine Person, die das Vertrauen des Landes genießt, mit der Neubildung der Regierung beauftragen. Jede Verzögerung ist tödlich. Ich bete zu Gott, daß in dieser Stunde nicht der Souverän die Verantwortung zu tragen hat.«
Dieses Telegramm traf in der Nacht ein. Der Zar erhielt es erst am nächsten Morgen. Doch Rodsjanko hatte eine weitere Nachricht geschickt, am Morgen des 27. Februar:
»Die Lage verschlechtert sich. Es sind umgehend Maßnahmen zu treffen, denn morgen ist es bereits zu spät. Die letzte Stunde ist angebrochen, in der sich das Schicksal der Heimat und der Dynastie entscheidet.«
An diesem Tag schrieb Nikolaus in sein Tagebuch:
»In Petrograd brachen vor ein paar Tagen Unruhen aus. Betrüblicherweise beteiligten sich auch Truppeneinheiten. Ein widerliches Gefühl, so weit weg zu sein und nur bruchstückhafte schlechte Nachrichten zu bekommen! Ich machte tagsüber einen Spaziergang auf der Chaussee nach Orscha. Nach dem Mittagessen beschloß ich, schleunigst nach Zarskoje Selo zu fahren, und setzte mich um eins in den Zug.«
Er kam nur bis Pskow.
Am 2. März notierte er:
»Aus dem Hauptquartier schickten sie den Entwurf eines Manifests. Am Abend kamen aus Petrograd Gutschkow und Schulgin [Dumaabgeordnete], ich sprach mit ihnen und übergab ihnen das unterschriebene und überarbeitete Manifest. Ein Uhr nachts verließ ich Pskow, das Herz war schwer vom Durchlebten. Ringsum Verrat, Feigheit und Betrug.«
Das besagte Manifest war seine Abdankung. Nikolaus verzichtete auch für seinen Sohn Alexej auf den Thron und bestimmte seinen Bruder Michael zum Nachfolger. Doch auch Michael verzichtete wenige Tage später. Die letzten Romanows hatten einsehen müssen, daß niemand sie mehr wollte.

Die letzten Tage der Romanows

Die Ereignisse überstürzten sich. Und eigentlich war niemand darauf vorbereitet, daß der totale Umbruch so schnell und so radikal vonstatten gehen würde.
Als Gefangener konnte Nikolaus von Mogilew aus zu seiner Familie nach Zarskoje Selo reisen. Als einfacher Oberst Romanow trat er seiner Frau entgegen, die von seiner Abdankung wahrscheinlich als letzte erfahren hatte – aus der Zeitung. »Das ist unmöglich, es ist eine Journalistenlüge«, soll sie gerufen haben, »ich habe Vertrauen zu Gott und der Armee. Er hat uns noch nicht verlassen.« Und zu ihrem Gatten: »Es ist zum Verrücktwerden, man könnte den Verstand verlieren. Wir werden ihn aber nicht verlieren. Ich schwöre, daß wir Dich wieder auf dem Thron sehen werden. Du wirst von Gott wieder auf ihn erhoben werden.«
Ursprünglich bestand der Plan, die Zarenfamilie nach England ausreisen zu lassen. Und auch Alexander Kerenskij, damals noch Justizminister der provisorischen Regierung, hatte gegen diese Lösung nichts einzuwenden. Doch das britische Exil blieb verschlossen. In England hatte man viel vom *Hochverrat* der Zarin, der Deutschen, gehört und war negativ gegen sie eingestellt; es kam zu derart heftigen Protestaktionen, daß König Georg V. sein Asylangebot schließlich zurückzog.
»Ich schäme mich für Georgie und für England«, soll Nikolaus darauf geantwortet haben.
Die Zarenfamilie blieb vorerst unter strengster Bewachung in Zarskoje Selo.
»Jetzt sind es gerade drei Monate, seit ich aus Mogilew zurück bin und wir hier wie Gefangene eingesperrt sind. Wie schwer es mir fällt, ohne Nachricht von meiner lieben Mama zu sein; alles andere ist mir gleichgültig. Heute ist es noch heißer als gestern. Alles riecht verbrannt. Nach dem Spaziergang habe ich Alexej Geschichtsunterricht erteilt. Wir haben fleißig gearbeitet, am gleichen Ort wie gestern. Alexandra ist nicht ausgegangen. Vor dem Diner machten wir einen Spaziergang zu fünft.«
Das war Anfang Juni 1917.
In Petrograd spitzten sich die Ereignisse zu, denn auch die provisorische Regierung wankte. Alexander Kerenskij, nun Ministerpräsident, sorgte dafür, daß die Zarenfamilie Zarskoje Selo verließ. Es gab dort keine Garantie mehr für ihre Sicherheit.
»Sonderzug nach dem Ihnen bekannten Zielort fährt am 31. Juli ab und kommt am 3. August in Tjumen an. Deshalb für diesen Tag das Schiff nach Tobolsk und Unterkünfte vorbereiten.« So lautete der Fahrbefehl.

330 Soldaten und Offiziere waren zur Sicherung des Transports nach Westsibirien, der unter der Fahne des Roten Kreuzes fuhr, eingeteilt worden.
Über das Ereignis wurde folgende offizielle Mitteilung gemacht:
»Aus Überlegungen staatlicher Notwendigkeit verfügt die Regierung, den ehemaligen Kaiser und die Kaiserin, die unter Arrest stehen, an einen neuen Wohnort zu bringen. Zu diesem Ort wurde Tobolsk bestimmt, wohin der ehemalige Kaiser und die Kaiserin unter Beachtung aller Sicherheitsmaßnahmen geschickt wurden. Zusammen mit ihnen fuhren auf eigenen Wunsch und unter denselben Bedingungen ihre Kinder und ihnen nahestehende Personen in die Stadt Tobolsk.«
Auf dem Weg nach Tobolsk passierte die Zarenfamilie das Dorf Pokrowskoje, die Heimat Grigori Rasputins. Der *Starez* ließ sie noch immer nicht los.
Die ersten Wochen ihres Aufenthalts in Tobolsk waren, wenn man dies sagen kann, relativ angenehm. Die Zarenfamilie wußte sich zu beschäftigen. Man sortierte Fotos und klebte sie ins Familienalbum; die Mädchen stickten oder malten; man las sich gegenseitig vor; auch kleinere Theaterstücke wurden eingeübt und aufgeführt. Schon während des Arrests in Zarskoje Selo hatten Nikolaus und seine Töchter häufig Gartenarbeit verrichtet, da ihnen größere Spaziergänge untersagt waren. Auch in Tobolsk hielten sie sich auf diese Weise in Form.
Es gab etliche Bemühungen, der Zarenfamilie zur Flucht zu verhelfen, ganz besonders nach den Ereignissen der Oktoberrevolution, als ihre Lage immer schwieriger wurde. Aber es blieb bei hoffnungsvollen Gesprächen.
Anfang April notierte Nikolaus in sein Tagebuch:
»Donnerstag. Nach dem Frühstück kam Jakowlew und eröffnete uns, er habe Anweisung, mich wegzubringen, wohin, sagte er jedoch nicht. Alix beschloß, mich zu begleiten und Maria mitzunehmen, protestieren war zwecklos. Die übrigen Kinder, zumal den kranken Alexej, unter solchen Umständen zurückzulassen fiel uns mehr als schwer! Wir begannen sofort, das Nötigste zu packen.«
Der Hauslehrer Gilliard, der das Exil der Zarenfamilie teilte, berichtete:
»Gegen vier Uhr morgens fahren Reisewagen auf den Hof. Es sind ungefederte Bauernwagen, die aus einem Flechtkorb auf zwei langen Stangen bestehen. Nur einer der Wagen hat ein Verdeck. Wir machen auf dem Hof ein wenig Stroh ausfindig und breiten es zum Sitzen auf dem Boden der Wagen aus. Für die Imperatorin legen wir eine Matratze in den Reisewagen. Um vier Uhr gehen wir zu Ihren Majestäten hinauf,

die eben aus dem Zimmer Alexej Nikolajewitschs treten. Der Imperator, die Imperatorin und Maria Nikolajewna verabschieden sich von uns. Die Imperatorin und die Großfürstinnen weinen, der Gossudar [Nikolaus] wirkt völlig ruhig und findet für jeden von uns ein aufmunterndes Wort.«

Von Tjumen aus brachte ein Zug die Verbannten nach Jekaterinburg am Ural. Hier stand ein neues Gefängnis bereit, in das im Mai 1918 auch die übrigen Familienmitglieder und Getreuen einzogen. Es war das Ipatjew-Haus, an einer der höchsten Stellen von Jekaterinburg in den siebziger Jahren des 19. Jahrhunderts errichtet. Ein gut ausgestattetes Haus mit komfortablen sanitären Einrichtungen und Telefon. Es wurde Anfang der siebziger Jahre unseres Jahrhunderts auf Befehl von Boris Jelzin, des ehemaligen Parteichefs von Swerdlowsk, wie Jekaterinburg eine Zeitlang hieß, abgerissen.

Das Ipatjew-Haus wurde zum schrecklichen Gefängnis. Ständig spazierten Rotarmisten in den Zimmern der Familie ein und aus; die Soldaten folgten den Gefangenen auf Schritt und Tritt; die Fenster durften nicht geöffnet und die Toilettentür nicht geschlossen werden. Ein Spaziergang von fünf Minuten jeden Tag, auf einem winzigen Hof, war alles, was an frischer Luft erlaubt war. Jeder Kontakt nach außen war verboten, und selbst mit dem Priester, der am Sonntag die Messe las, durfte nicht gesprochen werden.

Im Tagebuch des Zaren wurden die Eintragungen immer spärlicher. Am 20. Juni notierte er:

»Man hat uns die Wachen ausgewechselt. Der unangenehme Andrejew ist durch Jurowski ersetzt worden. Er hat uns unseren Schmuck weggenommen, und dann hat er ihn in einem Kasten wiedergebracht und uns gebeten, den Inhalt nachzuprüfen. Danach hat er ihn uns zur Aufbewahrung dagelassen. Jurowski hat begriffen, daß die Leute um uns herum den größten Teil unserer Lebensmittel für sich selbst behielten.«

Noch wußte der Zar nicht, daß Jurowski der Henker war.

Zehn Tage später, der letzte Eintrag:

»Alexej hat sein erstes Bad in Tobolsk genommen: Sein Knie ist besser, er kann es jedoch immer noch nicht ganz beugen. Das Wetter ist mild und angenehm.

Keine Nachrichten aus dem Ausland.«

In der Nacht vom 16. auf den 17. Juli 1918 fand im Ipatjew-Haus in Jekaterinburg ein schreckliches Massaker statt. Die Zarenfamilie, Dr. Botkin, der treu ergebene Arzt, eine Hofdame, ein Lakai und zwei Bedienstete wurden hingemetzelt. Wo die Kugeln versagten, bediente man sich der Bajonette. So fand man den Exekutionsort vor: Die Wände des Mordzimmers waren durchlöchert und der Holzfußboden zersplittert. Doch die Leichen waren verschwunden.

Sicher ist: In den russischen Archiven läßt sich kein schriftlicher Befehl für die Ermordung der Zarenfamilie finden. Sicher ist auch: Die Ermordung der Gefangenen von Jekaterinburg wurde direkt von Lenin und Jakow Swerdlow, dem äußerst rührigen Propagandachef, sanktioniert. Swerdlow, zu dessen Ehren Jekaterinburg später in Swerdlowsk umbenannt wurde, war über die Lage der Zarenfamilie ständig unterrichtet. Und natürlich wußte er nur zu gut, daß hier am Ural ein »Kriegsschauplatz« entstanden war, der möglicherweise der Zarenfamilie eine Fluchtmöglichkeit eröffnen konnte.

Es war längst nicht so, daß die Bolschewiki seit der Oktoberrevolution alle Macht in den Händen hatten. Gerade im Uralgebiet operierten *Weiße Truppen*, das heißt antibolschewistische Kräfte. Sie näherten sich bedrohlich Jekaterinburg. Dies war ein Grund, die Zarenfamilie in den Raum zu führen, während draußen gleichzeitig Lastwagen vorfuhren. Man wolle sie in Sicherheit bringen, erklärte ihnen Jakow Jurowski, der Mann, der das Todesurteil vollstreckte. Jurowski war Angehöriger der Tscheka, der im Dezember 1917 gegründeten Geheimpolizei gegen Sabotage und Konterrevolution. Doch wer der Beteiligten gab letztendlich den Erschießungsbefehl?

Die Frage ist immer noch nicht ganz geklärt, obwohl inzwischen, nach dem Zusammenbruch der Sowjetunion, viele Archive zugänglich geworden sind. Die Namen der Mörder sind bekannt, doch handelten sie wirklich aus eigenem Antrieb oder aufgrund eines Befehls aus Petrograd? Sehr wahrscheinlich, aber nicht bewiesen ist, daß der Orts-Sowjet von Jekaterinburg eigenständig vorging und später von der Zentrale in Petrograd gedeckt wurde. Dies erklärt die Eile der Aktion, vor allem aber die grausame Odyssee der sterblichen Überreste. Die schrecklich zugerichteten Leichen wurden in den Schacht eines alten Bergwerks geworfen.

Doch die Weißen Truppen standen schon vor den Toren Jekaterinburgs. Der Schacht schien den Mördern nicht mehr sicher genug. Man barg die Leichen, übergoß sie mit Schwefelsäure und verscharrte sie in aller Eile. Nur wenige Tage später war Jekaterinburg gefallen.

Nach Petrograd erging die Meldung, daß alles erledigt sei. Und von dort ging die Nachricht in alle Welt, daß Zar Nikolaus erschossen wurde, daß die Familie aber an einem sicheren Ort lebe. Im einhundertundfünfzig Kilometer von Jekaterinburg entfernten Alapajewsk wurden weitere Mitglieder der Romanowfamilie wenige Tage später von der

Tscheka festgenommen, mißhandelt und bei lebendigem Leib in einen Minenschacht geworfen. Und 1919 fanden weitere Romanows in der Peter-und-Pauls-Festung in Petrograd den Tod. Das Land hatte seine Herrscherfamilie verloren und versank in Hunger, Terror und Bürgerkrieg.

Ein Nachspiel

In der russischen Geschichte wimmelt es von falschen Zarensöhnen und wiederauferstandenen Herrschern. Und so gab es auch bald im nachrevolutionären Rußland Gerüchte, daß sowohl der Zar als auch der Zarewitsch Alexej dem Massaker entkommen seien. Wir erinnern uns, daß solche Geschichten immer in Zeiten der Not und der Haltlosigkeit auftauchten. Und auch in diesem Fall ist nichts Wahres daran.
Als im Juli 1991 Soldaten unter Bewachung durch den KGB in der Nähe von Jekaterinburg neun Skelette ausgruben, erhielten die fast vergessenen Gerüchte wieder neue Nahrung, denn es fehlten zwei der damals erschossenen Personen. Es fehlten die Überreste von Alexej und Anastasija.
Gerichtsmedizinische Untersuchungen haben inzwischen ergeben, daß man mit fast hundertprozentiger Sicherheit die Gebeine des Zaren, der Zarin und dreier ihrer Töchter geborgen hatte. In diese Untersuchungen war auch das britische Königshaus mit einbezogen; wie wir uns erinnern war Alexandra Fjodorowna eine Enkelin von Königin Victoria. Auch die noch über die ganze Welt verstreut lebenden Romanows, etwa dreißig an der Zahl, trugen ihren Teil zur Identifikation bei. Das Schicksal Anastasijas und ihres Bruders bleibt jedoch noch immer geheimnisumwittert. Vor allem aber erinnerte man sich wieder an einen Vorfall, der im Jahre 1920 für Aufregung sorgte.
Damals, am 17. Februar 1920, zog die Berliner Polizei eine junge Frau nach einem mißglückten Selbstmordversuch aus dem Landwehrkanal. Sie hatte das Gedächtnis verloren, doch im Krankenhaus behauptete sie, die jüngste russische Zarentochter Anastasija zu sein. Auf geheimnisvollen Wegen sei ihr die Flucht aus Jekaterinburg gelungen, behauptete sie immer wieder. Sie sprach kein Wort Russisch, doch das ließ sich nach alldem erlittenen Schrecken medizinisch erklären. Viele zweifelten zwar an der Echtheit der Geschichte, doch der Presse lieferte sie über Jahrzehnte Stoff genug. Zudem füllten sich die Gerichtsakten, denn jene geheimnisvolle Frau klagte auf die Rückgabe ihres Vermögens. Anastasija, alias Anna Anderson, alias Franziska Schanzowski, starb im Jahre 1984. Akribische Recherchen und unzählige medizinische Tests mit kleinsten Beweisstückchen haben inzwischen bewiesen, daß sie nicht die verschwundene Zarentochter war. Die echte Anasta-

sija und ihr Bruder Alexej sind mit Sicherheit damals, 1918, bei der überstürzten Beseitigung der Leichen verbrannt worden.

Eine Nachricht aus Rußland vom Februar 1995:
»Die Regierungskommission der Russischen Föderation, die mit der Untersuchung des Todes von Nikolai II. und seiner Familie befaßt ist, hat den geplanten Termin für die Umbettung der sterblichen Überreste der Zarenfamilie in die Peter-und-Paul-Kathedrale in St. Petersburg genannt. Nach Meinung der Kirchenvertreter, deren Stimme in der Kommission zu den entscheidenden gehört, sollen die Särge am Vergebungssonntag, der im nächsten Jahr (1996) auf den 5. März fällt, überführt werden. Der Generalstaatsanwalt, der die Untersuchung der Todesumstände der Romanows leitet, hat erklärt, daß auch diese sich ihrem Ende nähere. Um letzte Zweifel an der Identität der sterblichen Überreste zu klären, werde nur noch eine letzte, in den USA eingeholte Expertise erwartet.«

Ausgewählte Literatur

ALMEDINGEN, E. M.:
Die Romanows. Die Geschichte einer Dynastie.
München 1991

ANDREWS, Peter:
Die russischen Zaren.
München 1984

BURANOW, Juri; CHRUSTALJOW, Wladimir:
Die Zarenmörder. Vernichtung einer Dynastie.
Berlin 1994

FERRO, Marc:
Nikolaus II. Der letzte Zar.
München 1991

GITERMANN, Valentin:
Geschichte Rußlands, I–III.
Hamburg 1949

GRÜNWALD, Constantin de:
An den Wurzeln der Revolution. Alexander II. und seine Zeit.
Wien–Berlin–Stuttgart, o. J.

HERESCH, Elisabeth:
Rasputin. Das Geheimnis seiner Macht.
München 1995

LINCOLN, W. Bruce:
Nikolaus I. von Rußland.
München 1981

METTERNICH, Tatiana:
Die Stroganoffs.
München–Hamburg 1984

MICHAEL VON GRIECHENLAND:
Die Zarenpaläste Rußlands.
München 1994

OLDENBOURG, Zoe:
Katharina die Große. Die Deutsche auf dem Zarenthron.
München 1969

OLIVIER, Daria:
Elisabeth von Rußland.
Wien–Berlin–Stuttgart 1963

PALMER, Alan:
Alexander I.
Esslingen 1982

RADSINSKI, Edward:
Nikolaus II. Der letzte Zar und seine Zeit.
München 1992

SCHECK, Werner:
Illustrierte Geschichte Rußlands.
München 1975

SKRYNNIKOW, Ruslan G.:
Iwan der Schreckliche und seine Zeit.
München 1992

STÖKL, Günther:
Russische Geschichte.
Stuttgart 1962

TORKE, Hans-Joachim (Hrsg.):
Die russischen Zaren. 1547–1917.
München 1995

TORNIUS, Valerian:
Stern und Unstern der Romanows.
Leipzig 1936

TROYAT, Henri:
Peter der Große.
Düsseldorf 1981

VALLOTON, Henry:
Peter der Große.
München 1960

VALLOTON, Henry:
Alexander der Erste.
Hamburg 1967

Eine außergewöhnliche Frau:
Katharina von Bora,
die Frau Martin Luthers

Ursula Sachau
Das letzte Geheimnis
Das Leben und die Zeit der Katharina von Bora.
2. Auflage. 480 Seiten. Geb.
DM 44,-/öS 343,-/sFr 44,-
ISBN 3-431-03189-7

Ihre Flucht aus dem Kloster und viel mehr noch ihre Heirat mit dem ehemaligen Augustinermönch Martin Luther, das war ein Ereignis, über das sich die Welt und die Weisen des Abendlandes erregten. Sie führt ihm sein umfangreiches Hauswesen mit Schülern, Studenten, berühmten Gästen aus aller Welt. Er verbindet sich ihr aus Vernunftgründen und gewinnt sie lieb, je länger, desto mehr.

Ihre Ehe ist eine feste Burg in einer stürmischen Zeit: Krieg und Pest und erbitterter Streit um den rechten Glauben, Judenpogrome, Hexenverbrennungen; Bauern kämpfen um ihre Rechte, Frauen um ihre Stellung: mit der Reformation brechen auch die althergebrachten Ordnungen auf.

„Das letzte Geheimnis" ist mehr als das Portrait einer außergewöhnlichen Frau, es ist das Bild einer Gesellschaft im religiösen und sozialen Umbruch: in Wittenberg, dem geistigen Zentrum, am Beginn der Neuzeit.

Ehrenwirth Verlag München

Eine Ärztin im Mittelalter
Ein Kreuzzug fürs Leben

Köster-Lösche, Karin
Die Hakima
Ärztin zwischen Kreuz und Halbmond
Roman aus dem Mittelalter.
4. Auflage. 408 Seiten. Geb.
DM 44,-/öS 343,-/sFr 44,-
ISBN 3-431-03352-0

Lübeck 1208 n. Chr.: Eine junge Lübeckerin ergreift nach einem vermeintlichen Mord an einem Adeligen die Flucht. Auf abenteuerlichen Wegen kommt sie nach Frankfurt am Main zu einer jüdischen Augenärztin, die sie in Medizin unterrichtet, und weiter bis nach Südfrankreich mitten hinein in die Katharerkriege. Verfolgt von einem fanatischen Zisterziensermönch, gelangt sie mit geheimnisvoller Hilfe nach Toledo, und Dank ihrer Tüchtigkeit gelingt es ihr, Schülerin des dortigen Hospitalarztes zu werden. Die frühen griechischen und arabischen Medizinkünste werden ihr so vertraut. Kurz vor dem Ende ihrer Ausbildung stürmt ein Kreuzzugheer Toledo, die Unduldsamkeit und der Fanatismus gegenüber Juden und Muslimen beginnen übermächtig zu wachsen. In ihr reift die Empörung darüber, und massive Zweifel am Christentum stellen sich ein. Nur knapp entgeht sie der Exkommunikation; als Buße wird ihr die medizinische Betreuung der christianisierten Livländer auferlegt. Aber sie entzieht sich dieser ungerechten Buße und es gelingt ihr, sich nach Lübeck zurückzuschlagen, dort ein vom Rat der Stadt neugegründetes Hospital zu leiten und damit ein außergewöhnlich segensreiches Wirken zu beginnen.

Vor dem Leser entsteht die schillernde Welt des Mittelalters mit den Wirren der Kreuzzüge und Glaubenskriege mit Pest und Hunger, blindem Gottesglauben und rasender Verfolgung in kontrastreicher Umgebung zu Quacksalbern, Gauklern, fahrenden Kauf- und handelnden Fahrleuten, eifernden Mönchen, flammenden Nonnen und dünkelhaften Rittern im packend und spannend erzählten Wechselspiel.

Ehrenwirth Verlag München